U0640637

再回首

何黎明 著

中国财富出版社有限公司

图书在版编目（CIP）数据

再回首 / 何黎明著 . —— 北京：中国财富出版社有限公司，2024.11. ——ISBN 978-7-5047-8280-9

Ⅰ. F259.22-53

中国国家版本馆 CIP 数据核字第 2025GV8914 号

策划编辑 张彩霞		**责任编辑** 李小红		**版权编辑** 武 玥	
责任印制 梁 凡		**责任校对** 张营营		**责任发行** 杨恩磊	

出版发行	中国财富出版社有限公司		
社　　址	北京市丰台区南四环西路 188 号 5 区 20 楼	**邮政编码**	100070
电　　话	010－52227588 转 2098（发行部）	010－52227588 转 321（总编室）	
	010－52227566（24 小时读者服务）	010－52227588 转 305（质检部）	
网　　址	http://www.cfpress.com.cn	**排　　版**	鼎央阁设计
经　　销	新华书店	**印　　刷**	廊坊市靓彩印刷有限公司
书　　号	ISBN 978-7-5047-8280-9 / F·3780		
开　　本	710mm×1000mm　1/16	**版　　次**	2025 年 2 月第 1 版
印　　张	33.75	**印　　次**	2025 年 2 月第 1 次印刷
字　　数	517 千字	**定　　价**	188.00 元

序
FOREWORD

2010 年 11 月，我接替陆江会长，担任中国物流与采购联合会会长，至今已经有近 15 年。这近 15 年是我国现代物流事业蓬勃发展、产业地位不断提升的阶段；是中国物流与采购联合会不断发展壮大、行业地位日益巩固的阶段；也是我一生中值得回忆、难以忘怀的一段时光。

▲ 在中物联第六次会员代表大会上发言

在这近 15 年里，我由于工作需要，留下了一些文稿。有同事建议结集出书，以记录这些年来中国物流业发展的轨迹和脉络。基于此，此书取名为"再回首"。在各方的支持下，《再回首》终于与大家见面了。书中收录了我在这近 15 年工作中的部分演讲、致辞、新年贺词等。应该说本书的出版是对近 15 年来中国物流事业发展的一个成长记录。本书得以出版是贯彻党中央、国务院规划政策要求以及政府有关部门支持的结果，也是中物联领导班子和全体工作人员智慧的结晶。

在这近 15 年里，我们感受到了现代物流业的蓬勃发展。截止到 2023 年年底，我国社会物流总额超过 350 万亿元，物流业总收入超过 13 万亿元，快递业务量超过 1300 亿件，连续十年位居世界第一。物流市场主体超过 600 万个，其中，A 级物流企业近万家，一批世界一流物流企业加快涌现。综合交通网络总里程突破 600 万公里，其中，高铁里程达 4.5 万公里，高速公路里程达 17.7 万公里，均居全球第一。规模以上物流园区超过 2500 个，国家物流枢纽达到 125 个，示范物流园区 100 个，骨干冷链物流基地 66 个，"通道＋枢纽＋网络"的物流运行体系初步形成。现代物流在助力实体经济，建设现代化经济体系中的先导性、基础性、战略性作用日益显现。

在这近 15 年里，我们见证了物流产业地位的稳步提升。2009 年，国务院出台《物流业调整和振兴规划》，把物流业纳入调整和振兴的十大产业，这标志着物流业的产业地位在国家层面得以确立。2014 年，国务院发布《物流业发展中长期规划（2014—2020 年）》，把物流业定位为支撑国民经济发展的基础性、战略性产业，物流业产业地位进一步提升。2022 年，国务院发布《"十四五"现代物流发展规划》，这是我国现代物流领域第一份国家级五年规划，规划中明确提出了现代物流体系的建设目标和任务要求，现代物流在建设社会主义现代化强国中的基础性、战略性地位逐步巩固，先导性作用开始加强。在这个过程中，中物联在行业中发挥了重要的支持和推动作用。

在这近 15 年里，物流降成本成为深化改革的重要内容。2009 年，我国社会物流总费用与 GDP 的比率为 18.1%，仍然处于较高水平。党的十八大以来，降低物流成本成为供给侧结构性改革的重要内容。《国务院办公厅关于转发国家发展改革委物流业降本增效专项行动方案（2016—2018 年）的通知》（国办发〔2016〕69 号）、《国务院办公厅关于进一步推进物流降本增效促进实体经济发展的意见》（国办发〔2017〕73 号）等政策文件，出台了一系列政策举措。2023 年，社会物流总费用与 GDP 的比率为 14.4%，较 2009 年累计下降 3.7 个百分点，但仍有一定下降空间。2024 年，中共中央办公厅、国务院办公厅出台了《有效降低全社会物流成本行动方案》，强调全面系统降低整个社会的综合物流成本，将物流降成本工作引入新的阶段。在这方面，中物联积极反映企业诉求，做好行业基础工作，协助政府做好决策支撑。

在这近 15 年里，我们探索了现代物流助力实体经济的转型路径。现代物流连接生产与消费，贯穿一、二、三产业，是供应链的重要组成部分。2010 年，全国现代物流工作部际联席会议办公室出台《关于促进制造业与物流业联动发展的意见》，旨在提升物流业服务水平，助力制造业产业升级，引导转变经济发展方式。国家发展改革委等部门推进物流业、制造业深度融合创新发展，通过企业试点、案例征集、会议推广等多种方式，助力实体经济价值提升。党的十九大报告提出，要在现代供应链等领域培育新增长点、形成新动能。2017 年，《国务院办公厅关于积极推进供应链创新与应用的指导意见》（国办发〔2017〕84 号），全面部署供应链创新与应用有关工作。2018 年，商务部、中物联等 8 部门（单位）开展全国供应链创新与应用试点工作，并开展了优秀成果展示推广。2021 年，在试点基础上开展全国供应链创新与应用示范工作，累计示范企业达 250 家、示范城市 33 个，引领提升产业链供应链现代化发展。中物联在两业融合、供应链创新方面开展了积极的研究和推广工作，始终走在行业前面。

在这近 15 年里，中物联贯彻办会宗旨，行业影响力持续提升。一是建言献策，深化"为政府服务"。中物联参与了历次物流国家规划和重要物流政策的研究制定工作，协助做好规划政策落地，促进了物流产业地位的提升。发挥政府与企业间的桥梁纽带作用，加强调查研究，反映行业诉求，支撑政府决策，引领行业发展方向，确立了行业协会在行业中的重要地位。二是夯实基础，强化"为行业服务"。中物联统筹推进标准、统计、培训等行业基础性工作提档升级，形成了较为完善的协会服务体系和核心业务，采购经理指数（PMI）、A级物流企业评估、行业劳模评选、企业信用评级、国际物流标准、"1+X"教育制度试点、产学研基地等一些亮点工作涌现，还有一系列品牌会议、行业活动和专业报告，提升了协会的行业影响力和权威性。三是组织建设，做好"为企业服务"。为提升专业化服务，中物联不断加强组织队伍建设，分支机构蓬勃发展，人才队伍逐步壮大，积极吸纳企业家、院校和研究机构专家、政府有关部门专家的力量，形成了政府支持、行业认可、企业参与、专家助力的办会模式，探索引领了行业协会改革的方向。

这些年行业的发展和协会的工作，顺应了新时代对现代物流发展的使命要求和殷切期望，也离不开物流行业所有从业者和协会全体工作人员的努力奋斗。"有为才能有位"，这不仅是行业企业家和从业者的成功经验，也是行业协会工作的动力源泉。协会工作不是退休干部的"过渡会"，而是行业引领"创事业"；不是背离需求的"二政府"，而是创新服务的"娘家人"；不是被动守成"等靠要"，而是积极开拓"加油干"。只有奋发有为，才能得到行业认可和政府重视，获得与之相符的行业地位，增强协会工作人员的事业心，激发改革创新的活力，形成强大的向心力和凝聚力。

事业要传承，人才要更替。2024年12月，我将中物联领导的接力棒交给了新任会长。借此机会，我衷心地感谢中物联会员单位、理事们，感谢物流企业家和专家学者，感谢各级政府部门和地方协会对中物联工作的支持。特别要感谢中物联领导班子和全体工作人员，在我任职期间给予的支持和配合。我相信，江山代有才人出，在新一届领导班子的带领下，中物联一定会继往开来、奋发有为，在推动中国物流高质量发展和建设物流强国的征程中谱写新的篇章。

最后，借《再回首》的问世，向一路以来给予我提携帮助和关心支持的陆江、马毅民、桓玉珊、应文华、靳玉德、丁俊发、武保忠等各位老领导、老前辈表示由衷的敬意！向二十多年来一起为中国物流与采购事业共同奋斗的所有同事和业内同仁们表示衷心感谢！同时，我要特别感谢为书稿筹备和

出版不遗余力的我的同事贺登才、余平、周志成等同志以及中国财富出版社
张红燕社长和有关工作人员，是他们的辛勤付出和一丝不苟的工作，让本书
得以和大家见面。

2025 年 1 月

目录
CONTENTS

**第六篇
新年祝语**

第一篇

观往知来

01

转变方式 提高质量
开创我国物流业发展新局面

一、我国物流业"十一五"发展回顾

"十一五"时期，面对严峻复杂的国内外形势，在党中央、国务院的正确领导下，我国经济保持了平稳较快发展。在经济发展的推动下，我国物流业有效应对国际金融危机冲击，保持了较快增长。2010年，社会物流总额和物流业增加值，分别达125万亿元和2.7万亿元，与"十五"末期的2005年相比，双双实现了总量翻番，年均分别增长21%和16.7%；社会物流总费用与GDP的比率约为17.8%，比2005年降低0.8个百分点；我国物流业增加值占GDP的比重达6.9%，占第三产业增加值的比重为16%，有力地支持了国民经济发展和发展方式转变。

回顾物流业五年来的发展历程，呈现出以下显著特点：

（一）物流产业地位显著提升

过去的五年，是我国物流业持续快速发展的五年，也是物流产业地位确立和提升的五年。2006年开始实施的"十一五"规划纲要，突出强调"大力发展现代物流业"，物流业的产业地位首次在国家规划层面得以确立。

2009年3月，我国第一个全国性物流业专项规划《物流业调整和振兴规划》（以下简称《规划》），由国务院发布。《规划》进一步明确了物流业的地位和作用，指出：物流业是融合运输业、仓储业、货代业和信息业等的复合型服务产业，是国民经济的重要组成部分，涉及领域广，吸纳就业人数多，促进生产、拉动消费作用大，在促进产业结构调整、转变经济发展方式和增强国民经济竞争力等方面发挥着重要作用。《规划》确定了"建立现代物流服务体系，以物流服务促进其他产业发展"的指导思想和目标，提出了十项主要任务、九项重点工程和十条政策措施。《规划》的发布实施，提振了业内人士的信心，提升了物流业的地位。

（二）物流市场规模快速扩张

"十一五"时期，社会物流需求加快增长，物流市场规模不断扩大。2010 年，我国物流市场总规模达 4.9 万亿元，比 2005 年增长了 1 倍多。

随着工业化推进和产业升级，工业物流运行模式发生深刻变化。工业企业加快资源整合、流程改造，采取多种方式分离外包物流功能。一是分离分立。如，上海安吉汽车物流、淮矿现代物流等，将企业物流业务从主业中分离出来，成立了面向社会服务的物流企业。二是合资合作。如，青岛啤酒招商物流、芜湖安得物流等，由制造企业与物流企业合资组建物流公司。三是全面外包。如，海信集团将海信电器的物流业务全盘委托给专业物流公司管理；柳州桂中海迅派员进厂，接管了多家汽车生产企业的零部件管理系统。

在一系列扩大消费政策引导下，商贸物流加快发展。一是生产资料流通企业和传统批发市场增加储存、加工、配送、网上交易等物流功能。如中国物资储运、五矿物流、广东欧浦钢铁物流等，形成了贸易加物流的新模式。二是大型连锁零售企业强化物流系统。如苏宁、国美等，构建和完善了自身物流网络。三是网购物流"爆炸式"增长。2010 年，我国网络购物总额达 4500 亿元，比五年前增长 22 倍，国内每天流转的快件量高达 1000 万票。四是农业和农村物流集中释放。随着"万村千乡市场工程""家电下乡""汽车摩托车下乡"和"农超对接"等政策的实施，农产品进城、农资和日用工业品下乡带来的物流需求较快增长。

（三）物流企业加速成长

各类企业深化兼并重组。一是合并重组，如中铁行包与中铁快运、中邮速递与中邮物流、中外运与长航集团等。二是并购重组，如美国联邦快递对大田、美国联合包裹对中外运的股权并购等。三是转型重组，如铁路系统的三大专业公司、地方交运集团等。通过兼并重组，行业资源得到有效整合，企业规模迅速壮大。

物流企业核心群体初步形成。2009年50强物流企业主营业务收入达4506亿元，比2005年增长26%。所有50强企业主营业务收入均超过10亿元，其中9家企业超过百亿元，中远集团超过千亿元。从2005年开始，中国物流与采购联合会依据《物流企业分类与评估指标》国家标准，开展A级物流企业评估认证工作。到2010年年底，全国已拥有A级物流企业1061家。

专业服务能力得到增强。一是运输、仓储、货代、快递等传统物流企业转型发展，如公路货运的天地华宇、佳吉、德邦等，铁路货运的远成、八达等，快递市场的顺丰等。二是围绕企业需要的专业化物流融合发展，如汽车、家电、电子、医药、烟草、图书等行业，基本上形成了物流配套服务能力。三是各类物流企业创新发展，供应商管理库存、供应链金融、卡车航班、越库配送、保税物流、邮政物流等服务新模式得到推广运用。

供应链管理有新的发展。物流企业介入代理采购和分销业务，流通企业延伸物流和金融服务。如，浙江物产集团为造船厂提供供应链一体化服务；开滦物流开展煤炭供应链服务；物美集团参与社会化物流服务；联想集团、利丰集团等，引导上下游企业，打造采购、生产、分销及物流一体化的现代产业服务体系。

物流企业在重大社会事件中表现突出。如，在北京奥运会、上海世博会、广州亚运会期间，以及在四川汶川、青海玉树、甘肃舟曲等地抢险救灾中，物流企业都发挥了重要作用。

（四）物流基础设施建设进度加快

"十一五"时期，我国物流类基础设施投资保持了较快增长。五年累计投资超过 10 万亿元，年均增长 27.7%。2008 年下半年以来，为应对国际金融危机冲击，国家加大对铁路、公路、水路、机场等交通基础设施的投入，建设速度明显加快。

综合运输体系初具规模。到 2010 年年底，我国公路网总里程达 398.4 万公里，五年新增 63.9 万公里；高速公路发展到 7.4 万公里，五年新增 3.3 万公里；"五纵七横"12 条国道主干线提前十三年全部建成。全国铁路营业里程增加到 9 万公里以上；高速铁路运营里程已达 8358 公里。内河通航里程 12.4 万公里，五年新增和改善 4181 公里；沿海港口深水泊位 1774 个，五年建成 661 个。定期航班机场达 176 个，五年新增 35 个。

物流园区（基地、中心）等物流设施发展较快。北京空港、上海西北、浙江传化、山东盖家沟、上海外高桥、苏州综合物流园区等一批重点园区显示了良好的社会经济效益。铁道部规划建设的 18 个铁路物流中心，已有 9 个建成投用。仓储、配送设施现代化水平不断提高。化工危险品库、液体库、冷藏库、期货交割库、电子商务交割库以及自动化立体仓库快速发展。

（五）物流信息化运用和技术创新取得实效

物流信息化加快发展。已有 70.5% 的企业建立了管理信息系统。仓储管理、运输管理、采购管理、客户关系管理系统得到普遍应用。物流企业通过与客户的信息共享、流程对接，加快融入客户供应链体系。在整合海关、交通、商检、质检等电子政务服务的基础上，出现了应用网上交易、金融、检测、配送等集成化电子商务服务的信息平台。企业资源计划（ERP）和供应链管理（SCM）软件应用开始普及，RFID 等物联网技术在车辆监管、物品定位管理、自动识别分拣和进出库安防系统等方面开始应用。

先进适用的物流技术得到推广。仓储保管、运输配送、装卸搬运、分拣包装、自动拣选等专用物流装备广泛应用；条码技术、智能标签技术、配载配送和路径优化技术等得到推广；冷藏、配送等专用车辆需求旺盛，叉车、托盘、货架、自动拣选、自动化装备等专用设备加快更新换代。

（六）物流行业基础工作体系基本形成

一是统计工作不断创新和完善。2006 年起，由国家发改委、国家统计局和中国物流与采购联合会联合制定的社会物流统计核算试行制度转为正式制度。中物联会同国家发改委、统计局，进行了"全国重点企业物流统计调查"，较全面地掌握工业企业、商贸企业以及物流企业物流发展状况和物流成本变化趋势，发布"中国 50 强物流企业"名单。中国物流与采购联合会从 2006 年开始发布的制造业采购经理指数（PMI），成为反映我国经济趋势的先行指标，在国内外产生了较大影响。

二是标准化工作有序推进。五年来，按照立项计划编制完成的物流国家标准、行业标准项目，总计约 110 项。2010 年，国家标准委等有关部门发布的《2009 年—2011 年物流标准专项规划》，提出了 13 个重点物流领域国家标准和行业标准的项目规划。

三是物流教育和培训工作成效显著。在教育部的大力支持和中物联的积极推动下，目前全国已有 378 所本科院校、824 所高等职业学校和 2000 多所中等专业学校开设了物流专业，在校学生突破 100 万人。到 2010 年年底，已有超过 20 万人参加了全国物流师职业资格培训，其中 12 万人通过全国统一考试，取得了高级物流师、物流师或助理物流师资格证书。

四是物流学术研究和科技创新成果丰硕。中国物流学术年会已经连续举办 9 届，累计参会超过 5000 人次，交流各类研究成果近 3000 件，一批成果被政府或企业采纳。2002 年设立的中国物流与采购联合会科学技术奖，八年来共有 194 个项目获奖。

五是行业评选表彰制度相继建立。如，全国物流行业劳动模范奖励制度已经建立，并进行了首次评选表彰。中国物流示范基地、实验基地，信用体系评级和产学研基地等评选制度有序推进。

六是行业协会工作得到加强。全国性物流行业协会服务能力和水平不断提高，省区市协会普遍建立并开展工作，部分地州市也开始建立协会，物流协会工作网络逐步形成。

（七）物流业对外开放迈开新的步伐

外商外资全面进入。2005年12月11日以后，我国履行加入世贸组织的承诺，物流服务领域全面开放。五年来，国际知名的跨国物流企业加紧布局，我国物流市场国有、民营和外资三足鼎立的格局已经形成。在某些领域，如国际快递、远洋运输和物流地产等方面，有的外资企业已占据明显优势。

区域物流扩大交流与合作。东盟—中国自贸区启动，东北亚加强物流合作，以及上海合作组织经济联系日益密切，推动了我国与周边国家的区域物流合作。2003年内地与香港和澳门分别签署《内地与香港/澳门关于建立更紧密经贸关系的安排》，2008年台湾与大陆实现"大三通"，2010年大陆与台湾《海峡两岸经济合作框架协议》（ECFA）开始实施，两岸四地物流合作进入实施阶段。

▲ 台北会议

物流企业开始"走出去"。到 2009 年年底，我国对外直接投资存量达2458 亿美元，海外工程承包和劳务合作累计营业额达 3400 亿美元。国内物流企业跟随制造和商贸企业及工程承包"走出去"。如，中国外运长航集团海外业务有新的拓展，顺丰速运逐步在周边国家和地区布点。中远物流在核燃料和废料物流、工程物流和会展物流等领域，已具备较强的国际竞争力。

（八）物流业政策环境有所改善

"十一五"时期，特别是《物流业调整和振兴规划》发布以来，政府有关部门对物流业重视程度提高。一是加强《规划》组织实施。国家发改委牵头成立了由 38 个部门和单位组成的落实《规划》工作小组，制定了《部门分工方案》。二是多渠道设立专项资金。国家发改委、财政部、商务部等部门安排专项资金，支持物流业重点建设项目。三是制定落实专项规划。《规划》中提出的 7 个专项规划，已有 3 个发布实施，其余接近完成。四是各部门加大政策支持力度。全国现代物流工作部际联席会议出台《关于促进制造业与物流业联动发展的意见》；商务部组织开展流通领域现代物流示范工作；国家税务总局持续扩大物流企业税收试点；铁道部积极推进战略装车点建设和路企直通运输；交通运输部开展物流信息化和甩挂运输试点工作；工信部组织编制《物流信息化发展规划（2010—2015）》；国家邮政局制定部门规章，规范邮政快递市场；海关总署开展出口货物分类通关试点改革；国家开发银行等金融机构为物流项目提供战略性融资服务。中国物流与采购联合会提出了税收、交通、投融资、物流企业、物流园区和制造业与物流业联动发展六个方面的"60 条"政策建议，为有关部门研究制定具体政策提供了基础资料。

与此同时，全国已有超过半数的省份出台了《物流业调整和振兴规划》实施细则。大部分省市建立了现代物流工作协调机制，一些省市政府还成立了主管物流工作的常设机构。许多省市制定相应的专项规划和法规，出台具体的财税扶持政策。

"十一五"时期，是全国物流行业认真贯彻科学发展观，为经济发展、结构调整和发展方式转变做出重大贡献的五年，也是我们在有中国特色物流发展道路上艰苦探索的五年。回顾五年来的发展历程，我有以下深刻体会：

——必须推进物流需求社会化、市场化。物流业是服务业，市场化、社会化的需求是物流业发展的根本动力。扩大物流市场需求、推进产业物流社会化，是物流业发展的先决条件。

——必须培育专业物流企业。企业是物流业发展的市场主体，只有物流企业得到发展，才能促进物流产业的升级，才能满足日益增长的市场化、社会化物流需求。加快培育物流企业，是推进物流业发展的中心任务。

——必须整合社会物流资源。纵观现代物流产生和发展的历史，就是对各种物流资源和要素不断整合和集约的过程。构建现代物流服务体系，要以资源整合为手段。资源整合是建立和完善现代物流服务体系的基本方法。

——必须坚持管理、服务和技术创新。现代物流是在传统产业基础上整合形成的新型服务业，在创新中产生，也要在创新中发展。管理、技术和服务创新，是企业可持续发展的生命线。

——必须强化行业基础工作。作为一个新兴行业，要能够用统计数据来准确描述，用行业标准来规范运作，用培训教育体系来培养人才，用技术创新体制来推进产业升级，用理论研究来指导行业发展。各项行业基础工作，是行业是否成熟的重要标志。

——必须形成推进物流业发展的合力。物流业是基础性产业，又是涉及诸多部门的复合型产业，必须强化综合协调机制。各有关部门应该发挥各自优势，主动搞好服务，合力营造有利于物流业发展的政策环境。适宜的体制机制和政策环境，是物流业发展的助推器。

我国物流业在"十一五"时期虽然取得了重大进展，但仍然处于初级阶段，还不能够完全适应国民经济发展的需要。

一是竞争力不够强。衡量物流业运行效率的指标——物流总费用与GDP的比率，我国高出发达国家 1 倍左右。国内领先的物流企业与跨国企业相比，无论是规模、品牌、盈利能力、国际市场份额，还是物流服务能力、供应链管理能力等，均有较大差距。

二是发展方式比较粗放。物流网络完整性、协调性、配套性差，整体效率不高。物流市场主体庞杂、企业集中度低、诚信体系缺失、竞争秩序失范等问题比较严重。物流企业组织化程度和服务水平不高，创新能力和可持续发展能力不强。物流运作方式与资源、能源和土地消耗及生态环境的矛盾日益突出。

三是不平衡性较为普遍。普通仓储、公路普货运输等传统服务供大于求，供应链一体化的专业服务能力不足；东部沿海地区物流业发展较快，中西部地区相对较慢；城市物流相对发达，农业和农村物流相对落后；国际货物贸易发展很快，但服务贸易滞后；物流资源整合不足，物流业和相关产业互动性不强；应急物流、逆向物流和绿色物流等环节比较薄弱。

四是物流企业生存和发展环境没有根本性好转。土地、燃油、人力成本等各项物流要素普遍短缺，成本持续攀升，而物流服务价格上升空间有限。多数企业在高成本、低收益、微利润状态下运行，缺乏发展后劲。

五是相关政策有待落实。《规划》提出的具体政策落实不够，物流业的产业地位尚未贯彻到具体的经济管理环节，现行体制设计和政策思路与物流业运作模式不相适应的矛盾还比较突出。

二、我国物流业"十二五"发展面临的形势

"十二五"时期，我国物流业发展仍将处于重要的战略机遇期，面临新的形势。

（一）保持经济平稳健康运行和加快发展方式转变，物流业发展将面临新课题

"十二五"时期，在经济平稳较快增长的推动下，我国物流业仍将处于总量扩张期，增速将以平稳为总的基调。以科学发展为主题，以加快转变经

济发展方式为主线，对物流业发展提出了新要求。物流业不仅要支撑经济总量的持续增长，更要通过提高效率降低运行成本，减少资源消耗，来促进国民经济运行质量和效益的提高，以减轻社会经济过度依赖规模增长的压力。因此，"十二五"时期的物流业发展，要处理好发展与转变的关系，以发展促转变，以转变谋发展。

（二）发展现代产业体系和坚持扩大内需战略，物流需求将出现新变化

"十二五"时期是我国实施扩大内需战略和发展现代产业体系的关键时期。改造提升制造业，培育发展战略性新兴产业，社会化、市场化物流需求将进一步释放，精益化、定制化、供应链一体化需求将会有新的增长。产业结构逐步升级，新型工业化加快推进，先进制造业物流需求将会成为新的亮点。随着居民消费升级和扩大内需政策的落实，与商贸服务业相关的居民消费服务需求将占有越来越重的分量，电子商务、连锁经营、快递配送等新型业态将加快发展。专业化、差异化、精细化的物流需求，对物流的成本、速度、服务提出了新的更高要求。

（三）新的开放战略和新的竞争环境，物流企业将面临新挑战

实施互利共赢的开放战略，提升对外开放的层次和水平，物流业将进一步对外开放，国内物流市场竞争将更为激烈。进出口贸易持续增长，企业实施"走出去"战略，要求配套的物流服务网络。内外资物流企业同样面临全球化竞争，市场竞争将从管理创新、模式创新、技术创新等更高层面展开。物流市场兼并重组将持续发生，中小物流企业谋求新的市场定位，超大规模物流企业或物流企业联盟将会形成。同时，劳动力供求关系发生重要变化，资源价格改革不断深入，土地价格的上涨和环境保护力度的加大，劳动力、土地、能源等要素成本全面上升，传统物流的低成本优势逐步削弱，物流企业将面临新的挑战。

（四）区域经济协调发展和城镇化加快推进，区域物流将形成新格局

产业集聚和转移带来大宗商品、原材料流量和流向变化。钢铁、汽车、化工、装备制造等产业向沿海地区集中，劳动密集型企业向内地集聚，与之相匹配的物流平台将发生转移，形成新的"物流带"。城镇化速度加快，城市数量和规模扩张，以中心城市为核心的城市群加快发展，将促进物流业集聚区形成。区域经济加强合作，相邻城市同城化趋势明显，将会产生新的"物流圈"。推进农业现代化，加快社会主义新农村建设，农产品进城和农资、日用工业品下乡形成的"双向物流"网络将成为重点建设内容。

（五）物流基础设施网络的完善和新科技革命的深入，物流运作将出现新模式

物流基础设施建设的效果将会在"十二五"期间显现，由高速铁路、高速公路、航空网和水运网组成的综合交通网络体系，将会极大地改善物流运作条件。特别是高速铁路网形成，客货分线后，铁路运能将会集中释放，多种运输方式合理分工成为可能。以物联网为代表的物流信息化加快推进，物流信息可视化、透明度提高，一批企业有可能向数据中心转型。以托盘为核心的单元装载方式更加普及，托盘共用系统上线运行。装卸搬运、分拣包装等专用物流技术装备的大型化、专业化、智能化水平将稳步提升。

（六）日益紧张的能源、资源、环境约束压力，物流发展方式必将实现新突破

"十二五"时期，我国经济规模持续增大，能源资源消费继续增加，环境污染形势严峻，二氧化碳减排压力巨大。物流业能源消耗比重高，节能减排任务重。"高投入、高消耗、高排放、低产出、低效益、低科技含量"的传统物流运作模式，将难以为继，物流发展方式必须寻求新的突破。

三、我国物流业"十二五"发展的基本思路

按照党的十七届五中全会和中央经济工作会议精神，结合"十二五"时期我国物流业发展的新形势和新任务，我们提出如下基本思路：

（一）谋划中长期发展战略，注重提升发展

在抓紧落实国务院《物流业调整和振兴规划》的基础上，争取物流业发展的战略思路在"十二五"规划中突出体现，并积极协助政府有关部门筹划物流业发展中长期规划。我们建议，到"十二五"末期，基本形成布局合理、技术先进、节能环保、便捷高效、安全有序并具有一定国际竞争力的现代物流服务体系，物流业由注重基础建设向全面提升服务质量转变。根据经济发展和转变发展方式的需要，大力推进物流需求社会化。积极培育适应客户需求的物流企业群体，并以A级物流企业国家标准促使企业提升发展，打造一批具有国际竞争力的大型物流企业集团。整合优化物流设施设备，全面提升物流信息化水平，物流管理、服务和技术创新有新的突破。物流市场环境得到优化，行业基础工作进一步加强，有利于物流业发展的管理机制和政策体系逐步形成。全社会物流总费用与GDP的比率继续下降。物流业在支撑经济平稳较快增长，调整经济结构和转变发展方式中发挥更大作用，为全面建成小康社会提供坚实的物流基础。

（二）推动产业物流社会化，促进融合发展

努力整合工业、商贸业和农业等产业物流需求，促进相关产业转型升级。鼓励工业企业分离分立物流职能，整合外包物流业务，推进工业物流社会化和市场化运作。重视商贸物流配送系统建设，支持流通企业和批发市场增加物流功能，加快电子商务物流发展，提升商贸物流服务水平。支持工商企业与物流企业战略合作，开展供应链一体化服务。发展农产品进城，农资、农机和日用工业品配送下乡的服务方式，改善农业和农村物流条件。鼓

励物流企业与工业企业、商贸流通企业、金融企业加强合作，融合发展，提高物流服务的质量和水平。

（三）培育物流企业群体，加快集约发展

加大物流企业政策支持力度。鼓励生产企业和流通企业整合内部物流资源，分离组建专业化、社会化的物流企业。支持现有运输、仓储、货代、联运、快递企业功能整合和服务延伸，加快向现代物流企业转型。鼓励物流企业通过兼并联合、资产重组，壮大企业规模与实力。放宽市场准入，鼓励社会资本进入物流领域。支持物流企业一体化运作、网络化经营，在专业服务领域做强做大。加快培育具有国际竞争力的大型物流企业，扶持引导中小物流企业健康发展。加快物流企业评估工作进度，不断扩大 A 级物流企业覆盖面，促进企业转型升级、集约发展。

（四）整合物流基础设施资源，实现协调发展

整合现有运输、仓储等物流基础设施资源，加快盘活存量资产，加强各类物流基础设施的衔接和配套。扩大铁路和水路干线运输比重，发挥公路集疏运与城市配送的功能，积极发展多式联运。根据货运中转、商品配送和生产需要，合理布局物流园区，完善中转联运设施，改造和建设一批现代化的配送中心。加强铁路、机场、港口、码头、货运场站等物流节点设施建设，通过整合优化，协调发展，发挥整体效能。国家应该像对待供水、供电和城市公交系统那样，支持物流基础设施建设。

（五）重视区域、城乡和国际物流，推动集聚发展

按照区域发展总体战略的要求，促进区域物流发展。积极推进不同地区物流领域交流与合作，引导物流资源跨区域整合。进一步完善城市物流体系，注重农村物流系统建设，加快发展农产品物流和农资物流。围绕产业园区、商贸园区、物流园区布局物流功能，推动物流集聚区发展。扩大物流服

务领域对外开放，引进消化吸收国外先进的物流管理方法、运作模式和技术装备。构建与周边国家和其他国家有效衔接的物流网络，增加货物贸易中的物流服务比重。为我国工业企业、商贸企业和工程企业"走出去"提供物流服务，逐步建立适应全球化环境的国际物流体系。

▲ 外宾来访

（六）推广应用新技术，追求创新发展

紧紧把握新科技革命的战略机遇，大力提高物流科技和信息化水平。密切关注新兴技术、节能减排、应对全球气候变化等领域科技发展的新动向。加快新技术、新材料、新工艺的引进消化吸收和集成应用的步伐。进一步增强自主创新能力，更好发挥科技进步和信息化对物流业发展的支撑和引领作用。推进物联网应用，提高物流信息化水平。建立和完善物流标准化体系，支持物流业一体化运作。逐步增加科研人员和研发经费，制定符合物流企业实际的高科技企业认定标准，形成创新发展的体制机制。

（七）转变物流运作模式，推进绿色发展

加快转变物流运作模式，全面推进绿色物流发展。加大相关政策支持力度，引导物流企业选用新能源汽车、节能环保车辆和物流设施；加强物流信息互联互通，优化运输组织，减少资源闲置和浪费；扶持发展集装单元技术，积极推广甩挂运输和多式联运；允许中置轴挂车列车在高速公路行驶，提高货车运行效率；加强绿色物流检查与评价，运用政策杠杆，调动企业节能环保的积极性。大力发展有效应对自然灾害、公共卫生事件、重大事故等突发性事件所需的应急物流，尽快形成应急物流体系。通过开展回收物流、逆向物流，优化废弃物、返退货的收集、运输、循环利用、最终处置方法，加快构建低环境负担的循环物流系统。

（八）加强行业自律和基础工作，保证健康发展

着力做好行业基础性工作。继续完善行业统计制度，加强物流企业和企业物流的统计调查工作。有序推进行业标准化工作，按规划做好物流标准制定和已有标准的宣贯工作。加强行业诚信体系建设，促进信用资源整合和共享。完善物流人才培养的多层次教育培训体系，提高人才培养质量。加强理论研究和技术创新，推进产学研结合。坚持物流业市场化改革和体制创新，着力构建统一、开放、规范、有序的物流市场体系。加强物流市场监管，维护公平竞争的市场环境。充分发挥行业协会的作用，进一步搞好行业自律。从保护产业公平竞争和国家经济安全出发，研究制定物流产业安全的相关规则。

（九）努力营造体制和政策环境，争取优先发展

近年来，特别是国务院《物流业调整和振兴规划》实施近两年来，许多地方和部门局部性的政策都在推进，但整体情况不够理想。一直困扰物流业发展的许多政策问题亟待解决。如，物流运作环节税率不统一，税负偏高的

问题；仓储类物流企业土地使用税不堪重负的问题；城市交通管理与物流业发展的矛盾问题；执法标准不一，物流企业罚款负担重的问题；物流基础设施建设的用地和融资问题；物流企业异地设点受阻，各类资质无法统一使用、税收不能统一核算的问题；在网络化经营和"走出去"中遇到的问题；等等。主要原因是，现行政策思路不适应物流业一体化运作和网络化经营的发展趋势，物流业的产业地位难以在具体的经济管理工作中落实。

为此，业内企业迫切要求强化综合协调机制，形成支持物流业发展的合力，为物流业全面、协调和可持续发展创造良好的体制和政策环境，并在此基础上探索物流业立法问题，为物流业发展提供法律保障。

（2011 年 1 月 19 日，作者在 2011 年中国物流发展报告会上的演讲）

02

稳中求进　整合提升
促进我国物流业持续健康发展

一、2011 年我国物流业发展回顾

2011 年，是我国"十二五"时期开局之年。一年来，在党中央、国务院的坚强领导下，全国各行各业以科学发展为主题，以转变发展方式为主线，继续推进改革开放和社会主义现代化建设，国民经济保持了平稳较快发展。全年国内生产总值 47.2 万亿元，同比增长 9.2%；全社会固定资产投资 31.1 万亿元，实际增长 15.9%；货物进出口总额 3.64 万亿元，同比增长 22.5%；社会消费品零售总额 18.4 万亿元，同比增长 17.1%。

在经济持续较快增长和一系列政策措施的推动下，我国物流业发展取得了新进展。社会物流总需求增速虽然趋缓，但物流专业化、社会化进程在结构调整中明显加快。全年社会物流总额为 158.4 万亿元，物流业增加值为 3.2 万亿元，同比分别增长 12% 和 14%。与上年同期相比，社会物流总额增幅回落 3 个百分点，物流业增加值增幅提高近 1 个百分点。社会物流总费用同比增幅为 18.5%，与 GDP 的比率为 17.8%，与 2010 年持平。物流业为国民经济平稳较快运行提供了有力支撑，为推动发展方式转变发挥了重要作用。一年来，我国物流业发展呈现出许多新的特点。

（一）支持物流业发展的政策集中出台

2011年，被物流业界称作"政策年"。3月，全国人大通过的《中华人民共和国国民经济和社会发展第十二个五年规划纲要（2011—2015年）》突出强调"大力发展现代物流业"，共有20多处提及物流业发展的内容。6月，国务院常务会议专题研究支持物流业发展的政策措施。8月，《国务院办公厅关于促进物流业健康发展政策措施的意见》（国办发〔2011〕38号）印发，被业内称为"国九条"。10月，国务院常务会议决定，从2012年1月1日起，在上海市开展交通运输业和部分现代服务业营业税改征增值税试点。12月，国务院办公厅发出国办函〔2011〕162号《关于印发贯彻落实促进物流业健康发展政策措施意见部门分工方案的通知》，把国办发〔2011〕38号文，即"国九条"，细化为47项具体工作，落实到31个部门和单位。

当前，"国九条"提出的政策措施正在逐步落实。由中国物流与采购联合会组织推荐、国家发改委审核、国家税务总局发文批准，第七批、341家物流企业被纳入营业税差额纳税试点范围。到目前，试点企业总数已达934家。第八批试点企业推荐审核工作正在进行当中。物流企业土地使用税调整方案基本形成，降低物流业土地使用税政策可望近期出台。中央和地方财政先后对农产品冷链物流、粮食物流、服务业功能集聚区、城市共同配送系统和农村流通体系建设等重点物流项目给予资金支持。国家开发银行与中国物流与采购联合会签署了开发性金融合作协议，部分贷款额度已落实到具体物流项目。北京、天津、上海、陕西、山西、山东、安徽、福建等20多个省市正在酝酿出台落实"国九条"的实施细则。

（二）物流业发展环境受到广泛关注

在持续快速增长过程中，一些突出问题也成为制约物流业发展的"顽症"，比如，税负较重、重复纳税，过路、过桥费过高，公路"乱收费、乱罚款"，配送车辆进城难，物流业用地难、地价高等。这些问题导致物流业运行成本上升、货物流通不畅，物流企业不堪重负。

2011 年 5 月，中物联协助中央电视台组织策划了"聚焦物流顽症"系列节目，通过《经济半小时》《经济观察》和《对话》等栏目，集中剖析了我国物流业发展环境中的突出问题，在社会上引起了极大反响。全国人大财经委、中央政策研究室、国务院办公厅、国家发改委、商务部、工信部等部门，先后召开专题会议。新华社、《人民日报》《经济日报》、中央人民广播电台以及众多媒体深入报道，促进了有关问题的解决。

2011 年 6 月，交通运输部等 5 部门发出《关于开展收费公路专项清理工作的通知》，到 2011 年年底，全国收费公路专项清理工作第一阶段调查摸底基本完成。18 个省市取消了政府还贷二级公路收费，撤销收费站 1892 个，涉及 9.4 万公里。多数省区市采取撤销站点、降低收费标准等措施，我国首条高速公路——上海沪嘉高速已取消收费。公路"乱收费""乱罚款"问题有所缓解。北京、上海、苏州等城市配送车辆进城通行条件有所改善。

（三）物流市场需求发生深刻变化

工业物流整合速度加快。一是从生产企业分离分立的物流公司搞好母体公司物流服务的基础上，积极开发社会物流业务。如淮矿物流、开滦物流和芜湖安得物流等，其社会物流业务量均已超过了母公司的物流需求量。二是提高物流外包的比例和层次。物流外包涉及行业从家电、电子、快速消费品等下游产业和产品向钢铁、建材、煤炭等上游延伸；外包领域从运输、仓储、货代等基础性服务向全方位一体化供应链服务扩展。三是制造业与物流业联动发展深入推进。12 月，国家发改委在南京召开"第三届全国制造业与物流业联动发展大会"，公布了 130 家全国制造业与物流业联动发展示范企业。

商贸物流整合趋势明显。传统批发市场、农贸市场提升、改造、扩展物流功能，连锁零售企业加紧完善物流系统，电子商务物流供不应求状况加剧。据估算，2011 年我国网络购物总额将超过 8000 亿元，全年快递业务量 36.5 亿件。快递服务的发展速度赶不上爆发式增长的电子商务物流需求，国内主要快递公司多次小幅上调价格。电子商务企业开始进入物流快递领域；物流快递企业也积极试水电子商务。

农业和农村物流要求双向对接。农产品物流这个"老大难"问题在2011年表现更为突出。一边是农民"卖菜难"，一边是居民"买菜贵"。温家宝总理专门批示，把"优先发展农产品物流业"写进了"国九条"。有关部门大力推进"农超对接""农校对接""农企对接""农批对接"等流通方式，加大农产品冷链物流体系建设的投入。同时，着力推进农产品进城、日用工业品和农资下乡的农村物流服务体系建设。但农业和农村物流仍然是薄弱环节，应该引起高度重视。

（四）物流经营模式经历新的变革

物流市场需求的新变化，对物流服务提出了新要求，而服务价格提升空间有限。2011年11月，大中型公路运输企业货运价格环比上升1.4%，同比上升4.2%；中小型企业零担货运价格低位波动；1—11月，沿海散货运价指数同比下降4.5%；波罗的海干散货综合运价指数同比下降45.9%。燃油价格连续攀升，人力成本大幅度提高，土地使用税费、仓库租金再创新高，物流要素成本价格进入持续上行通道。1—11月，全国重点物流企业主营业务成本同比上升28.4%，极大地压缩了利润空间。

为应对优服务、低价格、高成本的挑战，物流企业在经营模式上寻求突破。以中储、中远、中外运为代表的仓单质押融资监管业务加快发展，不仅获得了增值服务收益，也增加了对供应链的掌控能力。数十家银行成立专门机构，不断推出供应链金融新产品。据推算，全国全年此项贷款额度可达1.5万亿至2万亿元。公路零担货运在前几年卡车航班、专线联盟的基础上，2011年又出现了"公路货运班车总站"新模式。苏州传化物流基地通过"总站"模式，对零担货运实现集约化、客运化的管理和服务。越来越多的物流企业介入生产企业代理采购、供应商管理库存、分销执行，供应链一体化服务能力不断增强。

（五）物流企业整合提升步伐加快

2011 年，资本市场看好我国物流业发展前景，一些境内外知名投资机构进一步加大对国内物流业的投入。具有一定网络基础、仓储设施或提供冷链、医药、保税等专业服务的中型物流企业成为并购焦点。一些有实力的房地产、煤炭等企业转向物流地产开发领域。部分物流企业借助资本市场实现快速扩张，已有 10 多家重点物流企业在国内外股票市场上市。中小物流企业抱团结盟，谋求更大话语权，物流企业市场集中度进一步提高。1—11 月，全国重点物流企业主营业务收入同比增长 26.3%。2011 年度 50 强物流企业主营业务收入共达 5927 亿元，同比增长 31.5%；排名第 50 位的达到 15.4 亿元，同比增长 26.2%。

物流企业的专业化服务能力显著增强。在快递、公路货运、汽车物流、医药物流、烟草物流、能源物流等专业细分领域涌现出一批实力比较雄厚、市场占有率较高、综合竞争力较强的物流企业。截至 2011 年年底，按照《物流企业分类与评估指标》国家标准，经评估认定的 A 级物流企业已达 1506 家，覆盖除西藏自治区以外大陆所有省区市。涉及的行业既有交通运输、仓储、货代、快递等综合服务企业，也延伸到制造业、商贸业和农业等专业物流服务领域，还有新兴的供应链公司、物流园区等。代表我国物流业发展最高水平的 5A 级物流企业已经达到 98 家，物流企业核心群体初步形成，在行业中起到了示范和引导作用。物流企业积极应用管理信息系统、物流信息平台、移动信息服务、物联网等信息化手段，物流服务的高效化、一体化和智能化明显提高。

（六）物流区域集聚趋势明显

随着区域经济结构调整，中西部产业发展能力不断增强。国内外大型物流和商贸企业在成都、重庆、武汉、郑州等中西部主要城市设立区域物流中心和二级配送网络。"长三角"两省一市创新区域物流合作模式，区域性国际物流系统逐步形成。"珠三角"地区深化区域通关改革，物流集聚效率不断提高。《东北地区物流业发展规划》发布，推进物流业逐步向节点和通道集聚。环首都经济圈概念的提出，京津冀物流合作提上议事日程。区域物流资源从分散走向整合，区域物流服务的集聚效果逐步显现。

在区域物流发展中，也出现了一些值得注意的问题倾向。一些地方对物流需求状况缺乏深入分析，提出的物流发展目标带有一定盲目性，物流规划用地动辄几平方公里，甚至几十、上百平方公里，脱离实际需求；也有的借物流名义，圈占土地，搞房地产开发。而真正从事物流业务的企业又拿不到用地指标，即使拿到土地，也因为地价太高而无法开展物流业务。有关部门对这些问题应该高度重视，并采取得力措施，加以规范和引导。

（七）物流基础设施建设投资增速放缓

受交通运输业投资明显放缓影响，物流业固定资产投资增速持续回落。1—11月物流业固定资产投资完成2.8万亿元，同比增长9.6%，增幅比1—10月回落0.3个百分点，比上年同期回落14个百分点，比同期城镇固定资产投资增幅低14.9个百分点。

2011年，7·23甬温线特别重大铁路交通事故发生后，铁道部全面梳理拟建和在建项目，解决规模过大、标准过高、盲目压缩工期等问题，投资建设进度放缓。公路、水路投资连续高速增长之后，2011年增速同样低于上年。预计全年公路、水路固定资产投资共完成1.42万亿元，同比增长7.1%。我国物流基础设施建设存在的主要问题，依然是多种运输方式以及线路与节点的配套性、协调性较弱，综合运输系统效益有待进一步发挥。

（八）物流行业管理基础性工作日臻完善

一是物流标准化工作稳步推进。《物流标准目录手册》正式出版，其中收录物流国家标准、行业标准和地方标准共计601项。第一个由中国专家发起和主导的物流领域国际标准《ISO 18186：2011 集装箱–RFID货运标签系统》正式发布。

二是物流统计工作深化细化。采购经理指数（PMI）在国家宏观经济监测中发挥了重要作用。社会物流统计制度日趋完善，分行业、分产品的统计调查分析逐步开展。物流运行景气指数体系试发布制度初步建立。

三是物流教育和培训质量提升。目前，我国开办物流专业的本科院校达417所，高职高专约824所，中职中专超过2000所，在校学生总数突破100万人。物流学科建设取得突破性进展，物流管理、物流工程、采购管理专业已被列入本科专业目录中的专业大类，为下一步学科目录调整进入一级学科做了充分的铺垫。物流师职业资格培训与认证工作自2003年11月开展以来，已有30多万人参加了认证培训，16万多人取得高级物流师、物流师和助理物流师资格证书。

四是物流科技、管理创新和学术理论研究取得新进展。经科技部批准，从2002年开始，中国物流与采购联合会设立了科学技术奖。10年来，共有267个项目获奖。中国物流学会开展物流优秀论文和研究课题的评审和表彰工作，2011年共征集各类研究成果1200多件。

总体来看，2011年我国物流业保持了平稳较快发展，为国民经济和社会发展做出了重要贡献。广大企业、政府有关部门、行业协会、科研机构、新闻媒体等，都付出了辛勤努力，给予了大力支持。2011年11月，人力资源和社会保障部、中国物流与采购联合会在人民大会堂召开了全国物流行业劳动模范表彰大会，一批物流行业先进集体和个人受到表彰，物流行业社会地位进一步提升。

同时，我们也要清醒地看到，制约我国物流业发展的深层次矛盾尚未完全解决，新的困难和问题又摆在我们面前。衡量物流业运行效率的指标——物流总费用与GDP的比率，尽管过去几年有所下降，但下降基础仍不牢固。国内领先的物流企业与跨国企业相比，无论是规模、品牌、盈利能力、国际市场份额，还是物流服务水平和供应链管理能力均有较大差距。物流市场主体庞杂，产业集中度低，诚信体系建设滞后，市场秩序失范等问题依然存在。物流运作方式与资源、能源和土地消耗及生态环境的矛盾日益突出。土地、燃油、人力等各项物流要素普遍短缺，运营成本持续攀升，物流企业生存和发展环境尚未实现根本性好转。现行体制设计和政策思路与物流业发展要求不相适应，"国九条"提出的相关政策措施有待进一步落实。

二、2012年我国物流业发展形势及对策分析

2012年是实施"十二五"规划承上启下的重要一年。综合分析国际国内形势，我国经济社会发展面临新的挑战和机遇。从国际看，世界经济复苏艰难曲折，欧洲主权债务危机日益恶化，全球大宗商品和金融市场动荡加剧，各类风险因素进一步增多。从国内看，国民经济在保持良好发展态势的同时，也面临不少困难。进出口贸易增速回调，投资拉动受到制约，内需增长难度加大，部分企业出现经营困难……这些都将对2012年物流业发展产生深刻影响。

展望2012年，我国物流业发展有一些因素值得关注。

一是增速放缓趋稳。预计2012年社会物流总额和物流业增加值的增幅将在11%和13%左右，社会物流总费用与GDP的比率将维持在18%左右。

二是需求层次提升。一体化、精益化、智能化的供应链服务需求继续扩大；专业化、个性化、柔性化的共同配送需求快速增长；电子商务和居民消费等对物流配送和快递服务的要求越来越高。

三是市场竞争加剧。市场主体庞杂的局面和要素成本上升的趋势，短期内难以改变，物流企业经营困难进一步加剧。

四是物流企业面临新的选择。符合市场需要的企业将有更多发展机会，不适应市场需要的企业将承担被淘汰的风险。

五是涉及民生的物流领域更受关注。如农产品物流、食品物流、医药物流、社区物流服务等将获得进一步支持。

六是物流新技术加快应用。物联网、云计算、多层仓库、自动分拣、托

盘共用系统等新的设备和技术将获得更加广泛的应用。

七是多业联动的经营模式。制造业、商贸业、金融业与物流业联动发展，将形成新的整合优势。

八是物流政策逐步落实。如果说2011年是"政策出台年"的话，2012年应该是"政策落实年"。我们对"国九条"等政策的进一步落实充满期待，也寄予厚望。

面对新一年困难与机遇并存的新形势，我国物流行业要认真贯彻中央经济工作会议精神，以科学发展观为指导，把握好"稳中求进"的总基调。以整合物流资源，创新服务模式，提升物流服务能力为主攻方向；以提高物流效率，降低物流成本，提高服务质量，减轻资源环境负担为主要目标；以苦练内功、改善管理、培养人才，完善行业管理基础工作为重点；以多业联动、有机融合、包容发展为依托；以信息化、标准化，科技创新为手段；以落实"国九条"为抓手，努力营造物流业持续健康发展的良好环境，加快构建现代物流服务体系，助推其他产业转型升级，满足人民群众日益增长的物流服务需求，为保持国民经济平稳较快发展和物价总水平基本稳定提供坚实的物流保障，以物流业发展的新业绩迎接党的十八大胜利召开。

2012年我国物流业要把握好稳中求进的总基调，在国家宏观调控，结构调整中发挥更大作用。

——在扩大内需中发挥支撑和保障作用。扩大内需，特别是消费需求，是宏观调控政策的重要内容，也给物流业发展开辟了新的领域。我们要搞好城市共同配送体系建设和农村物流服务体系建设，提高流通效率。要大力发展电子商务物流、冷链物流、医药物流、社区物流服务等新型业态，拓宽物流服务领域。要改造物流系统，优化作业流程，提高供应链管理水平，努力降低物流成本。要通过现代物流管理方法和技术手段，对重点商品实行全程监控、源头追溯，创造放心消费、安全消费的物流条件。

——在推进产业结构优化升级中发挥促进作用。物流业是复合型服务产业，涉及领域广，吸纳就业人数多，促进生产、拉动消费作用大。物流业增加值已占全部服务业增加值的 16% 左右，物流业每增加 6 个百分点，差不多就能够带动服务业增加 1 个百分点。大力发展物流业可以有效调整三次产业结构，促进经济协调发展。通过对传统产业物流系统改造，加强对战略性新兴产业和中小微型企业的物流服务，助推产业结构优化升级。

——在提高经济增长的质量和效益中发挥重要作用。我国物流运行成本高、效率低、潜力大。社会物流总费用与 GDP 的比率每降低 1 个百分点，就可以带来 4000 多亿元的经济效益。通过物流运行效率和效益的提高，可以减少对 GDP 高增长的依赖，并减轻资源和环境压力。融入信息技术的现代物流业，也是经济发展的"晴雨表"，应该在服务宏观政策和经济运行调节中发挥更大作用。物流业只有融入经济发展全局，服务于经济结构调整和发展方式转变，才能找准自身的发展定位。

全面落实"国九条"政策措施，是 2012 年物流工作重点，也是全行业的期盼。当前，国务院各有关部门正在按照分工，提出具体政策落实方案。中国物流与采购联合会经过调查研究，多次提出政策建议，有的已经被采纳。

▲ 调研江苏省港口集团有限公司

——我们期待，切实减轻物流企业税收负担。不要因为税制变更，增加企业负担。根据物流企业一体化运作、网络化经营的特点，建立综合物流业务税目，统一税率，统一发票，适应一站式服务、一票到底业务发展的需要。

——我们期待，加大对物流业土地政策支持力度。制定和实行物流业用地保护政策，对纳入规划的物流园区用地给予重点保障。物流业用地使用权可采取租赁方式，不准随意变更用途。在保证物流用地的同时，有效遏制以物流名义圈占土地的行为。

——我们期待，物流车辆便利通行。交通运输部等五部委收费公路专项清理工作能够取得实效，切实降低过路过桥收费。抓紧修订完善道路大型物件运输管理办法和超限运输车辆行驶公路规定，规范道路交通管理和超限治理行为。研究制定城市配送管理办法，有效解决城市中转配送难、配送货车停靠难等问题。

——我们期待，加快物流管理体制改革。从国民经济行业分类、产业统计、工商注册、土地使用及税目设立等方面明确物流业类别，进一步确定物流业的产业地位。

——我们期待，鼓励整合物流设施资源。支持大型优势物流企业通过兼并重组等方式，对分散的物流设施资源进行整合；鼓励中小物流企业加强联盟合作，创新合作方式和服务模式，优化资源配置，提高服务水平，积极推进物流业发展方式转变。

——我们期待，推进物流技术创新和应用。特别是调整完善物流企业申请高新技术企业的认定标准，使具备条件的物流企业可以享受高新技术企业的相关政策。

——我们期待，加大对物流业的投入。希望各级政府加大对物流基础设施投资的扶持力度，银行业金融机构加大对物流企业的信贷支持力度。进一步拓宽融资渠道，积极支持符合条件的物流企业上市和发行企业债券。

——我们期待，优先发展农产品物流业。关于农产品物流设施网络建设、质量安全可追溯制度建设、"绿色通道"建设以及相关的减轻税费、优化环境的政策落到实处。

——我们期待，加强组织协调。物流业涉及部门多，协调难度大。期盼国务院有关部门密切配合，加强协调，发挥全国现代物流工作部际联席会议作用，尽快全面落实各项政策措施。各级地方政府，结合各地实际全面推动落实。中国物流与采购联合会将继续开展调查研究，积极反映企业诉求，全力配合政府有关部门做好落实工作。

在新的一年里，物流企业要认真研究市场需求和国家经济政策变化，适时调整经营战略和市场策略。应从盲目追求大规模、高速度，转向质量好、效益高、速度稳。要更多关注中西部地区、农村地区物流市场，满足扩大内需带来的物流市场需求。加快物流企业评估工作进度，扩大 A 级物流企业覆盖面，促进企业转型升级。加快与工业企业、商贸流通企业和金融企业等融合发展，向贸易、物流和金融一体化全程供应链延伸服务。大力推进科技进步和经营模式创新，增强核心竞争力。加快人才培养，提高管理水平，加强企业文化建设，积极履行社会责任。

中央提出，2012 年要促进服务业发展提速，比重提高，水平提升。作为重要的生产性服务业，做好 2012 年的物流工作，任务艰巨，责任重大。我们要在政府有关部门领导下，深入贯彻科学发展观，认真落实中央经济工作会议的决策部署，坚定信心、稳中求进、攻坚克难、整合提升，为促进我国物流业持续健康发展做出新的贡献！

（2012 年 1 月 10 日，作者在 2012 年中国物流发展报告会上的演讲）

03

稳中求进　开拓创新
推动我国物流业融合发展

一、2012 年我国物流业发展回顾

2012 年，我国物流业呈现出许多新变化和新特点。

（一）物流业总体运行放缓趋稳

2012 年，我国国民经济出现回升势头。全年国内生产总值 51.9 万亿元，同比增长 7.8%，到第四季度结束了增速持续回落的局面。随着经济企稳回升，物流业实现稳中渐升。据统计测算，全年社会物流总额 177.3 万亿元，同比增长 9.8%，增幅较上年同期回落 2.5 个百分点，较上半年回落 0.2 个百分点，较前三季度回升 0.2 个百分点。全国物流业增加值为 3.5 万亿元，同比增长 9.1%，增幅虽比上年同期有所回落，但仍比第三产业增加值高出 1 个百分点。物流业增加值占 GDP 的比重为 6.8%，占服务业增加值的比重为 15.3%。全国社会物流总费用为 9.4 万亿元，同比增长 11.4%，增幅比上年同期回落 7.1 个百分点。社会物流总费用与 GDP 的比率为 18%，同比提高 0.2 个百分点，经济运行中的物流成本依然较高。

（二）物流市场需求细分化趋势明显

进出口物品和生产资料类的物流需求增速放缓。由于国际市场增长乏

力，国际航运业务持续低迷，航运企业亏损严重。因投资需求趋缓，钢铁、建材、煤炭、能源等工业和大宗商品物流需求下降，去库存压力加大。2012年下半年以来，华东地区钢贸流通行业仓单重复质押问题造成多方债务纠纷，金融物流触发系统风险。2012年全国汽车实现产销1900万辆，同比增长仅为4%左右，整车物流高速增长局面开始逆转。

快速消费品和网购物流需求增势迅猛。全年电子商务交易额达7万亿元，网购交易额超过1.2万亿元，分别占社会消费品零售总额的33.8%和5.8%。与电商网购配套的快递物流实现高速增长，全年完成业务量57亿件，同比增长55%。随着居民消费水平和安全意识的提高，人们对食品、药品、快速消费品、农产品等物流质量的要求越来越高，冷链物流应用领域进一步拓展。

制造业物流分离外包速度加快。生产制造企业推动资源向主业集中，传统制造企业物流外包水平明显提升，IT、汽车、家电、服装等制造企业物流外包进入供应链整合阶段。一批具有专业服务能力的物流企业逐步从集团公司分离设立，前几年由制造企业分离设立的物流企业，经过市场化锻炼规模快速扩张。

（三）物流企业专业化服务能力得到提升

企业积极应对成本上升和市场变化。2012年物流企业要素成本全面上涨。人力成本平均增长15% ~ 20%，燃油价格相当于2000年的3倍左右，过路过桥费占公路运输成本的三分之一左右，多数企业资金使用成本超过利润水平，大中城市物流业用地及仓库租金再度上涨。为应对市场压力，大型物流企业重组整合，兼并收购，中小物流企业依托公共平台集聚和联盟发展。国内航运企业大幅削减运力，调整业务结构。快递企业传统加盟模式暴露管控风险，"直营"和"收权"转型渐成趋势。公路货运市场中一批像传化公路港、林安物流园等的实体平台和信息平台有效整合社会资源。中国邮政速递物流IPO获得通过，一批市场表现优秀的物流企业积极筹备上市。

专业化服务能力进一步增强。企业更加重视以客户需求为中心，开发个性化、一体化服务，在冷链物流、汽车物流、城市配送、物流地产等专业细分领域涌现了一批综合服务能力强的专业物流企业。企业加强精细化、集约化管理，通过技术改造、管理提升和人员培训，应对成本上升压力。精益物流、共同配送、供应链集成等新的物流运作模式表现出强大生命力。越来越多的企业向产业链延伸服务，逐步从传统物流企业向综合物流服务商转型。

（四）经营业态交叉融合正在加速

各类企业跨界经营。商贸流通企业从交易功能向物流功能延伸服务，现货市场、交易中心、期货交割库等商贸物流业态快速发展。苏宁、国美、京东、当当等一批消费型商贸企业和电子商务企业投入巨资建立和完善物流网络，部分企业申请获得快递牌照，自有物流配送体系向社会开放。中邮、顺丰等快递企业开设网上业务，进入电商领域。物流企业介入代理采购和分销业务，借助金融机构开展供应链一体化服务。

多种业态深度融合。制造业与物流业联动发展，在采购、生产、销售等环节加强协作。联想、海尔、一汽等一批制造企业与物流企业深化战略合作，促进业务流程再造。商贸业与物流业共生发展，百联、物美、浙江物产、天津物产等一批商贸企业改造传统流通渠道，创新流通模式。金融与物流的融合，提升了物流业对整个供应链的掌控能力。汽车、家电、电子、医药、零售等行业上下游多种业态深度融合，供应链协同模式加快变革。

（五）区域物流和国际物流整合开拓

区域物流一体化继续推进。长三角、珠三角、环渤海、中部地区等区域物流一体化积极推进，区域通关、交通管理、公路执法等合作机制逐步建立。东部地区物流业发展达到一定规模，加快转型升级。中西部地区受产业转移驱动物流需求扩张，物流基础设施建设保持较快增长。北京、上海、广州、成都等一批国家级物流节点城市辐射和集聚作用明显，郑州、武汉、西安等一批中西部物流中心城市发展势头良好。

国际物流发展蕴含机会。中远、中外运、顺丰速运等大型物流企业跟随国内制造和建筑工程企业进入国际市场，在工程物流、快递物流等领域取得积极进展。航空运输企业积极拓展国际航线，加入国际联盟，打造国际化航空公司。一批大型物流企业通过收购兼并等方式，加大战略性投资，积极推进海外扩张。

（六）物流基础设施建设投资再创新高

2012年，我国物流业固定资产投资完成4万亿元，同比增长23.9%，增幅同比提高16.1个百分点。年末铁路营业里程9.9万公里，公路通车里程418万公里，其中高速公路9.6万公里，分别同比增长5.9%、1.8%和13.1%。随着铁路运力的释放，海铁、公铁、空铁等多式联运具备发展条件。

物流园区初具规模。2012年，中国物流与采购联合会开展了第三次全国物流园区（基地）调查，列入调查的各类物流园区共计754家，其中运营的348家，占46%。与前两次调查相比，物流园区区域分布趋于均衡，转型升级态势明显。园区服务范围逐渐扩大，集聚和辐射效应持续增强。

（七）物流信息化和技术水平稳步提升

物流信息化水平较快提高。交通、邮政、食品药品监管等一批电子政务系统加快物流信息资源开发利用。全国铁路推出货运电子商务平台，货运业务实现网上办理。国家邮政局快递安监平台建设基本完成，实时监测和预警快递企业生产运行。交通运输部全国交通运输物流公共信息平台建设工作正式启动。国家和地方一批物流公共信息平台取得新进展。RFID技术在物流与交通领域应用获得政府支持，危险品运输车辆GPS车载终端开始强制推行，物联网技术开始在烟草等物流领域应用。

物流装备市场改造升级。叉车、货架、托盘等物流装备产品整体陷入市场低迷。装备制造企业加大市场开发力度，研发高端产品、升级服务模式、开发新兴市场。随着连锁零售、电子商务、医药、烟草、快递等行业快速发展，物流配送中心数量大幅增加，对立体仓库、自动分拣系统、自动识别系统、手持终端以及设备系统集成需求旺盛，物流装备系统化、自动化、智能化趋势明显。

（八）物流标准化和教育培训等基础性工作成效显著

物流标准化工作积极推进。全年新发布标准 23 项，其中国家标准 8 项，行业标准 15 项。正在制定的国家标准 80 项，行业标准 12 项，基本完成了《全国物流标准专项规划》的既定目标。自 2005 年开始，中国物流与采购联合会按照《物流企业分类与评估指标》国家标准开展 A 级物流企业评估工作，目前全国 A 级企业已达到 2135 家。物流园区、冷链物流、医药物流等一批专业性物流标准加快制修订。

物流学科体系建设、职业技能培训认证工作取得积极成效。目前，全国已有 417 所本科院校、824 所高等职业学校和 2000 多所中等专业学校开设了物流类专业。经教育部批准，"物流管理""物流工程"被列入教育部本科专业大类目录。中物联物流师职业资格培训与认证工作自 2003 年 11 月开展以来，已有 30 多万人参加了认证培训，16 万多人取得资格证书。

（九）物流业政策环境进一步改善

国务院发布《关于深化流通体制改革加快流通产业发展的意见》，提出大力发展第三方物流，促进企业内部物流社会化。随后，国务院办公厅推出降低流通费用 10 项政策，突出强调降低物流成本。先后发布的《国内贸易发展"十二五"规划》和《服务业发展"十二五"规划》，都对物流业发展提出了新的要求。

2011 年 8 月，《国务院办公厅关于促进物流业健康发展政策措施的意见》印发，业内叫作"物流国九条"。2012 年，各有关部门为落实"物流国九条"

做了大量工作。国家发改委、铁道部、交通运输部等多部门出台政策，鼓励和引导民间投资进入物流相关领域。国家发改委起草编制物流园区发展专项规划和应急物流发展专项规划；财政部出台物流企业土地使用税减半征收政策，将物流业纳入营业税改征增值税试点范围，扩大营业税差额纳税试点；交通运输部开展收费公路清理工作，积极推广甩挂运输，支持公路枢纽型物流园区建设；商务部启动现代物流技术应用和共同配送综合试点，提出仓储业转型升级指导意见；铁道部实施货运组织改革，试行"实货制"运输组织方式；工业和信息化部推进工业物流和物流信息化发展；海关总署推进特殊监管区域改革发展。各地政府出台规划和配套政策，积极落实"物流国九条"也有新的进展。

总体来看，2012年我国物流业经受了严峻挑战和考验，实现了平稳适度增长，对国民经济发展和发展方式转变发挥了重要作用。但也必须清醒地看到，随着行业运行增速趋缓，长期掩盖在高速增长下的一系列问题日益突出。物流需求社会化程度依然不高，企业物流外包层次低，物流服务内部化特征明显。物流企业集中度不够，专业化服务能力不强，低端化、同质化竞争比较严重，诚信缺失引发社会关注。物流效率和效益提升缓慢，无论是物流总费用与GDP的比率，还是企业物流成本费用率居高不下。物流市场经营风险加大，要素成本上涨趋势难以逆转，物流企业生存空间进一步压缩。物流能力不足和运力过剩长期共存，多种运输方式不均衡、不协调、不衔接的问题依然存在。在物流基础设施建设中，一方面物流用地供应难以保障，建设规划难以落地；另一方面有的地方借物流名义盲目圈占土地，改变用途。物流业涉及管理部门多、协调难度大的问题，导致相关政策出台慢、落实难，体制和政策环境与行业发展的需要不相适应。比如，物流业被纳入"营改增"试点后，不仅物流业各环节税率统一问题没有解决，而且"交通运输业"普遍出现税负增加较多的严重问题。由此看来，落实"物流国九条"政策，切实减轻物流企业负担依然任重道远。

二、2013 年我国物流业发展展望

2013 年是全面贯彻落实党的十八大精神的开局之年。党的十八大确定了实现全面建成小康社会和全面深化改革开放的目标，提出了加快完善社会主义市场经济体制和加快转变经济发展方式的任务。这"两个全面"和"两个加快"是我国现代化建设进入新阶段的新任务。

我国物流业发展进入新阶段，面临新机遇。一是要把握扩大内需特别是消费需求的战略机遇，在有效满足消费需求、降低流通成本、提高流通效率中发挥物流业更大作用。二是要把握产业转型升级的战略机遇，推动物流需求社会化和供应链一体化，带动制造业服务化。三是要把握新型城镇化的战略机遇，加强城市物流服务体系的改造和建设，促进城乡物流一体化发展。四是要把握创新驱动的战略机遇，鼓励企业加快技术创新、服务创新和模式创新，形成科技进步和管理创新的新动力。五是把握开放型经济的战略机遇，打造国际物流服务网络，为其他产业"走出去"提供物流保障。六是要把握节约资源和循环经济的战略机遇，推行绿色物流、循环物流、低碳物流，走出一条可持续发展的道路。

今后一个时期，国际经济形势依然严峻，国内经济出现阶段性特征。有研究机构指出，我国潜在经济增长率正逐步放缓，有可能从"持续高速增长阶段"进入"中速增长阶段"。初步预测，2013 年我国社会物流总额和物流业增加值的增长幅度为 10% 左右，社会物流总费用与 GDP 的比率下降的难度依然较大。

不久前召开的中央经济工作会议确定了 2013 年经济工作继续保持"稳中求进"的总基调。我们要全面贯彻落实党的十八大精神，稳中求进、开拓创新，坚持"稳增长、调结构、抓整合、促转型"的发展思路，以降低全社会物流总成本、提高物流运行效率为中心，进一步树立整合理念，促进结构调整，加大转型力度，提高服务水平和增长质量，全面推动我国物流业持续健康发展。为此，我们应注意做好以下重点工作。

一是坚定信心，主动转型发展。经济增速的调整对我国物流业带来重要影响。但是我们也要看到，国民经济持续健康发展的长期趋势没有变。党的十八大提出到2020年国内生产总值和城乡居民人均收入双双实现翻一番，也为行业发展提供了强劲动力。我们要坚定信心，把握机遇，主动推进转型升级。引导企业从单一功能、比拼价格的传统物流服务商向系统集成、合作共赢的供应链管理服务商转型，提升企业核心竞争力。引导行业从成本驱动、速度优先的粗放式发展方式向创新驱动、效益优先的集约化发展方式转变，提高物流业发展的质量和效益。

二是转变观念，推动整合发展。物流业的核心理念和强大生命力就在于整合，这也是新时期物流业转型升级的着眼点和突破口。我们要把握制造业产业升级、流通业体制改革和新型城镇化加快推进的机遇，坚持整合分散的物流资源，打破上下游物流瓶颈的整合思路。立足于物流功能整合和信息整合，推动企业间资源整合，实现产业链上下游供应链整合，提高资源利用效率，改造传统物流运作方式。引导大型物流企业通过兼并、重组、联合等多种整合方式，提高企业集中度。鼓励中小企业开展多种形式的联盟合作，应对竞争压力。特别要重视利用资本市场实现发展壮大和整合扩张。

三是加强管理，注重科学发展。随着新型工业化的推进和消费品市场繁荣，管理提升将为企业创造差异化竞争优势，也成为企业降本增效的重要手段。物流企业要抓好战略管理，顺应市场需求，收缩竞争力不足的战线，调整业务结构和组织架构。要抓好市场管理，聚焦细分市场，明确自身定位，强化与核心客户的联系。要抓好服务管理，注重服务的精细化、高端化、个性化，推进精益物流服务模式。要抓好成本管理，深入开展对标挖潜，健全成本考核体系，加大成本考核奖惩力度。要抓好风险管理，健全风险管理体系，建立风险评估和内控评价机制，建立重大风险预警机制。

四是多业联动，促进融合发展。经济全球化时代，世界经济竞争已经进入供应链竞争阶段，企业间的竞争将发展为供应链与供应链之间的竞争。物流企业要充分发挥自身优势，打通产业链上下游，探索与制造业、流通业、金融业等多种产业的融合渗透，促进生产方式转变和流通方式转型，提升物流业对整个供应链的掌控能力。要始终坚持以最终客户需求为中心，加强与客户企业的联系合作，拓展物流外包的广度和深度，为整个供应链创造差异化竞争优势提供重要支撑。

五是科技引领，加快创新发展。当前，我国正处于新技术革命的战略机遇期，与前几次技术革命不同，我们具有一定的先发优势。要密切关注新兴技术、新型能源、节能减排、物流信息化等领域科技发展的新动向，积极参与试点示范，加强科技转化力度。特别要关注物联网在物流领域的应用，积极开发基于物联网的先进服务模式。要充分利用现代先进信息技术，打造公共物流服务平台，改造传统物流服务模式。要通过绿色物流技术改造传统运作模式，实现绿色环保与效益提升协调发展。

六是行业自律，坚持诚信发展。近年来，我国物流市场发展迅猛，转型升级步伐加快。但是我们也应该看到，物流市场无序竞争、恶意欺诈、诚信体系缺失等问题屡有发生，严重损害了行业声誉。我们要引导行业自律，制定行业自律规则，完善自律约束机制，防范系统性风险。要建设行业诚信体系，推进 A 级企业和信用企业评估，加大失信惩罚力度，增强企业信用意识。要增强企业社会责任感，提高从业人员道德素养，维护企业正当权益和行业良好声誉。要加强行业文化建设，增强企业和行业软实力，树立企业良好形象和行业精神风貌。

（2013 年 2 月 20 日，作者在 2013 年中国物流发展报告会上的演讲）

04

抓整合　促转型
打造中国物流"升级版"

一、2013 年我国物流业发展回顾

过去的一年，我国国民经济运行稳中有进，稳中向好，物流业发展的需求基础持续巩固。习近平总书记等新一代领导集体重视物流业发展，物流业的产业地位进一步提升。全行业抓住机遇，稳中求变，呈现出一系列新的特点。

（一）总体运行趋稳向好，细分市场深度调整

我国物流业运行总体仍处于平稳增长区间。2013 年，中国物流业景气指数（LPI）全年保持在 50% 以上。全年社会物流总额 197.8 万亿元，同比增长 9.5%；物流业增加值 3.9 万亿元，同比增长 8.5%，两项指标增速均比上年略有放缓，仍快于同期 GDP 增速；社会物流总费用与 GDP 的比率将保持在 18%，社会物流成本较高的局面依然没有改变。

细分市场分化明显。受内需扩大特别是网上购物需求带动，快递、快运、配送等物流市场保持高速增长。全国规模以上快递企业业务量累计完成 91.9 亿件，同比增长 61.6%。从细分产品看，快速消费品、食品、医药、家电、电子、汽车等与居民消费相关的物流市场保持较高增长。农村物流、社区物流趋于活跃，冷链物流宅配市场受到关注。由于国际需求不振，国内经

济增速放缓，我国航运、航空货运市场依然低迷，多家大型企业出现亏损。由于需求疲软和产能过剩，钢铁、煤炭等与生产资料相关的物流市场持续低迷，行业陷入深度调整。在大宗货物运输需求下降的情况下，铁路部门积极推行货运组织改革，下半年货运量持续增长，全年货物发送量与上年持平。

（二）多业联动继续深化，跨界竞合渐成趋势

物流业与制造业、流通业和金融业等多业联动进一步深化。中远物流、中邮物流、广东嘉诚物流、厦门嘉晟供应链公司、安得物流等，分别为天津空客、中国重汽、松下电器、美的电器等制造企业提供全程供应链服务，物流企业与制造企业走向深度融合。太原钢运推进生产物流领域技术创新，一批拥有自主知识产权的专利技术投入应用。商贸业物流平台开放，物流业融入商贸物流网络。京东商城、苏宁易购、易迅网等电商企业开放自建物流平台，吸引社会物流企业。顺丰速运在武汉中百超市、南京苏果便利店推出寄件及快件自提业务，实现网络无缝对接。金融业在多业联动中发挥重要作用。长久集团积极探索汽车物流金融业务模式，全面启动金融物流业务。2012年"钢贸危机"以后，生产资料金融物流业务整体规模有所收缩，市场向有实力、讲诚信的企业集中。中物华商发起成立"中国物流金融平台"，统一业务流程，共享监管信息，意在促进金融物流诚信体系建设。

跨界竞合开始加速。电商企业自建物流体系，物流企业拓展网上业务。京东商城在北京、上海、广州等地建立物流基地，提升自身物流能力。苏宁打造"物流云"体系，物流配送网点加快全国布局。顺丰优选试水电子商务，扩展常温商品配送城市。德邦物流、佳吉快运等零担快运企业利用网点资源优势，进军快递市场。南航、东航等航空运输企业推出快递快运产品。各类企业跨界竞合，促进了资源整合和产业融合。

（三）平台整合初见成效，物流网络下沉发展

平台整合效应显现。在公路货运领域，传化公路港加紧连锁复制，卡行

天下网络平台集合了 1000 多家小微物流企业，林安物流整合社会车辆资源 150 万辆。这些各具特色的公路货运物流平台，有效提升了集约化、标准化和信息化水平。在电子商务领域，阿里巴巴牵头成立"菜鸟网络"，对未来电商物流生态将产生重要影响。在国际运输领域，中外运推出了国内首个跨境航空物流电商平台和海运电子商务平台，整合分散的国际运输资源。在家电物流领域，海尔日日顺物流建立了家电和大件商品"送装一体化"的社会化服务平台，通过物流网、配送网、服务网、信息网"四网融合"，实现了直配乡镇无盲区。在大宗商品流通领域，淮矿现代物流推出"平台 + 基地"供应链管理模式，为钢铁企业开设品牌专场，整体交易能力突破 1000 万吨。

物流网络向广度和深度拓展。航空运输企业加大中西部地区国际航线开辟力度，满足日益增长的进出口贸易需求。申通快递对川渝地区产品全面提速，90 个城市实现次日达。德邦物流直营网点达到 4300 多家，中西部网点数增幅较大。远成集团建设遂宁中国西部现代物流港，打造辐射西南地区运输市场的大型现代化物流园区。受城镇化发展和终端客户需求影响，物流网络加快向二、三线市场，居民社区和农村乡镇下沉。

（四）各类资本投向物流，兼并重组热潮涌动

资本市场看好物流业发展潜力。2013 年多家产业基金投资快递、公路快运、冷链物流、化工物流、物流地产等领域。中信产业基金收购天地华宇，钟鼎创投投资卡行天下，红杉资本完成对安能物流多轮投资，公路快运市场新型组织方式获得资金支持。多家资本注资全峰快递，联想控股收购全日通等快递企业，长期独资经营的顺丰速运首次引入战略性投资。普洛斯、中储、宝湾等专业物流地产企业加大投资力度，扩大仓储管理面积。一些钢铁、煤炭、房地产企业投资转向，开始在物流基础设施建设领域寻求机会。

兼并重组应对市场变革。武钢集团重组旗下物流业务，包含过去的物流公司和港务板块，成立武钢集团物流公司。阿里巴巴投资海尔日日顺物流，实现"天网"与"地网"融合。重庆百货收购重庆庆荣物流，缓解商超

仓储不足。新杰物流收购上海强生便捷货运，进入城市配送领域。圆通速递等快递企业推进加盟模式向直营模式转变，治理机制和组织结构优化升级。一批领先的物流企业积极筹备上市，也有一批不适应市场变化的企业被淘汰出局。

（五）区域物流结盟发展，国际物流面临机遇

区域物流一体化推进。长三角区域跨关区、跨检区通关模式不断创新，形成了多方共同参与的区域大通关协作机制。泛珠三角各方在公路、铁路、航运等领域加快合作，多条高速公路省际通道和铁路干线等有望在近两年打通。广西七市推进区域经济一体化发展，共同签署物流合作框架协议，讨论《南宁 北海 钦州 防城港 玉林 崇左 百色市区域一体化发展规划》。以甩挂运输试点为依托，多个区域出现物流合作联盟。中部地区七省重点物流企业成立的跨省"中中物流联盟"，试行企业间无障碍挂车互换。

国际物流迎来新机遇。国务院正式批准设立上海自由贸易试验区，为物流企业参与国际竞争提供了新的平台。进出口贸易更加活跃，必将带动物流量的有效集聚，对国际航运、国际货代、港口、机场等多个物流相关产业产生直接推动作用，有望促进国际供应链格局的调整转移。随着我国跨境电子商务快速起步，物流企业国际化扩张加速。顺丰速运成功申请国际快递业务牌照，多家快递企业获得代理国际快递业务资质，物流企业"走出去"步伐加快。党的十八届三中全会提出，加快同周边国家和区域基础设施互联互通建设，推进丝绸之路经济带、海上丝绸之路建设，为国际物流提供了新的空间。

（六）信息化加大投入，技术装备加快升级

"物流电商"快速发展。大型企业加大物流信息化投入，大数据、云计算、物联网、移动互联、智慧物流等新技术扩大应用。"双十一"期间，成立不久的"菜鸟网络"，通过大数据平台引导商家和快递企业协同作战，共

享和分析海量物流数据，有效提升了物流效率。易流科技依托车联网技术，开发"运力池"模式，整合运力资源。交通运输部在"八省一市"试行推广北斗车载定位终端，普及位置服务应用。交通运输物流公共信息平台提出总体架构，计划打造构建覆盖全国、辐射国际的物流信息基础交换网络和门户网站。

技术改造和装备升级提速。为应对成本不断上涨局面，满足客户日益增长的服务需求，物流企业纷纷加大技术改造和装备升级力度。干线运输企业开始关注全成本管理，运输车辆向高端化转型，努力提升品牌质量、可靠性、节能性和安全性。城市配送企业更加关注配送效率，运输车辆向专业化、标准化、信息化方向发展。新型叉车、货架、分拣输送设备、自动化立体仓库等现代化物流装备需求快速上升。托盘租赁共用循环使用系统，受到企业和政府有关部门关注。

（七）基础工作稳步推进，行业服务能力进一步增强

近年来，中国物流与采购联合会、中国物流学会在政府有关部门领导下，围绕行业需要，依靠企业支持，致力于标准、统计、人才培养、理论研究等行业基础性工作，提升了行业服务能力。

A级物流企业评估工作进度加快。依据《物流企业分类与评估指标》国家标准，中物联自2005年开始组织开展A级物流企业综合评估工作，2013年共审定通过两批、683家。截至目前，我国已有A级物流企业2414家，其中，5A级企业149家。

物流企业信用评价有新的进展。2013年，中物联开展了两批物流企业信用评价工作，共评出79家A级信用企业。到目前，A级信用企业累计已有308家。

物流标准化工作有序推进。由全国物流标准化技术委员会提出，国家标准委批准发布《物流园区服务规范及评价指标》等8项物流国家标准。根据《全国物流标准专项规划》以及物流行业急需制定的标准项目，新申报国家

标准 3 项，行业标准 12 项，在制的国家标准共计 61 项，行业标准 24 项。

统计信息工作公信力提高。中国物流业景气指数（LPI）正式发布，预测分析我国物流业运行形势又添新指标。采购经理指数（PMI）的权威性和影响力稳步提升，月度物流信息发布制度进一步完善，成为政府决策、企业经营的重要依据。

教育培训工作规模扩大。全国已有 473 所本科院校、1100 多所高职高专院校开设了物流专业。物流师职业资格培训与认证工作自 2003 年 11 月开展以来，已有 30 多万人参加了认证培训，20 多万人取得高级物流师、物流师、助理物流师和采购师资格证书。

学术理论政策研究取得新成果。2013 年，中国物流与采购联合会完成了我国物流业中长期发展战略研究等 10 多项国家有关部门委托的重大研究课题。中国物流学会组织参评论文 950 篇、课题 247 个，一批研究成果被政府部门或企业采纳。

（八）交通运输管理体制改革，物流政策环境改善

交通运输管理体制改革。2013 年 3 月，《国务院机构改革和职能转变方案》正式发布，实行铁路政企分开。原铁道部拟定铁路发展规划和政策的行政职责划入交通运输部，组建中国铁路总公司，承担原铁道部的企业职责。目前，我国已经实现由交通运输部统筹规划铁路、公路、水路、民航发展，推进综合交通运输体系建设，将有利于形成真正意义上的大交通格局。

各部门积极推动物流业发展。国务院提出深化流通体制改革加快流通产业发展重点工作部门分工方案，推进铁路投融资体制改革，取消一批行政事业性收费和行政审批项目。国家发改委出台《全国物流园区发展规划》，发布《促进综合交通枢纽发展的指导意见》。财政部和国家税务总局将铁路运输和邮政业纳入营业税改征增值税试点，继续落实土地使用税减半征收政策。交通运输部发布《国家公路网规划》，出台《关于交通运输推进物流业健康发展的指导意见》，支持甩挂运输和物流园区发展，加强快递市场和城

市配送管理，促进航运业转型升级。商务部发布《关于促进仓储业转型升级的指导意见》，推进重点商贸功能区建设，在现代服务业综合试点工作中启动实施城市共同配送试点。工业和信息化部提出《关于推进物流信息化工作的指导意见》，开展信息化和工业化深度融合专项行动。海关总署继续推进大通关建设，创新监管服务模式。

总体来看，2013年我国物流业顺应转变发展方式的要求，坚持以质量和效益为中心，充分发挥市场主体活力，加快效率提升、创新驱动，释放改革红利，实现了平稳健康发展。但是我们也要看到，我国物流业运行还存在较大下行压力，社会物流成本依然较高，物流运作方式粗放，物流服务附加价值低，区域和城乡物流发展不平衡、人才短缺日益严重、技术应用水平薄弱、行业诚信缺失和资源环境负担较重等问题亟待解决，促进物流业发展的各项政策措施有待落实。

二、2014年我国物流业发展展望

2014年是贯彻落实党的十八届三中全会精神、全面深化改革的第一年。纵观国内外形势，我国物流业发展面临新的机遇和挑战。

从国际看，世界经济总体延续缓慢复苏态势。外需市场有所改善，与外需相关的物流领域有望逐步好转。全球价值链和供应链调整加快，对我国制造企业、物流企业抢占国际供应链中高端环节提出更高要求。多边经贸合作趋势明显，物流业必将成为构建开放型经济新体制的重点领域。

从国内看，我国经济正处于从高速增长阶段向中高速增长转换的关键时期，物流成本过高仍然是制约国民经济转型发展的重要因素。降低物流成本、提高物流效率、创新物流模式是推动物流业转型升级的必由之路，也是转变经济发展方式的重要手段。

从要素条件看，我国赖以高速增长的成本驱动模式难以持续。能源供求失衡、价格上涨趋势明显；农村可转移剩余劳动力不断减少，以及对劳动者合法权益保护、人力成本不断提高；更加严格的土地政策，物流业"用地难、地价贵"问题难以缓解；环境污染形势严峻，资源环境成本不容忽视。总体来看，物流业要素成本全面提高，传统的成本和价格竞争难以为继。

面对新的形势，我们要认真贯彻党的十八届三中全会精神，以市场为导向，以改革开放为动力，以质量和效益为中心，寻找转型升级的突破口，培育产业核心竞争力，全面打造中国物流"升级版"。

一是以联动融合为突破口，推动产业物流转型升级。制造业、商贸业和农业等产业物流是物流业发展的需求基础，物流业是产业转型升级的重要支撑。与产业物流联动融合，整体优化产业物流系统，不仅是推动产业转型升级的需要，也是物流业生存发展的必然途径。物流企业要紧密围绕产业物流需求，主动融入产业物流供应链。通过流程优化、效率提升和模式创新，发挥协同效应，增强一体化服务能力，建立产业联动新型战略合作关系，不断开拓发展的新天地。

二是以配送体系建设为突破口，做大做强民生物流。随着人民收入水平提高，消费市场启动，特别是电子商务爆发式增长，对物流配送提出了新的要求。物流业要根据市场需求，打通物流"微循环"，做好"最后一公里"，更好地开拓城市社区和农村乡镇物流市场，注重商贸物流服务创新，满足更具个性化的服务需求。有关部门应在配送网点建设、配送车辆进城和信息系统配套等方面创造宽松环境。

三是以平台整合为突破口，完善物流网络布局。要按照《全国物流园区发展规划》等总体布局要求，统筹规划物流园区等各类物流基础设施建设。对纳入规划的物流基础设施，要有严格的用途管制。既要保障规划落地，又要避免借物流名义圈占土地。要积极推动多式联运发展，发挥综合运输整体效能。对于现有公路、铁路、港口等公共性基础设施和生产资料、生活资料等专业物流设施，要鼓励平台开放、渠道下沉、互联互通、整合利用。要推动信息平台和实体平台融会贯通，线上与线下相结合，鼓励各类平台创新运营模式，提高网络的渗透力和辐射力。

四是以信息化为突破口，推动物流业创新发展。大数据、云计算、互联网、移动互联、智慧物流等新的信息技术，给物流业带来重大变革和新的挑战。我们应以互联网思维改造传统物流企业，加快企业物流信息系统建设。发挥核心物流企业整合能力，打通物流信息链，实现全程透明可视化管理。支持有实际需求、具备可持续发展前景的物流信息平台发展，推进全社会物流信息资源的开发利用，实现物流信息与公共服务信息的有效对接。鼓励区域间和行业内的物流平台信息共享，促进物流信息互联互通。结合军事物流和民用物流的优势和特点，探索物流信息化军民共建互促机制。

五是以落实现有政策为突破口，进一步营造物流业发展的政策环境。2009年国务院《物流业调整和振兴规划》发布以来，国务院办公厅出台"物流国九条"，各地方、各部门相继推出一系列促进物流业发展的政策措施。有的已经收到实效，多数有待落实。当前，物流企业主要的政策诉求依然是：第一，减轻税费负担，为物流企业真正"减负"；第二，支持物流用地，促进物流项目"落地"；第三，创造便捷交通环境，缓解"通行难、收费高"；第四，改革投融资体制，解决"融资难、成本高"；第五，简化审批手续，方便物流企业开设网点，允许集团型企业统一使用资质、统一纳税，支持物流企业"做大做强"。物流业是支撑国民经济发展的基础性、战略性产业，需要政府进一步转变职能，加强统筹协调，积极营造物流业健康发展的政策环境。

（2014年2月13日，作者在2014年中国物流发展报告会上的演讲）

05
适应"新常态" 迎接新挑战

一、2014 年我国物流业发展回顾

2014 年，我国物流业面对复杂多变的市场形势，积极调整应对，加快转型升级，主动适应经济发展"新常态"，较好地发挥了基础性、战略性作用。

(一)《物流业发展中长期规划（2014—2020 年）》发布，产业地位显著提升

2014 年 6 月 11 日，李克强总理主持召开国务院常务会议，讨论通过《物流业发展中长期规划（2014—2020 年）》(以下简称《中长期规划》)，9 月 12 日以国发〔2014〕42 号文正式发布。这是继 2009 年国务院《物流业调整和振兴规划》出台以来，又一个指导物流业发展的纲领性文件。党的十八大以来，习近平总书记、李克强总理等多次考察物流企业，对物流业发展做出重要讲话和批示。此次出台的《中长期规划》，把物流业定位为支撑国民经济发展的基础性、战略性产业，这是物流业产业地位进一步提升的重要标志。《中长期规划》要求，到 2020 年，基本建立布局合理、技术先进、便捷高效、绿色环保、安全有序的现代物流服务体系，明确了中长期发展的战略目标。《中长期规划》提出三大发展重点、七项主要任务、十二项重点工程和九项保障措施，抓住了制约物流业发展的关键问题，明确了发展方向，是指导我国物流业"新常态"下健康发展的顶层设计蓝图。

（二）增长速度高位趋稳，需求结构稳步调整

总体运行温和增长、质量提升。全年社会物流总额 213.5 万亿元，可比增长 7.9%；物流业总收入 7.1 万亿元，同比增长 6.9%，处于中高速增长区间。社会物流总费用 10.6 万亿元，同比增长 6.9%，增速延续小幅回落态势。社会物流总费用与 GDP 的比率为 16.6%，物流业发展的质量和效率有所提升。中国物流业景气指数全年在 55% 上下波动，物流运行总体趋稳。

需求结构深度调整。钢铁、煤炭、水泥、有色等生产资料物流需求增速进一步放缓，进出口贸易依然疲软。全年铁路货物周转量下降 6% 左右；规模以上港口货物吞吐量和外贸货物吞吐量增速同比分别回落 4.1 个和 3.8 个百分点。最终消费对经济增长的贡献率持续走高，电商物流、冷链物流等消费品物流需求保持快速增长。全年单位与居民物品物流总额增速超过 30%。冷链物流需求规模在 1.05 亿吨左右，增速在 18% 上下。以服务电商为主的快递业保持快速增长，全年业务件量达 140 亿件，同比增长 52%，我国首次超过美国成为世界快递业第一大国。

（三）资本和技术双轮驱动，市场主体趋于集中

资本介入力度加大。电商物流、快递快运、物流地产、冷链物流等细分市场成为投资热点。京东商城、阿里巴巴上市带动物流概念升温。宅急送等快递企业获得资本投资，启动差异化战略。普洛斯获得中资财团投资，继续巩固领先地位。平安不动产、中信产业基金、复星集团等产业资本加大物流地产投入，万科等房地产企业进入物流市场。《铁路运输企业准入许可办法》发布，鼓励社会资本投资铁路建设和经营。

技术推动行业变革。物流企业纷纷"触网"。中外运推出"海运订舱网"，进军物流电商领域。好运宝、好多车、车旺等一批车货匹配 App 系统受到资本热捧，集中上线不下 50 家。大数据平台发力。菜鸟网络精准预测"双11"快递业务情况，缓解高峰期爆仓压力。"以机器替代人"的趋势日益明

显。自动化立体仓库、自动分拣设备、智能物流设备等机械化、自动化、智能化装备进入快速发展期。京东商城"亚洲一号"正式启用，分拣处理能力16000万件/小时，达到国际一流水平。

市场集中度稳步提升。截至2014年年底，我国A级物流企业超过3000家，其中5A级企业近200家。2014年度中国物流企业50强排名中，第50名物流业务收入为22.4亿元，入围门槛比上年提高2.1亿元。快递、电商、零担、医药、物流地产等细分物流市场品牌集中、企业集聚、市场集约的趋势进一步显现。在公路零担市场，安能物流等加盟型网络依托资本和技术优势，集聚了一批小微物流企业。安能物流网点增加至2000家，货运市场集约化步伐加快。

（四）平台整合、产业融合，经营模式变革创新

平台思维改变传统模式。园区基地平台、公路货运平台、电商物流平台、物流金融平台等风起云涌。传化公路港、林安物流、宝湾物流等园区经营企业加紧连锁复制，编织园区资源、信息和服务平台。"三通一达"联合组建蜂网投资平台，抱团深耕产业链。"中国物流金融服务平台"上线运行，金融物流风险管控引起关注。国家物流公共平台受到重视。全国道路货运车辆公共监管与服务平台正式上线，国家交通运输物流公共信息平台推动信息互联对接。

产业联动融合走向深入。物流业与制造业、商贸业、金融业等"多业联动"，产业合作层次从运输、仓储、配送业务向集中采购、订单管理、流通加工、物流金融、售后维修、仓配一体化等高附加值增值业务、个性化创新服务拓展延伸。企业凭借自身优势跨界经营。零担快运企业凭借网络优势推出快递业务。快递企业凭借客户优势进入电商、冷链和O2O市场。合同物流企业凭借资源优势承接客户外包服务，从单一的物流服务商向综合服务商转型。

各种组织模式、管理模式和商业模式创新成为热点。在公路货运领域，

车货匹配平台整合货源和车源，引入货运"淘宝"和"滴滴打车"模式。易流科技推出"云平台"模式，整合社会车辆超过 30 万辆。在快递电商领域，"网订店取""智能快递箱"等配送模式得到推广，快递业务趋向"定制、精准和安全"的体验式服务。在仓储园区领域，中储股份与普洛斯建立合资公司，探索混合所有制模式。外高桥物流中心推广监管新模式。专业性的快递、电商、冷链物流园尝试建立产业生态体系。在合同物流领域，宝供物流发布"四轮驱动、两翼齐飞"发展战略，打造互联网时代新模式。在铁路货运领域，随着铁路货运改革，全国铁路 4000 多个营业站敞开受理零散货物，日发送货物超过 7 万吨。电商班列、高铁行包等新兴业务受到市场欢迎。

（五）渠道下沉、海外布局，服务网络纵深发展

网络渠道加紧深耕细作。德邦物流在全国开设直营网点 5200 余家，全年网点增长近千家，继续向中西部和三、四线城市延伸。日日顺物流在全国 2800 多个县建立了物流配送站和 17000 多家服务商网点，逐步形成大件商品送装一体化的服务网络。顺丰速运启动快递下乡计划，业务覆盖的县级市或县区已超过 2300 个。阿里巴巴启动"千县万村"计划，拟投资建立 1000 个县级运营中心和 10 万个村级服务站。京东推出"先锋站"计划和"村民代理"模式。据统计，2014 年农村新增快递网点近 5 万个，农村包裹超过 20 亿件。社区物流服务深入推进，解决"最后一公里"问题。

国际物流市场面临新机遇。跨境电商迎来爆发期，海外物流布局成为重点战略。阿里巴巴、顺丰、圆通等电商、快递企业与境外快递邮政企业合作，开辟全球物流市场，试水跨境电商和物流业务。中邮速递推出"中邮海外购"，打造跨境电商转运平台。中远集团为天猫国际跨境电商业务提供全程物流服务。各类企业看好跨境电商业务，"海外仓"建设吸引大批资金。与此同时，中远物流、中外运股份等大型物流企业继续保持工程物流领域的优势地位，跟随国内工程建设企业"走出去"，在港口、园区等物流战略资源方面取得积极进展。

▲ ITC 来访签约

（六）互联互通、一体化发展，区域物流进一步优化

基础设施加强互联互通。全年公路水路投资增速高达 9.2%，其中公路投资增长 11.4% 左右，铁路全年约完成投资 8000 亿元。物流园区、物流中心等基础设施仍是地方政府支持重点。传化公路港推出"智能公路港"模式，在青岛、天津等地兴建公路智能网络平台体系。"一带一路"倡议受到全球瞩目，基础设施互联互通取得成效。国际货运班列加快整合，西、中、东三条中欧铁路通道加紧建设。国家物流大通道建设开始起步，优化区域物流通道网络布局。安吉物流、长久物流、中铁特货等企业积极推进汽车铁路物流和滚装物流发展。鲁辽陆海货滚甩挂运输大通道航线实现首航。甩挂运输、海铁联运等多式联运有新的进展。"无水港""无轨货场""虚拟空港""卡车航班"等新的物流组织方式促进多种运输方式互联互通。

区域物流一体化加速。按照区域发展战略要求，京津冀、长江经济带、广东地区三大区域通关一体化改革全面实施。京津冀三地签署多项物流合作协议，推进物流业协同发展。长江经济带启动综合立体交通走廊建设，完善区域综合交通运输体系。广东、天津、福建再设三个自由贸易园区，推动更高水平对外开放。郑州、武汉多地启动区域物流中心建设，完善物流基础条件和政策环境。

（七）政府重视行业发展，治理环境持续向好

基础性工作稳步推进。《物流标准化中长期发展规划（2015—2020年）》编制工作启动，截至2014年年底，我国已发布的各类物流标准超过800项。物流教育培训成效显著，全国已有470多所本科院校、1000多所高职高专院校开设了物流专业，已有30多万人取得相关物流资格证书。物流业信用体系建设获得多部门支持，政府和协会积极探索专业物流领域信用建设。物流安全引发社会关注，公路安全生命防护工程启动，危化品货物运输加强管理，强化重大风险源报备制度。国家提出节能减排阶段性目标，物流业减排压力加大。多地出台新能源汽车补贴政策，物流和快递用车成为支持重点。

物流政策环境持续改善。有关部门发布一系列支持物流业发展的政策文件。国家发改委支持冷链物流、粮食物流、公共信息平台和物流诚信建设，国家级示范物流园区工程已完成前期设计；交通运输部重视物流通道建设，继续开展甩挂运输试点和城市配送便利通行工作，积极推进车型标准化；商务部继续开展城市共同配送示范试点，商贸物流标准化、电子商务与快递协同发展试点工作启动；工信部加强物流信息化引导，开展物流供应链推进工作；邮政局全面开放国内包裹快递市场，简化快递资质审批。全国现代物流工作部际联席会议加强政策协调，部门间统筹协调机制有望加强。《中长期规划》发布后，有关部门积极推进政策落实，《促进物流业发展三年行动计划（2014—2016年）》（以下简称《三年行动计划》）正式出台，明确了5个方面、62项重点工作任务的牵头部门以及具体目标和完成时限。

总体来看，2014年我国物流业顺应经济发展"新常态"，总体运行保持了较强的发展韧性。但是我们也要看到，物流整体市场环境较为严峻，企业经营仍然困难，产业间合作还有很大空间。中物联监测的重点物流企业收入

利润率持续走低，地方保护、不正当竞争、诚信体系缺失等问题依然存在，资金短缺、人才短缺问题难以缓解，创新驱动的内生机制还没有建立，企业经营压力持续加大。与此同时，国家支持物流业发展的政策有待落实，物流企业审批多、收费高、行路难和税负重等问题还没有实质性改善。这些都对物流业在"新常态"下转型升级、健康发展提出了严峻挑战。

二、2015 年我国物流业发展展望

当前，世界经济仍处在国际金融危机后的深度调整期，我国经济发展步入"新常态"。就物流业面临的形势来看，正处于产业地位的提升期、现代物流服务体系的形成期和物流强国的建设期。

《中长期规划》明确了物流业在国民经济发展中的基础性、战略性地位，极大地提升了产业地位，也对物流业发展提出了新的更高要求。物流业只有适应经济发展的"新常态"，通过调整市场结构、转换经营模式，加快产业升级和创新驱动，才能取得应有的产业地位。

到 2020 年，基本建立布局合理、技术先进、便捷高效、绿色环保、安全有序的现代物流服务体系，是《中长期规划》提出的战略目标。现代物流服务体系，需要物流需求的专业化、社会化，物流企业的规模化、集约化，也需要物流基础设施的一体化、网络化以及法制化的营商环境。

同时，我们也要清楚地看到，我国是物流大国但不是物流强国，成本高、效率低、集约化水平不高、产业支撑度不足，诚信、标准、人才、安全、环保等"软实力"不强，尚不能满足现代物流国际竞争的需要。

我们要充分认识物流业发展"三期叠加"的阶段性特征，准确把握新的趋势。

从物流需求看，随着消费对经济贡献增大，消费需求将成为主要推动力。以终端消费者为对象，个性化、多样化的物流体验成为电子商务条件下消费者的核心诉求。企业物流需求加快向供应链延伸，专业化、一体化的物

流服务成为增长点。城镇化加速推进，农村物流和社区物流潜力巨大。

从发展方式看，随着增长速度放缓，质量与效率的提升成为市场衡量标准。物流企业更加注重服务体验和解决方案，稳步提高服务能力和运行效率。企业联盟合作成为常态，产业融合加快发展。资源共享、合作共赢、可持续发展的产业生态圈正在形成。

从内生动力看，随着市场竞争层次的提升，整合与创新助推转型升级。企业流程再造、兼并重组、联盟合作更加普遍，功能整合、组织整合、信息整合和平台整合充分发挥资源利用效率。技术创新、组织创新、模式创新、管理创新成为发展新引擎，打造差异化竞争优势，培育核心竞争力，才能引领企业抢占竞争制高点。

从外部拉力看，随着市场开放和互联网经济的发展，资本和技术驱动力度加强。更多的外部企业将携资本优势跨界进入物流市场，依托互联网经济的新模式改变原有的游戏规则，物流市场格局将加快调整，加速洗牌。

从资源要素看，随着各类资源要素全面紧缺，物流业已经进入高成本时代。物流用地落实难，仓库租金仍将延续持续上涨态势。人口老龄化日趋严重，企业"员工荒"现象加剧，劳动力成本逐年上涨。企业加大设施设备和信息系统投入，资金压力加大，对存量资源的调整和增量资源的优化大有文章可做。

从基础设施看，随着国家基础设施投资进入新阶段，物流基础设施网络初步成形。铁路运能进入集中释放期，原有运输格局加快调整。"五纵七横"公路网和"八纵八横"铁路网已经形成，物流园区、物流中心等物流节点初具规模，物流基础设施互联互通，网络后发优势明显，对行业发展的"硬约束"逐步消退。

从环境约束看，随着国家和社会对生态环境的重视，绿色低碳物流成为趋势。环境承载能力达到或接近上限，国家应对气候变化力度加强，还将出台更加严格的节能环保政策，环境对行业发展的约束力加大，倒逼绿色低碳循环物流体系建设。

从政策调控看，随着《中长期规划》和《三年行动计划》的落实，现代物流工作部际联席机制逐步完善，物流业政策环境将趋于宽松，统一开放、竞争有序、监管有力的现代物流管理体制逐步完善。

这些趋势表明，我国物流业适应经济发展"新常态"，将进入以转型升级为主线的发展新阶段，物流业将逐步从追求规模速度的粗放式增长转变为质量效率集约式增长，从增量扩能为主转变为调整存量、做优增量并存的深度调整，从要素驱动、投资驱动转变为整合发展、创新驱动，逐步释放发展潜力。

2015 年是全面完成"十二五"规划的收官之年，也是《中长期规划》和《三年行动计划》的启动之年，物流业发展面临新的机遇和挑战，企业要有新思路、新模式、新对策。我们应该更加关注客户需求的新变化，不断开发个性化、体验式服务，着力提升服务质量；更加关注物流服务的新市场，向农村、社区延伸服务链条，同时利用好国际市场，着力拓展物流服务网络；更加关注组织经营的新模式，特别注意资本和技术驱动对传统经营模式的颠覆性创新，着力形成市场竞争新优势；更加关注物流新技术特别是信息技术的推广应用，通过大数据、云计算、物联网、移动互联网等新兴技术，改造业务流程、组织架构和业务模式，着力提升运行效率；更加关注物流人才培养，加强教育培训，持续投资于人，着力提高绩效水平；更加关注承担社会责任，坚持守法经营、诚信经营，大力发展绿色物流，积极服务社会、回报社会、造福社会，着力塑造物流新形象；更加关注行业协会的建设与发展，着力发挥协会桥梁和纽带作用。同时，我们也要注意防控和化解市场风险、技术风险、重组风险、资金风险、法律风险、信用风险，处理好增长与稳定的关系，通过改革创新推动整合优化、增进效率，有序推进全行业转型升级。

（2015 年 1 月 19 日，作者在 2015 年中国物流发展报告会上的演讲）

06
回首新进展　开启新征程

一、"十二五"时期我国物流业发展回顾

2015 年是"十二五"规划的收官之年。回望过去的五年，我国经济进入新常态，经济增速放缓，结构调整加快，发展动能转换。在下行压力不断加大的情况下，物流业保持了中高速增长。2015 年，我国社会物流总额 219.2 万亿元，"十二五"时期年均增长 8.7%；社会物流总费用与 GDP 的比率为 16%，比 2010 年的 17.8% 有较大幅度下降。这里需要说明的是，其中有公路货运量、货物周转量、GDP 数据调整的因素，也有产业结构调整、物流服务价格下降的因素，同时也显示出物流运行效率有所提升。物流业作为国民经济的基础性、战略性产业，为"稳增长""调结构""惠民生"较好地发挥了支撑和保障作用。

（一）市场规模持续扩大

"十二五"时期，我国已成为全球最具成长性的物流市场。2015 年，物流业总收入为 7.6 万亿元，全国货运量 410 亿吨。其中公路货运量、铁路货运量、港口货物吞吐量多年来都居世界第一位。快递业务量突破 200 亿件，冷链物流市场规模 1800 亿元，各类细分市场规模不断扩大。

（二）需求结构加快调整

五年来，单位与居民物品物流总额年均增速接近 30%，并呈持续加快态势。快递快运、电商物流、冷链物流等生活消费性物流保持快速增长，成为市场投资热点。工业物流需求总体下降，特别是钢铁、煤炭、建材等大宗生产资料（俗称"黑货"）物流需求下滑严重，导致铁路货运量持续下降。铁路货运改革深入推进，实施"稳黑增白"战略，在批量零散货物、铁路快运和集装箱运输等方面大幅增长。

（三）市场主体加速分化

物流企业通过兼并重组、战略调整、联盟合作等多种方式，市场集中度显著提高。2015 年，四大航运央企启动重组，市场向强势企业进一步集中。中物联发布的中国物流企业 50 强，主营业务收入近 8000 亿元，第 50 名入选企业门槛为 18.8 亿元，比 2010 年提高 3.5 亿元。在一些细分领域出现了一批实力雄厚、模式先进、前景看好的大型物流企业。截止到 2015 年年底，我国 A 级物流企业总数已达 3500 多家。其中，5A 级企业 214 家，具有标杆作用的领先物流企业群体成长壮大。随着互联网时代的到来，创新型物流企业快速涌现。据不完全统计，我国各类物流互联网平台超过 200 家。与此同时，一批跟不上时代发展步伐的企业被陆续淘汰。

（四）创新驱动模式变革

"十二五"时期，我国物流企业通过技术创新、管理创新、组织创新，整合优化物流资源，新的商业模式不断涌现。菜鸟网络、卡行天下等一批企业打造平台模式，整合物流资源。安能物流、圆通速递等企业优化加盟模式，强化干线管控。顺丰速运、德邦物流等企业启动多元化发展模式，发挥自身优势条件。怡亚通、招商物流、海尔日日顺等企业深耕供应链模式，提供物流一体化解决方案。长久物流、安吉物流等汽车物流企业拓展全产业链模式，提供物流、贸易、金融、汽车后市场等全方位服务。林安物流、传化公路港、中储股份、深国际等一批企业复制基地模式，搭建全国节点网络。随着互联网进入物流行业，易流科技、维天运通、正广通、安联程通等一批企业尝试物流O2O模式。这些新理念新模式倒逼传统企业转变观念，加速变革。

（五）国际物流双向开放

作为WTO以来开放最早的服务行业，我国物流业已经实现了全面开放。开放的市场环境吸引了大批跨国企业全面进入国内市场。随着"走出去"战略实施，中外运、中远物流等国内企业积极拓展国际市场。阿里巴巴等电商和快递企业，纷纷参股国际快递企业、投资海外仓储设施、打造物流通关渠道，支持跨境电商发展。2014年，国家提出"一带一路"倡议，物流设施建设和网络布局加快落地。招商物流、远成物流等一批企业积极布局沿线国家。2011年，渝新欧班列首次全程运行。截止到2015年10月底，中欧班列开行已超过1000列。上海、天津、福建、广东等自由贸易试验区陆续获批，对外开放新格局为物流业开辟了新的空间。

（六）基础设施扩容提档

到2015年年底，我国高速公路和高速铁路里程分别突破12万公里和1.9万公里，比2010年分别增长62%和127%，双双居世界第一。全国高速公路ETC实现联网，统一收费成为可能。水路、航空等运输服务能力稳步增长，高效便捷的综合运输体系初步成形。根据中国物流与采购联合会对全国物流园区（基地）的第四次调查，截止到2015年7月，全国共有符合调查要求的物流园区1210家，投入运营的比例大幅上升，以物流园区为支撑的产业生态圈正在逐步形成。多式联运受到重视。2015年国家正式启动多式联运示范工程，推动运输资源的高效整合和运输组织的无缝衔接。

（七）信息技术普及应用

"十二五"时期，正是新一轮科技革命孕育时期。物联网、云计算、大数据等新兴技术在物流行业得到推广应用。嵌入物联网技术的物流设施设备快速发展，车联网技术从传统的车辆定位向车队管理、车辆维修、智能调度、金融服务延伸。云计算服务为广大中小企业信息化建设带来福音。大数据分析帮助快递企业预测运力需求，缓解了"双11"等高峰时期的"爆仓"问题。2015年，由菜鸟网络牵头，国内主流快递企业全部普及使用电子面单，快递基础业务的信息化管理水平进一步提升。

（八）绿色物流已见行动

"十二五"时期，交通运输领域落实推进节能减排低碳发展行动，提出到2015年化学需氧量（COD）、总悬浮颗粒物（TSP）等主要污染物排放强度比2010年下降20%。2015年起，"国四"排放标准正式实施，黄标车淘汰力度加大。新能源汽车在货运行业得到推广应用，一些城市新能源快递配送车辆获得通行准入。LNG等清洁能源汽车快速发展，太阳能发电屋顶在仓储行业开始使用。

（九）基础工作稳步推进

"十二五"时期，物流标准、统计、人才教育等基础工作取得积极成效。《物流标准化中长期发展规划（2015—2020年）》印发执行，一批新的物流国家标准开始实施。2015年，中国物流与采购联合会作为国家试点单位启动团体标准试点工作。物流统计调查制度不断完善，采购经理指数（PMI）提供决策参考，物流业景气指数、公路物流运价指数、中国仓储指数等陆续发布，物流指数体系不断扩充完善。物流教育培训工作迅猛发展，目前，全国已有443所本科院校、954所高职高专院校、900多所中职院校开设了物流专业。"物流管理与工程"正式进入教育部全国学科目录一级学科。物流基础理论研究和产学研结合取得新成果。

（十）政策环境持续向好

"十二五"时期，党中央、国务院重视物流业发展。2014年9月，国务院出台《物流业发展中长期规划（2014—2020年)》，把物流业定位于支撑国民经济发展的基础性、战略性产业。有关部门出台了《促进物流业发展三年行动计划（2014—2016年)》。各部门从自身职能定位出发，密集出台支持物流业发展的政策措施。从2015年开始，全国现代物流工作部际联席会议形成新的运行机制，由国家发改委、商务部、交通运输部、工业和信息化部和中国物流与采购联合会轮流主持，坚持问题导向，着力解决制约物流业发展，亟待跨部门协调解决的重点问题。支持物流业发展的部门间合力逐步加强，行业政策环境持续改善。

我们也深知，我国物流业在"十二五"时期成绩与问题并存，挑战与机遇同在。有效需求不足和供给能力不够、矛盾交织；社会物流成本居高难下和企业盈利能力每况愈下、问题突出；物流基础设施总量过剩和结构性短缺并存；物流需求增速放缓，部分企业经营困难；市场环境和诚信体系建设有待加强；制约物流业发展的具体政策有些迟迟不能出台，已经出台的政策难以真正落地。

虽然存在以上问题，但我国物流业依托经济发展大势，释放改革红利，加快转型升级、提质增效，行业长期向好的基本面没有改变。在正视困难和问题的同时，我们对"十三五"发展充满信心。

二、"十三五"时期我国物流业发展展望

"十三五"时期，是全面建成小康社会的决胜阶段。经济社会发展的新常态，对我国物流业发展提出了新要求。

（一）全面建成小康社会和中高速增长的新要求

全面建成小康社会的奋斗目标，要求经济保持中高速增长，经济发展重心将从追求速度规模向质量效益转变。物流业作为新兴的服务产业，对于调整经济结构，转变发展方式具有重要意义。进一步降低物流成本，提高物流效率，将成为"十三五"时期物流业发展的总基调。

（二）新型工业化和产业转型的新要求

国务院发布《中国制造2025》战略，提出力争用十年时间，迈入制造强国行列。我国逐步从工业化中后期向工业化后期过渡，突出特点是从传统资源密集型产业向知识和技术密集型产业转变，从产业链中低端向中高端延伸。物流业作为重要的生产性服务业，是服务型制造的重要转型方向，中高端的产业链需要与中高端的物流服务相配套。

（三）新型城镇化和消费升级的新要求

我国城镇化仍将处于快速发展区间，将释放巨大的投资和消费潜力。消费升级对经济增长贡献度增加，也对物流服务的精细化、响应度和一体化水平有更高的要求。"十三五"时期，专业化、个性化、多样化的解决方案需求旺盛，城乡物流一体化、末端服务体验将成为竞争焦点。

（四）区域协调发展和产业转移的新要求

国家"三大战略"进入实质性推进阶段，新的区域经济布局和发展空间格局正在形成，将对物流设施、运输方式和交通网络的连通性提出更高的要求。区域物流大通道建设、战略性物流枢纽节点的布局调整，物流园区等基础设施互联互通，多式联运、甩挂运输服务体系的构建，是区域物流协调发展的必备条件。

（五）创新驱动和科技革命的新要求

国家提出大众创业、万众创新，打造发展新引擎。国务院出台"互联网＋"行动指导意见，云计算、大数据、物联网等信息技术与传统物流业态深度融合，已经和正在带来物流领域的深刻变革。"十三五"时期，创新将摆在物流发展全局的核心位置，重点是释放新需求，创造新供给，加快实现发展动力转换。

▲ 率队调研河北省物流产业集团

（六）开放型经济和全球化的新要求

中国经济加快融入世界，从单纯"引进来"向"引进来"和"走出去"并重发展。特别是"一带一路"倡议的实施和跨境电商的兴起，对国际物流提出了更高要求。"十三五"时期，将发展更高层次的开放型经济，亟待补齐国际物流的"短板"，为国内企业"走出去"提供坚实的物流保障。

（七）生态文明建设和节能减排的新要求

社会各界对加强环境治理形成共识，国家生态文明建设步入快车道。物流业作为继工业和生活消费后的第三大能耗产业，也是温室气体排放的主要行业，加强物流领域的绿色环保和节能减排对生态文明建设具有重要意义。"十三五"时期，那种以破坏资源环境为代价的物流发展模式必须改变。

（八）全面深化改革和创新政府治理的新要求

全面深化改革，完善市场经济体制和政府治理体制任务艰巨。物流业作为重要的服务产业，涉及领域多、覆盖范围广、协调难度大，迫切需要建立统一开放、竞争有序的市场环境。当前，"互联网＋"产业快速发展，离不开"互联网＋"政务的配套跟进。没有国家政务的互联网化，将无法支撑产业与互联网的深度融合。进一步转变政府职能，建设服务型政府，着眼打造"互联网＋"政务新机制，创新管理方式，激发市场主体的活力，构建诚实守信、规范自律的行业治理环境，将是物流业管理体制改革的重要任务。

总体来看，"十三五"时期，我国物流业仍然处于可以大有作为的战略机遇期，但也面临一系列矛盾和问题的严峻挑战。行业增速将继续趋稳放缓，传统的依靠成本价格竞争的粗放式发展模式难以为继，行业进入以转型升级为主线的发展新阶段。物流业将加快从追求规模速度增长向质量效益增长转变，从铺摊子、上项目向整合资源，做优存量转变，从成本要素驱动向效率提升、创新驱动转变，推动行业提质增效。

我们要在党的十八届五中全会和中央经济工作会议精神指引下，贯彻创新、协调、绿色、开放、共享的新发展理念，加强供给侧结构性改革，抓好去产能、去库存、去杠杆、降成本、补短板5大任务，努力适应经济发展新常态。着力突出高效、集约、连通、创新、协调和改革6个重点。

一是打造高效物流服务体系。以传统运输为突破口，推广标准车型、规范管理、先进技术，提高车辆运输效率。深化铁路货运改革，优化运输组织结构。降低供应链库存成本，减少库存浪费。在工商企业中开展物流成本核算，降低产业链物流成本。

二是引导物流集约发展。鼓励物流平台发展，整合分散物流资源，提高市场相对集中度。设立物流产业发展基金，鼓励大型企业兼并重组。开展中小企业联盟培育计划，引导企业间建立合作标准和规范。利用绿色环保标准提高市场进入门槛，加快设备改造升级，培育优秀企业群体。

三是实现设施连通、网络连通、信息连通。支持多式联运企业主体，加强铁路与公路、水运、航空货运枢纽的规划衔接和网络对接，引导多种运输方式进入，实现多式联运无缝衔接。搭建国家物流信息平台，开放共享相关政府信息，提升企业信息化水平。

四是创新物流组织方式和运营模式。鼓励发展精益物流，优化重点产业供应链，促进物流业与相关产业联动融合。鼓励企业整合资源，健全农村和社区末端服务网络。推行多式联运、甩挂运输、无车承运等运输组织方式，努力降低社会物流成本。

五是统筹区域、国际、国内物流协调发展。编织国内物流服务网络，打通国际国内物流大通道，完善重要枢纽节点物流基础设施网络建设，补齐短板。配合"一带一路"倡议，培育世界级跨国物流集团和专业化物流企业群体，鼓励国内企业开展国际产能合作，融入全球供应链体系。

六是深化物流管理体制改革。消除地方保护和行政壁垒，建立统一高效的物流管理体制。推进简政放权，切实减轻企业负担。坚持以人为本，关心关爱物流从业人员。发挥社会组织作用，促进行业规范自律。践行"互联网＋"政务，加强物流诚信体系建设，维护公平竞争的市场环境。鼓励发展绿色物流，建立应急物流体系，落实物流安全措施。进一步完善现代物流服务体系，支撑产业升级、民生改善和国家发展战略的实施。

（2016 年 1 月 18 日，作者在 2016 年中国物流发展报告会上的演讲）

07
推动物流业向更高水平迈进

一、2016 年我国物流业发展的特点

（一）总体运行态势趋稳提质

在第一季度增长放缓的情况下，随着经济增长企稳，第二季度以来社会物流需求稳中有升。全年社会物流总额 229.7 万亿元，同比增长 6.1%；社会物流总费用 11.1 万亿元，同比增长 2.9%，增速与上年基本持平。社会物流总费用与 GDP 的比率降至 15% 以内，物流运行质量和效益稳步提升。中国物流景气指数低开高走，全年均值 55.2%，较上年提高 0.2 个百分点；9 月份以后维持在 60% 上下，进入高位景气区间，表现出较强的回升势头。

（二）市场供需结构深度调整

从需求看，工业品物流中，高技术产业和装备制造业物流需求进入较快增长区间，全年增速在 10% 左右；与消费相关的单位与居民物品物流总额，全年保持 40% 以上的高速增长态势。"双 11"期间，中国电商物流指数上升为 213.5 点，比上年增加 49 点。与电商消费相关的快递业务量和业务收入全年完成 313.5 亿件和 4005 亿元，分别增长 51.7% 和 44.6%。随着消费升级和食品安全受到关注，冷链物流市场需求将达 2200 亿元，同比增长 22.3%。消费领域物流需求个性化、品牌化趋势明显。

从供给看，调结构、去运力力度加大，供给质量有所改善。受新GB1589修订出台和新一轮公路治超新政影响，公路货运市场去运力步伐加快。9月以来，大型货车超重行为得到有效遏制，套牌车、非标车辆逐步退出市场，过低的运价出现合理回归。中国公路物流运价指数9月以后持续回升，12月上升到106.8点，比上年同期增长15.3%。中国公路货运效率指数连续六个月处于高位运行状态，车辆平均运输里程和运输时间持续提升。公路运量向铁路运输转移，下半年铁路货运止跌回稳，国家铁路发送货物26.5亿吨，连续五个月实现正增长。受韩进海运破产影响，国际航运市场供给过剩局面有所缓解，航运价格企稳回升。12月30日，中国出口集装箱综合运价指数为951.66点，较年初上涨224.75点。物流企业规模化、集约化发展，A级物流企业超过4000家。

（三）发展方式加快变革创新

一是兼并重组、联盟合作案例增多。中国远洋运输总公司与中国海运总公司重组成立中国远洋海运集团有限公司，实现船队综合运力、干散货自有船队运力、油轮运力、杂货特种船队运力等多项世界第一。中储股份成为英国HB集团的控股股东，进入海外大宗商品期货交割仓库业务领域。战略联盟、加盟合作走向深化，安得物流与苏宁达成战略合作，共享全国范围网络资源。铁路总公司与海尔集团战略合作，开行海尔电器特需专列。菜鸟网络牵头成立"菜鸟联盟"，整合电商快递业务版图。货运市场加盟模式加快推进，德邦物流签约加盟事业部合伙人突破5000家，卡行天下加盟网点和线路超过10000家。

二是跨界融合、平台整合，经营模式不断创新。快递、快运、整车等细分物流市场互相渗透，市场边界渐趋模糊。物流园区从物业管理走向仓干配市场运营，传化物流、林安物流相继推出相关货运产品。顺丰冷运食品陆运干线网启动，发力冷运全链条供应链市场。远成物流进入快递快运、冷链、供应链、地产等领域，打造卓越综合物流服务品牌。各类企业深入推进平台战略，平台型企业整合提升，自营类企业向社会开放仓配网络。一批互联网平台企业在全年资本遇冷的大背景下，加快商业模式迭代，积极向线下延伸，强化货源组织和服务体验，线上线下深度融合。

▲ 在 2016 第十四届中国物流企业家年会上演讲

三是供应链全链条服务升级。一批物流企业融入制造、商贸企业供应链，开展供应商管理库存、物流仓配一体化、供应链金融等业务，优化供应链协作关系。海航物流 60 亿美元收购美国英迈国际，布局全球供应链市场。招商局物流集团计划投资 6 亿元在无锡建设物流供应链集成服务项目。日日顺物流发布大件物流解决方案，提供仓储配送安装全程无断点服务，制定供应链服务新标杆。

四是物流企业结缘资本市场。长久物流、宝湾物流、圆通速递、申通快递等一批快递、物流企业相继登陆 A 股市场；德利得物流、亚风快运、易流科技、安捷供应链等一批创新企业跻身"新三板"；卡行天下、运满满、货车帮、天地汇等一批新兴企业吸引新一轮融资；平安银行、复星集团、红杉资本等金融机构加大对物流业投入，各类资本加快进入物流市场。

（四）"互联网＋"高效物流深入推进

7月，国务院总理李克强主持召开国务院常务会议，部署推进"互联网＋"高效物流。一年来，以"互联网＋"高效物流为标志的"智慧物流"加速起步，催生了一批新模式、新企业、新业态。

一是"互联网＋高效运输"。自2014年下半年以来，在货运市场上出现了一批像"互联网＋车货匹配""互联网＋货运经纪""互联网＋甩挂运输""互联网＋合同物流"等的"互联网＋"创新模式，涌现了一批像运满满、货车帮、卡行天下、正广通等"互联网＋"代表性企业。传统企业积极触网，如传化物流打造"物流＋互联网＋金融"的方式，构建中国智能公路物流网络运营系统。中国物资储运总公司依托自身资源优势，上线"中储智运"。从12月起，交通运输部启动无车承运人试点工作，探索公路货运模式转型。

二是"互联网＋智能仓储"。智能仓储在快递、电商、冷链、医药等高端细分领域快速推进。如京东商城、苏宁物流、顺丰控股等企业积极开发全自动仓储系统，使用智能仓储机器人，开展无人机配送，充分利用仓储信息，优化订单管理，大幅提高仓储作业机械化、自动化和信息化水平。

三是"互联网＋便捷配送"。一批关注末端配送的平台型企业，如日日顺、速派得、云鸟配送等，搭建城市配送运力池，开展共同配送、集中配送、智能配送等模式，致力于解决"最后一公里"痛点。快递物流企业加强末端节点改造，全国布放智能快件箱累计超过10万组。随着本地生活服务的需要，美团、百度、饿了么等推出即时配送模式，共享经济模式在物流业试水。

四是"互联网＋智慧物流"。货物跟踪定位、无线射频识别、电子数据交换、可视化技术、移动信息服务和位置服务等一批新兴技术在物流行业得到广泛应用，全国道路货运车辆公共平台入网车辆突破400万台。越来越多的企业将物联网、云计算、大数据等新技术作为企业战略重点。如菜鸟网络陆续推出物流预警雷达、大数据分单路由、四级地址库等数据服务，引领智慧物流发展趋势；百度打造"物流＋互联网＋大数据"三位一体的智慧物流云平台。

（五）积极服务国家发展战略

一是围绕"一带一路"倡议，布局物流服务网络。国家发布《中欧班列建设发展规划（2016—2020 年）》，全面部署未来五年中欧班列建设发展任务。全国十余条中欧国际班列抱团发展，合力打造中欧班列统一品牌。中欧班列全年开行 1702 列，同比增长 109%。物流业配合"一带一路"倡议，加大网点建设与网络布局。招商局集团实施"雁型出海"模式，全球运营港口超过 30 个，布局"一带一路"沿线国家。中国加入国际公路运输公约，便利沿线国家过境通关。

二是服务长江经济带、京津冀协同发展战略。国家发展改革委从信息共享、多式联运、创新驱动等方面加快长江经济带航运中心建设。交通运输部主持召开推动长江经济带交通运输发展部省联席第一次会议，力争把全流域打造成黄金水道，高水平、高起点建设综合立体交通走廊。河北、天津积极承接北京物流服务，打造京津冀一体化物流服务圈。

三是物流基础设施短板受到重视。国务院办公厅转发《营造良好市场环境推动交通物流融合发展实施方案》，构建交通物流融合发展新体系。交通运输部等 18 个部门关于进一步鼓励开展多式联运工作，提出构建高效顺畅的多式联运系统。铁路总公司正在全国建设 208 个铁路物流基地。由国家发展改革委、国土资源部、住房和城乡建设部委托中国物流与采购联合会评定的首批 29 家示范物流园区名单发布。交通运输部办公厅与国家发展改革委办公厅联合公布第一批 16 个多式联运示范工程项目名单。湖北鄂州国际快递货运枢纽建设纳入民用机场布局规划，顺丰航空机队规模达到 36 架。

四是国际物流网络建设提速。中远海运、嘉里物流等物流企业收购境外物流企业和资产，加强国际网点布局，加快国际化发展步伐。一批快递电商企业与境外邮政快递企业实施战略合作，加大海外仓投资建设，开发国际线路，支持自身国际化发展。有关部门和地方政府出台政策支持鼓励跨境电商企业建设海外仓。

五是农村物流体系加紧建设。《交通运输部办公厅关于进一步加强农村物流网络节点体系建设的通知》，要求加快推进农村物流县、乡、村三级网络节点体系建设。一批电商和物流企业加大农村网络布局，智能物流模式广泛应用。快递、交通、农业、供销、商贸企业共同构建农村物流配送网络，建设"工业品下乡"和"农产品进城"双向流通渠道。

六是相关规划、政策密集出台。一年来，国务院及有关部门贯彻落实《物流业发展中长期规划（2014—2020 年）》，就交通物流融合发展、"互联网＋"高效物流、多式联运、电子商务物流、服务型制造、节能环保、物流业补短板和降本增效等出台了一系列政策措施，各地政府部门贯彻落实国家政策，出台相关配套政策措施。全年对行业影响较大的政策包括"营改增"试点全面扩围、无运输工具承运业务和道路通行服务开票资格获得承认。车型标准化工作有序推进，为期一年的新一轮治超工作开展，车辆运输车治理取得成效。无车承运人试点启动，一批试点企业名单发布。商贸物流标准化试点推进，标准化托盘扩大使用范围。快递市场清理整顿工作开展，寄递物流渠道安全要求升级。全国现代物流工作部际联席会议积极发挥协调作用，支持物流业发展的部门间合力有所加强，物流业政策环境持续改善。

同时，我们也要清醒地看到物流业面临的突出问题。主要是：有效需求不足和供给能力不够，矛盾交织；社会物流总费用仍然较高和企业盈利水平持续下降，问题突出；传统增长方式难以为继，产业结构不平衡更加凸显；物流基础设施总量过剩和结构性短缺互见并存；体制机制约束依然明显，市场环境治理和诚信体系建设有待加强；用户对物流服务质量的要求与物流企业服务能力之间，以及物流企业对政策环境的预期仍有较大差距。

二、2017 年我国物流业发展展望

2017 年是实施"十三五"规划的重要一年，也是供给侧结构性改革的深化之年，更是《物流业发展中长期规划（2014—2020 年）》的承上启下之年。物流业作为支撑国民经济发展的基础性、战略性产业，面临诸多发展机遇。我国经济运行中的突出矛盾和问题及世界经济发展的不确定因素，同样影响物流运行。综合各方面因素初步判断，我国物流业 2017 年仍将保持缓中趋稳、稳中向好的基本态势。预计全年全国社会物流总额增速在 6% 左右，社会物流总费用增速在 4% 左右，社会物流总费用与 GDP 的比率继续保持稳中有降态势。从物流需求、供给主体、基础设施、资源要素、发展方式、增长动力和政策环境几方面来看，都将发生深刻变化。

——从物流需求看，随着供给侧结构性改革深入推进，去产能、去库存力度不减，钢铁、煤炭、房地产、建筑业等占比较大的大宗商品物流需求增长乏力，将直接影响行业发展基本面。随着消费对 GDP 的贡献占比增加，城镇化水平持续提升，电商、冷链、快递、配送等与消费相关的社会物流需求继续保持中高速增长。随着《中国制造 2025》进入实施阶段，智能制造、服务型制造要求物流业深度融入企业供应链，推动产业转型升级。受汇率调整影响，传统制造业出口竞争力逐步增强，进出口物流需求有望适度复苏，但也会受到国际贸易保护不确定性的制约。

——从供给主体看，随着新一轮治超后续工作和黄标车淘汰工作的推进，黄标车、套牌车、非标车辆加快退出市场，甩挂运输、模块化运输有望得到推广普及，公路货运价格逐步合理回归，市场治理将趋于规范，市场主体将趋于集中。铁路货运改革继续深化，公路运量加快向铁路转移，高铁快递有望走强，铁路货运将会出现结构性、阶段性运力短缺。国家大力推动多式联运，物流园区服务升级和组织联网提升集聚作用，为企业搭建物流枢纽，构建便捷高效的物流服务网络提供新的选择。共享经济模式、平台型企业将获得更多发展机会，物流集群将会加速发展，以物流服务为支撑的产业

生态圈逐步形成，市场格局面临新的调整。

——从基础设施看，铁路物流基地加快建设，公路港逐步转型升级，交通物流综合枢纽有序布局，各种运输方式趋于衔接，为多式联运奠定重要基础，公铁联运、海铁联运占比将会增加。我国对外投资超过吸引外资，已成为世界上最大的对外投资国之一，为物流业"走出去"国际化发展创造了条件。中欧班列成为"一带一路"重要物流通道，海外物流市场投入加大，兼并重组战略性的港口、园区等物流资源，打造国际物流服务网络。京津冀交通一体化率先突破，长江经济带综合立体交通走廊建设稳步推进，为区域物流一体化发展提供重要机遇。脱贫攻坚、城乡一体化任务艰巨，为工业品"下行"，农产品"上行"服务的物流网络建设潜力巨大。

——从资源要素看，物流业进入高成本时代。全社会劳动年龄人口增速持续下降，人口数量红利消失，人工成本上升趋势明显，企业"用工荒"加剧，"以机器替代人工"将成为必然选择。物流机械化、自动化、智能化有望加快发展，这对物流从业人员的职业素质提出了更高要求。随着土地节约集约利用严格执行，物流用地指标获取难度增加。原有物流用地随着城市扩张加速缩减，存量物流用地资源紧缺。盘活存量土地资源，编织多层次的节点网络，提升周转效率和集聚效应成为趋势。资本市场依然较为紧张，企业上市难度依然较大，风险投资对于企业盈利要求持续增加。

——从发展方式看，随着原有市场增速放缓，兼并重组将迎来新一轮热潮，强化领先企业竞争优势，市场主体将趋向集中。轻资产的平台、联盟、加盟、合作等发展方式潜力较大，新理念、新模式、新业态不断涌现，也在一定程度上推动市场集约发展。随着需求升级、供给转型，产业融合、供应链整合渐成趋势。大型企业向供应链转型，产业链分工协作持续优化。环境治理压力加大，企业节能减排约束增加，倒逼绿色物流真正落地。

——从增长动力看，新一轮技术革命对行业影响巨大，"大众创业、万众创新"风起云涌，"互联网＋"高效物流引导物流业与互联网深度融合，催生大量新的业态和模式。新兴的互联网平台企业将"虚实结合"，从线上深入线下。传统物流企业将加快拥抱互联网，实现业务在线化，加快产业互联网改造，提升发展内生动力。随着人工智能时代的临近，智能化硬件将迎来发展机遇期，物联网、云计算、大数据、区块链在物流领域的应用效果逐步显现，智能仓库、仓储机器人、无人驾驶、无人机配送进入实质性探索阶段。

——从政策环境看，《物流业发展中长期规划（2014—2020 年）》进入承上启下阶段，各部门进一步深化贯彻落实。无车承运人试点要求税收、保险制度跟进，车型标准化促进组织优化、技术改造和装备升级。行业标准化工作有序推进，物流安全监管约束将进一步增强。"互联网＋"政务有望得到推进，"放管服"改革将取得新进展。现代物流工作部际联席会议制度将发挥更大作用，物流业政策环境向着发展稳定、竞争有序、治理规范的方向持续改善。

2017 年中央经济工作会议把深入推进"三去一降一补"，作为继续深化供给侧结构性改革的首要任务，指出在降成本方面，要在减税、降费、降低要素成本上加大工作力度，要降低各类交易成本特别是制度性交易成本，减少审批环节，降低各类中介评估费用，降低企业用能成本，降低物流成本，提高劳动力市场灵活性，推动企业向内降本增效。由此可见，降低物流成本仍然是新一年经济工作的重点，更是物流行业企业的责任，同样离不开创新行业管理体制和管理方式，提高政府治理能力和政策实施效力。业内企业迫切要求进一步放松行业管制和政策约束，优化提升服务，切实推动已有各项政策真正落地。重点解决税费、通行、土地、审批等长期制约行业发展的突出问题，并支持新动能、新业态、新模式创新发展。

这些趋势表明，我国物流业仍然处于可以大有作为的战略机遇期。我们要全面贯彻党中央、国务院决策部署，坚持"创新、协调、绿色、开放、共享"的新发展理念，深化供给侧结构性改革，推动物流业向更高水平迈进。

——创新发展。要把创新作为发展第一动力，深入开展理念创新、模式创新、技术创新、业态创新。要把握新一轮科技革命的机遇，落实国家"互联网+"战略部署,推进互联网与物流产业深度融合,引导传统企业加快拥抱互联网,实现线上线下协同发展。要加大技术改造和装备升级投入力度,促进物流机械化、自动化、智能化发展,提升物流生产效率。要逐步向产业链高增长领域和高价值领域延伸,重塑企业竞争优势,为产业转型升级开辟新道路。

——协调发展。要协调稳定与发展、创新与变革的关系,在新的高度上建立新平衡。要促进城乡之间、区域之间、产业链环节之间均衡发展,打破各种运输方式之间、线路与节点之间的衔接障碍,编织全方位、多层次、高效率的物流服务网络。要通过兼并重组等多种方式,加快产业结构调整,优化配置市场资源。要顺应智能制造、服务制造新要求,主动培育"制造强国"所需要的供应链服务。顺应消费个性化、品牌化新要求,提升物流时效体验和智能水平。顺应全面脱贫攻坚、农业现代化要求,建立和完善农村物流服务体系。

——绿色发展。要顺应生态文明建设的新要求,主动推进绿色、低碳和可持续物流发展。要总结推广使用清洁能源,推行绿色运输、绿色仓储、绿色包装和绿色配送,做好资源循环利用,努力减轻物流运作的资源和环境负担。要制定与绿色物流相关的标准规范,发挥对国际环境治理的影响力。要以节能环保为切入点,促进技术装备升级,提高排放标准,降低能耗水平,以绿色发展引导效率提升,为推进美丽中国建设做出应有贡献。

——开放发展。要配合"一带一路"倡议要求,加强沿线国家物流资源布局,发挥物流先导作用。要跟随国内企业"走出去"发展,建设与国际贸易需求相配套的国际物流服务网络,提升国际物流话语权。逐步加强对全球物流、商流、信息流资源的整合,加大全球供应链掌控能力,提升对国际市场的影响力和控制力,做好我国对外开放的物流支撑。

——共享发展。要按照"共享"发展理念,探索"共享经济"新模式,整合供应链、延伸产业链、提升价值链,与上下游企业和客户分享业务模式创新带来的社会经济效益。要加强物流业文化建设,引导企业全面履行社会责任，使全体从业人员能够共享物流业发展的新成果。要关爱卡车司机、仓管人员、收派件员工等一线操作人员，营造平等、和谐、包容的工作环境。要强化技术性人才、职业技能人才的培养，提升从业人员的职业素质，形成人口质量红利，使物流业从业人员在为全社会做出巨大贡献的同时，自身生活水平和社会地位也能够得到相应提高。

（2017 年 1 月 18 日，作者在 2017 年中国物流发展报告会上的演讲）

08

优化结构　提质增效
建设物流强国

过去的一年，我国物流业全面贯彻落实党中央、国务院决策部署，坚持稳中求进工作总基调，贯彻新发展理念，以供给侧结构性改革为主线，推动结构优化、动力转换和质量提升，主要指标稳中向好、提质增效，实现了平稳健康发展。

一、2017 年我国物流业发展回顾

（一）总体运行平稳健康

物流需求持续增长。全年社会物流总额 252.8 万亿元，同比增长 6.7%；社会物流总费用 12.1 万亿元，同比增长 9.2%；全国货运量 471 亿吨，同比增长 9.3%。中国沿海散货运价指数呈逐月上涨态势，全年均值 1148 点，较上年上涨 25%。

物流运行质量稳步提升。社会物流总费用与 GDP 的比率从 2015 年的 16%，2016 年的 14.9%，下降到 2017 年的 14.6%；全年物流业总收入 8.8 万亿元，同比增长 11.5%；12 月中国物流景气指数达 56.6%，全年均值为 55.3%，始终保持在 50% 以上的景气区间。

（二）结构调整趋于优化

消费成为物流需求增长的重要推动力。单位与居民物品物流总额同比增长 29.9%。消费物流中的电商物流增势明显，中国电商物流指数中的总业务量指数全年均值为 143.4。电商物流带动快递业务加速扩张，12 月中国快递物流指数为 106.3%；全年快递业务量达 401 亿件，同比增长 28%。冷链物流成为吸引社会投资的热点，全国冷库总容量可达 4775 万吨。与消费相关的快速消费品、医药、汽车、服装等细分市场增势良好。

▲ 出席第一届服装物流与供应链行业年会

工业制造业物流仍然是物流需求的主要来源。全年工业品物流总额 235 万亿元，同比增长 6.6%，占社会物流总额的 92.7%。工业品物流中的高技术产业、装备制造业等物流需求增长较快，高耗能产品、大宗商品物流需求延续回落走势。

运输结构调整见效。多式联运上升为国家战略，交通运输部、国家发改委先后确定了两批、共 46 个示范项目。首批 16 家示范工程企业累计开行示范线路 140 余条，完成集装箱多式联运量 60 万 TEU。2014 年以来，重点港口集装箱铁水联运量年均增长 16.8%。《"十三五"铁路集装箱多式联运发展规划》发布，铁路集装箱日均装车量占比超过 10%。国家铁路全年货物发送量达 29.18 亿吨，较上年增长 10.1%。全年重型卡车销量首次突破 100 万辆，车辆大型化、标准化、现代化步伐加快。全国四批共 209 个甩挂运输试点项目深入推进，试点企业货运车辆平均里程利用率超过 80%。挂车租赁、卡车航班、大车队等新模式试水，中物联公路货运分会组织"星级车队"评选。星级车队所有入网车辆平均月均行驶里程 8956 公里，重型牵引车月均行驶里程达 1.1 万公里，运输效率稳步提升。

（三）资本和科技助推物流升级

多只物流产业基金上市，物流企业"扎堆"进入证券市场。全年有 8 家物流企业跻身国内主板，5 家在境外上市，45 家登陆"新三板"。上市企业加大网络建设、设备购置和基础设施投资，增强自身实力。企业兼并重组渐趋活跃。中国远洋海运集团收购东方海外，中国外运长航集团和招商局集团完成战略重组，铁路总公司 18 个铁路局完成公司制改革，东航物流"混改"启动，普洛斯完成私有化，海航收购扩充物流板块，顺丰控股与 UPS 成立合资公司等。

科技引领未来。我国已有超过 500 万辆载重货车安装了北斗定位装置，智能快件箱超过 19 万组，还有大量托盘、智能柜、货物接入互联网。交通运输部组织的首批 283 家无车承运人试点企业平均整合运力近 2000 辆，平均等货时间缩短，车月均行驶里程提高，司机收入增加，传统货运交易成本有效降低。国家发改委开展骨干物流信息平台试点，规范和引领"互联网＋"高效物流发展。易流科技打造易流云平台，推动线下物流在线化。全行业以设施互联、人员互联、信息互联带动物流互联，"互联网＋"高效物流成效显著。

科技和资本助推企业提质增效，做大做强。中国物流企业 50 强主营业务收入达 8300 亿元，进入"门槛"提至 28.5 亿元，市场集中度进一步提高。

按照国家标准评审认定的 A 级物流企业近 5000 家，一批综合实力强、引领行业发展的标杆型物流企业不断涌现。

（四）新旧动能加快转换

理念创新引领发展。海尔集团提出"人单合一"概念，推动内部"自组织、自驱动"小微创业。菜鸟网络推动"新物流"，提出大数据、智能和协同，服务新零售战略。京东物流提出"下一代物流"，将主要呈现短链、智慧和共生三大特征。国家发改委、商务部委托中物联评选认定首批 10 家智能化仓储物流示范基地。

人工智能为物流赋能。国务院印发《新一代人工智能发展规划》（国发〔2017〕35 号），要求大力发展"智能物流"。无人仓、无人港、无人机、无人驾驶、物流机器人等一批国际领先技术试验应用。全球最大自动化码头上海洋山港四期开港试运营，京东首个全流程无人仓投入使用，顺丰建设大型物流无人机总部基地，菜鸟网络将在雄安新区建设"智慧物流未来中心"，圆通牵头设立物流领域首个国家工程实验室。

现代供应链创新应用。2017 年，《国务院办公厅关于积极推进供应链创新与应用的指导意见》（国办发〔2017〕84 号）印发，现代供应链创新应用进入新阶段。海尔、华为、怡亚通等代表性企业强化供应链服务；宝供、南方、远成、德利得、佳怡等物流企业向供应链转型；物流领域互联网与供应链深度融合，服务模式正在由"链主主导型"，向平台服务型、智慧供应链"生态圈"转型发展。

共享众包服务升级。继苏宁物流、菜鸟网络之后，京东物流实现独立运营，平台开放。神华货车驮背运输探索多式联运新路径，狮桥物流"超级大车队"集中优质运力资源，东方驿站、中集挂车帮等助推甩挂运输发展，地上铁、熊猫新能源等推广绿色新能源车，日日顺物流搭建"车小微"开放的创业平台，中铁快运联手顺丰速运推出"高铁极速达""高铁顺手寄"服务产品。运满满、货车帮、天地汇、福佑卡车、中储智运、正广通等平台型企业线上线下增值服务延伸。美团外卖、饿了么、点对点直达的闪送物流等即时生活物流服务进入千家万户。

（五）综合运输体系加速成网

"五纵五横"综合运输大通道基本贯通。到 2017 年年底，全国铁路营业里程达 12.7 万公里，其中高铁 2.5 万公里，占世界总量的 66.3%；公路总里程 477.15 万公里，其中高速公路 13.6 万公里，覆盖全国 97% 的 20 万以上人口城市及地级行政中心；港口万吨级以上泊位达 2317 个，通江达海、干支衔接的航道网络进一步完善；民航运输机场发展到 229 个，覆盖全国 88.5% 的地市。全球第四、亚洲第一，以顺丰航空为主的湖北国际物流核心枢纽开工建设。

物流网络"节点"加快布局。我国各类物流园区超过 1200 家，园区平台化、网络化、智慧化初步显现。传化物流打造覆盖全国的"传化网"，卡行天下枢纽达到 200 家。由中物联牵头，林安物流等 17 家网络化经营的物流园区发起互联互通服务平台"百驿网"。万科地产、普洛斯、深赤湾、平安银行等加大物流地产投入。德邦物流、安能物流、"三通一达"等服务网点不断下沉，编织城乡一体化服务网络。粤港澳大湾区写入政府工作报告，有望协同共建世界级港口群。中欧班列连接"一带一路"沿线国家，已累计开行 6235 列，其中当年开行 3271 列。

（六）政策环境持续改善

国务院办公厅发出《关于进一步推进物流降本增效促进实体经济发展的意见》（国办发〔2017〕73 号），提出 27 条具体政策措施。大件运输联网审批、年检和年审"两检合并"、规范公路执法、减费清税等政策正在落实。交通运输部牵头促进道路货运行业健康稳定发展，提出降本减负 10 件实事。车辆异地年审、驾驶员异地考核、车辆异地年审提上日程。国家发改委等 20 个部门签署对严重违法失信主体联合惩戒备忘录，首批 270 家"黑名单"

公布。工业和信息化部开展服务型制造试点，提升工业物流发展水平。国家税务总局、交通运输部连续发文，破解道路运输企业"营改增"后遇到的问题。国家质检总局联合 11 部门出台《关于推动物流服务质量提升工作的指导意见》，扩大高质量物流服务供给等。随着"放管服"改革深入推进，制约行业发展的制度环境逐步好转。

总体来看，我国物流业许多指标已排在世界前列，论规模已成为全球物流大国。但必须清醒地认识到，我国物流运行质量和效率不高、服务供给能力不强、基础设施联通不够、创新能力不足等问题依然存在，发展不平衡、不充分的矛盾比较突出，体制政策环境有待进一步改善。传统的以数量规模、要素驱动的粗放发展方式难以为继，物流强国的建设目标还有很长的路要走。

二、今后一个时期我国物流业发展展望

党的十九大开启了中国特色社会主义建设的新时代，确定了全面建成社会主义现代化强国的新目标。物流业作为支撑国民经济发展的基础性、战略性、先导性产业，是社会主义现代化强国的必备条件。我们要充分认识新时代对物流业发展提出的新要求，把建设物流强国作为战略目标，把高质量发展作为实现途径。要着力解决物流发展不平衡、不充分问题，带动和引领关联产业转型升级，更好地满足现代化经济体系建设和人民日益增长的物流服务需求，从整体上促进我国由物流大国向物流强国迈进。今后一个时期，有以下六个方面应该引起高度重视。

一要从规模数量向效率提升转变，推动效率变革。当前，我国物流效率相对于发达国家仍有一定差距，降本增效仍然是工作重点。未来一段时期，优化经济结构、提升物流运作水平，降低制度性交易成本将是降本增效的重要途径。物流企业应把现代供应链创新应用，与相关产业深度融合，提升物流运作效率作为主攻方向。争取经过 3～5 年的努力，使我国社会物流总费

用与 GDP 的比率再降低 1 ~ 2 个百分点。

二要大力发展智慧物流，推动动力变革。当前，新一轮科技革命和产业变革形成势头，互联网与物流业深度融合，智慧物流蓬勃发展。未来一个时期，物联网、云计算、大数据、区块链等新一代信息技术将进入成熟期，全面连接的物流互联网将加快形成，"万物互联"呈指数级增长。物流数字化、在线化、可视化成为常态，人工智能快速迭代，"智能革命"将重塑物流行业新生态。

三要创新应用现代供应链，推动质量变革。随着经济转向高质量发展，产业升级、消费升级，服务经济、体验经济对物流服务方式和质量提出了新的要求。物流业与上下游制造、商贸企业深度融合，需要延伸产业链、优化供应链，提升价值链。互联网与供应链融合的智慧供应链将成为下一轮竞争的焦点，有望形成一批上下游协同、智能化连接、面向全球的现代供应链示范企业和服务平台。

四要加强物流基础设施网络建设，发挥协同效应。党的十九大报告明确提出：要加强水利、铁路、公路、水运、航空、管道、电网、信息、物流等基础设施网络建设。要促进各种运输方式合理分工，"线路"与"节点"衔接配套，实现全程物流"一单到底"，无缝对接。要推动物流园区、配送中心、末端网点等多级物流网络与综合运输体系互联互通。实施重点通道联通工程和延伸工程，打造国际、国内物流大通道，形成一批具有战略意义的国家物流枢纽，统筹推进国际性、全国性、区域性交通运输物流网络建设。

五要坚持人与自然和谐共生发展理念，发展绿色低碳物流。随着环境负荷日益加重，物流业面临严峻挑战。重型柴油货车开始执行国五排放标准，多地对柴油货车实行环保新政。《巴黎协定》正式生效，多个国家将制定燃油车退出时间表。未来 3 ~ 5 年，自然环境与政策措施倒逼绿色物流加快发展。节能降耗、新能源替代、可再生能源利用、减量化包装等绿色物流技术，带板运输、共同配送、多式联运、逆向物流等绿色物流模式将进入快速发展期。

六要坚持以人民为中心的发展思想，满足人民对美好生活的物流需要。推动物流业高质量发展，本质上是为了满足人民对美好生活的向往。我们要积极配合制造强国、乡村振兴、区域协调、美丽中国等重大国家发展战略，主动服务于精准脱贫、消费升级、民生改善、污染防治等物流需求。要进一步提高服务质量，不断开发新的物流产品，增强客户满意度。同时要激发和保护企业家精神，弘扬劳模精神和工匠精神。要关爱卡车司机、快递小哥等基层从业人员，使他们能够得到应有的尊重，更加体面地工作，幸福地生活，增加"获得感"，吸引更多市场主体自觉投身物流强国建设。

（2018 年 1 月 28 日，作者在 2018 年中国物流发展报告会上的演讲）

09
打造高质量物流服务新体系
迈向物流强国建设新征程

一、2018 年我国物流业发展回顾

2018 年是我国物流业贯彻党的十九大精神的开局之年，也是推进物流业高质量发展的一年。经过一年的努力，我国物流业实现平稳增长，呈现出一些新的特点。

（一）总体运行稳中趋缓

经济下行压力传导到物流业。2018 年，我国 GDP 首次超过 90 万亿元，同比增长 6.6%，增速较上年回落 0.2 个百分点。中国制造业采购经理指数（PMI）均值为 50.9%，虽仍处于扩张区间，但是进入下半年，PMI 指数连续下滑，12 月 PMI 指数落入 50% 以下的收缩区间，经济下行压力加大。受需求偏弱和经济增速放缓的影响，物流运行呈稳中趋缓态势。中国物流与采购联合会统计显示，全年社会物流总额为 283.1 万亿元，按可比价格计算，同比增长 6.4%，增幅较上年回落 0.2 个百分点，且下半年增速明显低于上半年，需求规模保持适度增长，增长压力有所加大。中国物流与采购联合会发布的中国物流景气指数全年均值为 53.8%，较上年小幅回落，中国公路物流运价指数、公路货运效率指数、仓储指数、快递物流指数、电商物流指数等行业指数均较上年有不同程度下滑，指数波动频率和幅度加大，行业下行压

力有所增强。

（二）需求结构持续优化

消费品物流成为重要驱动力。全年社会消费品零售总额突破38万亿元，消费对经济增长的贡献率达76.2%，消费日益成为经济增长主动力。其中，实物商品网上零售额占社消零总额的比例达18.4%，成为消费增长的"亮点"。消费贡献持续增强，带动消费品物流快速增长。全年单位与居民物品物流总额7万亿元，可比增长22.8%，远高于社会物流总额平均增速。电商物流继续保持高速增长，电商物流指数中总业务量指数全年均值为132.4，反映电商物流业务规模较上年增长超过三成。受消费物流带动，全年快递业务量实现507亿件，同比增长26.6%。零担快运、大车队、仓储配送、冷链物流、即时物流等与消费和电商相关的物流领域保持较快增长势头。消费物流引领行业变革，新零售驱动物流模式创新，"网上下单、门店发货"的前置仓模式、"数据打通、仓库共享"的协同仓模式改变传统市场竞争格局，有效降低物流成本、提升物流时效和增强客户体验，支撑形成国内强大市场。

工业品物流向价值链上游延伸。全年全国规模以上工业增加值增长6.2%，总体保持在合理区间。其中，高技术制造业、装备制造业等保持较快增长速度。总体来看，工业物流仍然是社会物流主要需求来源。全年工业品物流总额256.8万亿元，占社会物流总额的90.7%，较上年可比增长6.2%。其中，高新技术和装备制造业物流需求保持较快增长，汽车物流、IT物流、家电物流等物流领域处于领先水平。2018年，交通运输制造业、电器机械制造和电子通信技术制造物流需求分别增长13.8%、10.1%和10.5%。制造企业物流外包规模扩大，程度加深，供应链物流成为趋势，精益物流、线边物流、物流控制塔等现代物流模式得到推广，运输、仓储等单环节的物流外包逐步向全链条的集成外包转变，物流一体化、专业化、可视化水平提升，对制造企业降本增效作用持续增强。2018年，工业和信息化部鼓励服务型制造，一批服务型制造示范企业和示范项目聚焦供应链物流，现代物流业与制造业深度融合，助力制造业高质量发展。

进口货物物流增速有所放缓。全年货物进出口总额 30.5 万亿元，首破 30 万亿元，比上年增长 9.7%，出口额、进口额均创历史新纪录。但是贸易顺差大幅收窄，进出口货物贸易不平衡减弱，进出口货物物流增速放缓较为明显。2018 年，进口货物物流总额为 14.1 万亿元，同比增长 3.7%，增速较上年回落 5 个百分点。

（三）社会物流总费用略有上升

2018 年，全年社会物流总费用为 13.3 万亿元，同比增长 9.8%，增速较上年提高 0.7 个百分点。社会物流总费用与 GDP 的比率为 14.8%，较上年略有上升，其中保管费用和管理费用是推高物流总费用的重要因素。

运输费用明显回落。中国物流与采购联合会统计显示，全年运输费用 6.9 万亿元，同比增长 6.5%，增速较上年下滑 4.3 个百分点，运输费用与 GDP 的比率为 7.7%，较上年下降 0.3 个百分点。分析原因，主要是货源增速放缓和运输结构调整。全年货物运输总量 515 亿吨，同比增长 7.1%，增速较上年下滑 2.2 个百分点。其中，铁路货运量完成 40.3 亿吨，同比增长 9.2%，继续保持较高增长速度。《国务院办公厅关于印发推进运输结构调整三年行动计划（2018—2020 年）》发布，其中提出实施铁路运能提升、公路货运治理、多式联运提升等六大行动。"公转铁"力度持续加大。环渤海地区、山东省、长三角地区，沿海主要港口和唐山港、黄骅港的煤炭集港实现由铁路或水路运输，全年主要港口疏港矿石运量完成 3.11 亿吨，同比增长 11.2%。多式联运渐成结构调整共识，第三批多式联运示范工程项目名单发布。截止到 2018 年年底，铁路集装箱业务同比增长 33.4%，7 个主要集装箱铁水联运港口铁水联运量同比增长 25%，多式联运成为运输结构调整的重要着力点，助力降低社会物流成本。

保管与管理费用有所上涨。全年保管费用 4.6 万亿元，同比增长

13.8%，增速较上年提高 7.1 个百分点；保管费用占 GDP 的 5.1%，较上年提高 0.4 个百分点。管理费用 1.8 万亿元，同比增长 13.5%，增速较上年提高 5.1 个百分点；管理费用与 GDP 的比率为 2%，较上年提高 0.1 个百分点。保管与管理费用快速扩张，成为物流成本增速较快的主要原因。保管费用中，资金占用成本增长 12.3%，增速较上年提高 9.6 个百分点，反映出当前实体经济中融资难、融资贵，资金使用效率偏低，存货资金周转速率不高等问题。仓储成本增长 13.3%，增速较上年同期有所加快。主要是受物流用地难、用地贵影响，仓储租金总体上涨。此外，配送成本、流通加工成本、包装成本等保管费用以及人工成本等管理费用均保持较快增长，推高了物流保管和管理费用。受存货成本增长压力影响，企业降低库存积极性较高，供应商管理库存、零库存、统仓统配等库存管理模式逐步得到推广。下一阶段，降低保管和管理费用将成为物流降本增效的重点方向。

（四）物流企业集中度增强

企业兼并重组做大做强。随着资本市场的发展，兼并重组正在成为物流企业补齐短板、跨越式发展的重要手段。2018 年，中远海控完成收购东方海外，有望成为全球第三大集装箱运营企业。顺丰收购 DHL 在华供应链业务，加速向综合物流服务商转型。深圳投控入股怡亚通，打造高端服务产业集群。万科物流并购太古冷链，布局全国冷链物流版图。天地华宇并入上汽物流板块，向综合物流服务提供商全面转型。中铁快运与顺丰组建合资公司发力高铁快运，铁路混改走向深入。中国邮政寄递事业部成立，南航集团组建货运物流企业等，龙头物流企业兼并重组活跃，优化自身战略布局和业务架构，加快向多元化、专业化和规模化转型。

市场集中度稳步提升。目前，全国物流相关法人单位数已近 40 万家。一批综合实力强、引领作用大的龙头企业加速成长，在航运、电商、快递、汽车、冷链等细分市场领域，出现了一批达到或超越世界领先水平的标杆企业。截至 2019 年 2 月，全国 A 级物流企业达 5025 家，其中，代表国内最高水平的 5A 物流企业 310 家。在细分物流领域，星级冷链物流企业 60 家，星级车队企业 118 家。中国物流企业 50 强主营业务收入超 1 万亿元，进入门槛增加到 29.6 亿元，市场集中度进一步提高。

（五）物流新动能引领变革

智慧物流创新迎来变革。物流互联网全面连接物流资源，推动物流"在线化"发展。2018 年，全国动态监控货运车辆超过 570 万辆。菜鸟启动物流物联网（IoT）战略，推动物流数据化转型。物流大数据加快应用，顺丰联合多家公司成立供应链大数据平台，深度挖掘行业数据价值。物流无人技术逐步推广，部分城市开展无人驾驶货车道路测试，"无人机、无人车、无人仓、无人配送、无人码头"等创新应用走在世界前列。"语音助手、单证识别、深度学习"等人工智能技术得到应用，区块链技术应用在物流行业开始启动。物流企业"数字化"转型提速。流程可视化、操作自动化和决策智能化水平成为重点。"互联网＋"物流促进"协同化"模式创新。无车承运试点企业取得积极成效，骨干物流信息平台加快发展，产业"平台化"趋势显现。以中国外运为代表的物流企业开启智慧物流战略，以全面数字化转型为基础开展运营模式、商业模式、组织模式的全方位重构，推出"运易通"等一批社会化物流平台，推动产业智慧化转型之路。越来越多的物流企业加入智慧物流行列，"数字驱动、协同共享"的产业生态体系逐步完善，产业互联网迎来快速发展期。

供应链新动能逐步发力。2018 年，商务部等 7 部门与中国物流与采购联合会开展供应链创新与应用试点，55 个城市列入试点城市，266 家企业纳入试点企业名单。越来越多的制造、商贸和物流企业加快向供应链转型发展，例如，海尔集团在以用户需求为中心的理念下，以工业互联网平台为基础提供社会化服务，使广大中小制造企业享受智能制造服务，助力提升产业链水平。中国物流与采购联合会与工业和信息化部 2018 年联合调研显示，我国部分领先企业已处在供应链外部协同阶段。从平均水平来看，我国企业仍普遍处于从内部集成到管理普及的较低水平发展阶段，供应链创新与应用还刚刚起步，发展潜力和市场空间巨大。

（六）物流基础设施建设提速

交通与物流基础设施补短板。2018 年，交通固定资产投资完成 3.18 万亿元。铁路营业里程将超过 13 万公里，高速公路通车里程超过 14 万公里，沿海万吨级泊位超过 2400 个，综合交通运输网络加快完善。2018 年，据中国物流与采购联合会调查统计，全国运营、在建和规划的各类物流园区超过 1600 个。近年来，物流枢纽建设受到重视，湖北省和顺丰筹资新建的湖北鄂州民用机场正式获批，建成后有望成为亚太区第一个、全球第四个专业货运枢纽。经国务院同意，国家发展改革委、交通运输部会同相关部门发布了《国家物流枢纽布局和建设规划》，落实党的十九大关于加强物流等基础设施网络建设的决策部署，科学推进国家物流枢纽布局和建设。计划到 2020 年和 2025 年，分别确定 30 个和 150 个左右国家物流枢纽，为建设国家物流枢纽网络奠定良好基础。

物流设施网络化发展渐成趋势。国家发展改革委、自然资源部、住房城乡建设部公布第二批 27 家示范物流园区名单，物流园区逐步向连锁化、品牌化、智慧化发展。传化智联加强网络业务发展，打造共享班车和物流联盟，搭建全国干线运输网络体系。中物联牵头成立的百驿物联搭建社会化服务平台，推动物流园区间互联互通。物流企业网络建设力度加大，主要快递快运企业基本建成覆盖城市和农村的快递物流服务网络。阿里计划投资千亿元建设国家智能物流骨干网，提出国内 24 小时、全球 72 小时送达的目标。国际物流网络受到重视，物流海外仓和国际仓加快网络建设。物流网络成为"一带一路"倡议重要支撑，沿线物流通道和枢纽布局建设力度加大。2018 年，国内已有 59 个城市开通了中欧班列，全年开行超过 6000 列。物流通道和园区枢纽联动融合，编织覆盖全国和全球的协同物流网络，打造"通道＋枢纽＋网络"的现代物流运行体系。

（七）行业营商环境持续改善

供给侧结构性改革深入推进。简政减税降费政策相继出台和逐步落地。2018 年 5 月 16 日，国务院总理李克强主持召开国务院常务会议，确定进一步降低实体经济物流成本的措施，提出 3 个方面 9 项具体政策。其中，物流企业承租的大宗商品仓储设施用地减半征收城镇土地使用税，挂车减半征收车辆购置税，货车年审、年检和尾气排放检验"三检合一"，取消 4.5 吨及以下普通货运从业资格证和车辆营运证，对货运车辆推行跨省异地检验，推动取消高速公路省界收费站等政策措施已经逐步实施。《快递暂行条例》正式出台、降低物流成本成为国务院大督查重点内容、车辆运输车治理工作圆满结束、交通运输业增值税税率调整、出入境检验检疫划入海关总署、外商投资道路运输业立项审批取消、优化跨省大件运输并联许可、规范公路治超执法行为、绿色货运示范城市创建、规范和优化城市配送车辆通行进一步规范等政策出台，公平开放、竞争有序的物流行业营商环境持续优化。中国物流与采购联合会作为行业社团组织，积极发挥桥梁和纽带作用，反映行业诉求，参与政府决策，为改善物流行业营商环境发挥着越来越大的作用。

（八）基础性工作稳步推进

教育培训、统计、标准、诚信等基础性工作有新进展。目前，全国已有 610 多所本科院校和近 2000 所中、高职院校开设了物流专业，在校生规模达 50 万人。已有 60 万人参加了物流、采购等职业能力等级培训与认证，多层次、全方位、高素质的物流人才队伍成长壮大。自 2004 年 10 月物流统计制度建立以来，已形成社会物流统计、物流业景气指数、公路运价指数、仓储指数、电商指数、快递指数等指数系列。制造业采购经理指数（PMI）已成为国内知名、世界有影响的观察中国经济走向的"风向标"。自 2003 年 9 月全国物流标准化技术委员会建立以来，已制定并发布国家标准 68 项、行业标准 52 项、团体标准 15 项。自 2007 年建立物流企业信用评价制度以来，共评出 A 级信用企业 648 家。目前，中国物流与采购联合会在物流服务平台、即时配送等细分领域建立行业非诚信名单机制，强化行业规范自律，引导提升行业治理水平。

二、2019 年我国物流业发展展望

当前，我国经济运行稳中有变、变中有忧，物流业发展面临的国内外形势正在发生深刻而复杂的变化。自 2018 年 12 月以来，中国制造业 PMI 指数连续三个月低于 50%，虽然受春节因素影响，但是指数水平总体低于上年同期，表明经济下行压力仍然较大。受此影响，物流规模增速将有所放缓，一些制约行业发展的长期性、结构性矛盾将集中显现，结构调整阵痛持续增强，新旧动能转换相互交织，下行压力是行业面临的突出问题。

从不利因素看，一是国际形势影响市场预期。当前，世界经济不稳定、不确定因素增加，特别是中美贸易摩擦对企业信心和市场预期影响不可忽视，国际贸易波动幅度可能加大，国际供应链体系将加快重构，对国际航运、国际货代等领域带来直接影响，也将对国内物流需求产生一定冲击。目前，衡量国际贸易水平的波罗的海干散货运价指数（BDI）持续回落，表明国际贸易摩擦持续发酵对全球贸易和全球物流产生一定负面影响。

二是国内市场需求增速放缓。国内消费需求虽保持较快增长，但是增速有所下滑，社会消费品零售总额增速多年来首次低于 10%，且实物消费增速低于服务消费增速，直接影响到社会物流需求增长。快递业虽然仍保持较高增速，但是增速已连续几年呈放缓态势。此外，房地产开发投资增长受销售放缓和市场调控影响增速可能持续放缓，制造业投资特别是民间投资受投资信心和利润放缓影响有继续放缓可能，将对社会物流需求增长带来不利影响。

三是物流成本高、效率低问题依然严峻。企业成本上涨压力依然较大。资金、人工、能源等要素成本增长较快。物流用地难、用地贵问题日益尖

锐，特别是在特大型、大中型城市，服务国内市场的物流配套设施紧缺，拉高社会仓储成本。物流运输价格持续低迷，公路货运价格已经跌至近五年来最低水平。由于各种运输方式衔接不畅，中间环节多、损耗大，降低运输成本难度加大。企业物流成本分散在产业链各个环节，物流服务质量总体偏低，一体化解决方案设计能力和专业化物流服务能力有待提高。

四是环保治理压力持续加大。随着污染防治攻坚战初战告捷，下一步将针对突出问题打好重点战役。按照国务院部署，运输结构调整将持续推进，2020年采暖季前，沿海主要港口和唐山港、黄骅港的矿石、焦炭等大宗货物原则上将改由铁路或水路运输。同时，重点地区将淘汰"国三"及以下排放柴油货车100万辆以上，"公转铁"力度将持续加大。柴油货车污染治理攻坚战进入实施阶段，以高污染高排放柴油货车为重点，将建立实施最严格的机动车"全防全控"环境监管制度。柴油车"国六"排放标准正式发布，各地加大车辆环保限行力度，"国三"及以下营运柴油货车面临提前淘汰，城市电动货车替换仍面临通行压力，货车通行难尚未有效缓解。

五是市场营商环境有待持续改善。目前，"放管服"改革进入深水区，行业治理难度日益增加，简政放权之后的放管结合、优化服务还有待深化和创新。物流业管理涉及部门多、协调难度大，与一体化运作、网络化经营的物流运行模式不相适应。近年来，各部门出台了一系列政策措施，但存在落实不到位、推进速度慢、地方协调难等问题。物流领域出现"互联网＋"等新兴技术手段，传统的监管模式已经跟不上时代需要，也对物流业治理体系和治理能力现代化提出了新课题。

从有利因素看，一是物流先导作用逐步显现。当前，服务业对GDP增长的贡献率达到了近60%，物流业作为重要的服务产业，基础性、战略性地位逐步巩固，先导性作用开始显现。党的十九大报告首次将物流基础设施等同于水利、铁路、公路、电网等网络建设，进一步提升了物流产业地位。继全国物流园区规划之后，政府有关部门首次出台《国家物流枢纽布局和建设规划》，要求规划建设一批国家级物流枢纽。加快推进要素集聚和资源整合，充分发挥在全国物流网络中的关键节点、重要平台和骨干枢纽作用，实现区域物流格局与产业布局重塑，将有效支撑"一带一路""京津冀协同发展""长江经济带"等国家战略落地，促进区域协调发展，培育新的经济增长极。

二是产业链升级面临机遇。国际贸易摩擦对我国带来严峻挑战的同时也有重要机遇。我国产业链仍处于全球价值链的中低端，供应链掌控能力不足是重要因素。最近一期世界银行发布的全球供应链绩效指标（LPI），中国排名第 27 位，与世界发达国家还有一定差距。全球经济已经进入供应链时代，掌控现代供应链体系是体现国家竞争力的重要标志，也是现代化经济体系建设的应有之义。国际贸易摩擦加剧要求我们重新审视国家供应链体系安全，防范供应链风险，推动先进制造业与现代服务业深度融合，重构国家供应链体系。下一阶段，随着国家供应链试点城市、试点企业工作推进，将逐步提升产业链水平，有效支撑实体经济，助力经济高质量发展。

三是科技发展孕育发展新动能。新一轮产业革命、技术革命深入推进，成为行业发展的强大引擎。物联网、云计算、大数据、人工智能、区块链等一些重大技术与产业深度融合，创造行业新业态，"互联网＋"物流模式不断创新。数字经济引领创新发展，产业互联网深入推进，将改变传统物流运作方式和商业模式，行业新动能不断培育壮大。当然，面对新一轮技术革命，传统物流企业的观念转变和战略转型速度稍显不足。如何推动广大物流企业拥抱互联网，全面实现物流数字化、智能化改造，加入到智慧物流生态体系的构建，形成"数字驱动、协同共享"的产业新生态是下一步面临的新机遇。

总体来看，我国物流业仍然处于重要的战略机遇期。面对国内外形势和各种因素叠加，我国物流业下行压力较大，保持平稳增长的难度将更大。预计 2019 年我国物流业仍将运行在合理区间，社会物流运行效率将继续保持平稳。

2019 年是新中国成立 70 周年，也是决胜全面建成小康社会的关键之年。在新的形势下，我们要坚持稳中求进工作总基调，坚持新发展理念，坚持高质量发展，坚持以供给侧结构性改革为主线，加大改革开放力度，围绕物流强国的目标，建设现代物流服务新体系，引导物流降本增效向提质增效转变，深入挖掘需求创造力，培育科技创新力，打造品牌开拓力，增强国家物流竞争力，全面推进物流高质量发展，有力支撑现代化经济体系建设。

▲ 德国 BME 来访

2019 年及今后一段时期，将以建设物流强国为新时代物流业的新使命，建议抓好以下重点工作。

一是做好国家重大战略的物流服务保障。适应"制造强国"战略，推进供应链物流创新；抓住"消费升级"战略，重点推进消费物流发展；围绕"乡村振兴"战略，构建农业、农村物流服务体系；根据"京津冀协同发展""长江经济带""粤港澳大湾区"和"长三角一体化"等区域协调发展战略，调整优化区域物流布局；顺应"军民融合"战略，形成军事物流和社会物流兼容、应急物流和平时物流兼顾的物流服务保障体系；构建符合"一带一路"建设需要的物流服务网络，积极融入全球供应链体系。

二是推进物流业与相关产业深度融合。深入挖掘制造、商贸行业物流需求，寻找行业新的增长点。发展服务型制造，推进产业物流向社会化、服务化转型。充分利用互联网技术，建设产业物流融合发展平台，提供平台化、社会化、专业化的物流服务。鼓励物流业深度介入各相关产业产前、产中和产后全产业链服务，开展销售、生产、采购及逆向物流预测预警，更好发挥物流业的支撑服务和先导带动作用。

三是引导物流企业转型升级和动能转换。鼓励物流企业通过兼并重组、联盟合作、上市融资等多种形式实现规模扩张、资源集聚，加紧树立行业品牌，培育一批实力雄厚、模式先进、行业领先、国际知名的大型物流企业。鼓励物流企业技术改造和装备升级，提升自动化、柔性化、可视化、智能化水平，提高运行效率和服务能力。打破传统产业边界，推动产业平台化发展，建立和谐共生的产业生态体系。

四是促进物流降本增效向提质增效转变。进一步降低物流税费、通行、融资、用地、审批等制度性交易成本，发挥制度创新在降低物流成本中的重要作用。引导物流企业调整资源配置方式和运输结构，推动技术、组织、模式和管理创新，提升物流企业综合竞争力。引导工商企业优化物流成本管理，从降低物流企业成本向降低企业物流成本乃至整个供应链物流成本转变。大力推广应用现代供应链等新模式和智慧物流等新技术，降低全链路物流成本，提高物流供给质量和运行效率。

五是加强物流基础设施网络协同。科学规划和实施国家物流枢纽布局，明确物流基础设施用地属性，加大中西部内陆地区、大中型消费城市、重点制造产业集群的枢纽设施配套。持续推进物流园区、配送中心、末端网点等物流基础设施短板建设。规划完善城市物流网点布局，科学制定配送车辆通行规则，缓解城市物流"最后一公里"难题。加强区域物流设施有效衔接，促进物流园区示范引领和互联互通，依托行业协会实施全国百家骨干物流园区"互联互通"工程，发挥社会物流网络整体效能。

六是鼓励供应链创新与应用。推动建立供应链综合服务平台，拓展质量管理、追溯服务、金融服务、研发设计等功能，提供采购执行、物流服务、分销执行、融资结算、商检报关等一体化服务。开展供应链创新与应用试点示范，引导工商企业聚焦整合资源、优化流程、协同创新。加强数字供应链、智能供应链研究，提升供应链的数字化、可视化和智能化水平。积极稳妥发展供应链金融，有效服务实体经济。

七是实施智慧物流发展战略。制定智慧物流专项规划，编制智能物流技术装备路线图，开展重大智能技术装备科技攻关。鼓励社会资本设立产业投资基金，推动智慧物流模式创新。出台财税引导政策，解决新技术、新模式、新业态出现的数字化治理问题和政策障碍。鼓励骨干物流信息平台建设，实现物流要素全面连接，实施中小物流企业数字化、智能化改造工程。加强数字物流基础设施建设，建设物流互联网，引导基础设施线上线下融合发展。

八是大力发展绿色低碳物流。有序推进运输结构调整，分阶段分步骤引导不达标车辆退出市场，鼓励清洁车辆在物流领域的应用，引导清洁车辆更新替换，科学制订柴油货车污染治理方案，加大财政政策支持力度，切忌政策"一刀切"。大力推广绿色物流技术，开展绿色物流、绿色配送、绿色仓储、绿色包装等科技攻关，支持液化天然气车辆、仓库屋顶太阳能发电等绿色装备技术应用。鼓励托盘循环共用、集装箱多式联运、挂车共享租赁等绿色装备设施共享。

九是培育高素质物流人才队伍。加强物流领域理论研究，逐步完善物流理论体系、学科体系和专业人才培养体系。深入推进产学研结合，开展专业化、定制化职业培训，提高物流从业人员整体素质。加强社会保障制度建设，改善从业人员工作条件，降低工作风险，提高社会福利待遇。通过多种方式关心关爱行业从业人员，增加从业人员的获得感、归属感和荣誉感。

十是夯实行业基础工作，提升市场治理能力。充分发挥行业协会服务企业、服务行业、服务政府的作用，围绕物流强国建设目标，建立符合物流高质量发展的指标体系、政策体系、标准体系、统计体系、绩效评价体系，完善行业治理体系和治理机制。加强部门统筹和地方协调，抓好已有政策的落实，根据出现的新情况和新问题，研究出台新的配套政策。进一步深化"放管服"改革，推广"互联网＋政务服务"模式创新，全面推行便民服务措施。开展平台数字化治理，创新"政府监管平台、平台管理企业"的监管方式。充分发挥行业协会作用，推进诚信体制建设，加强社会统筹协调，形成协同治理机制，营造统一开放、公平有序的物流营商环境。

（2019年3月26日，作者在2019年中国物流发展报告会上的演讲）

10
推进物流高质量发展
助力全面建成小康社会

一、2019 年我国物流业发展回顾

2019 年，我国物流业主要经济指标运行在合理区间，结构调整和新旧动能加快转换，降本增效取得阶段性成果，营商环境持续改善，为实现"六稳"目标做出了应有贡献。

（一）总体运行缓中趋稳

社会物流需求增速持续放缓。2019 年全国社会物流总额为 298 万亿元，同比增长 5.9%。中国物流与采购联合会、国家统计局服务业调查中心发布的 2019 年 12 月中国制造业采购经理指数（PMI）为 50.2%，与上月持平。从全年走势看，PMI 从 5 月开始连续六个月处于荣枯线以下，显示有效需求相对不足。年底两个月虽然升至荣枯线以上，但需求基础仍然偏弱。全年全国规模以上工业增加值增长 5.7%，增速较上年下降 0.5 个百分点。全年社会消费品零售总额同比增长 8%，较上年降低 1 个百分点左右。受上游需求不振影响，社会物流供给增速有所放缓。社会物流总费用 14.6 万亿元，同比增长 7.3%，比上年回落 2.5 个百分点。全年完成营业性货运量 462.24 吨，增速较上年有所放缓。公路、水路等各类运价指数低位徘徊，均低于 2018 年平均水平。受业务量增速放缓、价格走低挤压，物流行业整体盈利水平进

一步走弱，企业生存压力持续加大，一批竞争力不足的企业退出市场。

（二）供需结构加速调整

物流需求结构持续优化。2019 年，我国人均 GDP 超过 1 万美元，消费对经济增长的贡献率超过 60%。强大的国内市场刺激内需扩大、消费升级，也带动内需型、消费型物流快速增长。全年单位与居民物品物流总额 8.4 万亿元，同比增长 16.1%，依然保持两位数增长。全年快递业务量超过 630 亿件，人均达到 45 件。冷链物流、电商物流、即时物流、同城速递等与居民消费生活相关的领域成为市场增长热点。目前，我国已成为全世界拥有全部工业门类的制造大国，工业品物流仍然是、也将长期是社会物流需求的主要来源。工业品物流总额 269.6 万亿元，同比增长 5.7%，占社会物流总额 90% 左右。高技术产业、战略性新兴产业物流需求增速快于高耗能物流、大宗商品物流，服务型制造与制造型服务相互渗透，为社会化、专业化物流提供新的空间。

物流供给结构稳步升级。大型骨干物流企业逆势而上，市场集中度进一步增强。全国 A 级物流企业总数已达 6132 家，其中 5A 级 334 家。中国物流企业 50 强主营业务收入总额超过 1 万亿元，进入"门槛"提高到 30 亿元。在快递快运、铁路物流、港航物流、合同物流、仓储园区、汽车物流等细分市场优胜劣汰洗牌加速，前 8 家快递与包裹服务企业品牌集中度指数超过八成。运输结构调整取得成效，2019 年国家铁路完成货物发送量 34.4 亿吨，同比增长 7.8%。环渤海、山东省、长三角地区、沿海主要港口和唐山港、黄骅港等港口，矿石、焦炭等大宗货物疏港比例，出现了铁路和水路回升，公路占比下降的趋势。大型工矿企业和物流园区铁路专用线接入比例、大宗货物铁路运输比例和商品车铁水运输比例稳步增加。随着运输结构调整，物流成本持续优化。全年运输费用 7.7 万亿元，同比增长 7.2%，较上年同期下降 0.7 个百分点。

（三）科技赋能物流数智化、平台化

科技应用引领数智化转型。2019 年，物联网、云计算、大数据等新一代信息技术在物流领域加快应用，物流业务实现全链路在线化和数字化，为企业智能化转型奠定重要基础。无人机、无人车、无人仓、无人驾驶、无人码头等智能装备使用场景增多，人工智能技术在物流领域逐步落地。中共中央政治局就区块链技术发展现状和趋势进行集体学习，区块链技术受到重视。中物联区块链分会推出的《2019 中国物流与供应链产业区块链应用白皮书》显示，区块链在物流供应链领域的应用扩大到六大场景。平台经济日益兴起，在整车运输、城市配送、航运货代等领域涌现了一批大量整合零散资源、活跃用户数领先的平台型企业。交通运输部 229 家无车承运试点企业整合货运车辆 211 万辆，以政府监管平台、平台整合车辆为特点，市场集约化、规模化明显增强。

（四）现代供应链成为新"亮点"

供应链创新发展进入新阶段。党的十九大报告提出，在现代供应链等领域培育新增长点、形成新动能。2019 年，为推进商务部、工业和信息化部、生态环境部、农业农村部、人民银行、市场监管总局、银保监会和中国物流与采购联合会 8 部门（单位）联合开展的供应链创新与应用试点工作，11 月 28—29 日，全国供应链创新与应用试点成果展示在厦门举行，集中展现了试点工作一年来的突出成果。从试点情况看，试点企业正在形成彼此包容、彼此开放、彼此共享的供应链思维，逐步由传统的拼速度、拼规模、拼价格的竞争，转变为上下游协作，共同搭建供应链协同共赢的生态圈，有效推进供应链成本降低和效率提升。为规范供应链金融发展，银保监会发布《中国银保监会办公厅关于推动供应链金融服务实体经济的指导意见》，引导供应链金融服务实体经济。数字化供应链积极探索，一批先进制造企业结合工业互联网，强化全球数字化供应链体系建设，抢占数字经济新高地。中物联主

持起草的《供应链服务企业分类与评估指标》团体标准正式发布，新兴的供应链服务企业向标准化发展迈出了重要一步。

（五）物流枢纽网络助力枢纽经济

物流基础设施网络加快升级。2019 年，我国新设立 6 个自由贸易试验区、长三角区域一体化、粤港澳大湾区、西部陆海新通道等重大战略规划出台，区域协调发展新格局正在形成，也对物流基础设施网络升级更替提出了新要求。目前，我国综合交通运输体系初具规模，高速铁路、高速公路里程数以及港口万吨级泊位数等指标均位居世界第一，机场数量和管道里程居于世界前列，"五纵五横"综合运输大通道基本贯通。2019 年全年完成交通固定资产投资超过 3.2 万亿元，新增铁路 8000 公里、公路 33 万公里、高等级航道 385 公里、民用运输机场 5 个。根据中国物流与采购联合会调查统计，我国规模以上物流园区超过 1600 个，还有大量的物流中心、分拨中心和末端配送网络。物流枢纽凭借区位、产业、金融、信息等多方资源优势，与区域产业联动融合日益深化。按照国家有关部门规划，到 2025 年计划布局建设 150 个左右国家物流枢纽。2019 年，国家发改委和交通运输部首次确定 23 家国家物流枢纽建设名单，物流枢纽网络建设进入实质性推进阶段。

（六）国际物流打开对外开放新局面

物流"走出去"空间加大。2019 年，面对日趋错综复杂的外部环境，我国对外投资合作和对外援助执行保持平稳有序健康发展。1—11 月，我国全行业对外直接投资 1044 亿美元，制造业等实体经济领域对外投资稳步增长。对外承包工程完成营业额 1350 亿美元，主要集中在交通运输、一般建筑和电力工程建设行业。对外投资和工程建设带动物流"走出去"发展，物流企业与工程制造企业深化国际合作，跨境电商、快递快运、物流平台等一批国内领先的骨干企业加速布局新兴物流市场。海外仓库、港口码头、公路、铁路等物流基础设施和成熟运营主体成为投资重点，"一带一路"物流体系建设稳步推进。1—11 月，我国企业对"一带一路"沿线国家实现非金融类直接投资 128 亿美元，占同期总额的 12.9%。"一带一路"国际物流保持较快增长势头，全年中欧班列开行 1.8 万列，联通亚欧大陆 110 多个城市。民航新开通"一带一路"航线 409 条。中国与白俄罗斯、蒙古国签署国际道路运输合作文件，国际道路运输便利化迈出重要一步。《西部陆海新通道总体规划》正式印发，有望开辟"一带一路"国际陆海贸易新通道。

（七）绿色物流配合污染防治攻坚战

绿色环保对行业影响深远。2019 年，污染防治攻坚战取得关键进展，主要污染物排放量持续减少，未达标城市细颗粒物（PM$_{2.5}$）浓度继续下降，生态环境质量总体改善。柴油货车污染治理攻坚行动正式启动，多地出台环保限行和老旧柴油货车淘汰政策，各地老旧柴油货车淘汰数量有望达到任务量的 40% 以上。全国全面供应符合国六标准的车用汽柴油，北京、天津等重点区域提前实施机动车国六排放标准。在用车环保监督执法力度加大，清洁能源物流车辆得到政府支持，电动船舶蓄势待发。第二批 24 个城市绿色货运配送城市名单公布，多地出台针对清洁能源物流车的便利通行政策。有关部门发文要求，除特殊区域外，对纯电动轻型货车原则上不得限行。氢燃料电池汽车开始起步，各地加氢示范站逐步落地。多部门联动共同推进船舶靠港使用岸电，长江沿线 11 省市联合加快港口岸电全覆盖。国家邮政局开展绿色采购试点和可循环中转袋应用试点，为行业生态环保工作积累经验。快递、物流企业纷纷探索可回收包装和可循环材料，托盘循环共用、挂车交换共享、仓库太阳能屋顶日益普及，绿色、可持续物流取得新进展。

（八）政策环境持续改善

2019 年，也是物流政策"落地年"。中共中央、国务院印发《交通强国建设纲要》，提出到 2035 年基本建成交通强国，形成"全国 123 出行交通圈"和"全球 123 快货物流圈"。国家发展改革委等 24 部门印发《关于推动物流高质量发展促进形成强大国内市场的意见》，提出推动物流高质量发展的 25 条政策措施。交通运输部、商务部、邮政局等有关部门从各自职能出发提出了高质量发展的任务措施。物流降本增效政策措施大面积落地，交通运输业增值税税率降低 1 个百分点，物流辅助服务享受加计扣减政策；高速公路省界收费站全面取消，全国 ETC 用户累计达到 1.92 亿；总质量 4.5 吨及以下普通货运车辆道路运输证和驾驶员从业资格证正式取消；货运车辆全面实现"三检合一"和异地年审；物流企业大宗商品仓储设施土地使用税、挂车车辆购置税实现减半征收；网络平台道路货物运输企业代开增值税专用发票试点工作启动；货车安装尾板检验登记制度正式出台。这些政策措施落地使物流企业获得感增加，从业人员稳定性增强，物流营商环境得到持续改善。

总体来看，2019 年我国物流业面对严峻形势，顶住下行压力，实现平稳运行，多方面都有新的进展。但物流发展不平衡、不充分、不可持续的矛盾依然突出，与人民群众日益增长的美好生活需要和现代化经济体系建设的要求差距依然较大，亟待进一步转变发展方式、调整产业结构、实现动能转换、挖掘物流高质量发展的巨大潜力。

二、2020 年我国物流业发展展望

2020 年是全面建成小康社会和"十三五"规划收官之年，也是"十四五"规划的定调之年。在党中央、国务院的坚强领导下，我国经济稳中向好、长期向好的基本趋势不会改变，物流业平稳增长的总体方向也不会改变，预计物流业主要经济指标将继续保持平稳增长态势。

在新的一年里，我们要以习近平新时代中国特色社会主义思想为指导，紧扣全面建成小康社会的目标任务，坚持稳中求进工作总基调，坚持新发展理念，坚持以供给侧结构性改革为主线，坚持以改革开放为动力，聚焦提升物流内生动力和产业竞争力，打造高质量发展引擎，加快推动我国从物流大国向物流强国转变，有力支撑现代化经济体系建设，为全面建成小康社会提

供物流保障。

一是决胜全面建成小康社会。坚持稳字当头，紧扣全面建成小康社会涉及物流领域的各项指标和要求，密切关注国内外环境变化和苗头倾向，加紧补短板、增能力、保稳定，平衡物流稳增长和高质量发展的关系，确保全面建成小康社会的时代任务高质量完成。

二是谋划物流"十四五"规划。坚持目标导向，围绕世界百年未有之大变局和中华民族伟大复兴"两个大局"，紧扣"两个一百年"奋斗目标，抓住世界新一轮技术革命和产业变革的历史机遇，探索新时代物流业发展的新使命和新要求，重点谋划物流行业"十四五"发展战略。

三是巩固物流降本增效成果。突出新发展理念，促进传统的数量型降成本向效率型降成本转变，统筹协调、系统谋划降低全社会物流结构性成本和制度性交易成本。引导企业以效率提升、技术进步、模式创新、节能环保来降低企业自身物流成本。以供应链创新应用为抓手，降低供应链综合成本，提升供应链整体运行质量和效率。

四是挖掘强大国内市场需求。顺应消费升级、产业升级新需求，深化产业联动融合，从低水平粗放式发展方式转向精细化、高品质发展，挖掘新需求、创造新供给、壮大新动能，培育一批标杆企业和服务品牌，助力强大国内市场再升级。完善城市消费物流服务体系和农产品上行渠道，重点提升电商物流、快递快运、即时物流、冷链物流等细分领域的服务水平，让人民群众享受物流高质量发展的新成果。

五是实施创新驱动战略。坚持科技引领和技术驱动，抓住5G商业应用的历史机遇，强化共性技术协作攻关和行业推广，引导企业全面拥抱产业互联网。推动数字经济、平台经济变革，打造万物互联的物流互联网，助力产业向数字化、智能化、平台化转型，建设智慧物流新生态。充分挖掘区块链技术潜力，推进区块链与实体产业相结合的项目落地，激发物流高质量发展的新动能。

六是建设物流基础设施网络。推进"国家物流枢纽联盟工程"和"全国百家骨干物流园区互联互通工程",促进物流资源互联互通和共享利用。围绕京津冀协同发展、粤港澳大湾区建设、长三角一体化发展等国家区域发展战略,统筹社会物流资源布局,建设一批高水平的国家物流枢纽,打造"通道＋枢纽＋网络"的现代物流运行体系。围绕城市群和城市圈建设,构建适应城市发展需要、沟通城乡、满足人民生活需要的城乡物流运行体系。

七是提高物流对外开放水平。配合"一带一路"建设,推动国际物流合作和交流,提升国际运输、通关与物流便利化水平,打造国际物流大通道,构建面向全球的物流与供应链服务体系。要正视国际贸易环境变化的影响,适应全球产业转移和分工重构的趋势,防范供应链风险,协同供应链各方合作共赢,助力构建人类命运共同体、物流共同体。

八是推进治理体系和治理能力现代化。物流业是新兴的服务业,也是复合性产业,涉及部门多、协调难度大,对政策环境依赖性高。在前一段"放管服"改革深入推进,政策环境持续改善的基础上,研究进一步处理好政府和市场、国家和地方、市场和企业的关系,充分发挥市场配置资源的决定性作用,同时更好发挥政府作用。注重发挥行业协会的桥梁纽带作用,积极反映企业诉求,主动参与政府决策,加强理论体系、学科体系、人才培养体系、标准体系、统计体系和诚信体系建设,营造政府、企业和协会合力推进物流业高质量发展的产业生态圈。

（2020 年 1 月 17 日,作者在 2020 年中国物流发展报告会上的演讲）

11
构建现代物流体系
建设物流强国

一、争当"先行官"，维护"生命线"

2020 年开年伊始，一场突如其来的新冠疫情来势汹汹，扩散蔓延，党中央领导全国人民开展了一场波澜壮阔的"人民战争"。物流行业紧急行动起来，积极投身于伟大抗疫斗争，争当"先行官"，维护"生命线"，为抗疫保供、复工复产做出了重要贡献。

（一）保通保畅，冲锋在前

疫情初期，多地封城断路，物流运行严重受阻。中物联积极响应党中央号召，向全国物流行业发起了《中物联关于做好新型冠状病毒肺炎防控工作的紧急倡议》。广大物流企业争当逆行者，全力驰援打赢武汉保卫战、湖北保卫战。有关部门委托中物联提供疫情防控和生活物资应急运输保障重点物流企业名单，增强应急物流运力储备。物流企业纷纷组建应急运输车队，投身一线抗疫物资保供。多家骨干物流企业开通疫情防控物资"绿色通道"，航空货运企业增开抗疫物资全货机航班，一批国家物流枢纽、示范物流园区无偿开放应急仓储与中转服务，一批公路货运企业驰援雷神山医院建设，湖北物流企业协助武汉红十字会分发社会捐赠物资。全行业群策群力，为各地疫情防控物资提供物流服务，有效筑起了应急保供的"生命线"。

（二）复工复产，坚强后援

随着疫情逐步得到控制，各部门及时出台一系列保通保畅政策，坚持"一断三不断"，阶段性免收收费公路车辆通行费，设立应急转运中心，取消对货车通行和司机隔离的限制等有效政策措施，物流业从 2 月下旬开始复苏。邮政快递业率先复工复产，到 3 月 10 日复工率达 92.5%。货运物流企业到第二季度末复工率达到 99.6%，陆续推出铁路"七快速"、公路"三不一优先"、水运"四优先"、航空货运"运贸对接"等措施。示范物流园区到上半年基本全面复工复产，减免物流租金政策切实有效，区域物资调运配送保障供应。物流业保供保畅坚强有力，成为各行业复工复产的"先行官"。

（三）使命光荣，责任担当

行业社团组织勇担社会责任，配合有关部门、带动行业加大物流保障力度，为打赢疫情防控阻击战提供坚实基础。中物联密切联系企业，积极反映保通保畅和复工复产政策诉求，提出的政策建议被政府有关部门采纳，转化为政策措施；制订新冠疫情下公路货运企业运营防控指南和骑手心理防护手册等，帮助行业企业在疫情期间规范防控措施；联合 200 多家物流企业、行业协会及有关单位共同发起《驰援疫情防控阻击战一线卡车司机的倡议书》；组织应急物资运输需求对接与援助，搭建信息平台完成超过数万项全国运力的调配；组织开展疫情援助捐款捐物活动，协助数千家爱心会员企业的捐赠对接落实。各地方行业协会纷纷成立抗疫应急办公室，密切联系企业，积极配合政府，做好应急物流保障协调工作，涌现了一批先进典型。招商局集团"灾急送"应急物流志愿服务队等先进集体、湖北顺丰速运有限公司分部经理汪勇等先进个人受到党中央、国务院和中央军委表彰。九州通医药集团物流有限公司等 230 家企业被中物联授予"全国物流行业抗疫先进企业"称号。广大物流人和全国各行各业的伟大抗疫精神将永载史册，成为我们进入新阶段、迎接新挑战的宝贵精神财富。

二、经受严峻挑战，取得瞩目成绩

2020 年，我国物流业经受了前所未有的严峻挑战，取得了来之不易的瞩目成绩。2月，中国物流业景气指数跌至历史最低点 26.2%，第一季度社会物流总额同比降幅超过 10%。面对严峻挑战，全行业奋起追赶，第二季度实现快速反弹，第三季度基本转正，全年呈现快速触底反弹态势。全年实现社会物流总额超过 300 万亿元，同比增长 3.5%；物流业总收入超过10 万亿元，同比增长 2.2%；全社会物流总费用与 GDP 的比率与上年基本持平，物流市场运行基本恢复到正常水平。12月，中国物流业景气指数为56.9%，继续保持高位运行，公路物流、仓储、快递物流、电商物流等各项指数均处于扩张区间，物流业的强大韧性，为我国经济运行率先由负转正做出了重要贡献。

（一）民生物流产业物流呈现新亮点

内需驱动的民生物流成为疫情下增长亮点，助力强大国内市场发展。无接触配送、社区电商物流、统仓统配，共同化、多频次的物流模式适应消费即时化、个性化、多样化的需求转变。电商快递、冷链物流、即时配送等民生物流领域经受疫情考验仍保持较快增长。全年单位与居民物品总额同比增长 13.2%，超过社会物流总额增速近 10 个百分点。全年全国快递业务量超过 800 亿件，同比增长 30% 以上。冷链物流市场规模超过 3800 亿元，同比增长 10% 以上，冷链需求总量约 2.65 亿吨。

实体经济推动制造业等产业物流需求稳步增长。疫情下全球对中国商品的需求上升，12月进出口 3.2 万亿元，创下单月最高纪录。工业品物流需求稳步增长，仍然是社会物流需求的主要来源。全年工业品物流总额同比增长2.8%，其中，高技术制造、装备制造等中高端制造物流需求全面回升，增速超过 10%。制造业服务化提速，带动制造业物流一体化、精益化、集成化发展，支撑实体经济稳定向好。进口物流需求增势良好，原油、钢材、农产品、机电产品等重要原材料和零部件保持较快增长，大宗商品物流全力保供，有力保障生产供应和国内经济正常运转。

（二）国际物流保障能力开辟新路径

受贸易霸凌和疫情阻断冲击，国际供应链"断链"风险增加。疫情初期，国际客运飞机停飞，腹舱资源大幅缩减，国际航空货运短板凸显，严重影响国家防疫物资运输保供。随着新冠疫情全球蔓延，境外港口压港严重，舱位紧张和空箱不足导致价格大幅上扬。党中央、国务院及时决断，"保产业链供应链稳定"被纳入"六保"工作，交通运输部等部门共建国际物流工作专班，畅通国际物流大通道。航空货运全货机加开国际航线，中欧班列逆势增长。全年国际航线全货机起飞超过 3 万架次，中欧班列开行超过 1.2 万列，同比增速均超过 50%。航空货运枢纽、中欧班列集结中心、海外仓获得政策支持，快递物流企业加大航空货运枢纽规划建设，5 地获批铁路集结中心开建，海外仓超过 1800 个，有力支撑产业链供应链安全稳定。

（三）物流企业分化调整显现新格局

受年初新冠疫情影响，部分中小微物流企业抗风险能力不足，生存困难退出市场。一批骨干物流企业迎难而上，市场集中度有所提升。截止到 2020 年年底，全国 A 级物流企业达到 6882 家，其中规模型 5A 级企业 367 家。50 强物流企业物流业务收入合计 1.1 万亿元，占物流业总收入的 10.5%，进入门槛提高到 37.1 亿元，比 2019 年增加 4.5 亿元。首批网络货运平台企业和供应链服务企业评估工作启动，星级冷链物流、星级车队逐步形成规模。电商快递、零担快运、合同物流、航空货运、国际航运、港口物流等细分市场集中度有所加强，涌现出一批规模型骨干物流企业。企业间多种形式的联盟合作、重组整合共御疫情风险，一批物流企业上市发展。传统物流企业逐步从物流提供商向物流整合商和供应链服务商转变，物流核心竞争力显著增强。

（四）数字化转型智能化改造迈开新步伐

新冠疫情加速行业数字化转型。实物商品网上零售额占社会消费品零售总额首超四分之一。传统企业积极向网上转移，带动传统物流发展方式向线上线下融合转变，全程数字化、在线化和可视化渐成趋势。头部物流企业加大智能化改造力度，物流机器人、无人机、无人仓、无人配送、无人驾驶卡车、无人码头等无人化物流模式走在世界前列。连接人、车、货、场的物流互联网正在加速形成，物流数据中台助力企业"上云用数赋智"。网络货运日均运单量 13 万单，车货匹配向承运经营转变。运力服务、装备租赁、能源管理、融资服务等互联网平台服务中小物流企业，助推中小企业数字化转型。物流业作为现代信息技术应用场景最多的服务业，迎来数字化转型的加速期。

（五）现代供应链创新应用取得新进展

国际贸易摩擦和全球疫情对供应链弹性和柔性化提出更高要求。全球产业格局深化调整，现代供应链出现短链、内生、协同、智能新局面。一些发达国家推动制造业回流计划，倒逼国内制造业向中高端延伸，提升国内配套能力。中间投入产品转向国内生产，缩短产业链供应链长度。国内市场消费能力提升，推动本土市场替代国际市场成为主要目标市场之一，产业链供应链靠近市场提升响应速度。供应链核心企业带动产业链上下游协同发展，与物流、采购、金融等服务业深化融合，助力模式创新和价值增值，拓展产业链供应链深度。数字供应链加快发展，现代信息技术广泛应用，结合智能制造实现大规模定制，提升产业链供应链运行速度。现代供应链试点城市及企业创新驱动，供应链金融规范发展，在抗击疫情阻击战中发挥重要作用。中物联首批 A 级供应链服务企业出炉，引导供应链内部管理向供应链外部服务转变，创新企业增长新范式。

（六）物流基础设施建设引入"新基建"

传统物流基础设施和物流新基建投入保持高位运行。2020 年投产铁路营业里程约 4585 公里，新改（扩）建高速公路约 1.3 万公里，智能快递箱超 40 万组。针对疫情防控暴露出来的物流短板，首批 17 个国家骨干冷链物流基地建设名单发布，农产品仓储保鲜冷链物流设施得到支持，国家冷链物流网络开始搭建。第三批示范物流园区工作组织开展，铁路专用线建设得到政策支持。国家物流枢纽再添新成员，第二批 22 个国家物流枢纽建设名单发布。国家物流枢纽联盟组建运行，45 家枢纽运营主体单位加入。智慧物流基础设施建设发力，智慧物流园区、智慧港口、智能仓储基地、数字仓库等一批新基建投入，促进"通道＋枢纽＋网络"的物流基础设施网络体系加快布局建设。

（七）行业基础工作得到新提高

物流标准化工作有新突破。自 2003 年 9 月全国物流标准化技术委员会建立以来，已制定发布国家标准 77 项、行业标准 57 项、团体标准 23 项，国际标准推进实现实质性突破。教育培训工作有新提升。目前，全国已有 698 个本科物流专业点和 2000 多个中、高职物流专业点，五年培养物流毕业生近 80 万人。全国已有 60 万人参加了物流、采购等职业能力等级培训与认证，高素质物流人才队伍成长壮大。

统计信息工作有新成绩。自 2004 年 10 月物流统计制度建立以来，已形成中国及全球制造业采购经理指数（PMI）、社会物流统计、物流业景气指数、公路运价指数、仓储指数、电商指数、快递指数等指数系列。

（八）行业营商环境展现新风貌

面对新冠疫情冲击，党中央、国务院建立联防联控机制，各部门及时推出一系列保通保畅、援企稳岗、复工复产政策，助力物流企业纾困解难，轻装上阵。疫情下电子政务、数字监管发力，各类政务服务"网上办、在线办"便民利民。国务院办公厅转发国家发展改革委、交通运输部24条降低物流成本的政策措施，继续推动降低各项物流成本。安全、环保、技术等政策措施和标准规范陆续出台，引导强化行业合规发展，环保治理、超限超载、非法改装、货车通行等政策措施出台，努力创造公平竞争物流市场环境。

总体来看，2020年我国物流业经受了严峻考验，顶住了冲击挑战，取得了不凡业绩。但是我们也要清醒地认识到，物流发展不平衡不充分不协调问题依然存在，物流业整体发展水平和应对不确定因素的能力有待提高，国际物流、应急物流、绿色物流等方面尚有短板，运行规模和质量方面表现为"大而不强"，与人民群众日益增长的美好生活需要和经济高质量发展的要求还有一定差距，物流大国向物流强国转变任重道远。

三、新阶段物流业发展新方位

2021年是"十四五"规划的开局之年，也是全面建设社会主义现代化国家新征程的起步之年。"十四五"时期，我国物流业发展仍将处于重要战略机遇期，但机遇和挑战都有新的发展变化。需要我们精准把握新发展阶段、认真贯彻新发展理念、支撑构建新发展格局，明确现代物流发展新方位。

把握新发展阶段，物流业在国民经济中的产业地位将进一步提升。《中共中央关于制定国民经济和社会发展第十四个五年规划和二〇三五年远景目标的建议》对物流发展，供应链创新高度重视，明确提出构建现代物流体系。现代物流"十四五"规划即将出台，现代物流体系建设加紧谋划、科学布局，物流业在国民经济中的基础性、战略性、先导性作用将进一步巩固提升。

贯彻新发展理念，物流业高质量发展将聚焦提质降本增效。实现更高质量、更有效率、更加公平、更可持续、更为安全的发展，必须贯彻新发展理念。新发展理念将贯穿发展全过程和各领域，指导物流业转变发展方式，推动质量变革、效率变革和动力变革，探索物流高质量发展的目标要求、实现路径和保障措施，全面推进物流大国向物流强国迈进。

构建新发展格局，物流业将成为畅通国内大循环、促进国内国际双循环的战略支点。中央财经委员会第八次会议研究提出"建设现代流通体系对构建新发展格局具有重要意义"，并要求"培育壮大具有国际竞争力的现代物流企业"。畅通国内大循环，立足扩大内需战略基点，建设完善国内物流网络，培育壮大现代物流企业，支撑现代流通体系运行，将打通产业间、区域间、城乡间物流循环，带动枢纽经济成为新增长极，促进形成强大国内市场。促进国内国际双循环，立足国内市场，吸引全球资源要素集聚，加大国际物流补短板力度，将打通国内外物流循环，打造自主可控、安全高效的产业链供应链，协同推进强大国内市场和贸易强国建设。

未来一段时期，我国经济长期向好的基本面不会改变，物流业平稳增长的态势也不会改变。物流业发展方式、质量要求和治理能力提档升级，将全面迈入高质量发展新阶段。站在"两个一百年"奋斗目标的历史交汇点上，我们要以构建现代物流体系，建设物流强国为目标，以推动高质量发展为主题，以供给侧结构性改革为主线，认真谋划"十四五"以及2035年发展战略，高瞻远瞩把握行业趋势，脚踏实地做好当前工作，确保开好局，起好步。

一是保障产业链供应链自主可控、安全高效。今后一段时期，全球产业链供应链将加快重构。疫情暴露出国际国内供应链弹性不足、控制力偏弱短板。供应链核心企业将更加关注解决物流等"卡脖子"环节，加强物流集中管理，寻找可替代物流解决方案，增强供应链弹性和可靠性，做好供应链链长，提升产业链现代化水平。物流业将深度嵌入产业链供应链，助力产业链供应链稳链；增强供应链一体化服务能力，促进产业链供应链补链；创造物流服务供应链新价值，推动产业链供应链强链。自主可控的国际物流资源积累和服务能力将得到加强，提升产业链供应链国际竞争力，维护经济社会安全稳定。

二是做强扩大内需战略支点。当前，内需已经成为并将长期成为我国经济增长的根本支撑。培育完整内需体系，将有利于激发我国超大规模市场优势，稳住经济增长"基本盘"。物流业作为连接生产与消费的重要环节，将成为扩大内需的战略支点。与居民生活和食品安全相关的即时物流、冷链物流、电商快递、城市配送等领域仍将保持较快增长速度；共同配送、仓配一体、逆向物流等服务模式将快速发展；配送中心、智能快递箱、前置仓、农村服务站点、海外仓等民生物流配套设施投入力度加大，消费物流服务网络和服务能力加快形成。

三是推进物流业制造业深度融合。当前，我国作为世界第一制造大国，制造业智能化、服务化是提升制造业质量效益的必然选择，也是构建现代产业体系的必由之路。物流业与制造业深化融合，将从简单的服务外包向供应链物流集成转变，通过内部挖掘降成本潜力，外部提升综合服务能力，增强产业链韧性；从物流与制造空间脱节向制造业与物流业集群发展转变，发挥物流枢纽集聚和辐射功能，吸引区域和全球要素资源，带动区域经济转型升级；从物流与制造资源分散向平台化智能化生态化转变，扩大企业边界，转变生产方式，优化资源配置，创造产业生态体系。工业互联网将带动物流互联网兴起，实现供应链全程在线化数据化智能化，助力智能制造创新发展，推动我国产业迈向全球价值链中高端。

四是加速物流数字化转型。近年来，世界主要经济体正进入以数字化生产力为主要标志的全新历史阶段，我国以数字经济为代表的新动能加速孕育形成。传统物流企业数字化转型和新兴数字企业进入物流市场同步推进，物流商业模式和发展方式加快变革，拓展产业发展新空间。现代信息技术从销售物流向生产物流、采购物流全链条渗透，将助力物流业务在线化和流程可视化，增强全链条协同管理能力。数据和算法推动物流大数据利用，传统物流企业加速数字化智能化网络化，智慧物流模式将全方位提升管理效能。依托新型基础设施，数字物流中台全面发展，智能化改造提速，将带动传统物流企业向云端跃迁，上下游企业互联互通，中小物流企业加快触网，构建"数字驱动、协同共享"的智慧物流新生态，更好实现与实体经济融合发展。

五是夯实物流基础设施网络。党的十九大提出要加强物流基础设施网络建设，2020年政府工作报告提出重点支持"两新一重"建设，传统基础设施将加快与新型基础设施融合。我国交通与物流基础设施投入加大，但是城市群、都市圈、城乡间、区域间、国内外物流网络尚未全面形成，国家物流枢纽、区域物流园区、城市配送中心和城乡末端网点对接不畅，多层次、立体化、全覆盖的物流基础设施网络还有较大发展空间。随着物流设施网络与区域经济协同发展，物流基础设施补短板和锻长板将成为重要投资方向。5G网络、人工智能、大数据、区块链等现代信息技术与物流设施融合，实现线上线下资源共享，互联高效、网络协同的智能物流骨干网有望形成，将成为现代化基础设施体系的重要组成部分。

▲ 率队调研重庆长安民生物流股份有限公司

六是助力更高水平对外开放。今后一段时期，我国作为第一货物贸易大国的地位更加巩固，国内国际双向投资与世界经济深度互动，吸引国际商品和要素资源集聚，离不开全球物流服务保驾护航。国际航运、航空货运等助力打通国际大通道，中欧班列、陆海新通道等国际物流大通道将加快建设，带来更高水平、更大范围、更深层次的物流开放新局面。国际航空货运、铁路班列受疫情刺激将进入快速发展期，并逐步与国内网络实现有效衔接和双向互动。国际快递、国际航运、国际班列服务商将加速向全程供应链物流整合商转变，提供供应链一体化解决方案。具有国际竞争力的现代物流企业日益增多，将跟随国内外大型货主企业"抱团出海"，立足国际物流枢纽建设，加大境内外物流节点和服务网络铺设，参与国际物流规则制定，在全球物流与供应链网络中发挥更大作用。

七是挖掘区域协同发展潜力。近年来，区域发展协调性持续增强，中西部地区经济增速持续高于东部地区，相对差距逐步缩小。新发展格局将推动我国经济发展的空间结构深度调整，促进各类生产要素合理流动和有效集聚，将带动物流区域布局协同发展，物流要素区域集中化规模化趋势显现。中西部地区作为未来新型城镇化、新型工业化的主战场，物流资源将加速集中集聚，较快形成规模经济。东部地区物流设施现代化改造升级提速，物流布局与产业布局协同发展。粤港澳大湾区、"一带一路"、长三角、京津冀、长江经济带等区域发展重大战略全面推进，将带动区域物流基础设施布局优化，区域覆盖全面、功能配套完善、技术水平先进的物流基础设施建设先行，将提升区域物流服务水平，释放枢纽经济红利，打造区域经济新增长极。

八是补齐"三农"物流短板。当前，脱贫攻坚战取得决定性成就，"三农"工作重心转向全面推进乡村振兴，重点是解决农业质量效益和竞争力不高的矛盾问题。农业和农村物流作为农业产业化的重要支撑，具有很强的发展潜力。产地物流基础设施将得到重点支持，交通、供销、邮政、快递等存量资源充分利用，助力农村物流服务网络建设。县域经济农业规模化发展提速，农产品深加工和存储保鲜技术发力，提升农业产业化水平。销地批发市场加快转型升级，冷链、物流、加工、交易等多种功能叠加，提升农产品服务价值。产地直销、销地直采、农超对接等多种物流模式减少流通环节，打通农产品上行通道，将切实增加农民收入，有力推进乡村振兴。

九是抓紧物流绿色可持续发展。习近平总书记在第75届联合国大会期间提出，中国二氧化碳排放力争于2030年前达到峰值，努力争取2060年前实现碳中和。这一减排承诺引发国际社会热烈反响，也对持续改善环境治理提出了更高要求。物流业作为重要的移动排放源，环保治理压力将进一步加大，倒逼传统物流生产方式变革，绿色环保、清洁低碳成为发展新要求。绿色物流装备将得到全面推广，绿色包装、绿色运输、绿色仓储、绿色配送等绿色物流技术将加快普及应用。集装箱多式联运、托盘循环共用、甩挂（箱）运输、物流周转箱、逆向物流等绿色物流模式得到广泛支持，绿色物流质量标准将严格执行，一批绿色物流企业将加快涌现，促进经济社会全面绿色化转型。

十是完善协同治理营商环境。营造市场化、法治化、国际化的营商环境，是实现治理体系和治理能力现代化的内在要求。物流业营商环境将持续改善，充分激发市场主体活力。混合所有制改革在物流领域将进一步深化，探索提升做强做优做大国有物流资本。企业兼并重组和平台经济将更加规范，防范垄断和资本无序扩张。物流降本增效深入推进，放管服改革将进一步深化，数字化监管和治理兴起，跨部门协同共治将深入推进，更好发挥全国现代物流工作部际联席会议机制的作用，推动行业综合协调和机制创新。标准、统计、教育、培训、信用等行业基础工作稳步推进，行业社团组织协同治理体制将发挥更大作用，维护社会公共利益和会员正当权益，推进社会治理现代化发展，高效规范、公平竞争的物流统一大市场将加快形成。

（2021年1月29日，作者在2021年中国物流发展报告会上的演讲）

12

围绕"十四五"规划
谋定高质量发展
开启现代物流体系建设新征程

一、2021 年我国物流业发展回顾

2021 年，我国物流业总体实现稳步复苏，现代物流体系高质量发展取得新成效，为畅通国内大循环、促进国内国际双循环提供了有力支撑。

（一）社会物流需求保持较快恢复

2021 年，中国制造业采购经理指数（PMI）均值为 50.5%，高于前两年水平，经济复苏带动物流需求增长。全国社会物流总额 335.2 万亿元，同比增长 9.2%，高于 GDP 增速 1.1 个百分点。社会物流需求基本恢复到正常年份水平。其中，工业品物流总额、单位与居民物品物流总额、农产品物流总额同比分别增长 9.6%、10.2%、7.1%，均实现恢复性增长。全年物流业景气指数平均为 53.4%，维持在景气水平。受益于疫情总体稳定和制造业较强的韧性，我国出口保持较高增速，工业生产持续增长，工业物流需求旺盛，制造业中出口相关物流以及装备制造、高新制造业物流需求高于平均水平，成为工业物流恢复的重要动力。消费物流增速有所趋缓，受疫情影响，网络购物成为居民消费重要渠道，实物商品网上零售额占社会消费品零售总额的比重达 24.5%，电商快递业务量扩张，全年快递业务量首次突破 1000 亿件，

持续领跑其他细分市场。

（二）物流市场主体活力显著增强

2021 年，物流企业和个体工商户等物流市场主体超过 600 万家，就业人数超过 5000 万人。其中，A 级物流企业接近 8000 家，规模型 5A 级企业超过 400 家。全国物流业总收入 11.9 万亿元，同比增长 15.1%，持续保持较快增长速度。中国物流 50 强企业收入合计 1.4 万亿元，占总收入比例达到 13% 左右。疫情下规模型龙头企业抗风险能力显现，市场份额有所扩大，快递快运、冷链物流、航运航空物流、合同物流等细分市场集中度提升。物流资源重组整合步伐加快。经国务院批准，中国物流集团正式成立，物流国家队重组整合拉开序幕。京东物流、东航物流、中铁特货、满帮集团、安能物流等各领域一批龙头企业纷纷上市，资本市场助力打造具有国际竞争力的现代物流企业。

（三）物流设施网络布局力度加大

2021 年，全国物流相关固定资产投资超过 3.5 万亿元，一批重大物流基础设施得到有力支持。国家发展改革委发布"十四五"首批 25 家国家物流枢纽建设名单，目前全国已经布局建设国家物流枢纽增至 70 个。以承载城市为战略支点，健全国家物流枢纽网络，重在整合存量物流设施，补齐设施短板，联动交通基础设施，促进枢纽互联成网，加快编织"通道＋枢纽＋网络"的物流运行体系，打造区域物流产业集聚区，为区域经济转型升级创造低物流成本的投资环境。国家发展改革委印发《国家骨干冷链物流基地建设实施方案》提出，到 2025 年，布局建设 100 个左右国家骨干冷链物流基地，推动建成三级冷链物流节点设施网络。第三批示范物流园区名单发布，加强园区互联互通、联动发展。第二批多式联运示范工程通过项目验收，加快货运枢纽布局建设。

（四）国际物流呈现供需两旺

2021 年，中国出口集装箱运价综合指数迈入 3300 点大关，"一舱难求"阶段性好转，持续影响国际供应链稳定。国际物流增长较快，全年中欧班列开行约 1.5 万列，同比增长 22%，开行国际货运航班 7.4 万班，同比增长 25.8%，完成国际航线货邮运输量 241.5 万吨、国际及港澳台快递 19.3 亿件，同比分别增长 20.2%、17.4%。西部陆海新通道班列突破 6000 列，中老铁路国际货物列车开行，区域物流条件改善彰显开放新优势。受内需转变影响，进口物流下行压力趋升。2021 年进口物流量由上年的增长 8.9% 转为下降 1.0%，下半年以来由增转降，主要是大宗进口量有所趋缓。高新技术产品进口量仍然保持较快增长，有力支撑产业结构调整。

（五）科技创新引领作用深化提升

2021 年，习近平总书记提出大力发展智慧交通和智慧物流，物流行业数字化转型提速。截止到年底，全国共有 1968 家网络货运企业，整合社会零散运力 360 万辆，全年完成运单量近 7000 万单，平台经济焕发新动力。物联网、云计算、大数据、人工智能、区块链等新一代信息技术与传统物流融合。无接触配送机器人投入疫区生活物资保障，自动驾驶卡车在港口、矿山等物流场景加快商业化落地，全国第一条常态化大型货运无人机专用航线开通，数字物流仓库大幅提升周转效率，海运行业"全球航运商业网络（GSBN）"区块链联盟正式运营，科技创新对物流产业升级的引领带动作用持续增强。

（六）绿色低碳物流影响程度加深

2021 年，我国新能源物流车累计销量超过 11 万辆，较上年翻番。国家出台《新能源汽车产业发展规划（2021—2035 年）》，要求重点区域新增或更新物流配送等车辆中新能源比例不低于 80%。首批 16 个绿色货运配送示范城市名单发布，各地大力出台新能源和清洁能源物流车便利通行政策，带动城配新能源物流车购销两旺。《国务院关于印发 2030 年前碳达峰行动方案的通知》发布，交通运输绿色低碳行动被纳入"碳达峰十大行动"之一。重型柴油货车国六排放标准正式实施，新能源汽车换电模式应用试点启动，氢能产业示范区带动燃料电池车辆商业场景打造，光伏产业推广利用仓库屋顶太阳能发电获得支持，绿色低碳倒逼产业转型升级。

（七）物流营商环境持续优化改善

2021 年，中国物流与采购联合会发布《2021 年物流企业营商环境调查报告》，超七成企业肯定物流领域审批许可等政务环境的改善。《"十四五"现代流通体系建设规划》正式发布，现代物流体系成为两大支撑之一，助力构建现代流通网络，更好服务双循环新发展格局。《"十四五"冷链物流发展规划》以及商贸物流、数字经济等多项"十四五"专项规划从各自领域对现代物流进行战略部署，现代物流产业地位再上新台阶。国家出台的减税降费、规范执法、便利通行、金融信贷、纾困帮扶等多项政策措施惠及物流业，持续激发和保护市场主体活力。多部门出台文件，多措并举切实维护快递员、货车司机等从业人员合法权益。

（八）行业基础工作支撑高质量发展

2021 年，中共中央、国务院印发了《国家标准化发展纲要》，重点提到要加强现代物流等服务领域标准化。自 2003 年 9 月全国物流标准化技术委员会建立以来，已制定并发布国家标准 90 项、行业标准 72 项、团体标准 27 项。由中物联组织起草的我国首个食品冷链物流领域强制性国家标准《食品安全国家标准　食品冷链物流卫生规范》正式实施，对于规范冷链物流服务质量具有重要作用。中物联推动国家 1+X 证书制度试点工作，全年共完成 1+X 证书考核近 3 万人，累计考核人数超过 9 万人，参与试点的院校 705 所。教育部开展高校一流物流专业建设、物流专业新文科建设试点。目前，全国已有 700 个本科物流类专业点、1300 多个高职物流类专业点和 560 多个中职物流类专业点。中物联科学技术奖自 2002 年获批以来，评出获奖成果上千项。中物联设立课题研究计划，重大重点课题引导行业研究方向。物流领域产学研结合工作大力推进，产学研基地发挥重要作用，在科技攻关、专利转化、人员培养等方面取得积极成效。

二、当前我国物流业发展面临的形势

当前，我国物流发展面临的国内国际形势较为严峻，给现代物流体系建设带来一定挑战，但也存在重大机遇。需要我们从战略层面积极谋划、妥善应对，开辟一条现代物流高质量发展的道路。

（一）全球产业链供应链调整风险加剧

新冠疫情对全球产业链供应链的影响持续分化。我国凭借有效的疫情防控措施，较快恢复生产，产业链供应链韧性增强，货物进出口总额再创历史新高。但是国际航运运力紧张、电力能源供应不足等问题加剧了供应链的不确定性。随着国外疫情态势逐步转变，全球供应链呈现区域化、本土化、多元化趋势，部分生产需求将加快回流和转移，这对未来一段时间适应全球供应链调整风险，提升现代物流韧性和灵活性提出了挑战。同时，随着中欧班列常态化开行，陆海新通道、中老铁路等国际大通道陆续开辟，"一带一路"国际经贸走廊承接产能转移，有助于维护区域供应链稳定。《区域全面经济伙伴关系协定》（RCEP）正式生效，带来供应链区域合作机会，对现代物流跟随产业链"走出去"带来新的机遇。

（二）要素成本价格上涨压力持续加大

2020 年下半年以来，国际大宗商品价格持续上涨。到 2021 年下半年，国内电力、煤炭、成品油等领域出现了阶段性供应紧张。全年成品油价调整出现"15次上涨、6次下跌、4次搁浅"的局面，柴油累计每吨上涨超过1400元，物流企业不堪重负。国家大力推动中小企业普惠金融，但是企业获得感不足，主要原因是物流企业存在大量保证金和运费账期，账期普遍在3个月以上，由于缺乏征信数据和确权手段，无法获得信贷支持导致资金成本高企。此外，物流用人难用人贵、用地难用地贵问题日益突出。《2021年货车司机从业状况调查报告》显示，35岁以下司机占比为25.5%，较2016年调查明显减少，司机"招聘难"成为普遍现象。部分城市规定市区内不再新批物流用地，城市配送中心远离城市大幅推高配送成本。2021年社会物流总费用16.7万亿元，同比增长12.5%，运输费用、仓储费用、配送费用等上涨幅度较大，单纯依靠要素降本空间日益收窄。

（三）产业迈向价值链中高端存在瓶颈

新冠疫情进一步巩固了我国作为世界第一制造业大国的地位。随着外部形势变化和经营成本上涨，倒逼企业向价值链中高端迈进。产业升级提速对产业链供应链现代化提出更高要求。商务部、中物联等8部门确定了第一批10个全国供应链创新与应用示范城市和94家示范企业，各地积极制定并实施"链长制"方案，优质企业牵头制造业强链补链行动，重在推动经济循环流转和产业关联畅通，维护产业链供应链安全稳定。但是，我国物流配套能力低端化成为重要制约瓶颈。物流业作为重要的生产性服务业，长期处于微利经营，主要是服务功能单一、专业化水平低。物流业与制造业之间更多是简单的供需关系，产业融合成熟度不够。国家发展改革委等部门推进物流业制造业深度融合创新发展，激发制造业释放服务需求带动物流业效率提升效益增加，促进物流业以专业服务助力制造业价值链攀升，有望实现产业链供应链整体跃迁。

（四）实施扩大内需战略物流短板凸显

我国具有超大规模市场的优势，扩大内需战略正在成为战略基点。2021

年，内需对经济增长的贡献率达 79.1%，是我国经济增长的第一拉动力。我国人均 GDP 超过 1.2 万美元，与高收入国家差距进一步缩小。我国城镇化率超过 60%，对内需有很大的拉动力。城乡居民收入差距继续缩小，乡村振兴带动城乡区域协调发展。新一轮扩大内需战略重在围绕做大做强国内市场，把满足国内需求作为出发点，加快构建完整的内需体系，着力打通生产、分配、流通、消费各个环节，增强经济内生动力，这对与内需相适应的物流基础设施和服务能力都提出了更高要求。当前，城市物流普遍面临限行限地问题，特别是城市末端网点短缺，不适应高时效高频次的消费物流需求。区域物流枢纽承载条件不够，不适应标准化大批量的中转物流需求。物流服务交付能力不足，不适应一体化集成式产业物流需求。多层级物流基础设施布局、高标准物流交付能力仍是制约内需扩大的重要短板。

（五）数字经济成为经济发展的新动能

习近平总书记提出，数字经济正在成为重组全球要素资源、重塑全球经济结构、改变全球竞争格局的关键力量，发展数字经济是把握新一轮科技革命和产业变革新机遇的战略选择。数字经济是继农业经济、工业经济之后的主要经济形态，随着新一代信息技术与传统产业融合程度加深，产业边界正在消融，新兴业态的场景革命正在兴起，开放、共享、协同、去中心等特征使得资源配置效率更高，市场响应速度更短，将从根本上改变整个产业生态体系，对企业转型升级带来更多机遇。《国务院关于印发"十四五"数字经济发展规划的通知》明确提出，大力发展智慧物流，涉及物流新基建、新技术、新模式、新业态等。但是，在转型过程中也出现了资本无序扩张、不正当竞争、行业垄断和权益保障等问题。中小企业仍然面临数字化鸿沟，存在"不敢转""不会转""不能转"等问题。数字化政务等公共服务还存在短板，数据治理、平台治理能力还有待提升，制约了智慧物流健康发展。

（六）碳达峰碳中和带来绿色转型机遇

习近平总书记强调，实现碳达峰、碳中和是一场广泛而深刻的经济社会系统性变革，要把碳达峰、碳中和纳入生态文明建设整体布局。目前，全球有140多个国家以各种形式提出了碳中和承诺，这意味着未来发展范式将发生深刻转变。过去传统的"先发展、后治理模式"被低碳发展模式取代。但是，这也是一项复杂工程和长期任务，不可能毕其功于一役。目前，一些地方出现了"碳冲锋""一刀切"、运动式"减碳"等问题，特别是对于国四、国五排放车辆限行区域越来越大，甚至限制柴油货车进入工矿厂区，将长期目标短期化，影响了地区经济运转和民生保障。对于传统物流业来说，绿色转型是否会增加物流成本，需要统筹考虑外部成本、隐性成本、机会成本等来"算总账"，这也将带动物流相关领域碳排放核算监测和评价体系发育。随着全国碳排放交易市场上线，交通运输绿色低碳行动开展，对物流企业绿色转型的自主变革带来重大机遇。

三、我国物流业高质量发展趋势展望

2022年是全面实施"十四五"规划的关键期，也是现代物流体系建设的攻坚期。继2021年强劲反弹后，由于新冠疫情持续、长期的供应链挑战和通胀不断增加，全球经济将面临较大复苏压力。我国经济发展面临需求收缩、供给冲击、预期转弱的三重压力，经济下行压力有所累积。但是我国经济韧性较强，长期向好的局面不会改变。国家"十四五"规划多处提到物流和供应链，涉及国民经济的方方面面，全方位、多角度勾画出现代物流体系建设蓝图，现代物流日益成为支撑实体经济发展的先导性、基础性、战略性产业。在稳中求进工作总基调下，我国物流业有望延续稳中有升态势。

面临新的形势，现代物流高质量发展是必由之路。当前，现代物流高质量发展将重点体现五个新变化。

新阶段：从粗放式规模扩张向精益化提质增效转变。我国物流业规模连续多年居世界第一位，物流业收入增速也保持了相对较高的水平，但是企业盈利能力总体不高。随着我国产业加快迈向价值链中高端，对物流交付、时效、品质都提出更高的要求，倒逼物流业转型升级，进入追求高品质、高效率、高效益的精益化新发展阶段。产业升级、结构优化、创新驱动助力提质增效，将成为现代物流高质量发展的重要特征。

新任务：从单纯降低物流企业成本向降低供应链全流程物流成本转变。当前，我国社会物流总费用与 GDP 的比率维持在 14.6% 左右已经有较长一段时期，下一步单纯依靠降低运输、仓储、配送等单环节成本下降空间较小。未来，国家间的竞争就是供应链之间的竞争，现代物流贯穿一、二、三产业，随着物流与制造业、商贸业、农业等深度融合，通过资源整合、流程优化、组织协同、生态共建，来降低供应链全流程物流成本，进一步推进物流运行水平提升潜力巨大。

新模式：从传统物流模式向数字经济、枢纽经济、低碳经济新模式转变。随着新一代信息技术与物流业深度融合，推动传统物流模式向数字化、智能化、网联化为特点的智慧物流模式转变。随着区域重大战略和区域协调发展战略的实施，畅通国内大循环带动原来以沿海布局为主的物流设施向全国延伸，将加快形成内外联通、安全高效的物流网络，助力产业升级和梯度转移，构建区域经济新增长极。随着碳达峰碳中和任务推进，传统高碳经济向低碳经济转变，产业绿色转型预期更加明确。

新动力：从劳动力、土地等要素驱动向创新驱动转变。我国传统物流业靠投入劳动力、土地等要素，提供单环节基础性服务为主，同质化程度高，附加价值偏低，存在"低端锁定"问题。随着产业链供应链升级，现代物流一体化、集成化、高端化要求日益迫切，物流业进入以创新和人力资本为主要驱动的时代，技术创新、流程创新、模式创新日益活跃。物流业将由原来的同质化低成本竞争向差异化的质量竞争、效率竞争、效益竞争转变，逐步向微笑曲线两端延伸。

新机制：营商环境优化和体制机制改革是重要保障。现代物流作为以人为本的产业，与政府监管等营商环境息息相关。可以说，没有高质量的营商环境就没有高质量的物流产业。随着改革逐步进入深水区，更需要通过深层次的体制机制改革，破除阻碍高质量发展的政策瓶颈，逐步由监管缺位越位错位向综合监管、协同监管、数字监管转变，形成有利于现代物流高质量发展的公平竞争、规范有序、开放稳定的营商环境，充分激发起市场主体的活力，为推动现代物流供需适配、经济高效、开放协同、安全可靠和可持续发展奠定制度基础。

下一步，紧扣发展变化趋势，依托自身资源禀赋，坚持守正创新，推进现代物流高质量发展重点有五个战略路径。

一是以深度融合为主线的价值链升级路径。适应产业链升级趋势，物流业与制造业、商贸业、农业等产业将深化融合。企业主体之间、业务流程之间、信息数据之间、设施资产之间、标准规范之间融合的程度将逐步加深，逐步从简单外包向战略合作伙伴关系转变，加强客户黏性和供应链稳定性。从提供基础性服务向增值服务再到供应链一体化服务转变，提升附加价值和企业效益。从基础服务商向物流服务商再向物流整合商转变，增强价值创造能力，推动产业迈向价值链中高端。

二是以智慧物流为方向的数字化、智能化、绿色化发展方式变革路径。抓住新一轮科技革命和产业变革的机遇，智慧物流发展方式将成为物流业演进的重要方向。传统线下物流将全面触网，"上云用数赋智"，加快向业务在线化、数据业务化和流程可视化转型，提升资源配置效率和物流运行质量。物流企业边界将全面打开，产业链上下游相互赋能，加快向共享化、绿色化和平台化转型，培育协同共生的物流生态圈。新一代信息技术与基础设施深化融合，新基建将带动新一代智能物流弯道超车，开辟物流竞争新赛道，万物互联的物流互联网有望形成。

三是以做大做强和专精特新为重点的能力提升路径。现代物流高质量发展最终需要企业来推进。随着营商环境逐步改善，将充分激发大中小型物流市场主体的活力。一方面，物流龙头企业通过兼并重组、联盟合作等多种方式推高市场集中度，着力向标准化、品牌化、高端化转型，构建物流资源集聚平台，优化资源配置效率、发挥规模效应，将涌现一批具有国际竞争力的现代物流企业。另一方面，中小企业聚焦专业领域和细分市场，充分利用社会化平台赋能，深化专业分工合作，坚持走专精特新发展道路，加快向专业化、利基化、定制化转型，提升附加价值和经营效益，仍将是最具活力和灵活性的市场主体。

四是以网络优化为着眼的"枢纽＋通道＋网络"的布局规划路径。一体化运作、网络化经营是物流业的基本运作规律。畅通国内大循环需要内外联通、安全高效的物流网络支撑。随着区域重大战略和区域协调战略实施，将带动物流资源向城市群、都市圈和中西部等地区集中和转移，形成以国家物流枢纽为核心，多种运输方式为通道，国家骨干冷链物流基地、示范物流园区、多式联运场站、城市配送中心、物流末端网点等为支撑的"枢纽＋通道＋网络"的物流运行体系。物流资源集聚逐步形成枢纽战略支点，枢纽经济将推动区域经济转型升级，打造区域新增长极。

五是以高水平开放为支撑的全球市场拓展路径。后疫情时代随着全球产业链供应链加快重组，国内物流网络将进一步融入全球物流网，促进国内国际双循环。我国企业全球竞争的短板是一体化全球物流交付能力，优势是区域化产业链供应链市场规模和组织能力。通过国内需求牵引全球供给，国内供给服务全球需求，开辟物流大通道和经济大走廊，将改变原有国际市场格局。通过与供应链上下游强强合作，与战略客户"抱团出海"，搭建全球供应链物流集成平台，提供一站式、多通道、稳定性的全球物流交付服务，推动构建自主可控、安全稳定的产业链供应链，将进一步增强产业链韧性，助力"中国制造"扬帆出海。

（2022年2月22日，作者在2022年中国物流发展报告会上的演讲）

13
扎实推进中国式现代物流体系建设

一、2022 年我国物流发展回顾

2022 年，我国物流业经受疫情冲击、需求不足和成本上升多重压力，总体实现了平稳运行，主要体现在以下八个方面。

（一）主要经济指标平稳增长

2022 年，在总体需求不振的情况下，全年社会物流总额超过 340 万亿元，同比增长 3.4%，增速略高于 2020 年同期水平；物流业总收入超过 12 万亿元，同比增长 4.7%。铁路、冷链、快递等专业物流领域保持了较高增速。国家铁路全年完成货物发送量 39 亿吨，同比增长 4.7%，增速为近 3 年来最高；冷链物流市场规模全年超过 4900 亿元，同比增长 7.2%；快递业务量累计完成 1105.8 亿件，比上年净增 22.8 亿件。2023 年 1 月，中国制造业采购经理指数（PMI）重回荣枯线以上，为 50.1%，比上月回升 3.1 个百分点，表明经济回暖势头开始走高。物流运行质量稳步提升。社会物流总费用与 GDP 的比率从 2015 年的 16%，2016 年的 14.9%，进一步下降到 2017 年的 14.6%；全年物流业总收入 8.8 万亿元，同比增长 11.5%；12 月中国物流景气指数达 56.6%，全年均值为 55.3%，始终保持在 50% 以上的景气区间。

（二）保通保畅发挥重要作用

2022年，新冠疫情对物流业的冲击远超前两年，物流保通保畅任务艰巨。国务院建立物流保通保畅工作领导机制，不断调整优化防疫通行管控措施，统筹指导地方保通保畅工作。广大物流企业创新服务模式，通过运输中转接力、人员跨区调动、设施共享共用、无接触配送等多种方式，排除万难解决居民生活、企业生产物资应急保障难题，倾尽全力维护疫情防控和复工复产"生命线"。卡车司机、快递小哥、外卖骑手、仓库管理员等从业人员，迎难而上，冲锋在前，奋战在物流一线，物流保通保畅"主力军"作用得到社会广泛认可。

（三）市场主体集中度稳步提升

2022年，规模企业逆势增长，市场份额稳步扩大。到年底，全国A级物流企业超过8600家。供应链服务、冷链物流、网络货运、质押监管等专业领域A级物流企业加快成长，在细分市场发挥示范带动作用。中国物流50强企业收入合计近2万亿元，入围门槛较上年提高20亿元。其中，多家企业收入规模超千亿元。一批头部企业对标对表具有国际竞争力的现代物流企业，奋力追赶超越。大型物流企业加大战略调整、上市融资和兼并重组，向规模化、网络化、集约化发展。不少中小物流企业依托大型企业集团，参与分工协作；有的聚焦"专、精、特、新"方向，寻找特色市场；有的转行或歇业。

（四）供应链创新应用进入新阶段

2022年，产业链供应链安全稳定面临严峻挑战。特别是对于产业链条长的汽车、家电、电子、装备制造等产业影响程度加深。现代物流适应制造业智能化、服务化趋势，与相关产业深度融合，逐步渗透到供应链全链条和各环节，有效增强产业链供应链韧性和安全。中物联协助国家发展改革委组织物流业与制造业深度融合创新发展典型案例宣传推广工程。越来越多的制造企业主动深化与物流企业的战略合作、设施改造、流程优化、信息对接和标准规范，推动生产制造全链条降低物流成本。商务部、中物联等 8 单位公布 2022 年全国供应链创新与应用示范城市和示范企业名单，15 个示范城市和 106 家示范企业入选。"全国供应链创新与应用优秀成果展"影响力显著提升，行业示范和推广效果明显。

（五）物流网络建设持续推进

2022 年，国家发展改革委将 25 个国家物流枢纽纳入年度建设名单，该名单已扩围至 95 个；年内公布了第二批 24 个国家骨干冷链物流基地，该名单现已达 41 个。中物联发布第六次全国物流园区调查报告，全国规模以上物流园区达 2553 家，其中四分之三的园区已进入运营状态。国家发展改革委、交通运输部公布第四批 46 个多式联运示范工程创建项目；交通运输部、财政部公布了 2022 年国家综合货运枢纽补链强链首批 15 个城市名单。亚洲首个专业货运枢纽机场——鄂州花湖机场建成投运，跨境电商海外仓建设获

▲ 2022 年 7 月 22 日，酒类分会成立大会上向分会当值会长何诚颁发当值会长信物

政策支持，城市大仓物流设施获得重视，农村县域物流网点下沉结网，物流网络建设正在成为区域经济发展的新支点。

（六）智慧物流彰显新的活力

2022 年，无人配送车、智能物流柜在抗疫保供中发挥重要作用，助力解决"最后一公里"难题。一批智能卡车企业与物流企业开展战略合作，商业化应用又进一步。物流园区、配送中心、物流仓库加大智能化改造力度，智慧物流园区和智能仓储设施升级换代。截至 2022 年第三季度，全国网络货运平台总数已达 2382 家。物流企业集成系统更新升级，提供一体化、线上化、智能化的供应链集成服务。31 个城市入选第三批绿色货运配送示范工程创建城市，新能源货运车辆成为车市亮点，轻型电动配送车辆加快推广，换电重卡、氢能示范获得政策支持。数字化转型、智能化改造、绿色化升级提速，智慧物流为传统物流运行模式注入新的活力。

（七）国际物流不断开拓新赛道

2022 年，乌克兰危机叠加严峻国际形势，中欧班列开行受到阶段性影响。物流企业积极调整应对，全年中欧班列开行 1.6 万列、发送 160 万标准箱，同比分别增长 9% 和 10%；西部陆海新通道货运保持强劲增长势头，全年发送 75.6 万标准箱，同比增长 18.5%；中老铁路开通一年累计运送货物 1120 万吨，开行跨境货物列车 3000 列。跨境电商保税模式、仓储设施、服务平台助力中小企业进出口便利化，成为国际贸易增长热点。现代物流为我国跨境电商进出口 2.11 万亿元，提供了有力支撑。国内快递企业纷纷发力海外市场，深度布局东南亚、拉美和中东等地区，结合当地市场复制"中国快递模式"，寻找物流"新蓝海"。

（八）助企纾困政策密集出台

2022 年，是国家出台物流业支持政策数量最多、力度最大的一年。国务院发布《扎实稳住经济的一揽子政策措施》，提出统筹加大对物流枢纽和物流企业的支持力度。1000 亿元交通物流专项再贷款、货车司机贷款延期还本付息等多项政策惠及物流行业。国家发展改革委、工业和信息化部、财政部、交通运输部、商务部等部门按照职责分工，分别针对公路货运、冷链物流、民航物流、医药物流等领域出台指导意见。各省市地方政府在贯彻国务院及有关部门政策的基础上，结合本地实际，创造性地推出一系列地方政策，促进现代物流发展的政策环境持续改善。

在回顾 2022 年我国现代物流取得新进展的同时，对于出现的困难和问题，我们也要有清醒的认识。一是物流供需的不匹配。一方面，低水平重复竞争、恶意压价，车多货少的矛盾愈演愈烈；另一方面，个性化、高水平的物流供给依然不足，全程一体化供应链服务还难以满足需求。二是供给结构的不平衡。运输结构公路运力相对过剩、铁路运力相对不足；城乡结构总体上还是"城强乡弱"，特别是县域物流亟待加强；内外结构"内强外弱"，国际物流布局存在"短板"；等等。三是资源利用的不充分。比如，在一些城市群、都市圈"一库难求"，甚至不分青红皂白"疏解"物流功能；而在有的三、四线城市不问需求，盲目"摊大饼"，新建物流设施得不到充分利用。四是政策制度的不协调。一些好政策出现"中梗阻"，亟待深化落实；物流管理政出多门，地方保护和地区封锁难题待解，全国统一大市场建设任重道远。总之，从目前的状况看，我国距离构建供需适配、内外联通、安全高效、智慧绿色的现代物流体系还有相当差距，建设物流强国还有很长的路要走。

二、2023 年我国现代物流发展展望

展望 2023 年，中国式现代物流体系融合创新、高质量发展的基本面没有改变，但也面临新的机遇和挑战。以下十大趋势，我们应该认真研究，积极应对。

一是需求规模扩张的趋势。随着疫情防控政策优化调整，经济运行总体回升，预计产业物流、居民消费和进出口物流需求将出现较快复苏势头。

二是供给结构调整的趋势。随着产业升级、消费升级，全社会对物流供给质量也会提出新的更高要求。物流企业必须进一步提质增效降本，努力实现质的有效提升和量的合理增长。

三是基础设施效能提升的趋势。产业集聚、乡村振兴、区域协调发展，要求物流基础设施围绕需求，调整布局；升级改造，完善功能；互联成网，提高综合利用水平。

四是供应链提档升级的趋势。随着现代化经济体系深入发展，现代物流需要深度融入先进制造业、商贸流通业以及金融服务业，提升产业链供应链韧性与安全水平。

五是物流数字化转型的趋势。产业数字化、数字产业化，数字经济、物流平台、智慧物流，成为物流企业转型升级的核心竞争力，数据成为物流企业的核心资源。

六是国际物流补短板的趋势。"国际国内双循环"新格局，"一带一路"倡议，物流强国建设都离不开与国际物流相适应，必须尽快补齐国际物流短板。

七是物流成本上升的趋势。物流运行所必需的土地、燃油、人工等各项成本大概率总体上还会高位运行，物流企业将面对高成本、低收费、优服务、强竞争的市场环境。

八是物流运作绿色低碳的趋势。美丽中国建设要求发展绿色低碳物流，"公转铁、公转水"、多式联运、绿色运输、绿色仓储、绿色包装、绿色配送等成为发展方向。

九是人力人才短缺的趋势。随着我国老龄化、少子化加剧，物流运行依托的人口红利逐步减弱。特别是专业性、创新性、复合型人才和卡车司机、快递小哥、仓库管理员等操作性人才"招工难"问题将会越来越突出。

十是政策环境持续优化的趋势。党中央、国务院前期推出的一系列援企纾困政策将会逐步落地见效，并将有接续政策陆续出台。从最近各地"两会"传来的消息，地方政府对现代物流的重视程度提到新的高度，干货满满的政策措施陆续出台。预计现代物流将迎来新一轮恢复性增长的新时期，我们对行业整体好转、平稳运行充满信心。

在新的一年里，我们要以习近平新时代中国特色社会主义思想为指导，全面贯彻落实党的二十大精神，按照《"十四五"现代物流发展规划》部署，认清形势，抓住机遇，守正创新，埋头苦干，坚持走高质量发展道路，扎实推进中国式现代物流体系建设，为中国式现代化提供有力支撑。以下六个方面，应该高度关注。

着力提升高质量供给，把恢复和扩大消费摆在优先位置。要重点关注市场恢复、扩大消费、消费升级的趋势，抓住食品冷链、即时零售、社区电商、医疗保健等消费热点，特别是传统消费线上化的市场机会。深化物流与生产、流通和消费联动融合，依托数字经济，变革即时物流模式，促进消费线上线下结合。加大"最后一公里"物流保障力度，关注城市物流改造升级，完善城乡物流网络，健全分级配送网络体系。尤其要抓住乡村振兴、新型城镇化建设的机遇，推动县域和城乡双向物流畅通。也要密切关注房地产、新基建、新能源等领域政策风向，抢抓社会投资入市带来的新需求。

着力统筹现代物流与相关产业融合发展，深度融入现代化产业体系。要重点关注汽车、家电、电子、医药、服装等产业链条长、配套环节多的产业，以及粮食、矿产、能源和关键零部件等对国计民生和经济安全影响大的产业，加大双向投资、流程嵌套和信息对接，建立互信互利、包容共生、长期主义的战略合作伙伴关系。从为制造企业提供产前产后的采购和销售物流，逐步向生产过程中的生产物流渗透，提供全程一体化、集约化的供应链物流服务。努力向供应链各环节延伸，打造供应链集成服务体系，支持敏捷制造、精益生产、战略性新兴产业等高端制造，确保产业链供应链循环畅通，推动传统产业向全球价值链中高端迈进。

着力练好企业内功，深化"提质、增效、降本"。逐步从简单的"降本增效"转向以提高质量效率为重点的"质量、效率型降本"。由传统单一环节的运输仓储提供商向仓干配一体化的物流服务商转变，由低附加值的物流服务向专业化、全程一体化的供应链服务商转变。要善于突破行业边界，逐步从"企业自身降本"转向全链条"结构性降本"，实现更大范围市场资源有效配置的"系统型降本"。由自成体系、各自为政的传统业务模式向企业协同、设施联动、共同配送、共享平台、生态融合转变。通过与客户共同成长、与产业深度融合、与生态协同发展，更深层次、更宽领域推动降低全社会物流成本。

着力推进基础设施提档升级、互联互通，发挥整体效能。依托国家物流枢纽联盟，引导物流枢纽资源整合、业务协同、联网运行。支持国家骨干冷链物流基地、示范物流园区、多式联运场站、城市配送中心、物流末端网点智慧化、网络化发展。结合区域协调发展战略，围绕城市群和都市圈，加大物流存量资源整合利用，根据区域产业特点和需求，合理调整优化物流布局。以高质量、高效率、低成本的物流投资环境吸引产业集群和商圈集聚，努力打造具有区域辐射带动能力的流通支点和枢纽经济示范区。

着力实施创新驱动，加快动能转换，打造"新技术、新模式、新生态"。支持物流企业经营管理、物流操作、客户服务等业务数字化转型，创新数字化应用场景，培育数字化服务能力。有序推动智能驾驶、无人配送、无人货机、无人码头、物流机器人等"无人化"技术装备应用。分类推动传统基础设施改造升级，支持智慧园区、配送中心、智能仓储基地等建设和改造。持续开展全国供应链创新与应用示范创建，通过示范引领带动，促进物流企业向供应链服务商转型。支持网络货运、即时物流等平台经济健康发展，带动线上线下加快融合。促进物流信息互联互通、推动物流资源共享利用、培育物流新业态，打造"数字驱动、协同共享"的智慧物流新生态。

着力推进更高水平对外开放，提升产业链供应链韧性与安全水平。引导和培育一批具有国际竞争力的现代物流和供应链服务企业，跟随"中国制造"和"中国基建""走出去"，加快境外物流网点铺设，深化与国外物流企业合作，更加紧密地融入国际物流网络。发展全货机、跨境直达运输、"门到门"物流，增强国际物流服务能力。强化"一带一路"沿线物流服务，逐步实现设施连通，物流畅通。抓住区域全面经济伙伴关系协定（RCEP）等区域协定带来的机会，加快东盟、中俄、中亚等国际物流大通道和网络建设。围绕跨境电商、内外贸一体化等现实需求，铺设国际快递物流服务网络。构建关键原材料、重要商品和零部件等的全球供应链履约服务体系，全力保障产业链供应链韧性和安全水平。

（2023 年 2 月 6 日）

14
构建中国现代物流发展新模式
夯实物流高质量发展基本盘

一、2023 年我国现代物流发展回顾

2023 年，我国现代物流市场需求稳步复苏，行业整体恢复向好，供给质量稳步提升，运行环境持续改善，全行业正在进入新的阶段。

（一）物流市场实现恢复增长

2023 年全年社会物流总额为 352.4 万亿元，按可比价格计算，同比增长 5.2%，增速比上年提高 1.8 个百分点，社会物流需求稳步复苏。分季度看，第一季度、第二季度、第三季度、第四季度分别增长 3.9%、5.4%、4.7%、5.4%，呈现前低、中高、后稳的恢复态势，全年回升势头总体向好。全年物流业总收入为 13.2 万亿元，同比增长 3.9%，物流收入规模延续扩张态势。中国物流业景气指数全年平均为 51.8%，高于上年 3.2 个百分点，多数月份处于 51% 以上的较高景气区间。全年中国仓储指数中的业务量指数平均为 52.4%，整体处于较高景气区间。全年电商物流业务量指数平均为 120.3 点，连续多月呈回升态势。全年快递业务量达 1320 亿件，连续十年稳居世界第一，全年快递物流收入增长 14% 左右。国家铁路完成货物发送量 39.1 亿吨，再创历史新高。民航货邮运输量 735.4 万吨，同比增长 21.0%，基本恢复至 2019 年水平。总体来看，我国物流市场实现恢复增长，但要保持中高速增

长仍面临较大压力。

（二）提质增效降本稳步推进

2023 年，我国社会物流总费用与 GDP 的比率为 14.4%，比上年下降 0.3 个百分点，全年呈连续回落走势。主要环节物流费用比率均有所下降，运输费用与 GDP 比率 7.8%，保管费用与 GDP 比率 4.8%，管理费用与 GDP 比率 1.8%，比上年各下降 0.1 个百分点。分析来看，经济结构调整是有力外部条件。随着疫情防控平稳转段，服务业增加值占 GDP 的比重回升至 54.6%，比上年提高 1.2 个百分点。全年单位 GDP 物流需求系数降至 2.8，为近年来较低水平，带动物流成本占比下降。物流组织优化是重要动力源泉。随着物流堵点打通，社会库存流转加速，物流运行效率得到提升。中国仓储指数中周转效率指数逐月提高，助力降低社会库存水平。同时我们也看到，社会物流需求仍处在恢复期，供大于求的局面有所加剧，公路货运、航空航运价格低迷。物流景气指数中的服务价格指数各月均位于 50% 以下，全年平均为 48.3%。长期来看，依靠单一物流企业、单一物流方式、单一物流环节降本空间缩小。《"十四五"现代物流发展规划》提出推动物流提质增效降本，就是要引导通过效率提升、质量升级来创造降本新空间。

（三）供应链物流引领转型发展

首届中国国际供应链促进博览会在北京开幕，作为全球首个以供应链为主题的国家级展会，广泛凝聚供应链协同发展共识。商务部等 8 单位审核公布的全国供应链创新与应用示范企业达 250 家、示范城市 33 个。国务院国资委、工业和信息化部共同组织实施"中央企业产业链融通发展共链行动"，打造供应链上互利共赢共同体。国家发展改革委继续推进物流业制造业融合创新发展。一批大型制造企业、流通企业以物流资源整合为切入口，用供应链思维统筹开展物流流程优化、组织协同、价值创造，以物流自主可控增强供应链韧性和安全。

（四）一流企业提升产业竞争力

《"十四五"现代物流发展规划》提出，到 2025 年，形成一批具有较强国际竞争力的骨干物流企业和知名服务品牌。截至 2023 年年底，我国 A 级物流企业达到 9600 家。2023 年中国物流 50 强企业，物流业务收入合计超过 2.3 万亿元，千亿级规模企业已经达到 5 家。国资委开展推动创建世界一流示范企业和世界一流专业领军示范企业"双示范"行动，一批物流企业纳入名单，大型国企积极推进打造世界一流供应链管理体系。一批物流与供应链服务企业在世界 500 强企业中的排名进一步提升。面对需求不振压力，一流物流企业夯实价值创造力、网络联通力、产业融合力、创新驱动力、应急响应力，逆势保持稳定增长，有力发挥示范引领作用。

（五）创新驱动打造新质生产力

新一轮科技革命和产业变革深入推进，大数据、物联网、云计算、区块链、人工智能等新技术与传统物流要素紧密结合，催生新产业、新模式和新业态。物流企业数字化转型提速，探索应用大数据模型、数字孪生、智能算法等数字化手段，助力供应链体系逐步提效。数字物流平台创新发展，持续赋能中小微企业走上"数字高速公路"。全国网络货运企业（含分公司）已达 3069 家，接入社会运力 798.9 万辆，全年共上传运单 1.3 亿单。智慧港口、数字仓库、物流大脑等物流新型基础设施加快推进建设。无人驾驶、无人配送、无人机、物流机器人等"无人物流"技术加快商业化应用。我国承担的国际标准化组织（ISO）创新物流技术委员会正式获批，助力我国创新发展标准与国际接轨。

（六）物流网络布局均衡发展

全年交通运输、仓储和邮政业等物流相关固定资产投资额同比增长超过

10%，物流基础设施保障体系进一步完善。截至 2023 年年底，全国高铁里程达 4.5 万公里，高速公路里程达 17.7 万公里，均居全球第一。第六次全国物流园区调查显示，全国规上物流园区超过 2500 个。截至 2023 年年底，国家物流枢纽达到 125 个，示范物流园区 100 个，25 个城市推动国家综合货运枢纽建设，物流资源集聚提质，助力区域产业升级。农村物流网络日益健全，全年建成 1000 余个县级寄递配送中心和 30.3 万个村级寄递物流综合服务站。冷链物流受到重视，骨干冷链物流基地 66 个，冷库总量 2.28 亿立方米。跨境物流设施布局加快，截至 2023 年年底，我国跨境电商海外仓数量已达 1800 个，比 2022 年增加 200 多个。物流大通道建设稳步推进，中欧班列累计开行超 8.2 万列，通达欧洲 25 个国家 217 个城市。国内高铁货运班列正式开行，为支撑扩大消费送上物流"加速度"。

（七）绿色低碳物流影响提升

欧盟碳边境调节机制开始试运行，物流领域受到关注。国务院发布《空气质量持续改善行动计划》，提出大力发展绿色运输体系。1—11 月港口"散改集"作业量、集装箱铁水联运量同比分别增长 19.6% 和 15.7%，铁水联运占比同比提高 0.3 个百分点。中国物流与采购联合会正式推出物流行业公共碳排计算器，标志着国际国内碳排放互认工作启动。新能源物流车持续增长，邮政快递车、城市配送车等公共领域车辆全面电动化开展试点，新能源中重型货车特定场景应用启动。绿色包装在电商物流与快递等领域得到广泛推广。物流行业领先企业发布 ESG 报告，绿色减碳纳入企业发展战略目标，展现社会责任、使命担当。

（八）制度保障优化营商环境

物流降成本工作积极推进，大宗商品仓储用地的土地使用税和挂车购置税享受减半征收，交通物流领域金融支持政策延续实施，鲜活农产品运输"绿色通道"政策实现优化。高速公路差异化收费长效机制优化完善，新能源商品汽车铁路运输获得支持，一批便利通关、便利通行政策得到推广，智能网联汽车准入和上路通行试点。综合运输结构进一步优化，跨运输方式一体化整合持续提升。随着全国物流统一大市场建设的推进，各部门政策合力成效明显，物流制度保障更加完善，营商环境更加优化，激发企业活力和信心。

刚刚过去的一年我们收获了丰硕的成果，也要直面紧迫的问题。2023年以来，结构调整叠加有效需求偏弱，社会物流总额增速低于 GDP 增速，显示物流需求仍处于恢复期。会员企业调研显示，反映需求不足的企业占比较高，企业经营普遍承压。行业新动能短期内难以撬动存量大市场，我国现代物流正进入"温和"增长阶段。需要我们引起重视，妥善应对。

二、2024 年及未来一段时期物流发展展望

当前，党中央、国务院高度重视现代物流发展，《"十四五"现代物流发展规划》提出构建现代物流体系，为物流业营造有利发展环境。中央经济工作会议强调，有效降低全社会物流成本，这对现代物流发展提出了新的更高要求。

——从宏观层面看，我国社会物流成本与我国经济结构、货物结构和产业布局相关。经过多年持续推进降低物流成本工作，进一步推动降低物流成本难度加大。一是经济结构调整对物流成本下降的影响下降。我国服务业占比虽然有所回调，但是增加速度有所趋缓，产业结构调整对于降低物流成本的带动作用减弱。二是货物结构变化在一定程度上推高物流成本。随着最终消费支出对经济增长贡献度增加，少批量多批次的居民消费服务需求增加，推高配送成本对物流成本上涨带来压力。三是产业结构布局转移对于降低物流成本带来挑战。随着我国产业逐步向内陆地区转移，偏高的物流成本成为顺利转移和有效承接的重要障碍，部分产业不得不转移到境外成本低的地区。

　　——从市场主体看，物流企业降本空间缩小。总体来看，物流企业普遍微利运行，重点企业调研显示，物流企业盈利水平仍处于历史低位。继续依靠不合理让渡物流企业收益的方式降低社会物流成本难以为继。当前，工商企业内部大量物流活动成本耗费偏高，从原材料供应到产成品销售的供应链物流缺乏深化融合和有效协同，制约工商企业供应链全链条成本降低。下一步降低物流成本要从供应链角度考虑，逐步从降低物流企业的成本向降低供应链全链条物流成本转变。

　　——从方式手段看，靠降低物流服务费用的降本空间缩小。总体来看，各类要素成本持续上涨，物流服务价格持续低迷，靠拉低物流服务费用价格的方式降社会物流成本压力较大。当前，供应链上物流环节存在大量库存浪费、无效运输，通过转变组织方式降成本空间巨大，需要资源整合、流程优化、模式创新、组织协同，考验企业通过效率提升、质量升级来降低综合物流成本。下一步降低物流成本要逐步从数量型规模型降成本向集约化的效率型质量型降成本转变。

　　——从主要环节看，降低单一物流环节的成本空间不大。总体来看，铁路、公路、水路、航空、仓储、配送等各环节物流成本降低潜力不大，但是供应链各环节之间、流程之间、体系之间还存在不衔接、不协调、不适应，导致大量的时间耗费、资源闲置、周转延迟，大大降低了物流系统运行效率。下一步降低物流成本要逐步从单一环节、单一流程、单一体系降成本向系统性结构性降成本转变。

　　总体来看，我国传统物流"低价格、低效率、低效益"的发展模式制约了全社会物流成本有效降低，已经无法适应实体经济高质量发展的要求。随着物流市场增速放缓，降本压力难以传导，亟须打造现代物流发展新模式，寻找新时期发展的战略路径。

　　打造现代物流发展新模式，要激发物流需求侧变革动力。充分发掘大型制造企业、流通企业物流改造升级潜力，引导物流需求侧以高质量发展为引领，深度整合资源、切实优化流程、主动对接供给。培育现代物流发展新模式，把降低物流成本转换为提升综合竞争力，强化服务创造新价值，在服务中挖掘企业新"利润源"。

打造现代物流发展新模式，要再造物流全链条组织方式。引领物流企业从单一环节竞争向综合物流竞争转变，强化服务补链延链强链，提供供应链一体化物流解决方案。壮大现代物流发展新模式，增强专业化、集约化、网络化物流服务能力，逐步从低附加值服务向高附加值服务转变，形成物流企业新的"增长点"。

打造现代物流发展新模式，要用好物流新质生产力。充分发挥新一代信息技术，尤其人工智能、自动导航等前沿技术在物流与供应链领域的应用，大力发展自动化、数字化、智能化物流，构建数字共享、协同共生的智慧物流生态体系。创新现代物流发展新模式，助推物流以新模式实现"弯道超车"，以新业态实现"换道超车"。

打造现代物流发展新模式，要发力现代化基础设施。推进国家物流枢纽、国家骨干冷链物流基地、示范物流园区等重大物流基础设施和骨干物流通道布局建设和调整优化，推动传统物流基础设施数字化转型、智能化改造、生态化赋能，更好支撑区域经济发展和转型，深化完善"通道＋枢纽＋网络"运行体系。夯实现代物流发展新模式，打造内外联通、智慧绿色的物流网络，成为区域经济转型的战略支点。

打造现代物流发展新模式，要支撑供应链韧性安全。从成本导向逐步向兼顾效率与安全转变，深化物流服务链与产业链供应链的协同发展，深化战略合作、优化流程工序、强化共建共享，推进物流区域化、全链化、国际化布局，主动调整供应链物流服务体系。变革现代物流发展新模式，增强物流可靠性和灵活性，支撑提升产业链供应链韧性和安全水平。

现代物流发展新模式是追求"高效率、优服务、高质量"的可持续发展，也是有效降低全社会物流成本的重要抓手，有望打开新时代物流市场广阔的空间。我们要坚定信心、守正创新，坚定走高质量发展道路，积极转换发展新模式，提升企业竞争力，推进物流强国建设，助力支撑构建新发展格局。

展望 2024 年及未来一段时期，我国现代物流发展将呈现一些新趋势：

一是大盘稳定，市场保持温和增长。随着财政政策适度加力、货币政策灵活适度，物流需求总体保持稳定，最终消费持续复苏，带动生产、进口需求稳步回升，市场温和增长将成为常态。

二是结构调整，需求贡献持续分化。依托超大规模市场优势，消费端对物流需求贡献将稳步增长，物流服务体验、履约能力将更为重要。制造业向中高端迈进，精益制造物流、供应链服务成为主要增长点，钢铁、汽车、机械电子、石油化工等支柱型产业物流加速升级。电动载人汽车、锂离子蓄电池、太阳能电池"新三样"及相关领域成为物流需求增长新引擎。

三是提质增效，降低成本仍有空间。全社会物流降成本工作将深入推进，但我们也要认识到，降低全社会物流成本不是简单降物流价格，也不是挤压各方利润水平，而是聚焦提质增效，通过资源整合、流程优化、信息对接、减少浪费，系统性结构性降成本空间巨大。

四是产业融合，全链条系统化整合。物流业与制造业、商贸业、农业深化融合，构建有专业特色的供应链集成物流服务，打通产业链供应链全链条，实现联动融合、协同发展，有望带来供应链新的利润源。支撑产业带、产业集聚区与物流枢纽、物流集聚区融合更加紧密，形成产业供应链中心，将成为产业融合的新舞台。

五是市场导向，规模化集约化发展。市场增速放缓期往往是规模企业快速发展期。骨干物流企业和平台企业竞争力持续提升，预计在兼并重组、联盟整合、平台建设、海外布局等方面持续发力，构建协同共生的产业生态，市场集中度将稳步提升。领军物流企业不断完善服务能力，打造更具国际竞争力的现代物流企业。

六是韧性安全，保供稳链更为迫切。我国经济加快深度融入国际市场，属地生产、全球流通成为趋势，需要提升国际供应链韧性和安全水平。部分关键矿产品、能源、粮食及高科技产品的对外高依存度仍难以得到根本改变，国际物流的保供稳链价值将更加突出。

七是设施联通，物流网络高效畅通。国家物流枢纽、示范物流园区等基础设施深化互联互通，国际物流大通道不断延伸拓宽，带来经贸发展的新机会。综合交通运输体系日益完善，物流基础设施加强资源集聚，有望带动区域经济进一步转型升级。共建"一带一路"国际交通物流基础设施持续推进，重大国际项目合作将取得新进展。

八是创新驱动，数字化转型提速。数字经济正在成为改造传统产业的抓手，国家提出新质生产力，需要发挥我国数字经济、平台企业的比较优势，推进数字科技与实体经济融合，引导传统产业全面拥抱互联网，助力中小企业数字化转型，重构现代物流发展新生态。

九是绿色低碳，提升物流社会价值。随着建设"美丽中国"全面推进，"空气质量持续改善行动"深入开展，全国温室气体自愿减排交易市场重启，物流行业作为移动源重要的排放领域，物流减排成本逐步转变为社会价值，将助力物流行业全面向绿色低碳转型发展。

十是多方合力，行业共治统筹协调。现代物流领域政府协同、政策合力，政策措施将更加有效，增强行业政策获得感。政府、协会、企业将多方合力，政府监管、企业平台自治、协会自律，推进协同共治已成共识。

（2024 年 1 月 30 日）

第二篇

战略前瞻

01
物流业应积极应对"中速增长阶段"

过去的 30 多年，我国经济经历了较长时期的持续高速增长阶段。从 1978 年到 2010 年，我国 GDP 年均增长达到 9.9%，特别是从 2001 年到 2010 年的十年间，GDP 增速达到 10.7%，被称为"中国奇迹"。在经济持续高速增长的推动下，我国物流业保持了高速增长态势。从 2001 年到 2010 年，物流业增加值实现了年均增长 14.8% 的速度，较好地发挥了对国民经济的支撑和保障作用，有力地促进了经济结构调整和发展方式转变。

从 2010 年下半年开始，我国经济运行下行压力加大。2012 年上半年，我国 GDP 同比增长 7.8%，已连续六个季度增速回落。有研究机构提出，我国潜在经济增长率将逐步放缓，未来一二十年将从"持续高速增长阶段"进入"中速增长阶段"。这是经济发展到一定阶段的客观规律，也是我国主动调整政策的必然结果。面对新的形势，我国物流业如何应对挑战、把握机遇，实现持续稳定发展，是一项非常紧迫和重要的任务。

一、"中速增长阶段"对物流业发展的挑战

当前，我国经济增长阶段的转换期已经开始。受此影响，物流运行增速有所趋缓，社会物流总额增速已经连续六个季度放缓，企业效益不断下滑，投资增速持续回落。长期掩盖在高速增长下的一系列问题日益突出，成为行业转型发展的重要挑战。

一是物流总体需求不足。长期以来，经济高速增长掩盖了企业物流服务外包的战略作用。企业物流外包层次低，仅仅外包运输、仓储等简单物流功能，或仅限于销售环节物流外包，很少进行物流整体业务外包或整条产业链物流外包。同时，受传统的"大而全""小而全"观念影响，企业往往采取自营物流模式，物流服务内部化问题严重，导致社会物流需求不足。

二是产业层次水平不高。由于我国物流业起步晚，门槛低，小微型企业占比高，大多数企业集中在中低端市场竞争，同质化竞争现象严重。物流服务附加值低，增值服务少，难以满足日趋增长的一体化、网络化、定制化高端服务需求。据调查，今年上半年重点物流企业收入利润率仅为4.8%，企业利润维持在较低水平。

三是物流效率提升缓慢。用国际上通行的社会物流总费用与GDP的比率来衡量，我国从2002年的18.9%降为2011年的17.8%，十年仅降低1.1个百分点。从企业看，2010年工业、批发和零售业物流成本费用率为8.8%，高于日本调查企业4个百分点。工业企业流动资金周转次数为2.5次，批发和零售业为3.3次，均远低于发达国家9—10次的平均水平。

四是市场经营风险加大。近年来，我国原材料、劳动力、能源等要素成本不断上升，融资环境短期内难以好转。据调研反映，近年来物流市场"用工荒"愈演愈烈，劳动力成本不断上升。随着经济增速趋缓，物流市场将经历一次"阵痛期"。一批粗放式经营的企业面临成本高企和失去市场的双重困境，加速退出市场。

五是能力不足和运力过剩长期存在。受运能长期不足的影响，铁路运输仅占整个运输市场10%左右，远远低于国际水平，铁路优势难以发挥。而公路运输一直占据了运输市场的主导地位，由于市场主体分散、规模较小，运力过剩问题长期存在。此外，随着城市扩容加快，原有仓储设施急剧缩减，而新增仓储设施短期内难以形成规模，未来仓储资源将成为物流业发展的重要瓶颈。

二、"中速增长阶段"给物流业发展带来机遇

未来一段时期，我国物流业的产业地位、社会需求、发展模式、产业格局和组织方式都将发生重大变化，变化中包含着新的机遇。

一是产业地位受到重视。国际经验表明，经济增速放缓时期，物流业"第三利润源"的战略地位将得到凸显。作为世界第二大经济体，我国经济继续通过投资拉动、劳动力投入实现增长的机会大大降低，企业继续通过产能扩大、工艺改造实现利润的空间也大大缩小。物流成本平均占企业总成本的30%，物流时间平均占生产和销售过程的90%，向物流要效益潜力巨大，成为企业在增长困境压力下，挖潜增效，提升利润的重要源泉。

二是外包需求加速释放。受经济增速趋缓影响，客户企业集中主业压力明显加大，逐步加快物流业务和资源外包。实施物流外包，符合社会分工细化要求，能够明显降低物流成本，提高服务质量，减少资产投入，提高物流效率。实施物流外包，也带动了客户企业生产方式变革和流通方式转变，促进客户企业转型升级。物流需求层次逐步提升，这对物流企业的服务能力提出了更高要求。

三是发展模式实现转变。长期以来，我国物流业依靠数量扩张、资源投入的粗放式增长方式，对原材料、能源、劳动力等要素资源带来较大负担。随着经济增速趋缓和要素成本提高，倒逼物流企业发展模式转变。低成本、粗放式的传统经营模式将让位于高效率、精益化的现代服务模式。大规模、扩张式的资源投入方式将被功能性、集约化的资源整合模式取代，从而推动行业的健康和可持续发展。

四是组织方式深入变革。经济全球化时代，世界经济竞争已经进入供应链竞争阶段，企业间的竞争将发展为供应链与供应链的竞争。上下游企业打破封锁，渗透融合走向深入，强调合作共赢的供应链组织方式日趋普遍。物流企业更加关注最终客户的服务需求，与客户企业间联系更加紧密，物流外包的深度和广度日益拓展，为整个供应链创造差异化竞争优势提供了重要支撑。

五是产业格局加快调整。当前，我国区域产业格局加快调整，产业转移呈现新的变化。沿海地区传统的劳动密集型产业加快向内陆转移，对区域物流布局提出了新的要求。随着经济全球化的深入，我国推动开放型经济发展，积极参与国际合作和竞争。制造企业"走出去"步伐加快，带动物流业"跟随"走出去，对物流业的跨国投资并购将会起到积极作用。

六是技术手段不断创新。20 世纪 80 年代以来，以信息技术为标志的新技术革命浪潮，推动世界产业结构新一轮调整。利用信息技术对传统物流业进行信息化改造，必将提高物流业标准化程度和劳动生产率，极大地拓展物流业的发展空间。特别是进入新世纪以来，国际社会对全球气候变暖问题日益关注，以低碳、绿色、环保为核心的技术革命加快推动物流产业变革。

三、物流业应对"中速增长阶段"的举措

未来一段时期，伴随经济中速增长成为经济运行的常态，我国物流业也将进入适度增长的战略调整时期。物流业在国民经济中的地位和作用日益突出，并将有力促进其他产业生产方式变革和流通模式转变，进一步支撑我国经济结构调整和发展方式转变。新时期物流业要积极应对中速增长带来的挑战，抓住产业发展面临的机遇，坚持"稳增长、调结构、抓整合、促转型"的发展思路，提高增长的效率和效益，减轻行业发展对增长速度的依赖，加快推动物流业从原有成本驱动、速度优先的粗放式增长方式向创新驱动、效益优先的集约化增长方式转变，从单一功能、比拼价格的传统物流服务商向系统集成、合作共赢的供应链管理服务商转型，全面推动行业健康可持续发展。

一是要坚持系统整合的核心理念。物流业的核心理念和强大生命力就在于系统整合，这也是新时期物流业转型升级的着眼点和根本动力。物流企业要抓好物流功能整合，集中分散的物流资源和业务，做专业务领域，做精业务模式，做细服务工作。要推动企业间物流资源整合，打破上下游企业物流

瓶颈，强化企业间长期稳定的战略合作关系。要加强设施设备整合，特别重视存量资源综合利用，提高资源利用效能。要促进物流信息整合，消除"信息孤岛"，搭建服务平台，实现物流、商流、资金流与信息流"四流合一"，支撑业务模式转型发展。

二是要探索管理提升的发展道路。新时期我国经济面临高成本运行压力，管理提升将成为企业降本增效的重要手段。物流企业要顺应市场需求，转变发展战略，调整组织结构，收缩没有竞争力的战线，实现逆势扩张发展。要重视内部挖潜，通过技术改造、管理提升和人员培训，压缩费用开支，提高资源利用效率。特别要重视推行物流总成本（TLC）管理，帮助客户企业降低供应链各环节总成本。要重视科学绩效管理，实施服务过程的考核评价和持续改进，推行关键绩效指标（KPI）管理和控制，提升企业和供应链核心竞争力。

三是要坚持服务制胜的竞争策略。随着工业化的推进和消费市场繁荣，物流业的战略价值已经从简单的降低企业成本，延伸到帮助客户企业创造差异化竞争优势。物流企业要深入挖掘核心客户需求，明确自身定位，开发个性化的定制服务模式。要加快聚焦细分市场，增强专有技能的积累，在专业领域做大做强。要加强服务，精细化管理，逐步由粗放式服务向精益化服务转变，把服务品质做细做优。要推动产业链延伸服务，逐步由物流功能服务向增值服务延伸，由分散式物流服务向一体化供应链服务拓展，满足多样化物流需求。

四是要探索产业融合的组织方式。随着社会专业化分工的深入，物流业与上下游产业渗透融合趋势明显。物流业要加强与制造业融合发展，利用现代物流技术和管理手段，促进生产方式转变和业务流程再造，推动"中国制造"向"中国创造"转型。物流业要加强与商贸业融合发展，改造传统流通渠道，转变落后流通方式，创造新型流通模式。特别要抓住电子商务发展契机，实现与电子商务产业共生发展。物流业要加强与金融业融合发展，开发供应链融资新模式，降低供应链融资成本，提升物流业对整个供应链的掌控能力。

五是要探索重组联盟的扩张手段。当前，物流市场主体庞杂、集中度较低。随着经济增长阶段的转换，简单的规模扩张空间不大，市场面临重新洗牌压力。只有大型规模企业和在特定领域或重点区域的领先企业才能在激烈的竞争中取胜。大型物流企业要通过兼并、重组、联合等多种方式，加快横向和纵向扩张，满足一体化服务需求。中小企业要开展多种形式的联盟合作，努力在优势领域和优势区域做精做专，形成专业化特色和区域优势。特别要注重利用资本市场实现发展壮大，通过股票上市、发行债券、筹建基金等方式。

六是要坚持技术领先的服务模式。当前，我国正处于新技术革命的战略机遇期，与前几次技术革命不同，我国与世界其他国家站在同一起跑线上，具有一定的先发优势。物流企业要密切关注新兴技术、新型能源、节能减排、物流信息化等领域科技发展的新动向，积极参与试点示范，加强科技转化力度。特别要关注物联网在物流领域的应用，积极开发基于物联网的先进服务模式。要充分利用现代先进信息技术，打造线上物流服务平台，整合线下物流企业和物流资源，改造传统物流服务模式。

七是要调整全面覆盖的区域布局。新时期经济增速趋缓和产业结构调整对物流网络的区域平衡提出了更高要求。物流企业要加快搭建区域性或全国性物流服务网络，优化网络结构，理顺网络关系，增强网络的控制力、辐射力和渗透力，推动网络的精耕细作和下沉发展。特别要抓住东部地区转型升级和中西部地区承接产业转移的机会，做好服务网络的全面覆盖和功能升级。有条件的企业要通过合作、合资等多种方式建立国际性物流服务网络，为中国企业"走出去"提供国际化服务。

八是要坚持环境友好的发展方式。绿色物流是现代物流发展的必然趋势，也是行业转型升级的重要抓手。要积极推行绿色物流发展方式，加强节能减排，提高资源利用，减少环境污染。要通过绿色物流理念和技术改造传统的物流运作模式，实现绿色环保与降本增效协调发展，开辟一条产业可持续发展的道路。

在经济增速转换期，物流业发展面临较大的风险和挑战，亟须政策引导和支撑。各级各地政府部门应当按照"稳增长"的要求，加强政策引导和支持。充分发挥税收、财政政策的产业引导作用，进一步加强结构性减税的力度，扩大营业税差额纳税试点范围，妥善解决营业税改征增值税过程中遇到的现实问题。协调解决交通、融资、土地等长期制约行业发展的问题，深化收费公路清理工作，降低过路过桥收费，保障物流用地供应，加大融资支持力度，切实减轻物流企业负担，推动新时期物流业健康可持续发展。

（2012 年 10 月 24 日）

02
着力打造中国物流"升级版"

进入 21 世纪以来,党中央、国务院重视物流业发展,物流业产业地位得以确立,取得了来之不易的成绩。随着国内外经济形势变化,我国经济加快转型升级,对物流业发展提出打造"升级版"的新要求。

当前,物流业正处在转型升级的关键时期。我们要认清形势,遵循规律,立足打造产业核心竞争力,以质量和效益为中心,以市场为导向,以服务为宗旨,以区域结构优化和城镇化为抓手,以科技创新为支撑,以开放型经济为契机,以资源节约和环境保护为重点,以改革开放为动力,加快提升物流业发展水平,着力打造中国物流"升级版"。

(一)以质量和效益为中心,打造一体化新优势

一是推进系统整合。要通过兼并重组、联盟合作等多种方式,推进横向扩张和纵向延伸,扩大企业规模、完善产业链条。要引导大型企业做大做强,上规模、上水平,提升市场集中度。鼓励中小企业做专做优,讲质量、讲效益,培育专业化竞争优势。二是加快产业链延伸。要从单一的物流环节向整个供应链上下游延伸,从简单的交易关系向战略联盟发展。利用物流业连接产销两端的优势,打破组织边界、重塑产业链条,推动与制造业、流通业、金融业等多种产业的联动融合,提升物流业对供应链的掌控能力。三是开展组织调整。要加强集团总部的控制力,减少不合理的层级结构,推进组织的扁平化、协同化和一体化,提高市场响应速度。特别是要推动采购、财

务、商务等运营服务的集中化管理，实现资源利用效率的最大化。

（二）以市场为导向，打造专业化新优势

一是坚持需求引导。要从原来的价格导向转变为需求导向，从关注低成本竞争转变为创造价值竞争，实现内涵式发展。二是聚焦核心业务。要加强业务梳理，实行战略性收缩，集中资源打造核心业务。要深入挖掘客户需求，明确自身市场定位，提升在细分市场的占有率。三是加强集约化管理。要推行多种形式的降本增效活动，实施管理的精细化、运作的规范化和经营的专业化，压缩内部成本，提升运作效率，依靠管理创新提升经营效益。四是加大资源投入。要加大对专业性基础设施设备、人才团队等资源的投入力度，把握核心物流资源。特别是要充分利用好金融资本市场，实现产业的跨越式发展。

（三）以服务为宗旨，打造社会化新优势

一是调整服务理念。要适应快速变化的市场需求，逐步从传统的产品竞争、价格竞争、规模竞争向服务的质量竞争、品牌竞争、合作竞争转变。二是创新服务模式。要加快资源的优化配置，开发高附加值的服务模式，培养高端服务能力。特别要关注电子商务、城市配送、冷链物流等新兴消费业态对物流服务的新要求，提升市场响应能力和服务水平。三是提高服务质量。要全面梳理业务流程，推动流程的标准化和规范化发展，加强服务绩效管理，提升服务质量水平。四是树立服务品牌。要关注客户服务体验，提高服务的个性化水平，培育高端服务品牌。特别是要加强企业诚信建设，坚持服务标准、遵守服务承诺、打造企业信誉，逐步形成企业品牌文化，充分发挥企业社会责任。

（四）以区域结构优化和城镇化为抓手，打造网络化新优势

一是搭建主干网络。要夯实重点城市战略布局，打造核心物流节点和

业务平台，形成物流服务主干网，增强网络的控制力和覆盖面。特别是要抓住中西部地区经济快速发展的机遇，加快中西部地区物流网络布局，实现全国网络的平衡发展。二是下沉网络渠道。要抓住城镇化发展的机遇，积极向二、三级市场、重点城镇和社区下沉网络和渠道，提高网络的渗透力和辐射力。要抓住城镇消费市场启动的机会，加快城镇网点布局，实现网络的精耕细作，提高终端市场响应速度。三是加强网络联盟。要加强网络资源的优化配置，鼓励网络共享和业务合作，实现共赢发展。特别要鼓励整合分散资源的公共服务平台建设，打造和谐共荣的产业生态圈，促进形成相对集中的产业格局。

（五）以科技创新为支撑，打造信息化、自动化新优势

一是应用科技创新。要提高物流产业的科技水平，推动物流管理的标准化和业务流程的透明化，提升物流信息化、智能化水平。推进现代化设施装备升级改造，提高单位产出效率，提升物流机械化、自动化水平。二是推进集成创新。要有效集成现有知识、技术、管理、制度，发挥协同效应，创新经营模式和组织方式，形成企业独特的竞争能力。三是开展协同创新。要坚持理论联系实际，提升创新的实践性和针对性，构建以企业为主体、市场为导向、产学研相结合的创新体系。要协调多方利益，形成产学研互利共赢的利益分配机制，加大科技转化力度。四是培育一批掌握新技术、拥有新模式、具备创新能力的创新型企业，抢占产业竞争制高点。

（六）以开放型经济为契机，打造国际化新优势

一是建立国际标准。要树立国际化发展理念，引进国际先进的物流管理方式、运作模式和技术装备，加强与国际一流企业的对标管理，提升物流国际化水平。二是承接国际业务。要立足国内市场，完善国内网络，承接国际产业转移，为国际客户提供全程物流服务，培养国际化运作能力。三是推进国际布局。要通过参股、控股、收购、合资等多种方式，加大对国际港口、

机场、物流园区、物流中心等战略性基础设施的控制和布局，提高全球资源的配置效率，搭建覆盖全球的国际物流服务网络，积极参与国际市场竞争，为国内企业"走出去"提供物流保障。

（七）以资源节约和环境保护为重点，打造绿色新优势

一是优化运输结构。要抓住铁路货运组织改革的机会，提高铁路运输在运输结构中的比重，逐步形成铁路、公路、水运、航空配置合理、协调发展的运输格局。要大力发展多式联运，实现多种运输方式的高效组织和顺畅衔接。二是推行绿色运作方式。要在采购、运输、仓储、包装、流通加工等各个环节推行绿色物流运作方式，完善逆向物流系统，实现物流全程绿色化管理。三是推广绿色技术。要积极应用高效能、低排放的新型车辆，推进以天然气等清洁能源为燃料的车辆应用。开展仓库太阳能发电工程，加快托盘共用系统建设，参与国内碳排放交易，推动循环物流系统发展。

（八）以改革开放为动力，打造政策环境新优势

一是加强顶层设计。要从国家层面统筹制定产业发展政策，进一步明确行业发展目标和战略任务，引导建立符合国民经济发展要求的现代物流服务体系。二是解决突出问题。要尽快解决当前制约行业发展的税收、土地、融资、交通等问题，切实减轻企业负担。逐步打破地区封锁和市场分割，减少行政干预，放松行业管制，建立统一、开放、规范、有序的物流市场体系。三是完善法律法规体系。要对现行物流法律法规进行清理和修订，完善现有物流法律法规体系。对物流领域出现的新问题、新情况，及时制定物流法律法规加以规范，使物流业真正实现"有法可依"。四是做好行业基础性工作。要加强物流标准、统计、诚信、教育等行业基础性工作的统筹规划和贯彻落实，强化行业自律和规范发展。

（2013 年 11 月 7 日）

03
物流业"新常态"下的战略选择

当前，物流业"新常态"为物流业发展提出了艰巨挑战，也提供了战略机遇。总体来看，我国物流业仍处于景气周期。2014年6月物流业业务总量指数为56.7%，显示物流活动较为活跃，呈高位趋稳态势。对于物流业发展的"新常态"，我们要高度重视和沉着应对，积极寻找战略突破口，培育新的竞争优势，全面打造中国物流"升级版"，以转型升级应对"新常态"。

一是以联动融合为突破口，大力发展产业物流。物流业作为重要的生产性服务业，在经济结构调整中将发挥更加重要的作用。2005年以来，我们致力于推动制造业与物流业联动发展，起到了示范推动作用。今年国务院常务会议再次提到要推进第三方物流与制造业联动发展，产业物流仍然是物流业最大的需求所在，也是未来物流升级潜力最大的领域。随着制造业产业升级、商贸业模式变革和农业现代化，物流业将进一步深化与产业物流的联动融合，通过流程优化、效率提升和模式创新，发挥协同效应，建立新型的产业联动战略合作关系，打造一体化竞争新优势。

二是以城市配送为突破口，做大做强民生物流。民生物流作为扩大内需的重要支撑，一直受到政府和社会的普遍关注。商务部开展城市共同配送试点，交通运输部加强城市配送运输与车辆通行管理，积极发挥政策的引导和规范作用。消费市场的启动，特别是电子商务市场的高速发展，对物流配送提出了新的要求。城市配送的网络优化、管理提升、服务体验等成为电子商务企业竞争的焦点。随着城镇化的推进，物流配送的短板日益凸显，也为物流业未来发展提供了新机遇。物流业将根据市场需求，打通物流"微循环"，做好"最后一公里"，开拓城市社区物流和农村城镇物流，建立便捷高效、规范有序的城乡配送服务体系，打造个性化竞争新优势。

三是以平台整合为突破口，逐步完善物流网络。随着物流基础设施网络初步成形，过去制约行业发展的运力和储能问题逐步得到缓解，为通过平台整合分散资源，实现发展模式创新和变革奠定了基础。未来一段时期，对于传统上较为分散的公路货运、物流园区、国际货代等领域，平台整合将以多种形式全面铺开。实体基地平台推进全国区域布局，加快模式连锁复制；产品服务平台打造统一服务品牌，吸引企业加盟合作；虚拟信息平台制定交易标准和规则，促进企业间资源共享。各类平台间加快网络开放、渠道下沉、互联互通、整合利用，建立完善现代物流网络体系，打造集约化竞争新优势。

四是以兼并重组为突破口，培育领先物流企业。当前，我国物流市场集中度不高。据统计，全国拥有公路营运载货汽车 1419 万辆，经营业户 745 万户，平均每户拥有车辆还不到 2 辆。近年来，物流市场兼并重组不断升温，据不完全统计，2013 年就有 20 多起兼并重组事件。今年以来，国家出台了进一步优化企业兼并重组市场环境的意见和资本市场金融新"国九条"，多项政策措施激发企业兼并重组活力。随着市场环境的持续改善，未来物流市场兼并重组仍将继续升温。物流业以其基础性、战略性将继续为资本市场所看好。通过兼并重组，有利于企业迅速壮大规模、增强实力，形成一批具有行业引领作用和国际竞争力的领先物流企业集团，打造规模化竞争新优势。

五是以区域物流为突破口，推动开放型经济发展。近年来，国家陆续提出跨区域的长江经济带、京津冀协同发展、丝绸之路经济带和海上丝绸之路等一系列区域经济规划，推动产业梯度转移，发展跨区域大交通大物流，力争形成新的区域经济增长极。跨区域的多式联运将迎来战略发展机遇，企业将加强区域物流网点布局，保障和支撑区域经济协同发展。随着国内企业

"走出去"步伐加快，特别是跨境电商的快速发展，物流网络逐步向国际延伸，国际物流成为新的增长点。境外战略性物流资源布局将开始启动，搭建覆盖全球的国际物流服务网络，以适应制造业、电子商务等其他产业跨境发展需要，打造区域化、国际化竞争新优势。

六是以科技进步为突破口，推动行业创新发展。当前，我国正处于新技术革命的战略机遇期，与其他国家站在同一起跑线上，具有一定的先发优势。随着劳动力的短缺和要素成本上升，以机器替代人力的趋势日益明显。物流业将积极通过技术改造和设备升级，提升物流信息化、机械化、自动化水平，提高单位产出效率，创新物流服务模式。大数据在物流业开始发力，通过整合数据和深入挖掘，为物流经营提供决策支持、为经济运行提供分析预警、为供应链上下游企业提供数据共享和相互协同，用数据创造新的价值。移动互联加快推进，物流信息终端出现终端化、移动化趋势。随着北斗车载定位终端在全国推广，位置服务应用加快普及，为移动互联提供了需求基础。智慧物流开始起步，将新一代信息技术应用于物流业，实现物流的自动化、可视化、可控化、智能化和网络化，提高资源利用效率和城市生产力水平。以互联网思维改造传统物流企业成为行业重要趋势，依托信息技术整合 O2O 线上线下资源成为热点领域。现代物流信息技术支撑体系逐步完善，打造智能化竞争新优势。

当前，物流业的一个重要发展趋势是向供应链转型。我们看到，世界经济发达国家加大了"再工业化"战略的推进力度，依靠的就是对全球供应链的掌控和驾驭能力。2012 年，美国提出了全球供应链安全国家战略，以保障美国人民的福利和国家的经济繁荣。欧盟也在相关的规划中提出要发展新的供应链体系。刚刚结束的 2014 年亚太经合组织（APEC）贸易部长会议上，通过了《建立 APEC 供应链联盟倡议》，同意推动建设亚太绿色供应链网络。供应链发展已经成为世界各国的共识。我国作为制造业大国，随着制造业"走出去"步伐加快，将要面对的是全球化的原料采购、全球化的生产力布局、全球化的产品营销要求。因此要求加强关键物流节点布局和物流资源掌控，实施供应链一体化管理，建立全球化的供应链体系，实现资源的全球化配置，与全球利益各方构建协作共赢的战略合作关系，掌控供应链的主导权。

总体来看，我国供应链发展除了产业链上核心制造企业牵头带动以外，更多的是通过打造供应链一体化服务平台，为供应链上下游关联企业提供线上线下综合服务，如集中采购、分销执行、物流服务、平台交易、融资支付等，服务各类企业资源整合和功能提升的需要，这也是我国许多供应链企业的主要发展模式，如怡亚通、飞马、粤海、腾邦等一批以提供供应链服务为主的供应链企业正在快速涌现。物流企业贯穿供应链上下游，掌握各类渠道资源，向供应链一体化服务平台转型具有先天优势。未来，一部分物流企业将加快延伸服务链条，承接企业物流业务，提供供应链增值服务，实现向供应链一体化服务商转型。

国务院常务会议讨论通过的《物流业发展中长期规划（2014—2020年）》，把物流业定位于支撑国民经济发展的基础性、战略性产业。物流业的产业地位进一步提升，极大地拓宽了发展空间。规划中提出着力降低物流成本、着力提升物流企业规模化、集约化水平、着力加强物流基础设施网络建设三大发展重点，抓住了制约物流业发展的"牛鼻子"，找到了推动产业政策的"突破口"，为我国物流业"新常态"下的战略选择指明了方向。

（2014 年 8 月 4 日）

04
推进供给侧结构性改革
培育物流业发展新动能

一、当前物流业面临的供给侧结构性矛盾

进入 21 世纪以来，受国民经济快速增长带动，我国物流业保持了较长时期的高速增长。2001—2010 年，社会物流总额年均增长达 23%。国际金融危机爆发以来，社会物流需求增长出现拐点，增速持续回落。2011—2015 年，社会物流总额年均增长 8.5%，2015 年社会物流总额增速进一步回落至 5.8%，社会物流需求增速放缓，有效物流需求不足成为物流业发展的大趋势。

当前，我国物流业需求不足的主要矛盾在于结构，结构性矛盾的主要方面在于供给，一方面，大量存量资源沉淀在传统物流业务领域不能退出，无法满足生产者和消费者对高端服务的需求；另一方面，增量资源受投入不足和体制机制约束，难以创造新需求。受此影响，行业出现开工不足、产能过剩问题，市场配置资源效率降低，导致供给质量下降和有效供给不足。因此，供给侧结构性矛盾是当前物流业面临的主要矛盾。

一是企业主体结构性矛盾。我国物流企业规模普遍较小，2015 年中国物流企业 50 强业务收入仅占物流业总收入的 11.5%，市场集中度较低。截止到 2016 年 2 月，我国共评定 A 级物流企业 3625 家，其中，业务收入超过 16 亿元的 5A 级企业仅有 223 家，仅占 A 级企业总数的 6%。小微企业在一些领域大量存在。2015 年，我国道路运输经营业户达 810 万户，其中个

体运输业户超过90%。一方面，这是市场长期发展的结果，符合小规模分散经营的特征，另一方面，事中事后缺乏监管，导致市场出现了"劣币驱逐良币"现象，行业集约发展困难重重。从行业从业人员看，劳动密集型特点较为明显。随着新技术应用和装备升级，将缓解基层员工紧缺的局面，也对从业人员素质提出了更高要求。

二是运输能力结构性矛盾。我国货运规模居于世界前列，2015年全国货运量达到417亿吨，公路、铁路货运量、港口货物吞吐量和快递业务量位居世界第一。随着产业结构调整，传统上货运量占比较大的大宗商品需求大幅减少，与之配套的运输能力过剩。铁路货运量自2013年开始逐年递减，已经跌回到2010年前的水平。2015年，全国铁路完成货运量同比下降11.9%。铁路货运改革正式启动，加快向现代物流转型。但是，由于铁路货运市场化不足，开放度不够，铁路货运能力仍不适应现代物流发展需求。特别是铁路两端的短驳费用较高，削弱了市场竞争力。目前，铁路平均运距已经从800公里延长到1000公里以上。此外，铁路承运主体较为单一，民营资本难以进入，导致缺乏承接铁路货运全程业务，组织多式联运的市场化主体。

▲ 出席《民营快递发展》高峰论坛

三是仓储能力结构性矛盾。我国仓储能力与需求存在较大差距，全国通用仓储设施面积 8.6 亿平方米，折合人均面积 0.66 平方米。同时，高标准仓储设施较为短缺，仅为 2000 万平方米，占全国仓储设施面积的 2% 左右。随着消费市场启动，特别是电子商务的发展，大量老旧仓储设施不适应现代化仓储需要。近年来，由于供给短缺，我国仓库租金呈加速上涨趋势。截止到 2015 年年末，一线城市仓库平均租金达到 38 元 / 月·平方米。仓储设施短缺主要面临物流用地供给不足的问题。物流用地投入大、回报慢、收益相对偏低，导致用地难规划、难审批。一些地方要求较多的用地附加条件，如投资强度、税收贡献等，导致开发和运营成本过高，单纯经营物流业务难以达到要求，物流企业用地难、用地贵问题突出。

四是基础设施结构性矛盾。我国物流基础设施初具规模，2015 年，高速公路和高速铁路里程分别突破 12 万公里和 1.9 万公里，双双居世界第一。截止到 2015 年 7 月，全国共有物流园区 1210 家。但是，基础设施之间缺乏有效衔接，出现"最后一公里"瓶颈制约。部门间缺乏统筹协调，铁路和水路基础设施衔接不畅，集疏运体系不健全，制约铁水联运发展。调研显示，湖北省沿长江 17 个主要港口，与铁路接轨的港口仅 6 个。我国物流园区利用铁路专用线的比例为 37%，缺乏转运换装设施。因此，大量本应通过铁路和水路运输的中长距离运输业务由公路承担，抬高了综合运输成本。同时，大量物流基础设施布局在沿海地区，内陆地区还有较大差距。随着沿海制造成本上升，相关产业逐步向内陆转移，迫切需要加大内陆地区物流基础设施配套，建设内陆地区外向发展大通道，降低内陆地区物流成本。

五是产品服务结构性矛盾。近年来，我国消费结构升级带动生活性物流潜力释放，消费对物流增长的贡献度增加。2011—2015 年，单位与居民物品物流总额年均增长 26.2%，保持高速增长态势。电商物流、快递快运、冷链物流等生活性物流持续快速增长，成为物流业发展的动力来源。由于现有物流产品和服务主要适用于大批量、少批次的生产性物流，生活性物流与生产性物流相比，更加强调小批量、多批次、个性化和灵活性。由于企业缺乏创新投入，产品更新速度慢，新的需求无法满足，同质化竞争挤压了企业利润空间。2015 年，快递件均收入为 13.4 元，较上年下降 8.5%，比 2007 年件均收入 27.6 元下降了 51.4%。企业无法通过技术改造和模式创新向资本和知识密集型的高端物流转型。

六是供应链结构性矛盾。目前，工商企业物流外包较为普遍。调查显示，2014 年工业、批发和零售业企业对外支付的物流成本占企业物流成本的 65.3%。但是，物流外包水平有待提升。物流企业承接业务仍然主要是产前、产后的采购物流、销售物流，企业内部的生产物流没有进行有效剥离，主要还是企业自己解决，物流资源分散在不同部门和环节，无法实现一体化运作，降低了整个供应链物流运作效率。近年来，企业间的竞争已经上升到供应链与供应链之间的竞争，如何做好供应链上下游的采购、生产、销售等各个物流环节的协同发展，节约供应链物流成本、提升供应链效率成为竞争焦点。

这六方面的结构性矛盾问题，是当前制约物流业发展的主要问题，既相对独立又相互叠加，需要通过供给侧结构性改革有针对性地解决。

二、物流业供给侧改革的主要思路

"十三五"时期，是全面建成小康社会的决胜阶段，经济社会发展的新常态对我国物流业提出了新要求。物流业面临的结构性矛盾，主要体现在物流供给不适应产业转型和消费升级的需要，这是我国经济进入工业化中后期，产业形态向中高端发展，人均居民收入达到中等水平后出现的新问题。推进物流业供给侧结构性改革，要坚持问题导向，抓住主要矛盾，沿着转变物流业发展方式，推动行业转型升级和提质增效的主线，两端发力，多措并举，提高物流运行质量和效益，培育行业发展新动能，满足国民经济对物流业发展的供给要求。

两端发力要从两个层面推进物流业供给侧结构性改革。在微观层面，着眼于发挥市场配置资源的作用，充分利用新技术革命机遇加快创新驱动，提高供给质量和效益，激发市场主体活力，提供有效供给，增加优质供给，创造新价值，形成持续发展的新动能；在宏观层面，着眼于提高政府治理能力和政策实施效力，创新行业管理体制和管理方式，放松行业管制和政策约束，为市场主体营造诚实守信、规范治理的政策环境，加大公共产品投入，打破瓶颈制约，提高行业整体竞争力。

多措并举重点是要突出"高效、便捷、连通、智慧、协调、优质、自律、改革"八大主要措施，着力加强供给侧结构性改革，培育行业发展新动能。

一是降成本、去库存，打造高效物流服务体系。增加财政对公共产品和服务投入，将收费公路养护费纳入财政预算，降低收费公路收费标准，下调过路过桥费占运输成本的比重。落实货运车辆高速公路不停车收费，减少货运车辆等待时间。在工商企业推行物流成本核算制度，摸清供应链物流成本。推行精益物流等现代管理技术，降低工商企业存货水平，减少生产和流通环节库存浪费。解决物流企业增值税进项抵扣不足问题，将房屋（仓库）租赁费、过路过桥费纳入进项抵扣范围。解决个体运输业户开具增值税发票问题，允许物流企业和互联网平台代开发票，确保物流行业税负"只减不增"。加快在物流领域推广工商登记"一照多址"，解决经营网点和分公司等非法人分支机构设立问题。进一步减少物流领域行政审批事项，逐步推广网上申请、网上年审、异地年审、合并年审等便民措施。

二是去产能、畅通行，创建便捷交通运输环境。开展车型标准化和车辆绿色化工作，加大财政补助力度，推动车辆更新改造，全面淘汰黄标车和非标车辆，加强事中事后监管，引导不规范企业退出。建立配送车辆分类管理机制，强化车型市场准入，推广厢式货车配送，全面替代客车送货。取消通行证管理制度，用环保标准替代数量限制，提升城区车辆通行环保要求，开放电动车配送城区通行权。制定共同配送支持政策，加大城市共同配送节点设施投入，减少车辆在途等待时间和城市总行车量。深化铁路货运市场化改革，以货运价格改革为突破口，建立适应市场需求的货运价格体系。进一步放开铁路货运市场，培育铁路货运主体，吸引民营资本参与铁路货运经营，降低铁路短驳成本。

三是全链条、一体化，推进物流网络互联互通。推进多种运输方式协同发展，打破链条各环节间瓶颈，调整运输组织结构，提升铁路运输、内河航运在多种运输方式中的货运比重。开展多式联运衔接工程，加强铁路与公路、水运、航空货运枢纽的规划衔接和网络对接，支持铁路进港口、进园区、进机场，支持在物流节点城市建设一批多式联运枢纽。培育社会化的多式联运市场主体，建立多式联运代理人制度，统一多式联运单证，推广电子运单，实现"一单制"。完善社会化回收体系，实现托盘、集装箱等标准化装载单元一贯化运输。引导工商企业开展供应链管理，重构产业价值链，实现全链条、多主体协同发展。

四是新技术、新模式，支持智慧物流创业创新。支持企业研发创新，将物流业技术改造升级纳入技改专项资金支持范围。制定"互联网＋"物流行动计划，推动物流业与互联网融合发展，鼓励互联网平台创新创业。推动智能仓储、智能交通、智能配送等智能物流发展。全面实施载重货车动态监控，提升驾驶安全水平。建立全国仓储地理信息系统，支持物流园区互联互通，提高仓储利用效率。鼓励物流企业应用物联网、云计算、大数据、移动互联等先进技术，研究推广物流云服务。支持企业模式创新，开展行业示范工作，推行多式联运、甩挂运输、无车承运等组织方式和集中采购、精益物流、物流金融等经营模式。

五是建通道、走出去，统筹国内外物流协调发展。围绕国家"一带一路"倡议，科学规划建设国际国内物流通道路径，搭建内陆向东到沿海和内陆向西跨境的国际物流大通道，充分发挥铁路、水路运输优势，降低中西部地区国际物流成本。进一步改善通关环境，简化通关手续、延长通关时间，实现24小时不间断通关。培育世界级跨国物流集团和专业化物流企业群体，鼓励国内企业开展国际产能合作，融入全球供应链体系。支持物流企业兼并重组战略性国际物流资源，提高全球物流资源的配置效率，加快形成与国际产业布局相协调的国际物流格局和物流网络。

六是促投资、补短板，加大优质公共设施供给。在收费公路建设运营领域引入政府和社会资本合作（PPP）机制，逐步从"补建设"向"补运营"转变，提高财政支出引导作用。增强财政支持力度，加大对战略性的多式联运枢纽、高速公路、高速铁路、内河航道的投资力度，健全综合交通运输网络。充分利用现有闲置资源，支持仓储设施改造升级，增加高标准仓储设施比重。将物流用地纳入城市总体规划，建设公益性的城市公共配送中心和末端分拨中心，缓解城市配送压力和交通拥堵。对物流园区、配送中心等仓储类物流设施用地应进行硬性规定和立法保护，不得随意变更用地性质和规模。

七是贯标准、强自律，引导行业规范健康发展。清理现行各级标准，取消一批不适应行业发展的标准。整合国家强制性标准，严控准入门槛，确保社会安全。制定物流模数标准，在生产、包装、运输、装载、储存等各个环节，以标准化装载单元为基点建立统一的模数标准体系。推行团体标准，支持和鼓励社会组织协调相关市场主体，共同制定满足市场和创新需要的物流团体标准，确保标准"有用"和"落地"。发挥社会组织作用，通过推广团体标准，促进行业规范自律。加强物流诚信体系建设，增强守信激励和失信惩戒机制，维护公平竞争的市场环境。坚持以人为本，增强从业人员素质，关心关爱物流从业人员，增强行业认同感和职业荣誉感。

八是不越位、不缺位，深化物流管理体制改革。进一步深化大部制改革，统筹协调综合运输体系建设和管理。加强城市物流管理体制改革，建立完善多部门协商机制。发挥全国现代物流工作部际联席会议的部门间协调作用，理顺政府各部门行政管理职能，健全监管责任制，强化事中事后监管，推出责任清单和负面清单。充分利用信息化手段，创新监管机制和方式，通过综合执法和大数据监管，推进政务公开和信息共享。打破政府部门间壁垒，切实解决部门间职能交叉和多头执法问题。推广"互联网＋政务服务"，利用互联网平台增强社会服务功能，营造开放透明的政府治理环境。

（2016 年 5 月 12 日）

05
拥抱"互联网+"物流
打造行业发展新动力

当前，互联网经济深刻影响着我们的生活和工作。以"互联网+"为驱动的新技术、新业态、新模式成为社会经济发展的新引擎，阿里巴巴、京东商城、滴滴出行等消费互联网模式取得可喜成就，引领世界互联网经济发展大潮。"十三五"时期，我国将大力推进"互联网+"行动计划，积极拓展网络经济空间，促进互联网和经济社会融合发展。互联网和制造业、商贸业、物流业等重点产业的融合发展成为下一阶段互联网经济成功的关键，也是创新驱动社会进步和经济转型的生机所在，为下一步产业互联网的发展带来重大机遇。

国家"互联网+"行动计划中，提出了"互联网+"高效物流等11项重点行动。2016年7月，国务院总理李克强主持召开国务院常务会议，从国家层面部署推进"互联网+"高效物流。国家发改委随后印发《"互联网+"高效物流实施意见》，提出构建物流信息互联共享体系，提升仓储配送智能化水平，发展高效便捷物流新模式，营造开放共赢的物流发展环境四项主要任务。从产业层面，物流业作为支撑社会经济发展的基础性、战略性产业，正利用新一轮科技革命的机遇，借力"互联网+"，深化产业融合，焕发出蓬勃生机。这为新常态下产业创新驱动提供了新动力，也为企业转型升级开辟了新道路。今天，我们在美丽的乌镇相聚，共同探讨"互联网+"物流新思路，这对于落实"互联网+"高效物流要求，践行国家"互联网+"战略具有积极意义。

"互联网+"物流战略的推出，顺应了我国物流业转型升级和提质增效的总体要求。当前，我国物流业正处于关键的战略转型期。从市场规模看，2016年前三季度，全国社会物流总额为167.4万亿元，同比增长6.1%，比"十二五"时期年均增速下滑2.6个百分点。物流业增速持续放缓，正在进入中高速增长的新阶段。

总体来看，我国物流业正处于增速放缓、效率提升、需求调整和动力转换的战略转型期。全球新一轮科技革命的到来，为产业转型升级创造了重大机遇。互联网不仅作为一种技术手段，更作为一种思维方式，深刻影响着物流行业。物流业与互联网深化融合，"互联网+"物流开始起步，开辟了物流产业发展的新路径。

"互联网+"物流是利用互联网技术和互联网思维，通过互联网与物流业深度融合，重塑产业发展新关系，再造产业发展新结构，打造产业发展新生态，从而实现物流业的转型升级和创新发展。当前，我国"互联网+"物流仍处于发展的起步阶段，在一些领域取得了积极进展，引领物流领域产业互联网的发展道路。

一是"互联网+高效运输"。在"互联网+"时代背景下，市场不集中、信息不对称的货运市场潜力巨大，也最先拥抱互联网。自2014年下半年以来，催生了一批像"互联网+车货匹配""互联网+货运经纪""互联网+甩挂运输""互联网+合同物流"等的"互联网+"创新模式，涌现了一批像运满满、货车帮、卡行天下、天地汇等的"互联网+"代表企业。"互联网+高效运输"通过搭建互联网平台，实现货运供需信息的在线对接和实时共享，将分散的货运市场有效整合起来，改进了运输的组织方式，提升了运输的运作效率。近年来，单纯的车货匹配模式逐步向无车承运人模式转型，数据在线化、运力社会化、资源平台化正在助推产业新变革。8月，交通运输部无车承运人试点政策正式出台，为行业下一步发展指明了方向。

二是"互联网+智能仓储"。"互联网+"为传统仓储设施的转型指明了方向，智能仓储在快递、电商、冷链、医药等细分领域快速发展。如京东商城、菜鸟网络、顺丰速运、九州通等企业积极开发全自动仓储系统，设计智能仓储机器人，完成货物的上架、拣选、打包、贴标签等操作，大幅提高仓储管理的效率和水平。随着"互联网＋"理念的引入，现代化、信息化仓储设施的投入，通过仓储信息的集成、挖掘、跟踪与共享，有效实现取货自动化、进出货无缝化和订单处理准确化，现代仓储管理将更加精准、高效、智能，带动行业高端化转型升级。

三是"互联网＋便捷配送"。"最后一公里"是制约消费市场的重要瓶颈，也是行业"互联网＋"改造的广阔蓝海。借助互联网平台，搭建城市配送运力池，开展共同配送、集中配送、智能配送等先进模式，能有效解决"最后一公里"的痛点。如日日顺、速派得、云鸟配送等关注末端配送的平台型企业，不断探索便捷配送的新模式。随着末端配送的智能化改造，菜鸟、京东、顺丰等快递物流企业积极布局智能自提柜市场，实现系统的互联共享。此外，随着本地生活服务的需要，共享经济模式在末端配送领域得到推广应用，美团、百度、饿了么推出了即时配送模式，也是"互联网＋便捷配送"的新亮点。

四是"互联网＋智慧物流"。当前，货物跟踪定位、无线射频识别、电子数据交换、可视化技术、移动信息服务和位置服务等一批新兴技术在物流行业应用效果明显。2015 年中物联物流信息化监测显示，88.9% 的物流企业实现了对自有车辆的追踪，89% 的企业实现了全程透明可视化。越来越多的企业将物联网、云计算、大数据等新技术作为企业投入重点。例如，菜鸟网络陆续推出物流预警雷达、大数据分单路由、电子面单、四级地址库等数据基础服务，利用智慧物流大数据分析，促进快递市场的组织优化和效率提升，引领智慧物流发展趋势。

五是"互联网＋供应链一体化"。物流是产业链上下游衔接的重要环节，也是实现供应链一体化的重要纽带。一批行业代表企业，如招商局物流、怡亚通、安吉物流等，借助自身资源和信息优势，向供应链上下游延伸，通过数据协同实现更大范围的供应链协同，重构供应链协作关系。

当前，物流企业实现互联网转型有五大战略选择。一是在线连接战略，借助互联网手段，实现物流在线化和业务数据化，为产业链中不同实体、个人、设备等基本要素的透明连接和关系重塑创造条件。二是联动融合战略，利用互联网技术和思维，改造、优化、提升传统物流产业，优化产业分工，再造产业结构，实现产业的互联网化。三是平台转型战略。通过搭建去中心化、去边界化、去中介化的互联网平台，优化产业链条，推进市场集中，助推产业变革。四是智慧赋能战略，通过对物流赋能，真正实现物流、信息流、资金流、商流四流合一，打通产业链上下游瓶颈约束，提升整个产业链的智能化水平。五是开放共享战略，即打破企业间、业务间、部门间壁垒，搭建合作共享、协作共赢的开放平台，重构产业生态体系。

总体来看，我国"互联网+"物流仍处于起步阶段，面临一系列现实障碍。如，互联网基础设施投入和布局不足，关键技术及设施设备研发投入不够，传统监管模式和体制机制制约，信息化复合型人才严重匮乏，信息安全和支付安全问题亟待解决等。此外，"互联网+"物流的最大价值是改造传统物流产业，实现传统产业的互联网化。当前，传统物流产业向互联网转型仍面临方向不清晰、路径不明确、能力不具备等关键问题，这对物流业与互联网的深度融合提出了艰巨挑战。这些问题需要相关政府部门、行业协会和企业主体予以重视，通力合作加以解决。

"十三五"时期，我国仍处于重要的战略转型期，"互联网+"物流将成为行业发展新动力。物流业要把握时代机遇，以转换思维方式为起点，以加强互联共享为条件，以推进深度融合为着眼点，以优化政策环境为保障，积极创建开放、共享、协作、共赢的现代物流生态体系，推动新时期物流业持续健康发展。下面，我主要提五点建议。

一是转换思维方式。要参照互联网去中心化、分布式、自组织特点，重新思考自身商业模式、组织方式、客户关系，创新企业观念，推动企业管理方式、组织结构调整，重构企业组织体系和业务流程，提升企业核心竞争力，让"互联网+"物流回归价值创造的商业本质。

二是加强互联共享。要加大互联网相关基础设施投入，特别要重视物联网和大数据建设，全面实现物流在线化和业务数据化，充分释放信息和数据潜能，加强动态感知和实时响应，打破信息不对称和信息孤岛现象，在企业和客户间构建新型商业关系。

三是推进深度融合。要推动互联网与企业核心竞争力相融合，利用互联网再造流程、管理和模式，提升企业运作效率，延伸产业链服务能力，形成企业创新力和生产力。与新进入市场的企业相比，传统物流企业已经形成了自身核心竞争力，如何深化与互联网的融合，提升和再造核心竞争力是企业面临的重大机遇。

四是优化政策环境。短期来看，要加强对"无车承运人"试点政策的配套保障，逐步解决个体司机异地开票和增加进项抵扣问题。长期来看，要顺应行业发展趋势，适时调整行业监管方式，提升行业治理水平。要加快政府信息公开，推进"互联网+"政务，营造良好的诚信环境。在这方面，国家交通运输物流公共信息平台做了大量工作。

五是创建生态体系。要平衡整个产业链各利益相关方的诉求，合理选择合作伙伴，优化产业链分工协作，强化产业链集约整合，建设开放、共享、协作、共赢的现代物流生态体系。

（2016年11月17日，作者在第三届世界互联网大会上的演讲，内容有删节）

06
新时代我国智慧物流发展展望

一、我国智慧物流的发展特点

智慧物流是以物流互联网和物流大数据为依托，通过协同共享创新模式和人工智能先进技术，重塑产业分工，再造产业结构，转变产业发展方式的新生态。近年来，随着物流业与互联网深化融合，智慧物流出现一些新特点。

当前，物流企业对智慧物流的需求主要包括物流大数据、物流云、物流模式和物流技术四大领域。2016 年，这四大领域的市场规模超过 2000 亿元。预计到 2025 年，智慧物流市场规模将超过万亿元。

二、我国智慧物流的时代定位

我国发展智慧物流具有积极的时代意义。当前，我国物流业增速放缓。行业增速放缓主要面临供给侧结构性矛盾。一方面，大量存量资源受所有权限制沉淀在传统业务领域不能退出，无法满足对高端服务的需求；另一方面，增量资源受信息不对称和投入不足约束，难以创造新需求。此外，受劳动力、土地、资本等要素资源和生态环境约束，也不足以支撑物流业规模继续快速扩张。智慧物流是物流业供给侧结构性改革的重要抓手。通过互联互通和协同共享，释放存量资源的使用价值，激发增量资源的投资效益，重塑产业分工和资源分配体系，开辟了产业提质增效的新路径。

一是社会资源的整合者。目前，大量物流资源存在闲置。我国货车空驶率在 30% 以上，仓库空置率在 15% 左右。智慧物流贯彻协同共享理念，打破了企业边界和信息不对称问题，实现闲置资源的充分利用。例如，近年来涌现的一批车货匹配、仓货匹配的互联网平台，实现了供需信息的在线对接和闲置资源的实时共享，有效降低了社会物流成本，从根本上改变了传统物流的交付方式。

二是分散市场的集中者。以公路货运市场为例，道路货物运输经营业户有 718 万户，其中个体运输户 659 万户，全国营运货车超过 1300 万辆，平均每户拥有车辆不到 2 辆，分散经营是市场基本格局。智慧物流通过数据赋能，实现分散资源的互联共享，促进了物流组织化和集约化，同时也激发了个体创业的积极性。例如，卡行天下加盟网点和线路 1.5 万多家，整合运输车辆 120 万多辆，分散的公路货运市场加快向社会化平台集中。

三是紧缺人工的替代者。物流业作为劳动密集型产业，人工紧缺已经成为行业普遍难题。例如，我国快递业从业人员缺口率在 20% 左右。中物联《中国电商物流与快递从业人员调查报告》显示，49% 的人认为工作强度提高不少。越来越多的企业加大技术和装备升级力度，提升物流信息化、自动化和机械化水平，实现"机器替代人"战略。

四是个性需求的满足者。随着消费需求持续升级，消费体验成为价值驱动力。智慧物流借助分布式物流资源网络，能够以快速、便捷、低成本、个性化的方式满足消费者需求，极大地提升了消费者体验。例如，我国快递时效已经接近 3 天，高于美国等发达国家，继续缩短时效面临巨大的边际资本投入。智慧物流能够通过大数据分析提前将所需货物布局到离消费者最近的仓库，实现即时物流需求满足，大大提升客户体验。

五是绿色生态的创造者。当前，我国物流业能耗排在工业和建筑业之后，大量能耗浪费在无效的长距离运输、产成品库存、过度包装等物流环节。智慧物流通过智能规划和资源共享减少无效物流的能耗排放，为绿色环保和可持续发展创造有利条件。例如，通过使用菜鸟电子面单，每年节约纸张消耗费用约 12 亿元。

当然，智慧物流在我国属于新生事物，还面临一系列严峻挑战。

一是基础设施投入不足。与物流互联网相关的物流大数据、物流云等智能基础设施与实际需要还有较大差距，物流互联网的覆盖度和精确度尚显不足。

二是物流标准化成为制约。智慧物流的有效运转建立在共同的标准和协议基础上。目前，我国车型有 2 万种之多，车辆装载单元化短板凸显，严重影响了社会车辆的交换互用。还有运输单证信息不统一，导致物流信息传递失真。在这方面，菜鸟电子面单做了很好的尝试。

三是监管体系不适应变化。智慧物流打破了企业边界和所有权限制，但所有权和使用权的边界难以确认，与之相关的监管制度，特别是财税制度无法适应市场需求，导致部分智慧物流商业模式游走在灰色地带，不利于鼓励创新，甚至会阻碍创新。

四是社会保障制度失灵。智慧物流的发展使得自由职业者和创业者走上前台，传统的企业雇佣模式面临挑战，与之相配套的社会保障制度面临变革。

▲ 参加第二届中国物流遵义峰会

五是诚信体系有待建立。智慧物流打破了传统熟关系模式，维系众多陌生关系，形成常态市场交易，亟待建立社会化诚信体系。

六是企业观念亟待转变。当前，面对新一轮技术革命，传统物流企业的观念转变和战略转型速度稍显不足。如何推动物流企业拥抱互联网，加入到智慧物流生态体系的构建，形成"协同共享"的产业新生态是智慧物流下一步发展面临的艰巨挑战。

三、我国智慧物流的发展趋势

"十三五"时期，国家实施"互联网＋"战略，我国智慧物流迎来发展机遇期，智慧物流加快转型升级成为必然趋势。

一是连接升级。预计未来 5 ~ 10 年，物联网、云计算、大数据等新一代信息技术将进入成熟期，物流人员、装备设施以及货物将全面接入互联网，呈现指数级增长趋势，形成全覆盖、广连接的物流互联网，"万物互联"助推智慧物流发展。

二是数据升级。随着信息系统建设、数据对接协同和手持终端普及，物流数据将全面做到可采集、可录入、可传输、可分析，预计未来 5 ~ 10 年，物流数字化程度将显著提升，打破行业信息不对称和信息孤岛现象，"全程透明"强化智慧物流基础。

三是模式升级。预计未来 5 ~ 10 年，众包、众筹、共享等新的分工协作方式将得到广泛应用，打破传统的分工体系，重构企业业务流程和经营模式，"创新驱动"成为智慧物流动力。

四是体验升级。预计未来分布式的物流互联网将更加接近消费者，全面替代集中化运作方式，依托开放共享的物流服务网络，满足每个客户个性化的服务需求，"体验经济"创造智慧物流价值。

五是智能升级。随着人工智能技术的快速迭代，机器在很多方面将替代人工，预计未来 5 ~ 10 年，物流机器人使用密度将达到每万人 5 台左右，物流赋能改造传统物流基因，"智能革命"改变智慧物流格局。

六是绿色升级。智慧物流充分利用社会闲置资源，积极减少能源耗费的做法，符合全球绿色和可持续发展的要求，预计未来 5 年，绿色包装、绿色运输、绿色仓储将得到加快推广应用，"绿色低碳"提升智慧物流影响力。

七是供应链升级。预计未来，智慧物流将引领智慧供应链变革。凭借靠近用户的优势，智慧物流带动互联网深入产业链上下游，以用户需求倒逼产业链各环节强化联动和深化融合，助推"协同共享"生态体系加快形成。

（2017 年 5 月 22 日，作者在 2017 全球智慧物流峰会上的演讲，内容有删节）

07

不忘初心　砥砺前行
为建设物流强国而努力奋斗

我国改革开放四十年，也是现代物流业从起步到快速发展的四十年。在庆祝改革开放四十周年之际，回顾总结我国现代物流业发展历程，展望新时代赋予的新使命，探索物流业发展的新目标和新任务，以激励我们迈向现代物流业发展的新征程。

一、我国物流业的历史性变革

我国物流业四十年的发展历程，与改革开放进程同步。四十年来，物流业经历了从理念传播、实践探索、产业地位确立到创新发展的全过程。

1978 年 12 月，党的十一届三中全会拉开了改革开放的序幕。同年 11 月，国家物资总局组织有关部门和地方领导赴日本考察，首次将"物流"概念引入国内。1979 年 6 月，中国物资工作者考察团到日本参加第三届国际物流会议，这是我国代表首次参与国际物流研讨活动。随后，介绍物流知识的专业文章开始出现，物流专业著作相继出版，国外专家来华举办讲座，国内大专院校、研究机构、专家学者积极投入现代物流理论研究和知识传播。

在此基础上，1984 年 8 月，我国第一个物流专业研究团体——中国物流研究会成立，时任国家计委副主任柳随年出任会长。1989 年 4 月，由中国物资经济学会承办的第一个国际物流会议——第八届国际物流会议在北京举办。1990 年 7 月，中国物流研究会与 1980 年成立的中国物资经济学会（余啸谷任会长）合并为中国物资流通学会。1995 年中国物资流通学会更名为中国物资流通协会（马毅民任会长）。这一时期物流知识启蒙和理念传播，为我国物流发展发挥了引领作用。

通过引进、借鉴国外物流理念，物流实践开始探索起步。1978 年以后，我国实行"搞活企业、搞活流通、培育市场"的一系列改革，逐步突破"计划分配、统一定价"的管理体制，扩大企业自主权。1988 年设立的物资部推进物资配送专项行动，1991 年"八五"计划提出"积极发展配送中心"。经国务院同意，财政部设立专项基金，由物资部、国家体改委先后在无锡、石家庄、沈阳、上海、武汉等地开展物资流通综合改革试点。物资配送成为当时推进流通体制改革和物流发展的一个重大举措，流通和物流引导生产和消费的作用开始发挥。

1992 年，党的十四大确定建立社会主义市场经济体制。传统生产和流通企业破除"大而全""小而全"模式，扩大物流外包，改善物流管理。跨国物流公司"试水"中国物流市场，带来先进的物流理念、技术和模式。民营物流企业大量涌现，加速成长。国有物流企业转变观念，向现代物流转型发展。国有、民营、外资物流企业呈现"三足鼎立"、共同发展的局面。深圳、上海、天津等地把物流列入支柱产业或新兴产业，积极推动发展。1999 年 11 月，国家经贸委与世界银行召开"现代物流发展国际研讨会"，时任国务院副总理吴邦国提出——要把现代物流作为国民经济的重要产业和国民经济新的增长点。

2001 年，我国国内生产总值从 1978 年的 3679 亿元上升到 11 万亿元，社会消费品零售总额从 1559 亿元上升到 4.3 万亿元，货物进出口总额从 355 亿元上升到 4.2 万亿元；货运总量和货物周转量分别增长 4.4 倍和 4.8 倍。国家开始大规模投入物流基础设施建设，到 2001 年，我国铁路营业里程 7.01 万公里，公路通车里程 169.8 万公里，内河航道 12.15 万公里，定期航班航线 155.36 万公里，输油（气）管道 2.76 万公里。国民经济快速发展和物流基础设施建设加大投入，为物流加快发展创造了条件。

新世纪伊始，中国加入世界贸易组织（WTO）。现代物流伴随着改革开放的步伐，开启了"新纪元"。2001 年 3 月，国家经贸委等六部委联合印发《关于加快我国现代物流发展的若干意见》，成为我国政府部门就物流发展发出的第一个专题文件。同年 4 月，经国务院批准，中国物资流通协会更名为中国物流与采购联合会（陆江为首任会长），成为我国物流行业第一家综合性社团组织。2003 年 12 月，国务院领导同志就我国现代物流情况作出批示。2004 年 8 月，经国务院批准，国家发展改革委等九部门联合发布《关于促进我国现代物流业发展的意见》。2005 年 2 月，经国务院批准，由国家发展改革委牵头，组建了全国现代物流工作部际联席会议。同年 9 月，第一次由政府部门主办的全国现代物流工作会议在青岛召开。在此期间，由政府部门领导，行业协会牵头的物流标准、统计制度、企业评估、科技进步、教育培训、表彰奖励、理论研究、舆论宣传等行业基础性工作体系初步建立，为物流产业地位确立和物流业跨越式发展奠定了基础。

2006 年 3 月，十届全国人大四次会议批准的《中华人民共和国国民经济和社会发展第十一个五年规划纲要》将"大力发展现代物流业"单列一节，标志着物流业的产业地位正式确立。2007 年，中央军委文件作出"构建军民结合的军事物流体系"的重大部署。2009 年 3 月，国务院发布第一个物流业发展专项规划《物流业调整和振兴规划》，并将其纳入当年"十大调整和振兴规划"。2011 年 5 月，中央电视台连续播放"聚焦物流顽症"系列节目，集中报道我国物流业发展中遇到的突出问题，引起政府部门及全社会广泛关注。同年 8 月，国务院常务会议专题研究部署促进物流业健康发展工作，国务院办公厅印发"物流国九条"，着力破解物流业发展中遇到的政策障碍。

进入新世纪的头十年，也是中国经济发展的"黄金十年"。这十年，我国国内生产总值年均增速达 10.45%。到 2010 年 GDP 总量超过日本，成为世界第二大经济体。到 2012 年，制造业产值超过美国、德国、日本等国，成为全球制造业中心，世界 500 强企业大部分进入中国。这十年，我国社会物流总额、社会物流总费用、物流增加值的增长幅度都在 20% 左右，物流企业集中度显著提高。从 2004 年开始的中国物流企业 50 强排序，入围企业"最低门槛"由最初的 2 亿元提高到 2012 年的 20.3 亿元。

党的十八大以来，中共中央总书记习近平等领导同志多次考察物流企业，从国家战略高度对物流业发展提出明确要求。2013 年召开的中共十八届三中全会吹响了全面深化改革的号角。2014 年，国务院发布《物流业发展中长期规划（2014—2020 年）》，把物流业的产业地位提升到基础性、战略性高度。2015 年十八届五中全会提出了"创新、协调、绿色、开放、共享"五大发展新理念。同年，国务院把"互联网＋"高效物流列入"互联网＋"重点行动之一。2016 年以来，国务院办公厅及政府有关部门陆续出台以"降本增效"为核心的支持物流业发展的政策措施。2017 年，党的十九大报告提出加强物流等基础设施网络建设，并提出在现代供应链等领域培育新增长点、形成新动能，为新时代物流业发展指明了方向。2018 年，国务院大督查把物流业降本增效作为督查工作重点。产业地位逐步提升和营商环境持续改善，为物流业供给侧结构性改革创造了条件。

资本和技术"双轮驱动"，是这一时期物流业发展的突出特点。从 2013 年开始萌芽，到"互联网＋"物流探索愈发成熟，物流业投融资进入高速成长期。2015 年物流互联网平台成为投资热点；2017 年，物流类企业加快进入资本市场，年内有 8 家企业跻身国内主板，5 家在境外证券交易所上市，45 家登陆国内"新三板"。上市、融资、兼并、重组、跨界整合，物流企业科技创新能力显著提高，物联网、大数据、云计算、人工智能有效应用。现代供应链、智慧物流、多式联运、无车承运、共同配送、托盘共享、挂车租赁等新模式、新技术和新业态加快普及。应急物流、绿色物流、军民融合物流打开了新局面。

经过四十年的发展，我国物流业发生了根本性变革，取得了举世瞩目的巨大成就，走出了一条具有中国特色的物流发展道路。

▲ APICS 来访

一是为综合国力增强、人民生活改善和经济体制改革做出重大贡献。
2017 年，我国社会物流总额达 250 多万亿元，支撑 GDP 总值超过 80 万亿
元；全社会货运量 472 亿吨，货物周转量 19 万亿吨公里，比改革开放初期
分别增长 14 倍和 18 倍；全年快递业务件量超过 400 亿件，连续四年位居世
界第一；社会物流总费用与 GDP 的比率下降为 14.6%，比有记录的 1991 年
下降接近 10 个百分点。物流业加速发展为我国成长为世界第二大经济体和
第一大贸易国提供了有力支撑，对产业升级、流通业改革、发展方式转变和
人民生活改善发挥了重大作用。

二是现代物流服务体系基本建立。从改革开放初期第一家现代意义物流
企业成立至今，全国物流相关法人单位数已近 40 万家。按照国家标准评审
认定的 A 级物流企业 5355 家，其中代表国内最高水平的 5A 物流企业 293
家，一批综合实力强、引领作用大的龙头骨干企业加速成长。在电商、快
递、汽车、冷链等细分市场领域，出现了追赶或超越世界领先水平的标杆企
业。从第一个物流园区启动到现在，我国规模以上物流园区超过 1600 家。
截至 2017 年年底，全国铁路营业里程达 12.7 万公里，其中高铁营业里程

2.5 万公里；公路总里程 477.35 万公里，其中高速公路里程 13.6 万公里；港口万吨级及以上泊位达 2366 个；民航运输机场发展到 229 个。交通与物流融合发展，物流基础设施网络基本成形。

三是物流人才队伍加速成长。目前，我国物流业从业人员超过 5000 万人，占全国就业总人数的 6% 以上，成为服务业就业主渠道之一。自 2001 年 8 月首届全国高校物流教学研讨会启动"物流人才教育工程"以来，全国已有 610 多所本科院校和近 2000 所中、高职院校开设了物流专业，形成了从中职、高职、专科、本科到硕士、博士、博士后全系列物流人才教育体系，在校生规模达 50 万人。在职培训同步推进，已有 60 万人参加了物流、采购等职业能力等级培训与认证，多层次、全方位、高素质的物流人才队伍成长壮大。

四是行业基础性工作体系趋于完善。自 2003 年 9 月全国物流标准化技术委员会成立以来，已制定并发布国家标准 68 项、行业标准 52 项、团体标准 15 项。自 2004 年 10 月物流统计制度建立以来，已形成社会物流统计、物流业景气指数、公路运价指数、仓储指数、电商指数、快递指数等系列。制造业采购经理指数（PMI）自 2005 年 7 月首次发布以来，已成为国内知名、世界有影响的观察中国经济走向的"风向标"。自 2002 年 11 月省部级奖励——中国物流与采购联合会科学技术奖设立以来，已有 1330 项获奖。自 2007 年 11 月经人事部批准，评选表彰全国物流行业先进集体、劳动模范和先进工作者以来，已有 159 个单位、662 名劳动模范和 127 名先进工作者受到表彰。物流、采购与供应链理论研究成果丰硕，产学研结合、军民融合不断引向深入。

五是促进物流业发展的工作机制基本形成。政府层面从全国现代物流工作部际联席会议成立时的 15 个成员单位，到中长期规划涉及 33 个部门。十几年来，国务院及相关部门相继出台规划、政策，支持促进和规范发展的物流政策体系逐步完善。中国物流与采购联合会等行业社团组织深入企业调研，积极反映行业诉求，参与政府决策。政府、企业和协会沟通协调的工作机制逐步形成，推动物流业发展的政策环境持续向好。

回顾我国物流业四十年发展历程，我们有以下深刻体会：一是必须坚持党的领导。党的领导是中国特色社会主义的本质特征，只有坚持党的领导，才能走好中国特色物流发展道路。二是必须坚持改革开放。改革开放既是我国现代物流业产生的基本条件，也是物流业持续健康发展的必然要求。三是必须培育市场主体。物流企业是物流市场活动的主体，只有做强做优做精物流企业，才能发展壮大物流产业。四是必须充分发挥企业家作用。企业家是经济活动的重要主体，正是一大批优秀企业家的创造性劳动激发了物流企业创新发展的活力。五是必须坚持科技进步。科学技术是第一生产力，只有采用科技进步成果，提高物流运行的科技含量，才能推动物流业转型升级，转换发展动能。六是必须坚持创新驱动。创新是引领发展的第一动力。只有不断推进理论创新、技术创新、模式创新、业态创新和体制机制创新，才能保证现代物流业高质量发展。七是必须培养和造就人才队伍。物流业既是劳动密集也是知识密集型产业，只有注重物流教育和在职培训，才能不断提高从业人员的业务能力和职业素养，满足行业发展的人才需求。八是必须营造良好的政策环境。物流业是新兴的复合型服务业，涉及部门多，协调难度大。只有各有关部门加强统筹协调，同时发挥行业协会的桥梁和纽带作用，形成协同治理机制，才能不断改善营商环境，为物流业持续健康发展创造条件。

我国物流业四十年发展的成果，得益于党的改革开放政策，得益于社会主义市场经济体制，得益于国民经济持续快速发展，同样离不开全行业广大企业和职工的努力奋斗，离不开政府有关部门的重视与支持，也离不开老领导、老前辈的领导、指导。在回顾总结四十年发展历程的时候，我们不会忘记曾经为物流理论探索和实践发展做出过突出贡献的企业和企业家、专家学者和行业组织的推动者；不会忘记曾经担任物流管理部门和行业组织的老领导，袁宝华同志、陆江同志、马毅民同志、桓玉珊同志、应文华同志、靳玉德同志、武保忠同志和丁俊发同志等所做的杰出贡献。在这里，我代表中国物流与采购联合会，向他们表示崇高的敬意和诚挚的问候，并向全行业全体从业人员表示诚挚的谢意！

二、新时代新物流的新使命

经过四十年改革开放，我国物流业多项指标排名世界前列，论规模已经成为世界物流大国。但我们也要认识到，我国物流业发展中还有不少不足之处，主要表现在：社会物流总费用与 GDP 的比率仍然较高；行业之间、地区之间物流运行能力和效率不平衡；物流供需衔接较弱、基础设施网络配套不够；物流企业和从业人员素质有待提高，物流市场治理体系和能力有待加强；效率变革、动力变革和质量变革任务艰巨。总之，物流业发展现状与现代化经济体系建设和人民对美好生活向往的物流需求还有许多方面不相适应。国家物流竞争力还有较大提升空间，打造世界物流强国还有很长的路要走。

当前，国内外形势正在发生深刻变化，新时代的新机遇和新挑战并存，这对我国物流业进一步深化改革、扩大开放，全面提升国家物流竞争力提出了新要求。

从国际环境看，新一轮产业革命、技术革命深入推进，成为新发展的强劲引擎。数字经济引领创新发展，将深刻改变传统物流运作方式和商业模式。全球经济复苏进程中风险积聚，保护主义、单边主义明显抬头，贸易摩擦加剧。世界经济不稳定、不确定因素增加，给我国经济和市场预期带来诸多不利影响。

从国内环境看，我国经济由高速增长阶段转向高质量发展阶段，对供给质量和水平提出了更高要求。随着消费升级、产业升级，物流需求个性化、定制化、精益化趋势明显。要素成本增长较快，企业盈利能力持续走弱，传统增长模式难以为继。多项重大环保政策陆续出台，绿色物流转型压力较大。

从政策环境看，改革开放进入深水区，行业治理难度日益增加。物流业管理涉及部门多，协调难度大，与一体化运作、网络化经营的物流运行模式不相适应。近年来，各部门出台了一系列政策措施，但存在落实不到位、推进速度慢、地方协调难等问题。新兴物流领域出现的新问题，也对物流业治理体系和治理能力现代化提出了新课题。

党的十九大明确提出了决胜全面建成小康社会，开启全面建设社会主义现代化国家新征程的宏伟目标。做出了从 2020 年到 2035 年基本实现社会主义现代化，再从 2035 年到 21 世纪中叶建成社会主义现代化强国的"两个阶段"安排。作为现代化经济体系的重要支撑和现代化强国的必备条件，物流业使命光荣，责任重大。物流强国建设应及早谋划，尽快启程。我们要坚定不移贯彻"创新、协调、绿色、开放、共享"的新发展理念，以效率变革、动力变革和质量变革为重点，全面推进物流高质量发展。

要坚持"创新"发展。把创新作为发展第一动力，把握新一轮科技革命的机遇，落实国家"互联网+"战略部署，深入开展理论创新、技术创新、模式创新、业态创新和体制机制创新。

要坚持"协调"发展。协调稳定与发展、创新与变革的关系，在新的高度上建立新平衡，促进区域之间、城乡之间、各种运输方式之间、产业链环节之间、军民之间均衡发展。

要坚持"绿色"发展。顺应生态文明建设新要求，积极推进物流绿色、低碳和可持续发展，推行绿色运输、绿色仓储、绿色包装和绿色配送，重视逆向物流和回收物流，做好资源循环利用。

要坚持"开放"发展。配合"一带一路"建设要求，跟随国内企业"走出去"发展，适应主动开放市场的需要，建设配套的国际物流服务网络，提升国际物流话语权。

要坚持"共享"发展。探索"共享经济"新模式，整合供应链、延伸产业链、提升价值链，完善行业治理体系，使全体从业人员和我们的服务对象一起共享物流业发展的新成果。

三、建设物流强国的重点任务

建设物流强国是新时代赋予新物流的新使命。从长远看需要统筹规划、顶层设计，近期需要重点突出、务实推进。

一是围绕国家重大战略，做好物流服务保障。适应"制造强国"战略，推进服务型制造供应链创新；围绕"乡村振兴"战略，构建农业、农村物流服务体系；根据京津冀协同发展、长江经济带发展和粤港澳大湾区建设等区域协调发展战略，调整优化区域物流布局；顺应"军民融合"战略，形成军事物流和社会物流兼容、应急物流和平时物流兼顾的物流服务保障体系；构建符合"一带一路"建设需要的物流服务网络，积极融入全球供应链。

二是顺应产业升级趋势，推进物流业与相关产业深度融合。推进产业物流向社会化、服务化转型。充分利用互联网技术，建设产业物流融合发展平台，提供平台化、社会化、专业化的物流服务。鼓励物流业深度介入各相关产业产前、产中和产后全产业链服务，开展销售、生产、采购及逆向物流预测预警，更好发挥物流业的支撑服务和先导带动作用。

三是根据市场需要，加快物流企业转型升级。鼓励物流企业通过兼并重组、联盟合作、上市融资等多种形式实现规模扩张、资源集聚，培育一批实力雄厚、模式先进，行业领先、国际知名的大型物流企业和专业化服务平台。鼓励物流企业技术改造和装备升级，提升自动化、柔性化、可视化、智能化水平，提高运行效率和服务能力。

四是双管齐下，促进物流降本增效。一方面，进一步降低物流税费、通行、融资、用地、审批等制度性交易成本；另一方面，引导物流企业调整资源配置方式和运输结构。引导工商企业优化物流成本管理，从降低物流企业成本向降低企业物流成本乃至整个供应链物流成本转变。大力推广应用现代供应链等新模式和智慧物流等新技术，降低全链路物流成本。

五是推进互联互通，加强物流基础设施网络协同。科学规划国家物流枢纽布局，加大中西部内陆地区、大中型消费城市、重点制造产业集群的枢纽设施配套。打造百驿物联等公益性服务平台，促进物流园区互联互通，发挥社会物流网络整体效能。规划完善城市物流网点布局，科学制定配送车辆通行规则，缓解城市物流"最后一公里"难题。

六是以提高质量和效率为目标，鼓励供应链创新应用。推动建立供应链综合服务平台，拓展质量管理、追溯服务、金融服务、研发设计等功能，提供采购执行、物流服务、分销执行、融资结算、商检报关等一体化服务。开展供应链创新与应用试点示范，引导工商企业聚焦整合资源、优化流程、协同创新。加强数字供应链、智能供应链研究，提升供应链的数字化、可视化和智能化水平。积极稳妥发展供应链金融，推动供应链金融服务实体经济。

七是抓住数字经济发展机遇，加快推广智慧物流。制定智慧物流专项规划，编制智能物流技术装备路线图，开展重大智能技术装备的科技攻关。鼓励社会资本设立产业投资基金，推动智慧物流模式创新。出台财税引导政策，解决新技术、新模式、新业态出现的数字化治理问题和政策障碍。加强数字物流基础设施建设，建设物流互联网，引导基础设施线上线下融合发展。

八是投身生态文明建设，发展绿色低碳物流。出台相关政策，鼓励清洁车辆在物流领域的应用，分阶段分步骤引导不达标车辆退出市场。大力推广绿色物流技术，开展绿色物流、绿色配送、绿色仓储、绿色包装等科技攻关，支持液化天然气车辆、仓库屋顶太阳能发电等绿色装备设施应用。鼓励托盘循环共用、集装箱多式联运、挂车共享租赁等绿色装备设施共享。

九是立足长远发展，培育物流人才队伍。加强物流领域理论研究，逐步完善物流理论体系、学科体系和专业人才培养体系。深入推进产学研结合，开展专业化、定制化职业培训，提高物流从业人员整体素质。加强社会保障制度建设，推动落实行业保险制度，提高从业人员社会福利待遇。通过多种方式关心关爱行业劳动者，增加行业归属感、荣誉感。

十是夯实行业基础工作，提升市场治理能力。充分发挥行业协会服务企业、服务行业、服务政府的作用，围绕物流强国建设目标，建立和完善符合物流高质量发展的指标体系、政策体系、标准体系、统计体系、绩效评价，完善行业治理体系和治理机制。加强部门统筹和地方协调，抓好已有政策的落实，并根据出现的新情况和新问题，研究出台新的配套政策。进一步深化"放管服"改革，推广"互联网＋政务服务"模式创新，全面推行便民服务措施。开展平台数字化治理，创新"政府监管平台、平台监管企业"的监管方式，推进诚信体制建设，营造统一、开放、规范、有序的物流发展环境。

改革开放四十年来，我国物流业实现了历史性变革，取得了辉煌成就，积累了丰富经验。中国物流与采购联合会与大家一起参与和见证了这个历史性进程，经受了锻炼和考验。站在新的历史起点上，我们要以习近平新时代中国特色社会主义思想为指导，坚持新发展理念，不忘初心，砥砺前行，积极推进高质量发展，努力建立和完善现代物流服务体系，不断拓展中国特色物流发展道路，为建设物流强国的战略目标而努力奋斗！

（2018年11月24日，作者在物流行业庆祝我国改革开放四十周年大会上的演讲）

08

把握趋势，建设开放、包容、绿色的可持续全球供应链

　　供应链的可持续对于人类社会和经济发展具有十分重大的意义，是实现所有人更美好和更可持续未来的基础。可喜的是，可持续供应链实践在近几年取得了长足的进展，在企业认知程度、市场情况和吸引投资三个方面都取得了不错的成绩。

　　越来越多的企业认识到可持续供应链的意义。EcoVadis 的一项研究表明，企业可持续采购的承诺在过去三年中增长了 81%。可持续重视度提升表现在以下四个层次。

　　一是企业领导层对可持续采购的支持显著增强。2013 年半数的采购团队认为领导层是可持续供应链的主要阻碍，2018 年这一比例降至 13%。

　　二是企业越来越多地用可持续准则和条款来影响供应商。64% 的组织拥有供应商行为准则，42% 的组织具有与可持续性相关的特定合同条款，22% 的采购组织与供应商合作制定可持续发展改进战略，38% 的采购组织表示他们制定了可持续的采购政策。

　　三是采购团队认识到可持续供应链显著的投资回报。58% 的受访者表示可持续采购可以显著控制风险，30% 的受访者认可可持续供应链对减低成本的作用。

　　四是企业对可持续供应链的关注点更加全面。三分之一的采购组织表示在过去三年中企业更加重视劳动和人权实践，三分之一认为商业道德变得更

加重要。

可持续相关市场更大、更重要、更多元。从与消费者息息相关的有机食品、可持续能源，到上游的可持续包材市场，规模上都呈上升态势，产品种类更为丰富；在区域分布上更加多元，以中国、印度和巴西为代表的新兴可持续市场份额逐年递加，与北美和欧洲等传统市场同步增长。

可持续投资在全球资本市场的热度逐年上升，规模迅速扩大。2018年，可持续方面的投资达到30万亿美元，两年平均增长率34%。摩根士丹利的研究表明，可持续投资策略现在是行业的"战略要务"。四分之三的美国资产管理公司提供可持续投资策略，而2016年该数据仅为65%。与此同时，国际组织也加大了在可持续方面的投资，如世界银行发行了6.6亿美元的可持续发展水资源管理债券，用于资助发展中国家的水资源保护。可以看出，可持续投资在各个领域和主体中重视度都在增加。

从以上实例可以看出，可持续供应链迄今已经取得了非常可观的成绩，纵览其发展历史，可以通过以下三个途径提升供应链的可持续性。

第一个途径是通过企业可持续准则影响上下游，规范和监督供应商行为。供应链发展水平较高、可持续意识较强的产业可以借助购买力对供应商的商业行为施加影响，将自身的可持续标准和承诺用供应链管理的方式向上下游传播。例如米其林、普利司通等轮胎行业中的大型企业通过供应链推动和主导了全球橡胶产业的可持续发展，它们参与的轮胎工业联盟启动了可持续天然橡胶全球平台（GPSNR），在提高可持续橡胶产量的同时，致力于提升供应链的透明度和可追溯性、协调共同标准、保护人权和自然资源。

第二个途径是利用新的技术和管理模式提升可持续供应链实践的效率。在可持续供应链实践中，技术和管理模式创新可以帮助企业更好地确定每个生产步骤如何最优地使用自然和人力资源，并定位供应链中最关键的可持续性问题。

技术创新如数字化技术的应用，让可持续供应链更高效、更透明。IBM的食品供应链管理平台（Food Trust）利用区块链技术，实现数据实时查询、端到端传输和不可篡改，以确保食品供应链溯源，供应链上的各个节点都可以用平台来查询和追踪货物的关键信息。

管理模式的创新，如可持续绩效指标和标准，可以帮助企业和政府有效设定目标和评估成绩。世界自然基金会（WWF）提供 50 多个绩效指标，用于衡量一系列与商品生产相关的供应链风险的可能性和严重性。可持续发展会计准则委员会也制定了相关标准，帮助多个行业的上市公司向投资者提供有关价值链上企业可持续发展绩效的重要信息。碳信息披露项目（CDP）和全球报告倡议组织已经制定了相关标准和指标，用于比较不同类型的可持续性影响。

第三个途径是借助国际可持续倡议和国家政策为企业可持续工作提供科学、直观的目标。联合国主导的全球契约作为认知度最高、公信力最强的可持续倡议，为企业制定促进人权、公平劳动实践、环境保护和反腐败政策方面的目标指明了方向。目前已经有 161 个国家、9900 家以上的企业参与联合国全球契约联署并共同履行。

政府主导的可持续政策督促了企业履行可持续承诺。政府通过具体的监管手段，如设立区域和产业政策指标、健全环保法规、建立监督机构等方式，显著提高了对相关行业的治理水平。

几十年间，供应链管理从单个企业效益的第三利润源，到成为企业社会责任和产业发展的重要抓手，又从企业操作层面上升到宏观层面，成为许多国家安全和发展战略的重要组成部分。因此，供应链的可持续性建设责任重大，时刻要考虑企业盈利、供应链上下游、社会责任这三大支柱，不可避免地将面临来自多方面的挑战，比如当前出现的单边主义和逆全球化行为、经济下行、市场需求波动增加、供应链标准建立不足、供应链可追溯性不足和气候变化，都是我们需要应对的问题。

——逆全球化行为对之前几十年建立的全球供应链可持续性造成了挑战。逆全球化不仅对传统供应链的抗打击能力提出了新的需求，还有可能拆解现有的全球供应链，导致其从高效、复杂、有机互联向更短、更本地化、成本更高转变。

——全球经济活动弱于预期，终端需求疲软，将对企业可持续盈利造成影响。据国际货币基金组织今年 7 月发布的报告称，在发达经济体和新兴市场经济体中，企业和家庭继续缩减长期支出，投资和耐用消费品需求持续低迷。全球贸易额增速继 2018 年第四季度跌破 2% 以后，2019 年第一季度同比增速更降至 0.5%，企业普遍面临经营压力。

——技术创新加速将带来市场需求的迅速变化，对跨国公司的供应链提出了更高的要求。新技术的不断涌现和亚马逊、阿里巴巴这类电子商务巨头的崛起，使得消费者相信他们可以随时拿到各种各样的商品，市场的需求变化加快、不确定性增加。

——全球范围内缺乏供应链标准，供应链发展水平不均衡，衔接效率低。由于在政府层面缺乏供应链相关法律法规和标准，供应链流程标准化、数字化往往依靠市场压力和企业自身努力。在这一点上，各个国家的行业协会可以从政府的层面为企业供应链标准化做一些贡献，这也是 IFPSM 的使命之一，即帮助建立全球的供应链标准。

——供应链可追溯能力差，缺乏管理和提升整体可持续性的基础。全链条可追溯是提升供应链整体可持续性的基石。而事实上，大多数跨国公司都只知道自己的一级供应商，而对供应商的供应商不甚了解，更不用提对多级供应商的管理了。2001 年日本海啸之后，多家全球半导体公司的核心零部件意外断货。为了确定第三、第四层供应商给自己带来的风险，这些公司后续耗费了很大的人力和时间成本才弄清楚他们的供应商网络中到底有哪些公司。未来，随着物联网技术（IoT）的发展、5G 技术的普遍应用，可追溯的难题可能有望解决，但这也只是第一步，可持续供应链的建设仍然任重道远。

——气候变化仍然是人类健康和生计以及全球经济活动的主要威胁。气候变化不仅对人居环境的基础设施（包括能源输送系统、建筑物、城市设施）和极端天气下人类健康状况造成直接影响，还对资源生产（如农业和渔业生产）、商品和服务市场的需求变化、居住环境的经济条件产生影响。这些与可持续发展密切相关的挑战和机遇不能由单个公司独立应对，而是需要全球供应链的共同合作，而这样的合作建立在各国企业、政府对可持续发展的共识之上。

2015 年，联合国《2030 年可持续发展议程》形成，阐述了建设全球美好明天的共同目标。几年来，全球各个经济体在迈向人类命运共同体的过程中，增强了合作意识，丰富了合作实践，积累了合作经验。新形势下，我们既要坚持既定的目标，共迎机遇、共对挑战，又要积极创新，以变化的视角面对全球局势。

我们要把握发展大势，建设开放包容的全球供应链。

我们要胸怀共同目标，建设绿色可持续的全球供应链。

我们要积极创新，建设科技引领的全球供应链。

（2019 年 9 月 12 日，作者在 2019 年国际采购与供应管理联盟世界峰会上的致辞，内容有删节）

09

锚定创建世界一流物流企业
推进中国式现代物流体系建设

  建设世界一流物流企业是中国式现代物流体系的任务要求。中央财经委员会第八次会议提出，培育壮大具有国际竞争力的现代物流企业。《"十四五"现代物流发展规划》提出，到 2025 年，形成一批具有较强国际竞争力的骨干物流企业和知名服务品牌。国资委正在开展推动创建世界一流示范企业和世界一流专业领军示范企业"双示范"行动，中国远洋海运、宁波舟山港等物流企业纳入示范企业名单。中物联每年发布中国物流 50 强企业名单，2022 年 50 强收入合计近 2 万亿元，入围门槛较上年提高 20 亿元，一批千亿级综合型物流企业集团出现。下一阶段，世界一流物流企业作为物流领域的"排头兵"和"先锋队"，建议从"价值创造力、网络联通力、产业融合力、创新驱动力、应急响应力"五个方面起到示范带动作用，为推动中国式现代物流体系建设，支撑构建双循环新发展格局做出应有贡献。

  一是做精做优，提升价值创造力。价值创造是检验企业能力的重要标准。要坚守"长期主义"理念，努力为企业自身和社会各界持续创造价值。在当前国内外形势下，更需要聚焦主业、专业突出，这是创建世界一流企业的基本要求。要深耕细分化市场，夯实专业化服务、构建集成化能力、提供一体化方案，做实增长、做优利润，在做精做优的基础上稳步做大，加快从规模型数量型增长向质量型效率型增长转变。要练好企业内功，收缩业务战线，有序退出非主业非优势业务，深化降本挖潜，打破职能边界、企业边界寻找降本空间，逐步从简单的功能降成本向结构性降成本、系统性降成本转变。要增强资源配置和整合能力，通过参股、收购、兼并等多种方式，优化自身产业布局，强化战略性资源配置，不断提升市场话语权和掌控力。

二是内引外联，构筑网络联通力。物流网络是实体经济充分利用国际国内两个市场的重要渠道。当前，国际物流网络不畅、运作不稳、能力不强是影响产业链供应链韧性安全的重要因素。要跟随"中国制造"和"中国基建""走出去"，加快境外网络化布局，做好海外仓、境外物流基地建设，提高对战略性资源的控制能力。要自主发力，深化合作"闯进去"，做好境外属地化经营，铺设境外物流服务网点，开设境外公司或加强与当地物流公司战略合作，走自主经营的路子，从国内项目"输血式"经营向"本地化"服务转变。要鼓起勇气、积极突围"赶上去"，实现物流全球化运作，与国际物流战略客户深化合作，构建全球供应链履约服务体系，深度融合全球价值链体系。对于国内物流网络，重点是提档升级、带动产业。要结合区域协调发展战略，加大物流存量资源整合利用，优化增量资源提质增效，吸引产业集群和商圈集聚，努力打造具有区域辐射带动能力的流通支点和枢纽经济示范区。

三是协同发展，深化产业融合力。联动融合是物流业助力制造业、商贸业、农业等向价值链攀升，融入现代化产业体系的价值所在。要深化物流业在相关产业的关键环节融合发展，推动企业主体之间、业务流程之间、信息数据之间、设施设备之间、标准规范之间深度融合，鼓励企业间签订长期合同，建立战略合作伙伴关系，从简单的招投标模式向战略型采购转变，形成产业间风险共担、利益共享的融合发展新格局。要推进物流业与交通运输、先进制造、大宗商品、商贸流通等重点领域深入融合，重点关注汽车、家电、电子等产业链条长、配套环节多的产业，补齐短板，锻造长板，有效提升产业链灵活性和韧性。要引导物流业向供应链上下游延伸，从提供产前产后的采购和销售物流，逐步向生产过程中的生产物流渗透，提供全程一体化、集约化的供应链物流服务，推动传统产业向价值链中高端迈进。

四是智慧赋能，打造创新驱动力。智慧物流是助力我国物流业弯道超车的重要选择。要推动线上线下全面融合，实现经营管理、物流操作、客户服务等全面数字化转型，从业务线上化加快向操作自动化、业务数据化、决策智能化升级，实现从管理信息化向经营数字化转变。要创新智慧物流应用场景，有序推动智能驾驶、无人配送、无人货机、无人码头、物流机器人等"无人化"技术装备应用。推动传统基础设施改造升级，支持智慧园区、数字仓库、智能仓储基地等建设，支持网络货运、即时物流等新业态健康发展，促进线上线下加快融合，实现物流产业数字化赋能。要充分发挥数据要素价值，促进信息互联互通、数据资源共享，探索多样化数据开发利用，实现物流大数据在物流领域的充分应用。通过多种方式打造"数字驱动、协同共享"的智慧物流新生态。

五是自主可控，提高应急响应力。应急物流是统筹安全与发展的必要保障。要坚定融入全球价值链体系，从中国企业向世界企业转变，加大资源全球配置和整合，增强自身在全球的规模化组织、专业化运作、集成化服务和网络化经营能力，深度嵌入产业链价值链，积极向全程供应链转变，构建更具客户依赖性和抗风险能力的协同运作组织。要强化关键产品全球供应链履约能力，针对粮食、矿产、能源和关键零部件等对国计民生和经济安全影响大的产业，构建全球供应链服务网络，增强供应链一体化服务能力，支撑构建自主可控、安全高效的产业链供应链。要做好应急物流能力建设，加快物流基础设施嵌入应急物流功能，制订应急方案、配备物流资源，提高应急响应速度和资源共享能力，有效支撑产业安全，切实保障产业链韧性和安全水平。

（2023年5月31日，作者在厦门市物流协会第五届会员代表大会暨第五届理事会第一次会议上的致辞，内容有删节）

10
大兴调查研究之风
聚焦物流"急难愁盼" 营造一流营商环境

　　为学习贯彻习近平新时代中国特色社会主义思想主题教育工作会议上的重要讲话精神，大兴调查研究之风，反映物流企业"急难愁盼"问题，提出具有行业共识的政策诉求，助力营造市场化法治化国际化一流营商环境，由中国物流与采购联合会（简称中物联）党委书记、会长何黎明同志牵头，组织中物联系统开展了 2023 年物流企业营商环境调查。本次调查是中物联开展的第十次营商环境调查，通过综合运用问卷调查、企业座谈、实地调研、专家访谈等多种方法，从财税环境、政务环境、通行环境等十个方面，全面评价物流企业营商环境满意度。本次调查得到了广大会员单位、各地物流主管部门、地方行业协会的大力支持。截止到 7 月初，共收到有效问卷 1154份。其中，民营企业、中小微企业占比较高，分别占七成和八成以上，符合行业基本格局，具有行业代表性。

一、物流企业营商环境评价总体向好

　　调查数据显示，被调查企业对 2023 年物流企业营商环境评价总体比较满意。其中，国有企业、规模企业对物流营商环境评价较高，有八成以上的认为营商环境有所改善。民营企业、中小微企业评价相对偏低，认为营商环境有所改善的在七成左右。反映营商环境出现下滑的民营企业、中小微企业占比明显高于国有企业、规模企业，需要引起重视。从区域看，作为物流最早开放也是最活跃的东部地区，企业反映税费、用地、通行等一系列政策掣肘先行暴露，相比中西部地区更为严峻，亟待深化改革，为进一步转型升级奠定制度基石。

行业未来展望总体谨慎乐观。调查显示，被调查企业对于2023年全年预期保持谨慎乐观的态度，近四成企业预期全年收入规模将出现不同程度增长。其中，规模企业和国有企业收入预期相对乐观，分别占六成和五成以上，显示了较强的抗压性。民营企业、中小微企业收入预期增长的占比明显偏低，均在三分之一左右；而预期亏损的占比较高，均超过四分之一，企业生存压力较大。

二、物流企业营商环境仍有较大改善空间

调查数据显示，物流企业当前面临的主要困难，排名前三的依次是市场竞争激烈、经营成本高、市场需求总体不足。物流企业最希望政府部门改善的营商环境排名前三的依次是财税环境、政务环境和通行环境，占比均超过三分之一。其次，占比接近三成的还有金融环境、公平竞争环境。此外，用地环境、用工环境、安全环境、诚信环境、创新环境等均存在一定改善空间。

一是在财税环境方面，被调查企业对增值税发票获取、土地使用税税收减免、增值税进项抵扣政策评价较高；而对增值税、所得税税收负担评价较低。调研显示，在市场复苏阶段，企业普遍希望加大减税降费力度。当前，部分企业增值税税负偏高，一方面，物流业属于劳动密集型行业，工资支出占比大，无法作为进项抵扣；另一方面，一些灵活用工的货车司机、配送员、装卸工无法提供增值税发票，导致企业进项抵扣不足。此外，税负较高的道路货运等交通运输业作为生产性服务业无法享受增值税加计抵减政策。调研显示，中小微企业财税环境评价显著低于规模企业，特别是货运小规模纳税

人和临时纳税人代开发票仍不方便，税收征管的规范性、便利性有待提升。

二是在政务环境方面，工商注册登记、经营许可登记、年检年审的评价相对较高；用地获取、投资审批、破产退出的评价偏低。民营企业和国有企业关注重点有所分化，但是投资审批难是共同关注点。从企业业务看，从事铁路货运、仓储管理、物流园区等业务的企业投资审批评价偏低，影响到物流基础设施投资。近年来，有关部门推动利用互联网平台提供便民政务服务，实现网上领证、异地年审等便民措施，政策获得感较强。企业反映，希望进一步增加网上许可等"含金量高"的互联网便民措施。

三是在通行环境方面，评价较低的主要集中在城市道路货车通行领域。随着扩大内需带动消费物流需求升级，城市货车通行政策与物流配送需求仍有一定差距。调研显示，部分大中型城市白天高峰时段禁止货车通行，企业不得不"闯禁行"现象严重。大部分城市没有货车专用停车位，货车临时停车面临违章罚款扣分风险。特别是随着新能源货车加快推广，与食品安全和生活消费相关的冷链物流需求增加，道路通行限制依然较多。

四是在金融环境方面，企业对融资成本经济性、账期合理性、渠道多样性评价偏低。调研显示，今年以来，贷款利率持续下行带来利好，但是企业普遍存在观望、不愿贷现象。受经济形势影响，物流账期时间有所延长，企业垫资压力加大，降低了资金周转水平。其中，中小微企业对于账期合理性评价显著低于规模企业。企业反映《保障中小企业款项支付条例》执行难，上游企业拖欠运费仍比较普遍。民营企业融资需求主要是应收账款等动产融资，由于缺乏抵押物，难以获得信用贷款支持。近年来，国家支持供应链金融发展，同时也明确要求清理融资性贸易，企业反映两者边界很难划分，影响正常供应链金融业务开展，也影响产业链上下游中小微企业经营。

五是在竞争环境方面，调研显示，不正当竞争主要体现在低价竞争，甚至价格低于成本等过度竞争方面，这也是今年以来反映集中的问题。部分企业通过超限超载、非法改装、疲劳驾驶等多种违规方式不正当竞争拉低市场运价水平，导致合规企业和司机生存艰难，出现"守法的人吃亏"现象。调研显示，规模企业对于公平竞争环境的敏感度更高。相比于中小微企业，规模企业更希望保持公平竞争的市场环境，通过技术升级、效率提升来开展合规竞争。

六是在用地环境方面，近年来，物流用地价格持续抬升，调查企业平均地价超过 30 万元 / 亩，一些东部城市物流用地已经超过 100 万元 / 亩。部分地方对于物流用地投资贡献、亩均税收等绩效要求过高，一些东部城市亩均税收贡献要 50 万元以上，单靠物流服务无法实现。企业反映，疫情后一些城市开始通过各种方式，劝退清退物流企业，影响城市保供和投资环境。此外，调研反映部分城市既有铁路专用线闲置较多，没有得到有效利用造成资源浪费。

七是在用工环境方面，基层熟练劳动力可得性评价相对较高，评价最低的是人工成本负担。调查数据显示，企业人工成本占总成本的比重平均为30.29%，物流行业作为劳动密集型行业，成本负担较高。其中，民营企业、中小微企业对于人工成本负担反映压力较大。调研企业反映，基层劳动力存在可得性高、流动性高的"双高"局面，企业面临"留人难"问题。同时，行业老龄化现象严重，年轻劳动力较为紧缺，出现结构性"用工荒"。

八是在安全环境方面，反映较为集中的是车辆超限超载问题。特别是前期取得良好治理效果的车辆运输车超限问题出现反弹，一些地区甚至又出现"大怪"双排车。17.5 米超长低平板半挂车翻新、套牌普遍，悬挂临牌的车辆违规进入普货市场，大量合规车辆非法改装做大箱体，部分箱体容积是合规车辆的 1 倍以上，严重危及道路通行安全，挤压合规企业无法经营，导致"劣币驱逐良币"现象。此外，部分危险化学品物流企业反映存在通行时间短、停车休息难、合规仓少等普遍问题，运送新能源电池等低危货物的车辆紧缺，难以满足业务发展需求。

九是在诚信环境方面，企业反映司机扣货问题时有发生，主要原因是拖欠运费等"三角债"纠纷，也存在恶意骗货现象。物流领域迫切期待"黑名单"制度建设，加大对货主、运输企业、司机等相关方的诚信约束机制建设。调研显示，部分互联网平台企业建立货主、司机的诚信体系，有效推动供需双方择优选择，起到"白名单"守信激励示范作用。

十是在创新环境方面，调研显示，物流企业作为生产性服务业，申请高新技术企业、专精特新"小巨人"企业还面临一些政策障碍。除快递领域外，物流领域普遍面临创新投入不足问题，也导致行业进入门槛偏低。

三、营造一流营商环境的政策建议

具有国际竞争力的规模化物流企业和具有发展活力的中小微企业是中国式现代物流体系建设的主体，统一开放、竞争有序的营商环境是市场主体发展之基、活力之源。结合本次调查，为破解物流"急难愁盼"问题，营造市场化法治化国际化一流营商环境，提出相关政策建议。

一是切实降低企业税费负担。鼓励现代物流业发展，将西部地区的鼓励类产业企业所得税优惠政策扩大到全国范围。降低交通运输业增值税税率，从低统一物流业各环节增值税税率。将交通运输业纳入增值税加计抵减政策范围。优化网络货运平台代开发票和物流领域全电发票试点，便利小规模纳税人和灵活用工人员发票获取。深化高速公路差异化收费，对于空车高速通行予以较大力度优惠，吸引空车"回流高速"。进一步深化铁路货运价格市场化改革，放开跨局集装箱长途运输运价下浮限制。

二是维护公平统一竞争秩序。健全常态化监管制度，以公正监管保障公平竞争，重点就企业反映比较集中的超限超载、非法改装、大吨小标、疲劳驾驶等问题加强跨部门、全链条监管执法。进一步完善超限超载联合执法常态化机制，尽快开展车辆运输车"回头看"行动，刹住全面反弹苗头。尽快开展超长低平板半挂车和超长集装箱半挂车治理行动，公布时间表和路线图，明确市场治理预期。清理大件运输临时号牌车辆，完善号牌申领规则。

三是合理放宽物流市场准入。进一步清理规范行政审批、许可、备案等政务服务事项的前置条件和审批标准，便利个体司机注册登记为个体运输业户和个体工商户。大力推动电子政务服务，全面推广物流证照电子化，支持互联网政务平台开放个体运输业户网上登记许可等"含金量高"的政务服务。允许规模型普货运输企业便利申领新能源电池等低危货物运输资质，取消危险货物运输押运人员要求。

四是着力减轻企业融资压力。依托行业协会制定物流领域交易条件或规则标准，合理规范物流业务账期约定时限。扩大国有企业和事业单位《保障中小企业款项支付条例》政策覆盖范围。联合行业协会，聚焦动产融资需求，推广交通物流专项再贷款政策。规范发展供应链金融服务，出台支持供应链金融发展的细化措施和规范指引，明确供应链金融和融资性贸易的区分标准。开展供应链金融试点，利用物流仓储企业"控货"优势，增强全链条风控能力，构建可靠供应链金融体系。

五是推进货车道路通行便利。进一步放宽货车城市通行时间，允许在白天高峰时段确需通行的货车按路段通行。鼓励支持新能源、国六等清洁能源货车和冷链配送等服务民生的配送车辆在城市通行，全面取消城市通行时间限制。完善城市货车临时停靠制度，加大货车专用停车位和货车充电桩布局。随着扩大消费政策的推进，我们建议在一些城市，通过技术手段开展全面取消通行证试点，让保障扩大消费的货车畅通进城。

六是加大基础设施用地保障。完善物流设施用地规划，重点保障国家物流枢纽等重点物流基础设施新增建设用地项目。加大物流末端网点物流用地支持力度，纳入城市公共服务设施用地。合理设置物流用地绩效考核指标，引导地方政府用物流强度替代投资强度和税收贡献，优化地方投资环境，真实反映物流用地的价值。支持企业盘活存量闲置铁路专用线投入物流运营。

七是完善物流行业诚信体系。依托行业协会，加快物流信用体系建设，对于守信企业争取优惠和激励措施，发布行业"白名单"，形成一批可信标杆企业和品牌。健全物流相关部门信用信息采集和共享机制，发布行业"黑名单"，建立失信企业联合惩戒机制。引导行业制定示范合同、服务规范等，压实供需双方责任，加强行业规范自律。

八是保障物流从业人员权益。加强行业价格引导，依托行业协会发布运价指数或即期市场运价。禁止"零首付"等不符合要求的营销手段。严禁保险公司拒保货运车辆交强险。利用技术手段开展货车司机安全技能培训和日常巡检工作。依托行业协会和工会组织，逐步完善互联网平台与司机、运输企业平等协商机制，就双方关心的服务条款、运输责任、交接规则等进行协商约定。

九是优化物流安全管理措施。完善驾驶员工作日志制度，调整优化疲劳驾驶规则。增加司机上路打卡和疲劳提醒功能模块，推动部门间数据共享共用，切实保障司机停车休息。规范危险品停车场要求，鼓励普通停车场增加危险品车辆停车位，放宽车辆通行时间限制。制定道路货运行业综合监管事项清单，深化公路综合执法，实现监管标准全国统一和部门协同。加大科技执法力度，通过"互联网＋监管"和监管数据互通共享，实现全链条"数字监管"。

十是支持物流创新技术改造。推动物流数字化转型、智能化改造和低碳化发展。推进新一代信息技术与物流基础设施深化融合，布局建设智慧物流新基建。开展物流数字化转型试点示范，培育发展数字物流平台，深化物流线上线下融合。支持物流企业加大机械化、自动化、智能化设施投资改造力度，推广无人码头、智能卡车、智能配送小车、无人机等智能技术装备应用。依托行业协会设立绿色低碳物流重点技术和装备推广目录，加大对绿色低碳、高效节能、安全可靠的先进技术和装备的推广应用。

（2023 年 8 月 4 日）

11
供应链重构背景下，
推动我国经济高质量发展

2017 年，习近平总书记在党的十九大报告中首提现代供应链，将其作为深化供给侧结构性改革，发展现代化经济体系的重要组成部分。《国务院办公厅关于积极推进供应链创新与应用的指导意见》（国办发〔2017〕84 号文）下发，商务部牵头等八部门依据这个文件，在全国开展了供应链创新与应用试点与示范创建工作，先后两批共评出我国供应链示范城市 25 家，供应链示范企业 200 家，有力地推动了全国供应链创新发展。一是全社会供应链思维明显提升，各级政府、国有和民营企业积极运用供应链思维，探索产业转型升级，经济高质量发展和商业模式创新。二是在经济过剩条件下，企业协同化能力和水平明显提升，价值创造能力和市场竞争力普遍提升。三是企业数字化转型步伐明显加快，推动了数字供应链和数字经济的发展。四是在复杂多变的国际环境中，中国企业勇于走出去，积极参与国际分工和全球竞争，有力地推动了全球供应链稳定和发展。五是面临资源和环境约束，企业坚持新发展理念，积极探索绿色低碳供应链新模式。

今年是疫情防控放开后的第一年，全球经济包括中国经济复苏仍面临很大挑战和不确定性。当前国际金融市场动荡、经济全球化遭遇逆流、一些国家保护主义和单边主义盛行、地缘政治风险上升等不利局面正在冲击现有经济秩序，全球产业链供应链加速重组重构。从竞争方式看，大国之间对供应链主导权的争夺进入白热化阶段，区域化阵营化竞争手段正取代以往的市场化竞争。从布局导向看，产业链供应链安全成为供应链布局的重要考虑因素，本土化多元化布局正取代以往效率优先的全球化布局。从驱动要素看，数字化、绿色化成为供应链转型的国际共识，数字化技术与智能低碳技术将成为劳动力、土地等要素驱动以外新的驱动力量。

这届年会的主题是"经济复苏：供应链重构中的机遇与合作"。借此机会，我围绕主题谈谈以下四点认识。

一、要持续深化改革开放，营造产业链供应链稳定高效安全的外部环境

我国经济具有巨大的发展韧性和潜力，长期向好的基本面没有改变。这个基本面的一个重要内涵是，中国已建成门类齐全、独立完整的现代工业体系，工业化和信息化融合发展的广度和深度不断拓展，"中国制造"向"中国智造"转型升级，产业链供应链现代化水平进一步提升。更重要的是，中国不断学习、刻苦耐劳、持续创新、渴望致富的企业家和老百姓，是中国经济发展最大的基本面，也是中国经济增长的根本动力。要坚持"两个毫不动摇"，切实提高国有企业核心竞争力，切实优化民营企业发展环境。要加快推进市场化导向的体制机制改革和创新，形成有利于民营企业家从事并扩大长期创新投资的信心来源和制度基础，通过持续不断的科技创新获得新的增长动能。要推进统一大市场建设，发挥规模经济效应，深化专业化分工，建设更高效率更强竞争力产业链供应链体系。供应链管理能力的核心在于知识和经验，以及掌握知识和经验的人才队伍。在劳动力数量趋于减少的情况下，要积极推进人口高质量发展战略，加强职业人才培养，努力提高劳动力的素质和质量。这次年会上，中物联将发布新版"供应链管理专家（SCMP）知识体系"，这套知识体系兼具国际视野与本土特色、专业知识与中国实践相结合，是我国目前唯一一套拥有完全知识产权、结合中国产业链供应链发展特点的知识体系，打破了供应链管理领域长期由西方国家垄断话语权的局

面。中物联将依托这套知识体系，持续为提升我国供应链从业者职业素养做出贡献。为了激励中国本土企业持续创新供应链管理理念和方法，全面提升供应链管理现代化水平，中物联还创建了供应链职业大赛，旨在培养练就一批具有先进供应链管理经验的高级专业人才，助推我国现代供应链高质量发展。本次年会同期举办的"第四届全国供应链大赛（企业组）"决赛上，来自80余家企业的150多支队伍参加了比赛，大家踊跃参赛，努力提升供应链管理操作水平和应用实战能力。

▲ 率领中国采购与供应考察团赴法国欧洲采购商学院（简称
EIPM）调研交流

二、要推进核心技术、基础设施、配套建设协同发展，切实锻链强链

要坚持关键核心技术攻关。政府部门应充分发挥社会主义制度优势、完善关键核心技术攻关的新型举国体制，企业、行业要主动拥抱我国超大规模

市场优势，加大科研投入，细分市场，持续提升核心技术研发能力，把科技发展主动权牢牢掌握在自己手中。

要加快新型基础设施建设。一方面要重视以 5G 网络、全国一体化数据中心体系、产业互联网等为代表的智能化综合性数字信息基础设施建设。另一方面要致力培育具有国际竞争力的大型软件企业，重点突破关键软件，提升关键软件技术创新和供给能力。华西证券发表过一项研究报告，报告中提到，中国三大基础软件领域中，操作系统、数据库、中间件市场外资占比分别为 92.9%、64.8% 和 51.1%。关乎基础科学研究的工具软件技术基本被国外垄断。基础软件的国产替代、自主可控依旧有很多工作要做。

要持续推进配套建设。作为拥有联合国产业分类目录中所有工业门类的国家，我国已形成涵盖各类加工制造、装备制造的完备制造业体系，配套优势明显。但本土各区域发展不充分不平衡，国外新兴经济体不断崛起，各类配套环节面临外迁风险。一方面要发挥高技术产业、战略性新兴产业区域辐射能力，将配套设施与产业向周边城乡延伸，另一方面促进制造业有序转移，提升中西部和东北地区产业承接能力，充分发挥低成本劳动力和充沛能源资源等优势，实现东中西协同互动，将产业链各环节留在国内。

▲2023 年 2 月 8 日赴千方集团考察调研

三、要加快推动供应链数字化、绿色化转型升级

2022 年我国数字经济规模达 50.2 万亿元，总量稳居世界第二，占 GDP 比重提升至 41.5%，数字经济成为稳增长促转型的重要引擎。我们之所以强调供应链数字化，是因为它代表的是第四代工业革命时期下新的生产力，旧的生产模式在新的生产力下将出现颠覆性变革。数字供应链从根本上不同于传统供应链，不仅能够最大限度地降低制造、交付和物流的成本，还更加聚焦于客户，建立更紧密、更深刻的客户关系，以最大限度地提高客户体验。数字化供应链通过与智能制造、智能服务以及数字化商业模式的充分结合，构建了产品设计、智能制造、智能仓储、可视物流等全流程智能生态系统，降本增效成果显著，应对市场竞争敏捷度也大大提升。企业要实现供应链数字化转型，就要在制定转型发展战略，搭建数字化管理系统，提升数据分析能力，培养供应链管理人才队伍等方面再下功夫。

随着习近平生态文明思想的贯彻落实，2030 碳达峰、2060 碳中和目标设立，建立健全绿色低碳循环发展的经济体系，已逐步由愿景走向现实。构建绿色供应链，需要多方发力。政府部门主导相关政策制度建设，明确绿色化转型计算监测标准，促进绿色能源成本降低，通过税收调节、分配排碳指标等方式，软硬结合，推动全社会绿色发展。企业尤其是供应链链主企业，应主动承担绿色转型领头责任，做好业务发展与社会责任的有机平衡，将绿色可持续发展嵌入产品研发、供应商选择、生产回收等全流程各环节。

四、要强化沟通交流，坚持对标对表，发挥示范引领作用，提升供应链参与各方整体竞争力

自"十四五"规划明确提出，要提升产业链供应链的现代化水平以来，各城市、各企业大胆创新、积极探索，形成了一批好经验好做法，带动了政府供应链治理理念及方式不断完善，引领了企业供应链智能化、协同化、绿色化和国际化水平持续提升；国资委开展中央企业采购管理对标评估交流活

动、启动国有企业对标世界一流企业价值创造行动；各地政府积极推广产业链供应链"链长制"发展政策；中物联等协会组织召开多场供应链管理提升交流大会等。政府、行业协会和企业共同发力，营造了良好的供应链发展环境，推动了供应链模式创新，有力保障了供应链稳定高效和安全。

（2023 年 9 月 27 日，作者在第四届中国供应链管理年会上的演讲，内容有删节）

12
推进有效降低全社会物流成本的思路和路径

2023年年底中央经济工作会议提出，有效降低全社会物流成本。今年中央财经委员会第四次会议再次予以强调，并将这项工作提升到提高经济运行效率重要举措的战略高度。党的十八大以来，降低物流成本成为供给侧结构性改革的重要组成部分，国务院常务会议多次讨论物流降成本工作，国务院及有关部门先后发布了多个降低物流成本的政策文件，出台了取消高速公路省界收费站等一系列政策措施，受到行业企业和社会各界的普遍欢迎。本次降成本工作与之前提法不同的是，重点强调降低"全社会"物流成本，更加突出要全面系统降低整个社会的综合物流成本，为实体经济"舒筋活络"，增强产业核心竞争力。

当前，我国经济呈现波浪式发展、曲折式前进。外需下滑和内需不足碰头，周期性和结构性问题并存，经济下行压力依然较大。2023年第四季度以来，中国制造业采购经理指数（PMI）连续五个月处于荣枯线以下，今年3月份为50.8%，重返景气区间，显示经济回升逐步向好。但是，反映需求不足的企业占比仍然超过六成。经济持续回升的基础还不稳固，有效需求不足，社会预期偏弱仍将持续一段时期，降本增效成为广大企业应对形势的必然要求。总体来看，在当前内外形势和资源条件下，生产流通环节降成本空间已经不大，单纯依靠物流环节降成本难度也越来越大。只有推动产业链供应链深度融合，以物流串联协同生产和消费，从全要素、全链条、全流程入手，挖掘降低全社会物流成本潜力，成为社会降本增效的重要选择。

一、降低全社会物流成本的观念转变

2023 年，我国社会物流总费用与 GDP 的比率为 14.4%，比上年下降 0.3 个百分点，是有物流统计制度以来的最低水平，也是最近几年降幅最大的一年。从宏观层面看，我国社会物流成本与经济结构、货物结构和产业布局相关。经过多年持续推进降低物流成本工作，进一步降低物流成本难度加大，面临三大制约因素。

一是经济结构调整对物流成本的影响下降。随着疫情后服务业比重调整到位，服务业占比很难出现较大幅度上调，产业结构调整对于降低物流成本的带动作用减弱。

二是货物结构变化在一定程度上推高物流成本。随着最终消费对经济增长贡献度提升，少批量、多批次、高时效的居民消费物流需求增加；随着制造业向中高端升级，高端制造对精益物流要求稳步提升，都对物流成本上涨带来压力。

三是产业布局调整对于降低物流成本带来挑战。随着区域重大战略的提出，我国产业逐步向内陆地区转移，偏高的物流成本成为产业顺利转移和有效承接的主要障碍，部分产业不得不转移到境外物流成本低的地区。

从微观层面看，降低全社会物流成本覆盖运输、仓储、配送、流通加工等全要素，涉及采购物流、生产物流、销售物流的全流程，延伸到制造、商贸企业物流的全链条，需要在平衡成本支出和服务收益的基础上降低综合物流成本。因此，降低全社会物流成本要提升三个认识、明确三大转变。

一是降低物流企业成本空间不大，降低全社会物流成本重在降低制造、商贸企业物流成本，即通过需求牵引降成本。中物联重点企业调研显示，物流企业利润率在 4% 左右，盈利水平仍处于历史低位。靠继续让渡物流企业收益的方式降物流成本的路径难以为继。而制造、商贸企业内部大量物流活动成本耗费偏高，往往是外包物流成本的 2 ~ 3 倍，这是社会物流成本居高不下的重要原因。据不完全调查测算，钢铁企业物流成本占销售收入的比率（企业物流成本费用率）普遍在 10% 以上，部分企业超过 15%。吨钢物流耗费在 400 元以上，是仅次于原材料采购成本的第二大支出。下一步降低物流成本要坚持需求牵引，激发制造、商贸企业积极性，逐步从供给侧被动降低物流企业的成本，向需求侧主动降低供应链物流成本转变。

二是降低物流服务成本价格空间不大，降低全社会物流成本重在平衡成本支出和服务收益，通过提质增效降成本。近年来，人工、能源、用地等各类要素成本持续上涨，运价、仓租等物流服务价格持续低迷，靠拉低物流价格的方式降成本压力较大，例如我国公路运价仅为美国的 1/3，下降余地有限。而整个供应链上存在大量库存浪费、无效运输等现象。统计数据显示，2020—2023 年，规模以上工业企业月末产成品存货平均周转天数基本在 20 天左右，是国际先进水平的 1 倍左右，存在大量时间成本浪费。工业企业、批发企业、零售企业年度存货与营业收入的比率分别在 10%、8% 和 5% 以上，是国际先进水平的 2 ~ 3 倍，库存占压资金偏多。下一步降低物流成本要坚持提质增效，通过资源整合、流程优化、模式创新和组织协同来减少库存、降低空驶等，逐步从粗放型的降低物流服务价格，向集约化的降低综合物流成本转变。

三是降低单一物流环节成本空间不大，降低全社会物流成本重在结合产业布局，通过结构调整来降成本。

我国运输结构不均衡，公路货运量占货运总量比重偏高，基本在四分之三左右。铁路货运量占比偏低，尚未达到 10%。追溯问题本源，门到门的多式联运成本仍然偏高，主要存在运输方式衔接不畅、市场主体尚未形成、物流信息难以互通等问题，导致多式联运价格高于公路运输价格。通过深化改革，提升多式联运市场竞争力，调整运输结构降成本空间较大。

我国物流设施布局不均衡，存在"东强西弱""城强乡弱""内强外弱"的特点。大部分物流基础设施布局在东部沿海地区，中西部地区物流基础条件有差距，不完全适应产业转移的现实需要。农村物流服务体系尚不健全，传统的供销商业体系与交通、邮政、快递等物流基础设施缺乏共享利用。随着国际形势日益复杂，国际物流韧性和安全承压，国际物流成本居高难下。国内大循环存在堵点，国际循环存在干扰，结构性因素反映存在改革调整空间。下一步降低物流成本要坚持结构调整，顺应产业布局要求，从降低单一环节物流成本向交通物流协同融合降成本转变。

此外，从政策措施看，降低制度性交易成本难度增加。近年来，随着"放管服"改革全面开展，单个部门出台政策措施降成本难度加大，政策方向逐步从简单易行的政策调整向改革"深水区"攻坚转移，需要改革体制机制降成本，一方面，需要寻找制约行业发展的"老大难"问题，如税收、土地、投融资、用工等行业普遍关注、长期没有解决或解决不好的问题，从体制机制层面找到破局之路，打通堵点卡点，形成公平高效、竞争有序的物流统一大市场；另一方面，需要通过多部门协同发展、政策联动、机制创新、体制改革，从单一部门单一措施降本向协同化联动化降低制度性交易成本转变。

二、降低全社会物流成本的总体思路

总体考虑，降低全社会物流成本是在社会经济发展承压时的战略选择，体现了现代物流作为生产性服务业，在推进产业转型升级中的重要价值。下一阶段，降低全社会物流成本的总体思路要从产业链供应链全链条视角，结合区域经济和产业布局调整要求，重点聚焦降低供应链物流成本，在平衡成本支出和服务效益的基础上，系统全面降低综合物流成本。这是未来增强实体经济竞争力，提升经济运行效率的战略支撑，也是经济高质量发展的必要保障。

具体来看，降低全社会物流成本有以下八个方面的实施路径。

（一）推动物流全链条降成本

近年来，国家有关部门推动物流业与制造业融合创新发展，抓住了社会物流需求的主要来源。下一步要深化物流业与制造业、商贸业等产业融合发展，重点提升制造业供应链物流水平，创新合作模式和组织方式，形成战略合作伙伴关系。要进一步打破企业边界，从供应链链主企业向上下游延伸，覆盖客户的客户，供应商的供应商，统筹优化物流资源配置和网络设施布局，从物流业和制造业、商贸业的两业融合向产业链供应链双链融合迈进，降低供应链全链条物流成本。

（二）打造物流新模式降成本

党中央、国务院提出要培育具有国际竞争力的现代物流企业。当前，我国传统物流企业低价格、低效率的发展模式制约了综合物流成本的降低，亟须打造现代物流发展新模式。下一步打造物流发展新模式，要引导企业逐步从运输仓储服务商向综合物流服务商，再向供应链集成物流服务商转型升级。要通过资源整合、流程优化、组织协同来提升物流服务价值，增强专业化、社会化、网络化物流能力，提供供应链一体化解决方案，平衡好降低成本和提升服务的关系，实现综合物流成本最优，形成企业新的"利润源"。

（三）促进物流结构性降成本

近年来，运输结构调整受到广泛支持，大宗商品"公转铁""公转水"总体进展顺利。运输结构调整是物流调结构的基础条件。要继续深化以多式联运为导向运输结构调整，聚焦推动普通货物中长距离运输集装箱多式联运，即推动"白货"上铁路、上轮船。培育铁路"白货"集装箱快运班列产品，培养多式联运服务商，提供"一单到底"的全程履约服务。库存结构优化是物流调结构的重要内容。要引导企业加强物流成本管理，有序减少生产和流通过程中的原材料、在制品和产成品库存浪费，提高库存周转速度，推动实现"零库存"或"优库存"管理，降低库存持有成本。

(四)鼓励物流数智化降成本

以网络货运平台为代表的物流数字经济起到积极示范效应，显示了物流数字化转型在降本增效上的潜力。下一步要加快发展物流新质生产力，催生新产业、新模式、新动能，支持物流企业数字化转型，推动线上线下物流资源整合，分领域培育具有产业特性的物流产业互联网平台。支持物流平台面向中小企业推广数字先进技术和普惠服务，降低中小企业数字化转型成本。要推动物流企业加大机械化、自动化、智能化设施设备改造，推进无人机、无人驾驶、无人配送、自动分拣系统、物流机器人等智能技术装备应用，提高物流运行效率。

(五)支持物流网络化降成本

当前，我国"通道＋枢纽＋网络"的物流运行体系与产业布局调整需要还不相适应。下一步要结合区域经济和产业布局要求，优化国家物流枢纽布局建设，实现东中西部物流枢纽分布基本均衡。促进枢纽间通道贯通和网络衔接，增强区域物流竞争力和产业吸引力，以物流集群带动产业集群，打造培育枢纽经济。推进超大特大城市"平急两用"城郊大仓建设，补齐物流设施短板，优化以物流园区、配送中心、末端网点为支撑的城市物流网络。完善县乡村物流节点设施，推动公交运输、邮政快递、供销系统等共建共享共用农村物流资源，形成双向畅通的城乡物流网络。

(六)坚持物流标准化降成本

物流标准化、单元化是降低社会物流成本的前提条件。下一步要深化物流标准体系建设，全面推广物流包装模数，促进包装箱(筐)、托盘、周转箱(筐)、集装箱、货运车厢等物流装载单元标准衔接，推动装载单元一贯化运输。支持甩挂运输、甩箱运输等先进运输模式，大力发展可交换箱体和模块化汽车列车。推动标准托盘、周转箱、可交换箱体等集装单元化器具共享共用。在这方面，有必要关注车型标准化治理，尽快启动超长低平板半挂车和超长集装箱半挂车治理工作，打击套牌临牌进入普货市场，逐步引导车型标准化，降低物流外部性成本。

（七）支撑物流国际化降成本

近年来，国家重点关注产业链供应链韧性和安全，国际物流成为重要的保障支撑。下一步要支持在国际物流大通道沿线和境外经贸合作区布局码头、机场、铁路线、海外仓、物流园区等交通物流基础设施，深度参与国际交通物流设施布局与合作建设。要大力支持中欧中亚班列、陆海新通道等国际通道运行，支持中欧班列集结中心、跨国口岸物流中心建设，加大国际物流通道多元化发展，增强国际物流韧性和安全。搭建国际物流资源公共服务平台，引导企业共建共用共享境外交通物流基础设施，协同降低国际物流成本。

（八）深化物流制度性降成本

现代物流发展离不开统一开放、竞争有序的营商环境，这是确保享受降本成果的前提基础。下一步要聚焦制约物流业发展的堵点卡点问题，规范物流市场准入、加强事中事后监管，深化物流领域市场化改革，融入全国统一大市场。要推进减税降费惠企，加大财政金融支持力度，强化用地要素配置，便利城市货车通行等，优化行业营商环境。为保障物流降成本工作落实到位，建议深化物流管理机制改革。在全国现代物流工作部际联席会议下成立深化物流降成本工作专班，加强行业综合协调和宏观调控，深化开展物流降成本试点改革工作，协调解决跨部门跨领域的问题。推动行业协会深入参与行业治理，发挥社会监督职能，加强行业自律和规范发展。

（2024 年 4 月 23 日）

13
向"新"而行 提"智"增效
培育发展物流新质生产力
有效降低全社会物流成本

2024年，是深入实施"十四五"规划的攻坚之年，也是物流行业备受关注的一年。今年2月，物流议题首次被列入中央财经委员会会议。习近平总书记强调，物流是实体经济的"筋络"，必须有效降低全社会物流成本。7月，降低全社会物流成本，被写入党的二十届三中全会通过的《中共中央关于进一步全面深化改革、推进中国式现代化的决定》。这对于提升现代物流战略地位，推动现代物流高质量发展具有里程碑式的重大意义。

今年以来，我国物流运行总体保持平稳。前三季度，全国社会物流总额258万亿元，同比增长5.6%。物流业总收入10万亿元，同比增长3.7%。物流业景气指数平均值为51.3%，细分市场领域分化有所加大。电商和航空等细分领域保持较快增长。快递业务量累计完成1200多亿件，同比增长22%；民航业完成货邮运输量近650万吨，同比增长24.4%。公路、铁路、港口等细分领域增速较为平缓。公路货运量完成超过300亿吨，同比增长3.1%；铁路货物发送量完成29亿吨，同比增长1%；港口完成货物吞吐量130亿吨，同比增长3.4%。部分企业经营压力有所加大。

党的十八大以来，党中央、国务院重视现代物流发展，我国物流业取得重大成就。目前，我国是全球物流需求最大的市场。物流企业群体持续壮大，A 级物流企业超过 10000 家。规模以上物流园区超过 2700 家，"通道＋枢纽＋网络"的运行体系初步形成。新技术新模式新业态涌现，智慧物流引领行业创新发展。社会物流总费用与 GDP 的比率为 14.1%，全社会物流成本稳步降低。我们也看到，随着市场规模基数扩大，物流需求增速逐步放缓，市场供过于求局面将长期存在，传统粗放式低水平竞争难以为继。同时，产业升级、消费升级对物流供给质量提出了更高要求。

总体来看，我国物流业正在从规模速度扩张进入质量效率提升的新阶段，迫切需要发展新质生产力，加强科技创新，加快培育壮大新产业、新模式、新动能，逐步用新的生产力取代和改造传统生产力，不断满足和创造新的需求，转变物流发展方式、转换物流发展路径，通过调结构、促改革，助力有效降低全社会物流成本，推动我国从物流大国向物流强国加快迈进。

新质生产力是创新起主导作用，具有高科技、高效能、高质量特征，符合新发展理念的先进生产力质态。新一轮科技革命和产业变革突飞猛进，全球科技创新空前活跃，催生一批具有重大影响力的新产业新模式新业态，推动生产力迭代跃升。现代物流业作为重要的生产性服务业，具有广阔的技术应用场景，发展新质生产力可以说空间巨大。

当前，党中央、国务院提出有效降低全社会物流成本。需要强调的是，降低物流成本绝不是单纯降低物流价格，而是通过延伸服务、创新模式，推动物流提质增效来降成本。发展物流新质生产力，以技术创新驱动管理创新、模式创新、制度创新，推动物流发展方式从价格竞争向价值竞争转变，释放物流降本增效的新路径，将为现代物流高质量发展注入强劲动力。有以下六个方面我们需要重点关注。

（一）推动传统产业优化升级

我国庞大的物流产业规模是形成新质生产力的重要支撑。随着新兴技术日益成熟，设备成本逐步下降，企业投资积极性加快提升。我们看到，前两天在上海刚刚结束的亚洲国际物流技术与运输系统展览会规模再创新高，立体货架、自动分拣机、无人叉车等设施装备需求旺盛。通过数字化转型、智能化改造、标准化升级，助力物流产业加快数字化、智能化、高端化发展，有效提升运行效率，增强产业链供应链竞争力，夯实新质生产力发展的产业基础。

（二）推进发展方式绿色转型

发展绿色低碳经济是新质生产力的重要方向。当前，我国物流业能耗总体偏高，也是重要的移动排放源，能耗成本和减排压力加大。近年来，随着"美丽中国"全面推进，太阳能光伏、风能发电成本降低，新能源物流车推广普及，新型储能技术商业化应用，托盘共用、绿色包装得到政府支持。通过绿色技术改造传统物流业，能够显著降低企业能耗和排放水平，推动构建清洁低碳的物流发展方式，带动降低全社会物流成本。

（三）促进数字经济创新发展

数字经济时代，数据作为新型生产要素是新质生产力的重要动力。近年来，智慧物流新业态蓬勃发展，涌现出一批有代表性的数字物流平台。截止到目前，我国网络货运平台超过 3000 家，在公路货运、仓储配送、供应链管理等领域涌现出一批优秀平台企业。海量数据和丰富场景优势显现，推进数字经济与实体经济深度融合。传统产业全面拥抱互联网，有效赋能供应链上下游中小企业，推动数字经济做强做优做大，重构现代物流发展生态。

（四）加强物流科技自立自强

良好的科研创新环境是发展新质生产力的核心要求。新质生产力来源于科技创新，除了重视基础理论的创新，物流业更多是技术应用的创新。在这方面，中国物流学会组织开展产学研结合工作，形成了一批产学研基地，探索构建龙头企业牵头、高校院所支撑、创新主体相互协同的创新联合体，加强创新要素集成和科技成果转化，及时将科技创新成果应用到物流产业和供应链领域中来。牢牢扭住自主创新这个"牛鼻子",加快实现高水平科技自立自强。

(五) 提升产业链供应链韧性

保证产业体系自主可控、安全可靠是新质生产力的重要着力点。当前,世界正经历百年未有之大变局,全球产业发展和分工格局深刻调整,产业链重组、供应链重构、价值链重塑持续深化,对于物流保供稳价提出艰巨任务。越来越多的制造企业、商贸企业与物流企业深化合作、融合发展,通过战略互信、流程互联、信息互通、资源共享,深化供应链上下游协同,确保产业链供应链稳定畅通,拓展降本增效新方向。

▲ 2024 年 2 月 29 日在北京会见厦门市商务局党组书记陈敏

(六) 培育新兴产业未来产业

新质生产力发展的重要标志是形成一批新的主导产业。把握新一轮科技革命和产业变革历史机遇,利用物流大市场和多场景特点,系统推进技术创新、市场化发展和产业生态建设,推动低空无人配送、无人驾驶、物流机器人、产业互联网、数字供应链等新兴产业和未来产业有序发展，加强智慧园区、智能枢纽等物流新型基础设施改造升级，寻找产业转型升级新赛道，构筑未来发展新优势。

培育发展物流新质生产力，有效降低全社会物流成本是时代赋予我们的重大机遇，是塑造新动能新优势，推动现代物流高质量发展的战略任务，更是建设现代物流体系，迈向物流强国的必由之路。我们要认准方向、系统谋划、分步推进，做好物流新质生产力的培育工作。这对于学术工作者和企业家同样重要。我想就此提以下五点建议。

（一）加强市场顶层设计

更好发挥规划、政策、标准引领作用，抓好现代物流"十四五"规划落实，贯彻有效降低全社会物流成本的任务要求，推动发展引擎和市场资源向新质生产力转换、转移和集聚，超前布局前沿基础研究。优化产业政策支持方式，合理引导新兴技术改造、提升传统产业。在数字经济、低空经济、无人驾驶、人工智能等领域培育一批物流新兴产业和未来产业，实现产业结构变革。

（二）深化产学研用协同

注重推进创新链与产业链深度融合，瞄准物流市场需求和行业痛点推进技术创新，以创新能力建设推动产业升级换代。加强企业主导的产学研深度融合，激发经营主体活力，夯实科技中介服务体系建设，积极开展联合技术攻关，形成激励科技创新、科技成果转化与应用的市场机制和环境氛围。

（三）衔接产业链供应链

瞄准打造自主可控的产业链供应链，围绕新质生产力科学布局科技创新、产业创新和业态创新。沿着产业链部署创新链、通过创新链衔接供应链，跳出"物流"看物流，紧扣供应链物流创新需求，构建双链融合、高效集约、韧性安全的供应链物流网络，打造具有国际竞争力的供应链集群和组织中心。

（四）培育创新人才队伍

有序推动人才链与创新链的协同发展，大力推进创新型人才队伍建设。通过学科建设、专业布局、实习实训，培育符合新质生产力要求、面向时代需求的高素质人才队伍。畅通教育、科技、人才的良性循环，完善人才培养机制，激发人才的创造力和活力。大力弘扬科学家精神、企业家精神、工匠精神，造就一支高水平的科学家、企业家和劳动者队伍。

（五）完善创新发展环境

培育发展符合新质生产力需要的新型生产关系，优化市场准入和监管体制，对平台经济、低空经济、无人驾驶、人工智能等新产业新业态推进包容审慎监管，给予适度容错空间，创造自由宽松的创新环境。深化科研院所、高等院校薪酬和评价制度改革，建立鼓励产学研结合的体制机制，适应新质生产力融资模式和特点要求，发展耐心资本。

〔2024 年 11 月 16 日，作者在 2024 年（第二十三次）中国物流学术年会上的致辞〕

第三篇

企业寄语

01
机遇与挑战并存

2011 年是"十二五"时期开局之年，党中央、国务院团结带领全国各族人民，牢牢把握科学发展这个主题和加快转变经济发展方式这条主线，实施"十二五"规划，加强和改善宏观调控，正确处理保持经济平稳较快发展、调整经济结构、管理通胀预期的关系，加大解决突出问题工作力度，巩固和扩大应对国际金融危机冲击成果，促进经济增长由政策刺激向自主增长有序转变，国民经济继续朝着宏观调控预期方向发展，呈现增长较快、价格趋稳、效益较好、民生改善的良好态势。

但我们也要清醒地看到，当前我国经济发展中不平衡、不协调、不可持续的矛盾和问题仍很突出，经济增长下行压力和物价上涨压力并存，部分企业生产经营困难，节能减排形势严峻，经济金融等领域也存在一些不容忽视的潜在风险。我们必须保持清醒头脑，加强风险评估，及早准备预案，及时采取措施，有效化解各种风险。

2012 年，将是实施"十二五"规划承上启下的重要一年。2011 中央经济工作会议刚刚闭幕，会议提出，深入贯彻落实科学发展观，继续实施积极的财政政策和稳健的货币政策，保持宏观经济政策的连续性和稳定性，增强调控的针对性、灵活性、前瞻性，继续处理好保持经济平稳较快发展、调整经济结构、管理通胀预期的关系，加快推进经济发展方式转变和经济结构调整，着力扩大国内需求，着力加强自主创新和节能减排，着力深化改革开放，着力保障和改善民生，保持经济平稳较快发展和物价总水平基本稳定，保持社会和谐稳定，以经济社会发展的优异成绩迎接党的十八大胜利召开。

新的形势孕育着新的机遇，也包含着严峻挑战。总体来看，新一年以至于今后一个时期，增长速度放缓、规模扩张趋稳、结构调整加快、质量要求提高，将成为总的基调。物流企业面临新一轮兼并重组，资本市场纷纷看好国内物流业，一些长年活跃在境内外资本市场的知名投资机构进一步加大对国内物流企业的投入，在快递、物流地产、冷链物流等领域都出现了收购、重组事件。中小物流企业谋求新的市场定位，超大规模物流企业或物流企业联盟酝酿形成，市场集中度进一步提高。在农产品、保税等细分市场表现优异的国内物流企业正在酝酿新一轮上市热潮。物流企业的专业化服务能力增强，在快递、公路货运、汽车物流、医药物流、烟草物流、能源物流等专业细分市场领域涌现了一批具有综合服务能力的物流企业。为应对环境和市场变化，物流企业转型升级，向供应链上下游延伸，介入代理采购、分销、电子商务、咨询，新的商务模式和盈利模式不断涌现。以物联网为代表的物流科技将给物流业的运作模式带来一场新的革命。

我们的物流企业和企业家朋友们，如何把握机遇，创新思维，塑造新的营销模式和企业文化，将面临新的课题。进入新世纪以来的10年，是中国物流行业大发展的10年，也是中国物流与采购联合会坚持为行业服务、为企业服务的10年。10年来，我们与物流企业及企业家们同成长、共进步，同呼吸、共命运，致力于为企业和企业家创造良好环境。我们的努力，已经开始收到实效。今年6月，国务院常务会议专题研究支持物流业发展的政策措施，形成了《国务院办公厅关于促进物流业健康发展政策措施的意见》，业内叫作"国九条"。我们提出的政策建议多数被"国九条"采纳，目前正在贯彻落实。

在税收政策方面，一是税收试点工作稳步推进。自2005年以来，由中国物流与采购联合会推荐，国家发改委审核，国家税务总局批准发文，已有7批、934家物流企业纳入试点范围，第八批已收到300多家企业的申请材料。二是增值税改革试点工作即将启动。10月26日，国务院常务会议决定，开展深化增值税制度改革试点，逐步将目前征收营业税的行业改为征收增值税。从 2012 年 1 月 1 日起，增值税改革将在上海试点。并在现行增值税 17% 标准税率和 13% 低税率基础上，新增 11% 和 6% 两档低税率。三是物流企业土地使用税政策调整方案基本形成，物流业土地使用税有望降低。

为促进这些政策的出台和落实，今年以来，中国物流与采购联合会邀请国家发改委、财政部和国家税务总局以及重点物流企业多次召开座谈会。通过深入调研和测算，先后提交了《关于物流业推行增值税改革的政策建议》《关于完善物流企业营业税差额纳税试点办法的政策建议》和《关于完善物流业土地使用税的政策建议》等。我们主张，按照物流业一体化运作的特点，设置统一税目，执行统一税率，鼓励"一票到底""一站式"服务，切实减轻物流企业税收负担。

在交通方面，今年 5 月，我们协助中央电视台组织策划了"聚焦物流顽症"系列节目，通过《经济半小时》《今日观察》《对话》等综合栏目，集中解析了我国物流业发展中的突出问题，在社会上引起较大反响。6 月 14 日，交通运输部等 5 部门联合发出《关于开展收费公路专项清理工作的通知》，提出通过一年左右的时间，专项清理，全面清理公路收费偏高等违规不合理收费，坚决取消不符合规定的收费站点，纠正各省违规收费行为。目前，全国收费公路专项清理工作第一阶段的调查摸底基本完成，一些省份开始采取撤销部分收费站点、降低收费标准等措施。大多数省区市公路"乱收费""乱罚款"问题有所缓解。关于城市配送的问题我们也召开了座谈会，总的思路就是要变堵为疏，要为我们城市配送提供便利的条件。通过相关管理部门的努力，北京、上海等大城市配送车辆进城通行条件有所改善。物流政策的改善和实践的发展，必将为物流企业群体的加速成长提供良好的外部环境，中国物流与采购联合会将一如既往地为企业服务，为物流业全面、协调和可持续发展创造良好的体制和政策环境积极建言献策。

［2011 年 12 月 19 日，作者在 2011（第九届）中国物流企业家年会上的致辞，内容有删节］

02
物流业面临发展新机遇

近年来，特别是党的十八大以来，党中央和国务院十分重视物流业的发展，习近平总书记、李克强总理，先后去武汉、上海等地对物流业考察，最近汪洋副总理专门召开了城市的物流业座谈会，把对物流业的认识提到了战略高度。汪洋副总理指出，物流业是国民经济发展的基础性战略性产业，一个城市可以没有农业、工业，但是不能没有物流业。汪洋副总理要求，抓好六项工作：推进物流标准化建设；建设物流诚信体系；提高物流信息化水平；落实鼓励物流发展政策；加快发展城市物流配送；鼓励第三方物流企业发展。

同时，汪洋副总理还对物流的有关政策提出了一些意见，比如"营改增"以后，物流企业普遍反映税负增加的问题，汪洋副总理提出来要有关部门专门研究有没有更好的办法。政策落实问题是物流企业关注的重大问题，也是中物联近几年的工作重点，自2009年国务院发展物流振兴和调整规划以来，我们提出了60多条建议，多次为国务院印发的物流政策采纳；同时，我们还参与了国务院发布的物流园区的发展规划、商务部发布的商业物流发展规划，煤炭物流发展规划、应急物流发展规划和中长期物流发展规划的研究起草工作。

针对物流企业遇到的政策性问题，我们深入调查研究，积极反映企业诉求，努力为行业发展营造政策环境。我们先后组织了营业税差额纳税试点的推广工作，推动了仓储用地使用税减半增收的政策。针对物流领域里面税负增加较多的问题，我们多次组织座谈会，向主管部门提出了降低税负、统一税率的政策诉求。针对物流行业行政事业性收费取消不彻底的问题，我们举行调查报告，张高丽副总理做了重要批示。

针对国际货物运输代理服务增值税税负加重的问题，配送车辆进城，装卸货运的问题，大件运输车辆通行难、收费高的问题，车辆运输车通行问题，民间投资进入物流领域问题，地区封锁行业垄断问题，我国托盘供应的问题，以及快件分拣过程中遇到的消防问题等，我会先后组织座谈会摸底调查，推动政府部门协调解决。为解决物流业融资难问题，我会与国家开发银行签署了开发性金融合作协议，推荐重点企业和优势项目，到目前为止，国开行物流流通类项目中长期贷款受信额度已经达到 1800 亿元。

近年来在政府有关部门的支持下，物流业发展的环境有所改善，但是目前来看，在税收、交通、土地、投融资和一体化运作、网络化经营等方面存在的问题，仍然是制约物流业发展的主要因素，我们将继续深入调研，初期的问题逐步解决，同时我们也期待相关部门贯彻党的十八届三中全会精神，加强统筹协调，在加强落实政策的基础上，为物流业发展进一步创造宽松的环境。

前不久闭幕的中共十八届三中全会，作出了关于全面深化改革若干问题的决定，提出了很多新论断、新举措，指明了全面改革的新方向。我国物流业在新的历史条件下面临新的机遇。从需求基础看，全面深化改革将为中国经济带来新的活力，制造业物流社会化，城乡物流一体化以及电子商务推动下的商贸物流，将为物流业奠定强劲的基础；从市场体制看，企业重组、模式创新，专业化、社会化的物流企业服务能力进一步提升，物流业、制造业、农业、商贸业进一步融合和深化；从物流来看，大数据、云计算将为物流业带来革命性变革，自动化、信息化、智能化将引领物流企业的创新。从政策看，减少行政审批，改革工商登记制度，政府部门进一步转变职能，更好地发挥行业协会的作用，将为物流业带来相对宽松的政策环境。从国际物流看，加快自贸区建设，扩大内陆连边开放，构建开放型经济新体制，将为国际物流合作与发展开辟广阔的前景。

〔2013年11月6日，作者在2013（第十一届）中国物流企业家年会上的致辞，内容有删节〕

03

打造物流"升级版"
适应发展"新常态"

党的十八大以来，新一代领导集体重视物流业发展。习近平总书记、李克强总理等多次考察物流企业，对物流业发展作出重要指示。今年6月11日，国务院常务会议讨论通过了《物流业发展中长期规划（2014—2020年）》（以下简称《中长期规划》）。这是继2009年国务院出台《物流业调整和振兴规划》以来，又一个指导物流业发展的纲领性文件，是我国物流业产业地位提升的重要标志，也是新一代领导集体重视物流业发展的具体体现。

《中长期规划》在对我国物流业发展现状、问题和面临形势深入分析的基础上，提出了指导思想、目标和原则、主要任务和重点工程。特别是把物流业定位于"基础性、战略性"产业；提出了着力降低物流成本，着力提升物流企业规模化、集约化水平和着力加强物流基础设施网络建设三个发展重点；明确了多式联运工程和物流园区工程等十二项重点工程；提出了深化改革开放、完善法规制度、规范市场秩序、加强安全监管、完善扶持政策、拓宽投资融资渠道、加强统计工作、强化理论研究和人才培养八项政策措施。

《中长期规划》发布以来，政府有关部门抓紧贯彻落实。前不久，国家发改委经济贸易司、经济运行调节局，交通运输部道路运输司，财政部税政司，国家税务总局货物和劳务税司等部门领导先后来到联合会，分别就《三年行动计划》、行政审批、车辆通行以及物流业"营改增"等问题开展调研。我们反映的企业诉求及政策建议，得到了有关部门积极回应，多数被纳入

《三年行动计划》，有些问题可望近期得到解决。

刚刚结束的党的十八届四中全会审议通过了《中共中央关于全面推进依法治国若干重大问题的决定》，明确了全面推进依法治国的总目标。我们将配合有关部门，适时启动物流业促进方面的法律法规的前期研究工作。随着物流业法律法规体系日趋完善，将为物流业规划政策落实提供重要保障。中国物流与采购联合会作为行业社团组织，多年来得到企业信赖和政府支持，我们将借助党的十八届四中全会和《中长期规划》的东风，努力推进政策"落地"，为打造中国物流"升级版"，应对经济发展"新常态"做出新的贡献。

▲ 在2014第十二届中国物流企业家年会上致辞

受经济发展大势、政策利好、技术创新和资本介入等多重因素影响，我国物流业正在进入结构调整和转型升级的新阶段。从需求结构看，将会维持"黑冷白热"的趋势。钢材、煤炭、水泥等传统大宗商品物流需求仍将低迷；快递、快运、城乡配送等与民生相关的物流业态将会保持快速发展。从供应方式看，"点弱链强"的趋势更加明显。更多的物流需求方提出"一体化"服务需求，商流、物流、资金流"供应链管理"服务需求强劲。从经营模式看，"网涨店缩"来势迅猛，网络营销爆炸式增长，实体店销售逐渐萎缩。

从经营要素看，"资本介入"势不可当。各类资本加快投资物流业，改变着传统"游戏规则"，推动了平台整合和品牌集中，物流业面临新的"洗牌"。

面对新阶段、新变革，我们要高度重视和沉着应对，积极寻求战略突破口，培育新的竞争优势。要从规模的快速扩张转向质量和效益的提升；要以联动融合为突破口，建立新型的产业联动战略合作关系，打造一体化竞争新优势；要以城市配送为突破口，开拓城市社区物流和农村城镇物流，建立便捷高效、规范有序的城乡配送服务体系，打造个性化竞争新优势；要以平台整合为突破口，建立完善现代物流网络体系，打造集约化竞争新优势；要以兼并重组为突破口，通过兼并重组，形成一批具有行业引领作用和国际竞争力的领先物流企业集团，打造规模化竞争新优势；要以区域物流为突破口，发展跨区域大交通大物流，力争形成新的区域经济增长极；要以国际物流为突破口，搭建覆盖全球的国际物流服务网络，以适应制造业、电子商务等其他产业跨境发展需要，打造国际化竞争新优势。

习近平主席曾经指出，物流事业大有可为。我们深知，我国是物流大国但还不是物流强国。物流成本高、效率低；物流企业一体化运作、网络化经营能力需要进一步提高，还缺乏具有国际竞争力的物流服务品牌；条块分割严重，阻碍物流业发展的体制机制障碍仍未打破；基础设施滞后，不能满足现代物流发展要求；发展环境有待优化，市场秩序不够规范。这些都是制约物流业发展的关键问题，也是我们的历史责任与努力的方向。

〔2014 年 10 月 30 日，作者在 2014（第十二届）中国物流企业家年会上的致辞，内容有删节〕

04
用标准规范行业发展
促进物流业转型升级

    中国物流与采购联合会作为一个全国性的行业组织，始终致力于用标准推动行业沿着标准化、规范化方向健康有序地发展。从 2005 年以来，我会开展 A 级物流企业评估工作已经九年时间。九年来，企业评估工作从无到有、不断创新，逐步健全工作制度，加快完善评估网络，建立起了政府推动、企业参与、市场认可的良性机制，行业公信力和影响力快速提升，有力推动了行业自律和规范发展。下面，我就评估工作情况作简要报告。

    依据《物流企业分类与评估指标》国家标准和物流企业综合评估的相关制度，从 2014 年 2 月开始，第十八批共评估 A 级物流企业 358 家。其中，5A 级企业 19 家；4A 级企业 129 家；3A 级企业 160 家；2A 级企业 44 家；1A 级企业 6 家。A 级物流企业复核工作继续开展。通过复核的企业 368 家，升级的企业 31 家。自 2005 年以来，中国物流与采购联合会共完成通过了 18 批 2920 家 A 级物流企业评估。其中 5A 级企业 175 家；4A 级企业 972 家；3A 级 1267 家；2A 级 472 家；1A 级 34 家。A 级企业评估工作的服务价值已经形成，成为企业提档升级的有力推手和政府部门推动物流业发展的重要抓手。

    一是各级政府部门支持评估工作。目前，有明确的规划引导、政策支持的各级政府部门越来越多，政策力度越来越大，范围也越来越广。对 A 级企业的优扶政策正由省级向市县延伸，全国包括上海、河北等半数以上省、直辖市，沈阳、杭州、广州等60多个县（市、区），各级地方政府纷纷出台相关扶持政策。很多地方政府提出了培育A级物流企业的数量目标，并将其写入政府的年度工作计划或行业规划，要求地方物流主管部门加大培养力度。A级物流企业的数量、规模逐步成为衡量地方现代服务业、物流业发展水平的重要指标，A级企业评估工作逐步由示范化、个别化向规模化、常态化转变。

二是企业认同和参与评估工作。A级企业评估工作的服务价值已经形成，企业参与评估的积极性和主动性进一步提高。评估工作正在由政府宣传、行业组织推动向企业自觉申请转变，自2014年以来，申请加入A级企业队伍的大型企业集团的数量越来越多。一批港口类、交通系统的企业逐步向A级企业国家标准靠拢，越来越多的大型企业集团实施全系统参与评估。企业更加看重评估的过程，通过评估使企业开阔了视野、找到了存在的问题、明确了发展的方向。A级物流企业评估也得到了物流需求方、金融机构等的认可。一些大型制造和流通企业开展物流招投标，金融机构发放贷款等都把A级物流企业资质作为必备条件之一，A级企业的品牌效应逐步显现。在第十八批评估工作中，西藏自治区产生了第一家A级企业，这标志着在中国大陆区域内A级企业已经实现了全覆盖，这更加说明物流企业对A级企业评估工作高度的认可以及评估工作影响的广泛性，A级企业评估工作逐步由政府推动向政府推动、企业参与和市场认可同步发展转变。

三是评估工作网络进一步完善。到目前为止，已在除西藏外的所有省区市和计划单列市、部分省会城市建立了42个地方评估办，另设2个专业评估办、1个分评估办和1个全系统评估工作组，全国评估机构已达46家。各地评估办认真做好组织、推荐和评估工作，一些评估办取得了突出成绩。2014年，累计推荐评估20家以上A级企业的评估办有9个省区市，包括上海、营口、江苏、浙江、宁波、福建、山东、湖北、湖南；其中，江苏69家、浙江54家、福建45家。在推荐评估1A和2A级企业方面表现突出的有2地，分别是宁波23家，浙江17家。

四是评估工作制度日益健全。从 2013 年开始，由我会组织开展《物流企业分类与评估指标》国家标准的修订工作已全面完成，新的《物流企业分类与评估指标》已于 2013 年年底发布并于 2014 年 7 月 1 日起实施。中国物流与采购联合会为保证新标准的顺利实施做了一系列的宣传推广工作，重新修订了《物流企业综合评估若干指标规范释义》《物流企业现场评估程序要点》等评估的具体操作办法和程序，为 A 级物流企业评估工作提供了制度保障，并通过学习培训等方式加大新标准的推广力度，从第十九批开始，评估工作将完全依照新标准开展评估。

进入现代物流发展新时期，特别是自国务院颁布《物流业调整和振兴规划》以来，国家相继出台了一系列惠及物流的产业政策，极大地推动了物流业发展。随着物流产业转型升级的步骤在不断加快，企业经营模式创新、服务创新的热情在不断提高，物流业与制造业、流通业和金融业等多业联动进一步深化。金融物流创新业务中质押融资已经成为广大企业尤其是众多中小企业获取业务发展资金，改善融资渠道的一个重要手段，在质押监管业务中，物流企业起到了整合和再造企业信用的作用。在这项业务蓬勃发展的同时，由于业务标准和市场秩序规范滞后，也伴随着出现了很多问题。为了提升质押监管业务水平，规范物流市场，拓展中小企业融资渠道，促进金融信用体系建设和维护国民经济的发展与稳定，从 2013 年开始，中国物流与采购联合会应行业和市场的需要，开始积极筹备质押监管企业评估工作的事项。进入 2014 年，随着商务部《质押监管企业评估指标》的颁布，中物联经过高效有序的前期准备，在广大行业协会的支持下，质押监管评估体系基本建成，一系列评估制度均已完善，一个涵盖国内大部分省市的评估机构已经开始运行，目前已经完成并通过了 19 家质押监管企业评估，取得了一个良好的开端。

（2015 年 9 月 22 日，作者在 2015 年 A 级物流企业评估工作会上的致辞，内容有删节）

05
迎接物流业发展新时代

　　不久前结束的党的十八届五中全会，审议通过了《中共中央关于制定国民经济和社会发展第十三个五年规划的建议》，对"十三五"时期的发展做出了科学的判断，认为我国发展仍处于可以大有作为的重要战略机遇期，同时也面临诸多矛盾叠加、风险隐患增多的挑战，明确提出到2020年全面建成小康社会的新目标要求，突出强调创新发展、协调发展、绿色发展、开放发展和共享发展的理念。物流业作为现代生产性服务业，再次迎来发展的良机，同时，也将面临破解发展难题，承担厚植发展优势的艰巨任务。

　　面对新的形势和任务，作为物流企业家，应该深刻领会把握党的十八届五中全会的精神实质，重点关注政策、市场及技术层面的发展变化，提出符合市场趋势的新思路，采取适合本企业特点的新举措。

　　从政策层面来看，2014年9月，国务院发布《物流业发展中长期规划（2014—2020年）》，把物流业定位于支撑国民经济发展的基础性、战略性产业。有关部门出台了《促进物流业发展三年行动计划（2014—2016年）》，正在积极地推动落实。全国现代物流工作部级联席会议形成了新的运行机制，由国家发改委、商务部、交通运输部、工业和信息化部以及中国物流与采购联合会轮流主持召开部级联席会议，着力解决制约物流业发展、亟待跨部门解决的重点问题。应该说，经过一段时间的努力，有一些问题已经取得了进展。

　　今年以来，在《国务院关于推进国内贸易流通现代化建设法制化营商环境的意见》《国务院关于积极推进"互联网＋"行动的指导意见》《国务院办公厅关于推进线上线下互动加快商贸流通创新发展转型升级的意见》等文件中，都大篇幅提到支持物流业发展的内容。2015 年 10 月，国务院首次出台指导快递业发展的纲领性文件《国务院关于促进快递业发展的若干意见》。国家发改委等 3 部门开展示范物流园区的创建工作，委托中国物流与采购联合会承担组织评选示范物流园区。商务部积极推动城市共同配送试点，重点支持城市物流配送体系建设。交通运输部继续推进甩挂运输试点、物流大通道建设、公路货运枢纽建设，多式联运示范工程和车型标准化等。铁路总公司加大铁路物流中心规划建设力度，推进货运改革，完善电子商务系统。国务院各部门在简政放权、减轻负担、便利通行、支持基础设施建设、推进标准化、信息化等方面先后采取措施，促进物流业政策环境的不断改善。

从市场层面看，速度放缓、结构调整、动力转换将成为物流市场新常态的主要特征。新型工业化、信息化、城镇化、农业现代化深入推进，国内市场需求强劲，经济发展的基本面没有改变。与此同时，物流需求结构进入持续调整阶段，传统产业去库存、去产能步伐加快，大宗商品物流需求难以摆脱低迷态势；新业态、新产品、新经济、新动力快速增长，高新技术产业、消费升级类物流需求在稳步上升；电商物流、农产品冷链物流、快运快递等需求保持旺盛发展。

2015 年 10 月，中国物流业景气指数为 53.5%，比上月上升 1.3 个百分点。在这个指数的各分项指数中，除主营业务利润指数和主营业务成本指数有所回落以外，其他分项指数都有不同程度回升，应该说，物流业的运行将延续稳中有升的态势。

随着国家新一轮区域经济战略的提出，我国物流业布局调整正在有序推进。"一带一路"强调基础设施互联互通，相关物流基础设施建设和网络布局加快落地，京津冀协同发展在交通一体化方面率先突破，开启了有序疏解北京非首都核心功能的序幕。长江经济带规划建设，为东、中、西协调发展奠定基础。上海、天津、福建、广东等自由贸易试验区陆续获批，在物流领域的探索和尝试也出现成效。

总体来看，我国物流市场供大于求的基本态势难以改变，市场竞争将更加激烈。从前 10 个月的情况看，物流企业资金周转率指数回落，主营业务成本指数回升，主营业务利润指数仍处于 50% 以下，反映出企业经营存在着较大的压力，未来市场集中度将逐步提高，资源要素向优势企业聚集，因此仅靠外部输血、内部造血功能缺乏的企业将面临更大的生存压力。

从技术层面看，新一轮科技革命和产业变革正在全球范围内孕育兴起，世界各国纷纷抢占未来产业发展的制高点。随着大数据、云计算、物联网的广泛运用，具有互联网特征的新型物流运营模式不断涌现，网络化、智能化、协调化的"互联网＋"物流生态体系正在加快发展。随着发展动力的转换，我国物流业转型升级的速度加快，在资本和技术双轮驱动下，新的商业模式不断生成，平台整合、跨界融合正在深刻影响和改变着传统的物流业。战略调整和组织变革行动在加快，兼并重组和联盟合作使企业的竞争力快速提升。物流业作为重要的现代服务业，正在加快与制造业、商贸业、金融业等多业融合，逐步向价值链上游延伸，不断打造一体化供应链，提升价值链的质量和水平。

总体来看，物流业发展的新动力正在逐步形成，全行业面临从规模速度粗放式增长向质量效益集约型增长的重大抉择，产业发展带来新的挑战和新的机遇。

［2015 年 11 月 21 日，作者在 2015（第十三届）中国物流企业家年会上的致辞，内容有删节］

06
提质增效推动物流业健康发展

当前世界经济在深度调整中曲折复苏，正处于新旧增长动能转换的关键时期。以互联网为核心的新一轮科技和产业革命蓄势待发，人工智能、虚拟现实、区块链等新技术日新月异，虚拟经济与实体经济的结合、国内资源和国际资源的整合将给物流业供应链管理带来革命性的变化。

我国经济进入新常态，供给侧结构性改革深入推进，传统产业面临深度调整。随着《中国制造2025》的实施，像智能制造、服务型制造，要求物流业深度融入企业的供应链，为产业转型升级提供中高端的服务。而脱贫攻坚、城乡一体化任务艰巨，对工业品下行，特别是农产品上行的物流服务提出了新的要求。由于消费的扩大和升级，专业化、个性化、定制化的物流需求更加迫切。

随着"一带一路"、长江经济带、京津冀协同发展等国家重大战略的深入推进，物流业辐射范围和服务对象空前扩大，原有的服务方式和手段面临新的挑战。"双创"的风起云涌，为物流业模式创新带来了新的机遇，也带来新的挑战。同时，受资源、环境的约束，传统的要素驱动、投资驱动难以为继，如何转为创新驱动也是物流业面临的新课题。此外，像绿色物流、应急物流、物流安全等都是在新形势下物流业发展必须考虑的重要因素。

物流业作为支撑国民经济发展的基础性战略性产业，仍然处于可以大有作为的战略机遇期。面对新的形势和任务，我们要按照创新、协调、绿色、开放、共享的新发展理念，针对市场环境的变化不断调整经营策略和发展战略：

一是联动融合的策略，要紧密围绕制造业、商贸业、农业等产业物流需求，延伸服务链条，主动融入产业物流供应链。

二是资源整合策略，要通过兼并重组、联盟合作、多式联运、平台开放，促进物流资源有效衔接和优化配置。

三是创新驱动策略，要推进流程优化、管理提升和模式的创新，培育物流发展的新动能，加快从过去追求速度规模向质量效益转变。

四是智慧互联策略，瞄准世界科技前沿，运用云计算、大数据、物联网技术、区块链技术等推进物流供需网络节点互联互通。

五是多网协同策略，要充分发挥仓干配网络，虚拟网络和实体网络等各类物流网络的协同效应，着力补齐短板，优化提升物流的服务能力。

六是区域统筹策略，要借一带一路、长江经济带、京津冀协同发展的战略东风，统筹布局国际国内物流服务网络，构建遍布城乡、服务全国、连通世界的现代物流服务体系。

全面实现物流业转型升级和提质增效，需要我们物流企业家带领全行业务实创新、开拓奋进，而这同样离不开好的政策环境。2014 年 9 月，国务院出台《物流业发展中长期规划（2014—2020 年）》，2015 年 12 月，国务院领导同志专门听取我会关于物流行业发展情况和政策建议。今年以来，国务院办公厅、国家发改委、商务部、交通运输部等有关部门就物流业与交通运输业融合发展，针对"互联网＋"高效物流、无车承运人试点、物流业补短板和降本增效等出台了一系列的政策措施，为我国物流业发展的政策环境持续改善创造了有利的条件。物流企业家对这些出台的政策要深入研究，吃透精神，用足用好政策来推动物流业的健康持续发展。

我会在会员企业的支持下，多年来积极参与了政府有关物流政策方面的调查研究，并参与起草制订工作。最近一个时期，业内强烈关注的几项政策，我们也通过调查研究多次提出相应的政策建议。比如有关治理公路货运超载超限的问题，在"9·21"前后，我们一直密切关注行业动向，及时反映企业的诉求。主管部门给予了积极的回应，政府依法依规治理超载超限，目的是保障行车安全和营造一个公平竞争的市场环境，应该说完全符合行业发展的大方向，得到了业界普遍的拥护。当然我们也建议治超工作不可半途而废，也不能操之过急，应该充分考虑行业的实际情况，要循序渐进推进车型标准化，同时要严格公正执法，杜绝各个地方在执法过程中存在徇私枉法的现象。

再比如无车承运人的试点工作，这对于促进线上资源的优化配置，线下物流的高效运作具有重要意义。现在的问题是如何改进相关的配套政策来促进这项工作的开展。例如税收政策，应该赋予无车承运人试点企业开票机制，切实解决无车承运企业进项抵扣和个体运输户开具增值税发票的问题，促进这项试点工作真正落地。

还有减税降费的问题，我们希望延续物流业土地使用税减半征收政策。我们经过调研，觉得这项政策应该至少延续到 2020 年。希望统一物流业各环节增值税税率，增加进项抵扣，切实解决"营改增"试点中道路运输业税负实际是增加的问题。同时希望彻底清理涉企收费项目，根治乱收费、乱罚款的顽疾。最近国务院办公厅转发的国家发改委关于《物流业降本增效专项行动方案（2016—2018 年）》中，对这些问题都做了积极的回应。我们相信李克强总理提出的"营改增"以后所有行业税负只减不增的庄严承诺也一定会在物流行业得到落实。

［2016 年 11 月 5 日，作者在 2016（第十四届）中国物流企业家年会上的致辞，内容有删节］

07
高站位　高标准
推进西部物流高质量发展

当前，我国已经成为全球最大的物流市场，公路、铁路、水路的货运量及周转量、港口吞吐量、快递业务量都位居世界首位，物流基础设施初具规模，全国综合交通线路总里程超过 500 万公里，规模以上物流园区超过 1600 个。但我国还不是物流强国，物流发展不平衡、不充分的问题日益突出，与人民日益增长的美好生活对物流需要的矛盾日益加剧。还需要进一步深化供给侧结构性改革，加快质量变革、效率变革和动力变革，实现从高速增长向高质量发展转变，支撑现代化经济体系建设要求。

我国物流资源布局存在区域不均衡的格局，特别是西部地区物流发展不充分、不协调、不均衡的问题制约了区域经济的健康发展。随着国家"一带一路"倡议的提出，陕西省凭借区位优势，有望成为"陆空内外联动、东西双向互济"的新高地。在此背景下，陕西省委、省政府充分发挥国资国企对全省物流产业发展的"领头羊"作用，对陕西省物流集团增值扩股和整合重组，打造西部地区最具竞争实力的大型综合型物流企业集团，助推"物流强省"建设发展，支撑"三个经济"目标实现，对加快西部地区物流高质量发展奠定重要基础。下一步，正面临"十四五"谋篇布局的关键之年，陕西省物流集团要立足自身优势，发挥引领作用，秉持新时代五大发展理念，高站位谋划、高标准落地，打造高质量现代物流和供应链服务体系，助力区域经济健康可持续发展。

一是要高站位谋划，依托国家"一带一路"倡议实施，深化国内外物流合作和交流，吸引物流资源集聚，做大做强区域物流竞争力，打造向西开放的新中心。目前，国家发改委正在开展国家物流枢纽布局建设，首批23家建设名单已经公布。要抓住国家物流枢纽建设机遇，构建"通道＋枢纽＋网络"的现代物流运行体系，拉动区域经济转型升级，这也符合陕西枢纽经济目标导向。

二是要高标准落地，将物流产业作为流动经济的核心内容，通过兼并重组、项目带动、科技引领，盘活企业存量资源，要充分发挥集团内部不同板块间的战略协同作用，优势互补、联动融合，要吸引社会资本进入，加快改革重组，打造中国领先、西北第一的千亿级物流集团。要深化智库建设，推动产学研结合和校企合作交流，为集团转型变革提供智力支持。

三是要高质量发展，推动结构调整、动能转换和发展方式转变。2017年，《国务院办公厅关于积极推动供应链创新与应用的指导意见》印发，首次在国家层面部署推进现代供应链创新发展。要顺应现代物流发展趋势，深化"物流、商流、资金流、信息流"融合发展，延伸产业链、提升供应链和创造价值链，积极向现代供应链转型升级。要把握新一轮技术革命发展机遇，加速物联网、云计算、大数据、区块链、人工智能等现代信息技术在物流领域的应用，推动物流产业的数字化变革和平台化转型，搭建协同共享的智慧物流生态圈。

（2019年12月18日，作者在陕西省物流集团重组成立大会上的讲话，内容有删节）

08
砥砺奋进双循环新发展格局
谱写"十四五"现代物流新篇章

　　今年是不平凡的一年。年初新冠疫情暴发，对我国经济带来巨大冲击。在党和政府坚强领导以及全国人民共同努力下，我国率先控制疫情、率先复工复产、率先实现经济正增长。10月中国制造业采购经理指数（PMI）为51.4%，连续4个月运行在51%以上，经济保持稳定复苏态势。疫情暴发后，我会第一时间成立了党委领导的应对新冠疫情防控领导小组，面向全国物流行业发出了《中物联关于做好新型冠状病毒肺炎防控工作的紧急倡议》，呼吁和动员全国物流企业、协会及物流从业者同心协力、共战疫情，确保物流服务不断流。中物联及各分支机构，各地方协会积极组织调拨行业应急物资、帮助对接应急物流需求、反映企业开工运行困难、大力宣扬抗疫企业事迹，得到了社会各界的响应和好评。广大物流企业、企业家和物流从业者积极投身"抗疫"一线，承担疫情防控应急物资和居民生活物资的运输保障任务，涌现出一批感人事迹和先进企业，物流从业者成为疫情防控的"生命线"和复工复产的"先行官"。为此，本次年会特设全国物流行业抗疫先进企业，表彰为疫情防控作出重要贡献的企业单位。在此，我代表中国物流与采购联合会、也代表中国物流行业，向全国物流抗疫先进企业，和广大投身抗疫一线的企业家和物流从业者表示深深的敬意！

　　今年也是更有挑战的一年。当今世界正处于百年未有之大变局，新冠疫情全球蔓延使这一大变局加速。经济全球化遭遇逆流，世界进入动荡变革期，单边主义、保护主义、霸权主义对世界和平与发展构成威胁。我国发展不平衡不充分问题仍然突出，重点领域关键环节改革任务仍然艰巨。社会需求波动和不确定性加大，物流业承受较大下行压力。党和政府及时提出"六保""六稳"工作要求，保障产业链供应链稳定，推动物流降本增效提质，出台了一系列政策措施，特别是畅通货车应急运输通道、收费公路免收通行费、阶段性减免社保等政策措施的出台，为物流业抗击疫情、复工复产创造了良好的营商环境。随着社会需求逐步好转，我国物流运行稳步恢复态势日益巩固。10月中国物流业景气指数为56.3%，连续三个月处于回升态势，行业活跃度有所加强。前三季度，全国社会物流总额为202.5万亿元，扭转了上半年负增长局面，社会物流需求稳步回升。物流业总收入7.4万亿元，市场规模接近往年正常水平。物流市场集中度有所增强，截至目前，我国A级物流企业总数达近7000家，其中5A级企业358家，在重要细分市场涌现出一批龙头骨干企业，国家物流枢纽、示范物流园区、多式联运示范工程、骨干冷链物流基地等物流基础设施加大投入力度，物流规模效应逐步显现。初步估算，全年物流运行将实现小幅增长，保持平稳复苏态势。

今年又是更关键的一年。刚刚闭幕的党的十九届五中全会审议通过了《中共中央关于制定国民经济和社会发展第十四个五年规划和二〇三五年远景目标的建议》（以下简称《建议》），这是夺取全面建设社会主义现代化国家新胜利的纲领性文件。《建议》4次提到物流，8次提到供应链，包括加快发展现代物流等服务业，完善综合运输大通道、综合交通枢纽和物流网络，构建现代物流体系，完善乡村物流等基础设施，提升产业链供应链现代化水平等，物流业在国民经济中的基础性、战略性、先导性地位进一步增强，为下一步编制"十四五"现代物流发展规划指明了方向。"十三五"以来，我国已经成为物流大国，社会物流总额和社会物流总收入均较"十二五"期间增长三分之一左右，物流业成为现代服务业中的支柱产业之一。货物运输量、快递业务量等指标持续多年均居世界第一，物流业与制造业深化融合，供应链创新与应用成为新动能，智慧物流新技术新模式新业态释放创新活力，为我国全面建成小康社会提供了坚实的物流保障。同时，我们也看到，我国物流业与国际先进水平的差距不断缩小，但还是存在着一定的差距。特别是这一次疫情的暴发暴露了我们的应急物流、冷链物流、医药物流、国际物流与供应链等短板问题，还包括供应链的稳定性、安全性问题。对支撑夺取全面建设社会主义现代化国家新胜利这一任务，在物流保障上还存在差距。这对"十四五"时期现代物流发展战略和规划也提出了更高要求。

面对国内国际日益严峻的发展形势，习近平总书记多次强调，要加快形成以国内大循环为主体、国内国际双循环相互促进的新发展格局。构建新发展格局是"十四五"规划的最大亮点，是以习近平同志为核心的党中央根据国内外发展大势和我国发展阶段变化作出的重大决策部署，也是新时期我国物流业高质量发展的方向指引。物流业连接生产、分配、流通和消费，是打通供应链、协调产业链、创造价值链，构建双循环新发展格局的重要保障。面对新的历史机遇和现实挑战，我们要加强物流顶层设计，依托强大的国内市场，加强产业联动融合，进一步深化供给侧结构性改革，释放高质量新供给，创造高品质新需求，增强高能级新动力，打造新时代物流强国，培育壮大具有国际竞争力的现代物流企业，构建支撑双循环新发展格局的高质量现代物流运行体系，为全面建设社会主义现代化国家提供必要的物流保障。

一是助力双循环新发展格局。要畅通国内大循环。中央财经委员会第八次会议研究提出"建设现代流通体系对构建新发展格局具有重要意义"，并提出要培育壮大具有国际竞争力的现代物流企业。现代物流是畅通国内大循环的必要支撑。要依托强大的国内市场，进一步统筹物流硬件软件建设，助力现代流通体系建设，释放国内市场需求。要加大物流节点、通道、网络规划布局，重点加强城乡物流设施配套保障力度，切实解决"最后一公里"问题。协调区域物流网络，引导物流资源集聚、吸引实体经济集中，推动区域经济转型升级。

要促进国内国际双循环。随着新冠疫情全球蔓延，我国国际航空和航运出现持续较大资源短缺局面，严重影响了产业链供应链稳定。要顺应"一带一路"走出去的发展趋势，深化与"走出去"企业的战略合作，搭建国际物流体系，承接国际供应链一体化服务，与实体企业一起"抱团出海"。要加大"走出去"政策支持力度，支持鼓励物流龙头骨干企业牵头，加大国际物流重要设施、节点和能力的投资布局，建设自主可控、安全可靠的国际物流网络体系。要立足国内大循环优势，顺应消费需求变化，推动国内物流体系梯度升级，提升我国在国际产业链中的定位，从传统的出口基地和制造中心向区域物流中心转变，更好地吸引全球资源集聚，满足人民群众日益增长的消费需求。

二是坚持物流创新驱动发展。党的十九届五中全会提出，"十四五"时期要坚持创新在我国现代化建设全局中的核心地位。新一轮科技革命为创新发展奠定了技术基础，新冠疫情期间出现的物流无人化、即时物流、无接触配送等先进模式凸显了数字经济优势，加快了新技术新模式新业态的应用普及。本次年会以"智创未来——物流业新征程"为主题，适逢其时。近年来，我会与中国外运等一批龙头骨干企业共同推动智慧物流理念、模式和技术的交流传播，形成行业发展共识。下一步要乘势而上，抓住产业数字化转型趋势，发展数字经济、平台经济，打造万物互联的物流互联网，推动传统物流数字化转型和智能化改造，培育一批负责任的物流平台企业，助力产业数字化、智能化和平台化转型，共同构建"数字驱动、协同共享"的智慧物流新生态。

三是加强物流基础设施网络建设。当前，我国交通和物流基础设施初具规模，但是仍面临"连不上、通不了、聚不来"等现实问题，制约了物流网络效应的发挥，亟待打破瓶颈制约，加强枢纽设施间互联互通。近期，根据《国家物流枢纽布局和建设规划》的部署，由我会牵头，45家国家物流枢纽参加的国家物流枢纽联盟正式成立，致力于推动国家物流枢纽之间加强业务对接，推进要素流动、信息互联、标准协同等合作机制建设。同时，我会还配合有关部门持续推进物流园区互联和末端网点畅通，不同层级的物流基础设施相辅相成，分工有序、联通共享的物流基础设施网络有望在"十四五"期间加快形成。

四是营造政企互动的营商环境。多年来，中物联始终坚持"有为才能有位"的宗旨，发挥政府和企业间的桥梁和纽带作用，搭建政企互动的交流平台，持续推动优化营商环境。疫情期间，我会配合国家有关部门，累计报送应对疫情工作领导小组工作简报 169 期，提交了几十份疫情防控和复工复产政策报告，提出了近百条政策建议，我会调查发布的《2020 年物流与供应链企业复工达产营商环境调查报告》，反映纾困优惠政策落实情况，得到有关部委采纳和好评。下一步要积极探索营商环境优化推进机制，通过协会搭建平台，政企交流互动，专家贡献智慧，提出政策建议，发出行业声音，影响政府决策，更好地营造法治化国际化便利化营商环境。也欢迎企业家朋友们积极参与，贡献智慧和力量，共同推进物流营商环境进一步优化。

▲ 2020 年 7 月 24 日率队调研中物联副会长单位中铁物贸集团

实现"两个一百年"奋斗目标，引领我国物流业高质量发展，有赖于物流企业的发展与壮大，更离不开物流企业家的成长与贡献。习近平总书记在今年企业家座谈会上强调，要千方百计把市场主体保护好，激发市场主体活力，弘扬企业家精神，推动企业发挥更大作用实现更大发展，并对广大企业家提出了殷切希望。党的十九届五中全会提出"十四五"时期，市场主体要更加充满活力，我们物流企业家作为企业家群体的重要组成部分，始终伫立在时代前沿，引领行业发展脚步，不断推动中国物流发展事业走向新的阶段。

〔2020年11月21日，作者在2020（第十八届）中国物流企业家年会上的致辞，内容有删节〕

09
弘扬楷模精神
推动物流行业高质量发展

11月24日，习近平总书记出席全国劳动模范和先进工作者表彰大会并发表重要讲话，高度评价工人阶级和广大劳动群众在中国特色社会主义伟大事业中的重要地位和作用，充分肯定全国劳动模范和先进工作者的卓越贡献和崇高精神，对依靠工人阶级和广大劳动群众全面建设社会主义现代化国家提出了明确要求。习近平总书记特别提到，"要适应新技术新业态新模式的迅猛发展，采取多种手段，维护好快递员、网约工、货车司机等就业群体的合法权益"。这充分体现了总书记对物流行业一线劳动者的关怀爱护，让我们感受到社会主义大家庭的温暖，更加激励全行业干部职工在新时代新征程上乘风破浪、勇往直前。

今年以来，受新冠疫情影响，物流行业遭受严重冲击。我会在第一时间成立了应对疫情工作领导小组，加强党建引领和行业引导。广大物流干部职工响应党中央号召，风雨同舟、冲锋在前，全力以赴保障疫情防控应急物资运送，承担居民生活物资的运输任务，筑起了一条牢不可破的物流生命线，为全国抗疫斗争取得重大战略成果做出了突出贡献。疫情期间，我会发出行业倡议，呼吁全行业加大保障措施，确保服务不中断。受有关部门委托，组织行业企业驰援共抗疫情，得到了社会各界和有关部门的高度认可。在上个月结束的中国物流企业家年会上，为弘扬物流行业展现出的抗疫精神，我会授予了228家企业"全国物流行业抗疫先进企业"称号。经历过这场抗击疫情的艰苦斗争，产生了一批物流行业的先进集体、劳动模范和先进工作者，今天在这里就有其中的杰出代表，他们和广大物流干部职工一起，以实际行动诠释了伟大的抗疫精神，不愧为新时代最美奋斗者！

本次评选表彰工作，我们按照人社部和中物联共同下发的《关于开展全国物流行业先进集体 劳动模范和先进工作者评选表彰的通知》要求，始终坚持公开、公平、公正的原则，按照自下而上、逐级推荐、差额评选、民主择优的方式进行，严格执行"两审三公示"程序，共评选出先进集体49个、劳动模范187人、先进工作者28人。他们是千千万万奋斗在物流行业各条战线上的企业单位、干部职工的一员，是传承"劳模精神、劳动精神、工匠精神"的代表，也是我们物流行业的骄傲！

从2021年开始，我国将进入"十四五"时期。党的十九届五中全会描绘了我国进入新发展阶段的宏伟蓝图，确立了今后五年乃至更长时期我国经济社会发展的行动指南。五中全会《建议》中，多次提到物流和供应链，包括加快发展现代物流等服务业，完善综合运输大通道、综合交通枢纽和物流网络，构建现代物流体系，完善乡村物流等基础设施，提升产业链供应链现代化水平等。在中央财经委员会第八次会议上，习近平总书记提出要培育壮大具有国际竞争力的现代物流企业，为下一步我国物流业发展指明了方向。全行业干部职工要坚定以习近平新时代中国特色社会主义思想为指导，立足新发展阶段，贯彻新发展理念，构建新发展格局，围绕物流强国建设目标，聚焦推动物流业高质量发展，勠力同心开启时代新征程。

一是要筑信仰之基，坚定不移听党话、矢志不渝跟党走。全行业干部职工要增强"四个意识"、坚定"四个自信"、做到"两个维护"，始终在思想上政治上行动上与习近平同志为核心的党中央保持高度一致，以强烈的使命感和责任感当好主人翁，建功新时代。要深入践行社会主义核心价值观，立足本职、胸怀大局，自觉把个人理想、家庭幸福融入国家富强、民族复兴和物流发展的事业之中，把个人梦和中国梦紧密联系在一起，在追梦圆梦的道路上坚定前行。

二是要兴奋斗之风，大力弘扬物流劳模精神、劳动精神、工匠精神。弘扬物流劳模精神，就是要激励广大干部职工爱岗敬业、争创一流、艰苦奋斗、勇于创新、甘于奉献；弘扬物流劳动精神，就是要激励广大干部职工崇尚劳动、热爱劳动、辛勤劳动、诚实劳动；弘扬物流工匠精神，就是要激励广大干部职工执着专注、精益求精、一丝不苟、追求卓越。要以此次表彰劳模先进为契机大力宣传劳模先进事迹，在全行业掀起崇尚劳模、学习劳模、争当劳模、关爱劳模的热潮。

三是要应时代之需，全面培养高素质物流业劳动者大军。要主动适应新一轮科技革命和产业变革的需要，把提高劳动者素质作为行业基础工作抓紧抓好，引导广大干部职工树立终生学习理念，努力成为掌握新知识、新技能、新本领的知识型、创新型和实用型人才，拓展人才成长新空间。要完善物流职业教育制度，探索物流领域"1+X"等职业教育模式，开展多种形式的劳动和技能竞赛，畅通职业人才发展通道，打造一支适应物流高质量发展的高素质人才队伍。

四是要担社会之责，切实实现好、维护好、发展好物流劳动者合法权益。要坚持以人民为中心的发展思想，切实保障物流劳动者在劳动就业、收入分配、职业保障、安全卫生等方面的利益。要关注一线职工、困难群体，关心关爱货车司机、快递员等重点人群，健全社会保障和帮扶机制，提高劳动者特别是一线劳动者的收入水平，改善生活品质，增强获得感、幸福感，让更多的物流劳动者实现体面劳动、幸福生活、共同富裕。

（2020 年 12 月 29 日，作者在第四次全国物流行业先进集体劳动模范和先进工作者表彰大会上的演讲，内容有删节）

10
培育世界一流物流企业主体
引领现代物流体系建设迈入新征程

在新的一年里，《"十四五"现代物流发展规划》即将出台，重彩描绘现代物流发展蓝图，我国物流业发展迎来新的战略机遇期。在新的一年里，随着国家"十四五"规划进入全面实施阶段，投资、消费和外贸的物流需求将持续恢复。预计全年社会物流总额保持 10% ~ 15% 的增长幅度。在新的一年里，我们将坚持稳字当头、稳中求进，加快推动现代物流体系建设，形成内外联通、安全高效的物流网络，实现现代物流质的稳步提升和量的合理增长，培育壮大具有国际竞争力的现代物流企业，引领现代物流体系建设迈入新征程。

党和国家领导人重视现代物流发展，多次提出要"培育具有国际竞争力的现代物流企业"。这个艰巨的任务需要我们物流企业家来承担，使命光荣、责任重大。为增强行业内生动力、激发市场主体活力、提升行业社会影响力，加快培育行业领先、品牌知名、社会认可的物流企业群体，我想对企业家朋友们提出以下五点建议。

一是做产业物流的引领者。顺应"中国制造"向"中国创造"转变的时代机遇，推进物流业与制造业等产业深化融合，持续增强供应链物流集成能力和一体化服务能力，促进实体经济提质增效降本，共同迈向价值链中高端。在关系国计民生的重要领域和关系国家经济命脉、科技、国防、安全等领域加强物流资本布局和资源整合，夯实高质量的物流基础条件，保障产业链供应链自主可控、安全可靠。

▲ 在 2021 第十九届中国物流企业家年会上演讲

二是做物流网络的搭建者。落实国家区域重大战略和区域协调发展战略，抓住产业布局调整、需求转换的战略机遇，推动国家物流枢纽、骨干冷链物流基地、共同配送中心等重大设施建设，整合存量资源，做好增量优化，编织"枢纽＋通道＋网络"的物流运行体系。依托内外联通、安全稳定的物流网络，推动物流枢纽和产业集群的联动发展，助力区域经济转型升级，培育枢纽经济新增长极。

三是做物流创新的推动者。抓住数字经济发展契机，加大数字化转型力度，强化技术人才储备，做好"上云用数赋智"，推动物流互联网与信息互联网、能源互联网的协同发展，争取在新一代人工智能等领域实现弯道超车。深入挖掘平台价值，以互联网理念改造传统物流发展方式，在钢铁、煤炭、冷链、快销等垂直领域寻求模式新突破，加快从要素驱动向创新驱动转变，形成"数字共享、协同共生"的智慧物流体系。

四是做物流格局的破局者。按照双循环新发展格局的战略要求，对内加强内功修炼、调整物流布局、完善服务体系，打破原有分工合作关系，聚焦企业战略合作，服务好消费和产业升级的中高端物流需求。对外延伸服务范围、渗透物流网络，以物流牵引带动沿线产业布局调整，开辟物流大通道和经济大走廊，改变原有国际市场格局。与供应链上下游强强合作，提供国际供应链集成物流解决方案，助力"中国制造"扬帆出海。

五是做社会责任的倡导者。后疫情时代对绿色低碳、平台共生、社会稳定、共同富裕等提出更高要求。交通运输绿色低碳行动即将启动，货车司机、快递小哥权益保障受到关注。广大物流企业和企业家要勇于承担社会责任，深入践行绿色低碳理念，主动制定物流减排目标，推广绿色低碳技术与模式，推动绿色物流发展。厘清界定企业和平台责任，切实保障各方权益，强化企业治理、数据治理和平台治理，充分发挥各自优势，形成政府、协会和企业平台协同治理的良好局面。

［2022年1月15日，作者在2021（第十九届）中国物流企业家年会上的演讲，内容有删节］

11
全力打造世界一流现代物流企业

党的十八大以来，党中央、国务院重视现代物流发展。习近平总书记在中央财经委员会第八次会议上提出，要培育壮大具有国际竞争力的现代物流企业，这对我国物流业发展提出了战略要求，也对规模化物流企业带来了发展机遇。2021 年年底，为贯彻落实党中央、国务院的安排部署，中国物流集团正式成立。作为一家以综合物流为主业的央企，担负着打造现代物流"国家队"的重任。集团成立初期，我会参与了集团战略规划等顶层设计工作，充分感受到了集团上下对于成为国家最值得信赖的综合物流服务商、最具价值创造力的全球供应链组织者，全力实现世界一流现代物流企业的坚定信心。集团成立以来，制定并实施"十四五"期间"123456"的发展战略，取得了积极进展。今天，我们在这里组织召开现代物流与供应链发展论坛，通过倾听政府声音、汇聚专家智慧、展望行业趋势，对于集团下一步发展具有积极意义。在这里，结合当前行业发展问题和趋势，我想对中国物流集团下一步发展提五点建议，供大家参考。

一是需求牵引，供应链创新先行。现代物流是派生产业，需求牵引供给是发展规律。当前社会物流存在需求不足的局面，一方面是需求本身下滑，另一方面也是高质量供给不足导致。在这方面，大宗商品贸易物流存在明显短板。建议充分发挥中国物流集团下属公司在大宗商品贸易物流方面的传统优势，大力推进产业链、供应链数字化转型、智能化改造和网络化布局，重点发展数字化智能化网络化的供应链集成服务。以商流牵引物流、物流支撑商流，打造融合采购、贸易、物流、金融等为一体的供应链集成服务模式，保障产业链供应链安全稳定。

二是两业融合，生产物流发力。当前，工业品物流总额占社会物流总额的比重超过九成，仍然是社会物流的主要来源。国家有关部门积极推进先进制造业与现代服务业融合发展。"十四五"现代物流规划提出，促进物流业与制造业深度融合。在这方面，中国物流集团具有先发优势，在酒类、机械等领域做了积极探索，建议顺应国资委推进链长制的政策要求，依托中央企业集中主业的发展趋势，建设制造业物流协同服务平台，在物流领域深化与央企国企的长期战略合作，推动信息互通、设施共用、业务协同，为央企国企提供一站式、一票制、一体化的综合物流解决方案，支撑央企链长制升级，助力产业迈向价值链中高端。

三是科技赋能，智慧物流引领。近年来，数字经济正在成为继农业经济、工业经济之后的主要经济形态。随着新一代信息技术与物流产业融合程度加深，智慧物流正迎来发展机遇。我会与中国外运发布的《新时代中国智慧物流发展报告》提出，智慧物流是以"数字驱动"和"协同共享"为特征，以"价值提升"为中心，对产业生态重塑变革。中国物流集团下属中储智运、中储京科等平台企业依托自身对产业的深刻理解，积极拥抱互联网，正在践行产业互联网的发展道路，并取得了积极成效。下一阶段，建议选择重点领域继续推进数字化转型，发挥央企物流服务平台的优势，充分整合供应链上下游资源，推进现代流通体系硬件和软件建设。

四是内引外联，物流网络升级。当前，面对国内国际严峻的形势，国家提出加快形成内外联通、安全高效的现代物流网络。中国物流集团拥有遍布全国和海外的仓储网络和运输网络，具有规模领先的发展优势。但是也存在布局不合理、资源条件差、盈利模式单一的问题。建议在集中梳理集团物流资产的基础上，加大统筹优化和资产管理，结合国家物流枢纽、示范物流园区等战略规划，盘活既有存量资产，投入新增战略性资产，编织"通道＋枢纽＋网络"的物流网络体系，夯实集团物流底盘，更好地支撑双循环新发展战略。

五是重点突破，国际物流探路。随着全球产业链供应链加快重组，国内企业加快"走出去"，国内物流网络将进一步融入全球物流网。我国企业全球竞争的短板是一体化全球物流交付能力，优势是区域化产业链供应链市场规模和组织能力。建议集团重点聚焦战略性客户的国际物流需求，通过与供应链上核心企业强强合作，与战略客户"抱团出海"，搭建全球供应链物流平台，提供一站式、多通道、稳定性的全球物流交付服务，推动构建自主可控、安全稳定的产业链供应链，进一步增强产业链韧性，助力"中国制造"扬帆出海。

（2022年9月15日，作者在中国物流集团现代物流与供应链发展论坛上的讲话，内容有删节）

12

穿越周期　重启引擎
引领中国式现代物流体系高质量发展

当前，我国物流业处于恢复性增长和结构性调整的关键期，把握增长机会、克服转型困难考验中国式智慧。党的二十大确定了全面建成社会主义现代化强国、以中国式现代化全面推进中华民族伟大复兴的战略目标。国务院印发的《"十四五"现代物流发展规划》，描绘了中国式现代物流体系建设的宏伟蓝图。当前，我国已经是世界物流大国，但还不是物流强国。近年来，贸易保护、疫情冲击、地缘政治等对我国物流增长势头和转型升级带来冲击。我国物流高质量发展的前进道路已经明确，但是各种不平衡、不充分、不协调问题纷繁复杂。总体来看，世界百年未有之大变局与中华民族伟大复兴交织激荡，行业高质量发展的长期趋势与阶段性、短期性的问题叠加冲突，更需要我们保持定力、慎思笃行，充分发挥企业家的创新精神，在实践中引领中国式现代物流体系建设，走出现代物流高质量发展之路。

一是坚持立足国内物流市场。我国具有人口规模巨大的优势，这是中国式现代物流体系的最大依托力量。随着我国迈入中等偏上收入国家行列，消费升级趋势显现，成为拉动物流转型升级的关键因素。要把扩大消费、扩大内需摆在优先位置，坚持"供需匹配"要求，形成需求牵引供给、供给创造需求的高水平动态平衡。要抓住食品冷链、即时零售、社区电商、医疗保健等消费升级的热点，特别是传统消费线上化的市场机会，变革传统物流模式，强化物流配送能力，提升消费服务体验。要沿着消费需求向价值链上下游延伸，从销售物流向生产物流、采购物流渗透，深化物流与生产、流通、农业融合，提供一体化、网络化的供应链集成物流服务，助力实体经济高质量发展。

二是坚持培育世界一流企业。世界一流物流企业作为物流领域的"排头兵"，是中国式现代物流体系的重要依靠主体。中物联每年发布中国物流50强企业名单，一批千亿级物流企业集团正在出现。我上次在厦门提出了世界一流物流企业的"五力"模型，即要在"价值创造力、网络联通力、产业融合力、创新驱动力、应急响应力"上发挥示范引领作用。其中，提升价值创造力是根本要求。要坚守"长期主义"理念，努力为企业自身和社会持续创造价值。在当前国内外形势下，更需要聚焦主业、突出专业，深耕细分市场，夯实专业化能力，做实增长、做优利润，在做精做优的基础上稳步做大，逐步从规模型数量型增长向质量型效率型增长转变。要增强资源配置和整合能力，通过参股、收购、兼并等多种方式，强化战略资源配置，优化自身产业布局，提升市场话语权和掌控力。

三是坚持以人民为中心。以人民为中心是习近平新时代中国特色社会主义思想的核心内容，也是中国式现代物流体系的使命要求。当前，我国物流领域从业人员超过5000万人，大量的货车司机、快递小哥、外卖骑手等基层从业者，构成了物流行业的基本队伍。要坚持"共同富裕"的初心使命，让广大物流从业者享受物流发展"红利"，不断增强从业者的获得感、幸福感和安全感。中物联《2022年货车司机从业状况调查报告》显示，基层货车司机收入总体处于社会中等水平。但是我们也看到，货车司机工作时间长、劳动强度大、与自身预期还有一定差距。物流业是劳动密集型行业，随着人口老龄化日益严峻，保持人才队伍吸引力，培养高素质物流人才更加迫切。随着无人车、无人仓、无人机等"无人化"技术的推广，也对稳定就业和共同富裕提出了挑战。

四是坚持高水平对外开放。中国式现代化是走和平发展道路的现代化，在民族复兴的新征程上，统筹发展与安全对中国式现代物流体系建设提出更高要求。三年疫情叠加逆全球化趋势，暴露了我国产业链供应链的隐患和短板，提升产业链供应链韧性与安全水平日益紧迫。要利用"国际国内"两个市场，构建关键原材料、重要商品和零部件等的全球供应链履约服务体系。要坚定步伐、跟随"中国制造"和"中国基建""走出去"，加快境外网络化布局，做好境外物流基地建设，提高对战略性资源的控制能力。要自主发力，深化合作"闯进去"，开展境外属地化经营，铺设境外物流服务网点，走自主经营的路子，从国内项目"输血式"经营向"本地化"服务转变。要鼓起勇气、积极突围"赶上去"，实现物流全球化运作，与国际物流战略客户深化合作，深度融合全球价值链体系，更好地维护世界和平与发展。

五是坚持绿色可持续发展。人与自然是生命共同体，坚持走可持续发展道路，是中国式现代物流体系的必由之路。我国提出了"30/60"目标，加快"碳达峰碳中和"进程，倒逼传统发展方式转型升级。今年以来，一批领军物流企业纷纷发布社会责任报告，彰显责任担当。要坚持"低碳转型"思路，全面推动物流领域绿色化、低碳化和可持续发展。今年初，工业和信息化部等8部门开展公共领域车辆全面电动化先行区试点工作，重点支持邮政快递、城市物流配送领域，走在世界前列。还有新能源重型货车试点示范、仓库太阳能光伏发电、托盘标准化和循环共用、快递绿色包装应用、"公转铁、公转水"等绿色发展方式均获得政策支持，有效提升物流效率效益，实现物流可持续发展，绿色低碳焕发勃勃生机。

（2023年7月15日，作者在2023中国物流企业家夏季峰会上的致辞，内容有删节）

13

守正创新　奋楫者先
引领现代物流高质量发展

　　今年是共建"一带一路"倡议提出十周年。在今年举行的第三届"一带一路"国际合作高峰论坛上，国家主席习近平宣布中国支持高质量共建"一带一路"的八项行动，第一项行动是构建"一带一路"立体互联互通网络，为现代物流助力"一带一路"发展指明了新方向。本届年会以"共建大通道融合促发展"为主题，在"一带一路"的重要枢纽云南西双版纳召开，适逢其时、意义重大。

　　今年以来，社会物流总额增速低于 GDP 增速，物流需求系数持续下滑，显示实物物流需求不太旺盛，市场复苏整体没有达到预期。重点联系企业调研显示，反映需求不足的企业占比较多。各类企业经营效益普遍承压，甚至出现"量增利减"局面。行业新动能短期内难以撬动规模庞大的存量市场，我国物流业正进入"温和"增长阶段，一定程度上影响企业信心修复。随着各项政策发力和市场恢复向好，我国物流业仍具较强韧性，预计全年社会物流总额将保持 4.5% ~ 5% 的增长水平。

　　展望 2024 年及未来一段时期，我国物流业正处于以速度换空间的时期，对广大企业家的信心决心、广大物流企业的战略决断提出了更高要求。我国提出双循环新发展格局，为现代物流高质量发展打开了空间。随着产业升级、消费升级，统一大市场建设需要现代物流畅通国内大循环。更高水平开放，企业加快"走出去"，建设贸易强国需要现代物流牵引国际大循环。内外贸一体化，出口转内销，融入全球市场需要现代物流衔接国内国际双循环。总体来看，我国现代物流有望呈现下列趋势。

一是大盘稳定，市场保持温和增长。随着财政和货币政策更加积极有为和精准有力，物流需求总体稳定，最终消费持续复苏，带动生产、进口需求稳步回升，市场温和增长将成为新常态。

二是结构调整，需求贡献持续分化。依托超大规模市场优势，消费对物流需求贡献将稳步增长；制造业向中高端迈进，精益物流、供应链服务成为增长点。服务体验、履约能力、安全可控将更为重要。

三是提质增效，降低成本仍有潜力。简单地降低运输、仓储价格的粗放式降本基本没有空间，应逐步转向以提高质量效率为重点的"质量、效率型降本"。通过资源整合、流程优化、组织调整，减少物流"浪费"空间巨大。

四是市场集中，规模化集约化成长。市场增速放缓期往往是规模企业快速成长期。骨干物流企业和平台企业竞争力持续提升，兼并重组、联盟整合、平台建设持续发力，构建协同共生的产业生态，行业市场集中度将稳步提升。

▲ 2023 年 3 月 16 日会见前海联合交易中心总经理董峰

五是产业融合，全链条系统化整合。物流业与制造业、商贸业深化融合，构建具有产业特色的物流服务链，打通供应链全链条、串通产业链全系统，实现产业链与物流链双链联动，有望成为新的利润源。

六是韧性安全，保供稳链更为迫切。我国经济加快融入国际市场，属地生产、全球流通成为趋势，需要增强国际供应链韧性和安全水平。部分重要商品国际依存度仍然偏高，物流保供稳链作用将更加突出。

七是设施联通，物流网络高效畅通。基础设施深化互联互通，国际物流大通道不断延伸拓宽，带来经贸发展的新机会。综合交通运输体系日益完善，物流基础设施加强资源集聚，有望带动区域经济进一步转型升级。

八是创新驱动，数字化转型提速。数字经济正在成为改造传统产业的抓手，国家提出新质生产力，就是要发挥数字经济、平台企业的优势，推进数字技术与实体经济融合，传统产业全面拥抱互联网，再造物流发展新模式。

九是绿色低碳，释放物流社会价值。美丽中国建设加速推进，我国重启温室气体自愿减排交易市场，物流行业作为移动源重要的排放领域，物流减排成本逐步转变为社会价值，将助力行业全面向绿色低碳转型。

十是多方合力，行业共治统筹协调。现代物流领域政府协同、政策合力，政策措施将更加有效，增强政策获得感。行业协会组织深化桥梁纽带作用，标准引领、行业自律。政府、协会、企业多方合力，开展行业共治取得共识。

［2023 年 12 月 13 日，作者在 2023（第二十一届）中国物流企业家年会上的致辞，内容有删节］

第四篇

学术观潮

01
落实"国九条"带动学术研究新方向

2011 年，中国开始实施第十二个五年规划。今后五年，是全面建设小康社会的关键时期，也是加快转变发展方式的攻坚阶段。我国工业化、信息化、城镇化、市场化、国际化深入发展，国内市场潜力巨大。加快转变发展方式、调整经济结构，给物流业提供了广阔的发展空间。物流业作为新兴的服务业，是推动传统产业转型升级的重要支撑，是拉动消费、搞活流通、促进生产的重要保障，也是转变经济发展方式的突破口。以科学发展为主题，以加快转变发展方式为主线，对物流业发展提出了新的要求。物流业不仅要支撑经济总量持续增长的需要，更要通过提高效率，降低成本，减少消耗，来促进国民经济运行质量和效益的提高，以减轻资源和环境压力，实现可持续发展。

进入 21 世纪以来，特别是国际金融危机发生以后，物流业受到我国政府高度重视。2009 年 3 月，国务院发布《物流业调整和振兴规划》，把物流业纳入调整和振兴的十大产业之一。为此，中国物流与采购联合会提出了关于税收、交通、投融资、支持物流企业做强做大、促进物流园区发展和制造业与物流业联动等 60 条政策建议。2011 年 6 月，国务院常务会议专题研究支持物流业发展的政策措施，形成了《国务院办公厅关于促进物流业健康发展政策措施的意见》，业内叫作"国九条"。"国九条"共有 40 多个"政策点"，我们提出的 60 条政策建议有相当大的部分被采纳。

物流政策的改善和实践的发展，为物流学术理论研究提出了新的方向。

有这样一些趋势，值得我们关注和研究。一是物流业整体运行速度趋稳，结构调整步伐加快，从追求数量的扩张，转向质量的提升。二是制造业、商贸业和农业等产业发展对物流的依赖度增强，对物流运行的质量和效益提出了更高要求。物流业如何应对变化，实现转型升级，是一个主要而紧迫的课题。三是各类企业出现了跨界经营、融合渗透、联动发展的趋势。制造型、商贸型、电子商务型企业进入物流领域；物流企业介入代理采购、分销以至于网上销售，新的经营模式不断涌现。四是物流市场经营风险加大，竞争加剧，客户对服务的要求越来越高，要素成本支出越来越大，而市场价格上升空间有限，物流企业面临重新洗牌。五是金融与物流更加紧密结合，由代收货款、代理结算、仓单质押融资监管等金融服务，发展到贸易、物流和金融一体化的全程供应链服务。各类金融机构向物流业寻求合作机会，实力雄厚的物流企业借助资金优势，提高供应链掌控能力。六是云计算、物联网等新的技术给物流业发展带来深刻影响，更加精准、更加快捷、更加方便的智慧物流引领物流技术的发展方向。七是农产品物流、供应链物流、社区物流、应急物流和绿色物流等关系到民生和社会和谐稳定的物流领域，将会获得更多支持，得到更快发展。八是随着各级政府重视，政策环境的改善，物流管理体制、物流法律法规体系建设提到议事日程。

（2011 年 11 月 12 日，作者在第十次中国物流学术年会上的致辞，内容有删节）

02
物流业阶段转换带来新的研究方向

  未来一段时期，伴随经济中速增长成为经济运行的常态，我国物流业也将进入适度增长的战略调整时期。物流业在国民经济中的地位和作用日益突出，并将有力促进其他产业生产方式变革和流通模式转变，进一步支撑我国经济结构调整和发展方式转变。新时期物流业要积极应对中速增长带来的挑战，抓住产业发展面临的机遇，坚持"稳增长、调结构、抓整合、促转型"的发展思路，提高效率和效益增长，减轻行业发展对增长速度的依赖，全面推动行业持续健康和可持续发展。

  物流业发展阶段的转换和物流政策焦点的转变，带来了一系列实际问题，为物流学术研究提出了新的方向。一是中长期建立现代物流服务体系的顶层设计和路径规划。二是系统整合在转变物流业发展方式中的战略作用和模式选择。三是物流行业管理提升的战略方向和体系搭建。四是物流业与其他产业融合的路径选择和模式创新。五是物流产业集中度提高和格局调整的战略方向。六是区域物流的统筹协调和一体化发展。七是国际物流体系框架搭建和国家战略性投资。八是云计算、物联网与物流业的深度结合和产业变革。九是绿色和低碳物流在中国的价值评估和推广体系。十是具有中国特色的现代物流政策体系的搭建。这些理论和实际问题的研究，对于我们把握行业发展方向，转变行业发展方式，推动行业转型升级，实现物流业的健康可持续发展具有重要的意义。

  今年7月，中央召开了全国科技创新大会，胡锦涛等多位领导同志到会讲话。胡锦涛总书记在大会讲话中指出，科技是人类智慧的伟大结晶，创新是文明进步的不竭动力。要推进改革开放和社会主义现代化，实现全面建成小康社会目标，不断提高人民生活水平，实现中华民族伟大复兴，必须从国家发展全局的高度，集中力量推进科技创新。我们物流理论和实践研究者，要深刻把握党和国家的工作要求，坚持创新驱动的发展战略。要站在国家发展的全局高度，增强创新的紧迫感、危机感和使命感，做好科技创新、管理创新与理论创新、学术创新的统一。要结合行业发展实际，坚持走产学研结合的创新道路，调整完善创新的新思路、新模式、新格局，加快新成果的实践转化进程。要从行业战略发展角度，推动产学研合作机制和体制创新，真正建立以企业为主体、院校为依托、市场为导向、产学研相结合的自主创新体系，支撑行业的健康可持续发展，以更好的成绩迎接党的十八大胜利召开。

（2012 年 11 月 10 日，作者在第十一次中国物流学术年会上的致辞，内容有删节）

03
打造中国物流"升级版"的
重点研究问题

　　三十五年前的中国共产党十一届三中全会，开启了中国改革开放的新时期。今天召开的党的十八届三中全会将就新时期全面深化改革作出重要决定，中国物流业面临新的发展机遇。从需求基础看，全面深化改革将给中国经济带来新的动力和活力，持续稳定增长和转型升级的中国经济将产生更多的产业物流需求。制造业物流社会化、城乡物流一体化以及电子商务推动下的商贸物流变革，将为物流业奠定强劲的需求基础。从市场主体看，通过体制改革、企业重组和模式创新，专业化、社会化的物流企业服务能力进一步提升。物流业与制造业、农业、商贸业以至于金融业、信息业的融合进一步深化，现有物流企业都将面临新的市场选择。从物流技术和信息看，大数据、云计算、物联网等新技术，将对物流业带来革命性的影响，自动化、信息化、智能化将引领物流企业管理进步和技术创新。从政策层面看，放开投资准入，减少行政审批，改革工商登记制度。政府部门进一步转变职能、更好地发挥行业协会作用，将为物流业发展带来相对宽松的制度环境。从国际物流看，中国（上海）自由贸易试验区的设立，"丝绸之路经济带"和中国东盟互联互通战略的提出，体现了中国新一届政府改革开放的新思路，也为国际物流合作与发展开辟了广阔前景。物流业作为服务业中的骨干产业，要认真研究新阶段出现的新趋势、新变化，提出新思路、新对策，打造中国物流"升级版"，为全面深化改革和全面建成小康社会作出新的贡献。

新形势对物流业提出了新要求，无论是产业实践发展，还是理论体系构建，都有不少重点、难点和热点问题。譬如：物流业转型升级问题，物流模式创新问题，城乡物流统筹和社区物流问题，电子商务物流快速适应问题，自由贸易区对物流的影响问题，物流资源整合问题，综合运输体系构建问题，铁路货运改革问题，物流园区健康发展问题，金融物流风险防控问题，区域物流协调发展问题，国际物流创新问题，大数据、云计算对物流业的影响问题，绿色物流问题，物流市场秩序与诚信体系建设问题，政府物流管理体制与政策问题，物流业法律、法规问题，物流学科体系、理论体系和现代物流服务体系问题等。如何在这些方面突破与创新，是物流行业面临的紧迫问题，物流学术研究领域更应该先行一步。

近年来，在物流实践发展的推动下，在广大会员积极参与和各有关方面大力支持下，中国物流学术年会已经举办12次，物流学会各项工作得到较好较快发展。目前，我们的在册会员已经发展到4500余名，累计交流各类研究成果8000余件。一大批成果获得了国家和地方基金支持，有不少被政府部门和企业采纳。许多研究成果体现在《物流业调整和振兴规划》"物流业国九条"《全国物流园区发展规划（2013—2020年）》和将要出台的《物流业发展中长期规划（2014—2020年）》以及许多地方和部门物流业相关规划和政策措施当中。关于物流经济、物流管理、物流技术与工程、采购与供应链管理等方面的基础理论研究和实务操作研究以及案例的总结推广，对行业企业起到了重要的指导和引领作用。可以说，近年来中国物流业出现的新局面，也有包括在座各位在内的中国物流学会广大会员的一份功劳。

同时我们也深知，学会当前的研究能力和水平还不能够适应物流业快速发展的需要。物流学术理论研究与行业发展的实际联系不够紧密，实用性有待加强；低水平重复研究较多，缺乏重大理论创新；产学研结合不够深入，研究成果缺少应用转化渠道。

解决这些问题，将是下一步学会工作的目标，更需要产学研各界共同努力。一是要加强政策研究。要深入调查研究，积极反映企业诉求，注重研究的针对性、应用性和有效性，积极推动政策落实。二是深化行业研究。要分析行业发展的新形势，关注涉及全行业的重点、难点、热点问题，提出对策建议，引领行业发展。三是开展企业研究。要关注在新形势下企业转型升级的需要，加强企业实用对策研究，帮助企业进行人才培养、技术改造和管理提升。四是强化基础研究。要积极提升原始创新、集成创新和引进消化吸收再创新能力，瞄准国际前沿，开展国家和行业发展亟须的战略性研究、前瞻性研究和公益性研究，争取重大理论创新。五是实质推进产学研结合。要发挥产学研基地的示范和带动作用，开展协同创新，构建以企业为主体、市场为导向、产学研相结合的创新体制。六是做强做大学会工作平台。重点是进一步扩大会员规模，优化会员结构；办好一年一度的物流学术年会，促进研究质量提升；加强对产学研基地的指导和服务，发挥特约研究员的作用；办好学会网站和会员通讯，加强和改进会员服务工作；并要积极创造条件，扩大与国际同行的交流与合作。

（2013 年 11 月 9 日，作者在第十二次中国物流学术年会上的致辞，内容有删节）

04
物流"新常态"面临的重点研究问题

前不久，国务院正式发布《物流业发展中长期规划（2014—2020 年）》（国发〔2014〕42 号，以下简称《中长期规划》）。这是新一届中央政府在国民经济"新常态"下，对我国物流业发展的"顶层设计"。总结其突出"亮点"：一是明确提出物流业是支撑国民经济发展的基础性、战略性产业，这极大地提升了物流业的产业地位，拓展了发展空间；二是着力降低物流成本，着力提升物流企业规模化、集约化水平和着力加强物流基础设施网络建设三大发展重点，抓住了物流业发展的"牛鼻子"；三是多式联运和物流园区等十二项重点工程，找到了推动物流业发展的"突破口"；四是总体目标和主要任务全面具体。总体来看，《中长期规划》是未来一段时期指导物流业发展的纲领性文件，具有很强的针对性和指导性。

经济发展的"新常态"，物流业发展的新特点和国务院的新规划对物流业提出了新的要求，也是物流理论和学术研究的新课题。特别是以下问题值得我们重点关注：现代物流服务体系的构建、完善和升级；降低社会物流成本的系统思考与对策；物流集约化发展战略和路径选择；物流基础设施网络的衔接和优化；物流服务外包和供应链集成优化；城市物流、区域物流和国际物流协同发展；物流诚信体系建设和负面清单管理；信息化、标准化和物流装备现代化；大数据、云计算、物联网等新兴技术以及机械化、自动化、智能化；物流学科体系建设和人才培养；低碳和绿色物流、应急物流、军民融合式物流的理论与实践发展等。这些都是当前我国物流业发展的重点、难点和热点问题，需要我们重点突破。

　　刚刚结束的党的十八届四中全会审议通过了《中共中央关于全面推进依法治国若干重大问题的决定》，该决定明确了全面推进依法治国的总目标。物流业作为新兴的服务业，存在许多法律空白，一些现有的法律法规亟待调整和完善。《中长期规划》提出，要完善法规制度，健全物流业法律法规体系，择机研究制定物流业促进方面的法律法规。加强物流业法治建设，是奠定物流业法律地位、促进行业健康发展的重要保障。我们应该关注物流业法律法规体系建设的前期研究，加强综合性法律法规的立法准备工作，我们学会也应该在这方面有所作为。

　　（2014 年 11 月 8 日，作者在第十三次中国物流学术年会上的致辞，内容有删节）

05
"一带一路"倡议研究的重点任务

2013 年，习近平总书记在出访中亚和东南亚国家期间，先后提出共建"丝绸之路经济带"和"21 世纪海上丝绸之路"即"一带一路"的重大倡议，得到国际社会高度关注。2015 年 3 月，国家发展改革委、外交部、商务部联合发布了《推动共建丝绸之路经济带和 21 世纪海上丝绸之路的愿景与行动》，提出了与沿线国家在政策沟通、设施联通、贸易畅通、资金融通、民心相通等领域的合作重点。交通运输作为设施联通的核心和基础，成为"一带一路"建设的优先发展领域。最新数据显示，自 2011 年 3 月以来，连接中国和欧洲大陆的中欧班列，已开行列车 3600 多列，成为国际物流陆路运输的骨干通道。一大批国内企业加大沿线国家的基础设施布局，促进国际产能合作，取得积极成效。物流业作为制造企业、商贸企业"走出去"发展的重要支撑，战略作用日益突出。本次会议主题提出了"'一带一路'倡议下商学院的机会"，符合国家宏观战略决策需要，也体现了经管学院的优势领域。

"一带一路"倡议是一项长期方案，在设施联通及后续发展等方面还有待加强规划研究。如，"一带一路"国际物流大通道建设、"一带一路"国际物流网络布局、"一带一路"国际物流大通关机制、"一带一路"物流基础设施投融资机制、"一带一路"物流企业合作模式、中欧班列跨国运行机制等。如何发挥物流业对中国企业"走出去"的战略支撑作用，促进国际产能合作，也是"一带一路"倡议面临的重大课题。经管学院成立"一带一路"产业研究院，有助于发挥自身优势领域的特色，开展系统性、专业性、创新性研究，为"一带一路"倡议的有序实施提供决策参考。

（2017 年 4 月 21 日，作者在第三届北京交通大学经济管理学院国际咨询委员会会议上的致辞，内容有删节）

06
新时代新物流发展的新课题

　　五年来，在物流实践发展的同时，物流学会工作取得新进展。围绕行业发展的实际需要，学会组织的物流理论研究队伍不断扩大，成果数量稳定增加，研究质量明显提升；积极参与物流规划和政策的研究起草工作，提出的政策建议被国务院办公厅及有关政府部门采纳；产学研结合深入推进，打造"日日顺物流创客训练营"等合作平台，产学研基地稳步扩大；在教材编审、师资培训、学生大赛等方面不断创新，面向全领域、多层次的物流人才培养机制逐步形成；积极参加国际采购与供应管理联盟、亚太物流联盟等国际组

▲ 当选国际采购与供应管理联盟主席

织的活动，在基础性研究、项目证书互认、国际标准推广与应用、全球PMI指数研发等方面深化合作。深入贯彻落实习近平总书记系列重要讲话精神，加强党对学会工作的领导。注重学会自身建设，不断增强服务功能，扩大吸收新会员。到目前，我会个人会员总数已超过8000人，聘任特约研究员178名。

前不久召开的中共十九大开启了新时代中国特色社会主义建设的新征程。物流业发展面临新要求、新任务，需要明确新定位、谋求新发展。现代物流业和现代供应链是现代化经济体系的重要组成部分，是新时代中国特色社会主义建设的重要支撑，也是社会主义现代化强国的必备条件。新时代需要贯彻创新、协调、绿色、开放、共享新发展理念的新物流，需要质量和效益不断提升的新物流，需要能够满足人民日益增长的对美好生活需要的新物流，需要适应社会主义现代化强国建设的新物流。

如何发展新时代的新物流，是摆在我们面前的新课题。有这样一些研究重点，希望引起大家的重视和研究。

第一，新时代我国物流业发展的主要矛盾是什么，新机遇和新挑战在哪里？

第二，新时代中国特色社会主义建设对物流业发展提出了怎样的要求，物流业如何适应新要求？

第三，物流业在现代化经济体系当中处于什么位置，如何支持制造强国战略、乡村振兴战略、区域协调发展战略、全面开放新格局和建设美丽中国等新战略？

第四，如何适应我国经济由高速增长转向高质量发展的新阶段，推进物流降本增效，提升物流业运行的质量和效益，支持实体经济发展？

第五，怎样坚定不移贯彻新发展理念，形成现代供应链和物流服务生态圈，满足人民对美好生活的新需要？

第六，怎样加快供应链创新与应用，促进产业组织方式、商业模式和政府治理方式创新，推进供给侧结构性改革？

第七，怎样推动互联网、大数据、人工智能和物流业深度融合，大力发展"智慧物流"，在现代物流与现代供应链领域培育新增长点、形成新动能？

第八，如何配合京津冀协同发展，雄安新区、粤港澳大湾区建设和"一带一路"倡议，建立和完善符合国家发展战略需要的物流基础设施网络体系和运输模式？

第九，如何贯彻节约资源和保护环境的基本国策，推动绿色低碳物流新发展？

第十，如何推进军民深度融合，构建寓军于民、平战结合的军事物流和应急物流服务体系？

第十一，如何扩大物流业开放合作，形成陆海内外联动、东西双向互济的国际物流与供应链服务网络？

第十二，按照社会主义现代化强国建设的总体框架，如何规划物流强国建设的新蓝图？

第十三，怎样围绕"两个一百年"奋斗目标以及从 2020 年到 21 世纪中叶两个阶段新安排，提出物流业先行发展的新思路？

第十四，为建设符合新时代中国特色社会主义的现代物流服务体系，需要哪些新法规、新政策？

第十五，怎样坚持产学研结合，完善物流与供应链教育和培训体系，培养和造就一大批符合新物流发展需要的专业人才等。这些理论和实践问题的探索，应该成为今后一个时期物流学会研究工作的主攻方向。

（2017 年 11 月 25 日，作者在第十六次中国物流学术年会上的致辞，内容有删节）

07
为新时代物流产业高质量发展培养新型物流人才

当前，我国物流人才培养事业取得巨大成就。一是建立了完整的现代物流人才培养体系。截至 2017 年年底，已有 610 多所本科院校和近 2000 所中、高职院校开设物流专业，在校生规模达到 50 万人，其中本科在校生 16.6 万人。二是内涵建设树立了品牌。2005 年，教育部批准成立了全国高校物流教学指导委员会，十三年来，物流教指委在黄有方等同志的带领下，做了大量建设性和创新性的工作。物流学科建设取得重大突破，在理论研究、内涵建设、学术交流、教改教研、国际交流和师资培养等方面取得优异成绩。全国大学生物流设计大赛在引领教学改革、培养应用型人才方面发挥了重要作用，得到了教育主管部门和行业、企业、院校的充分肯定。三是搭建交流与合作平台。我们全力推进组织建设，让更多的专家、老师参与到教指委的工作中来。每年召开教学研讨会，今年是第十七届，来自国内外的专家学者交流分享他们成功的经验。本次会议特邀联盟成员国行业和院校代表参与会议的交流与互动。

当前，我国物流业正处于向高质量转型的关键时期，物流人才素质提升是高质量发展的重要前提，这对高等教育物流人才培养提出了新的要求。应对新时代人才挑战，还是要回归高校科学研究、教学育人和服务社会三大本源。

第一，要加强物流领域理论研究，不断完善我国现代物流业理论体系。

特别是针对当前智慧物流、现代供应链大发展的时代需要，加强相关理论研究。

▲ 参观云南能投集团"能源云"监控平台

第二，要完善物流学科体系和专业人才培养体系，以提高人才的核心能力、实践能力、创新能力为重点，探索校企协同育人的新模式。结合智慧物流、现代供应链理论创新，充实完善相关学科体系。

第三，要服务社会，服务产业，积极推进产学研结合，解决企业发展中的实际问题。积极开展职业培训，提高物流从业人员的整体素质。

（2018 年 10 月 20 日，作者在第十七届全国高校物流教学研讨会上的致辞，内容有删节）

08
产学研结合　理论与实际结合
拓展中国特色物流发展道路新境界

当前，国内外形势正在发生深刻变化，新时代的新机遇和新挑战对我国物流业进一步深化改革、扩大开放，全面提升国家物流竞争力提出了新课题。新一轮产业革命、技术革命深入推进，成为新发展的强劲引擎。我国经济由高速增长阶段转向高质量发展阶段，消费升级、产业升级对物流运行质量和水平提出了更高要求。物流理论研究中基础性、原创性成果不多，研究方法的创新性及研究成果的前瞻性、适用性有待加强，支撑物流高质量发展的理论体系和学科体系尚未形成。

党的十九大明确提出了决胜全面建成小康社会，开启全面建设社会主义现代化国家新征程的宏伟目标。作为现代化经济体系的重要支撑和现代化强国的必备条件，物流业使命光荣，责任重大。我们要坚定不移贯彻"创新、协调、绿色、开放、共享"的新发展理念，全面推进物流高质量发展，不断拓展中国特色物流发展道路，实现物流强国建设的伟大目标。

新时代新物流发展的新目标、新任务，对物流理论研究工作提出了新课题。以下十个方面的问题，应该引起特别关注。

第一，物流强国的标准是什么，怎样谋划建设物流强国的"时间表"和"路线图"？

第二，如何围绕党的十九大提出的"制造强国""乡村振兴""区域协调发展""军民深度融合""更高水平对外开放"和"生态文明建设"等一系列重大发展战略，促进物流业高质量发展？

第三，现代物流服务体系的内涵、外延、框架结构、运行机理是什么，物流强国需要什么样的物流服务体系来支撑？

第四，物流业和相关产业怎么融合，有哪些有效途径和方法，怎样延伸产业链、优化供应链、提升价值链？

第五，如何面对数字经济、智慧物流发展浪潮，怎样处理体制与机制、信息化与标准化、人工智能和劳动就业、客户体验和成本支出等方面的关系？

第六，怎样处理多式联运、运输结构调整、物流基础设施互联互通过程中出现的利益分配、标准衔接、机制转换和政策调整等问题，如何发挥物流基础设施网络的整体效能？

第七，如何配合"一带一路"建设，推进物流业更高水平对外开放，形成陆海内外联动、东西双向互济的国际物流与供应链服务网络，融入全球供应链体系？

第八，如何形成合理的成本分担机制、监督考核机制，分区域、分行业、分阶段，有序推进绿色低碳物流、逆向物流、应急物流和军事物流发展？

第九，如何理顺各利益相关方关系，加强统筹协调，形成政府、协会和企业同心同向、共生共荣的良性互动"生态圈"？

第十，如何团结产学研各方力量，加强基础理论和应用理论研究，不断推出创新性研究成果，完善物流、采购与供应链理论体系，为物流强国建设提供智力支撑？

（2018 年 11 月 17 日，作者在第十七次中国物流学术年会的致辞，内容有删节）

09
迎接"十四五"物流业发展的新阶段

当前,"十四五"发展的新阶段即将开启。总结"十三五",研判新趋势,谋划"十四五",是摆在物流、采购与供应链领域的重要任务,也是中国物流学会产学研各界面临的重点课题和本次会议的重要内容。

进入"十三五"以来,我国物流业以习近平新时代中国特色社会主义思想为指导,以供给侧结构性改革为主线,不断开创发展新局面。物流市场规模保持稳定增长,需求结构不断优化,运行效率有所提升;综合交通运输体系和物流节点网络融合发展,基础设施条件大为改善;全国 A 级物流企业总数超过 6000 家,电商、快递、快运、汽车、冷链等细分领域出现了一批规模实力较强、引领带动作用较大的领军企业;以智慧物流、供应链创新、多式联运、网络货运等为标志的新技术、新模式、新业态推广应用。国务院及有关部门出台一系列支持和促进物流业发展的政策措施,营商环境持续改善。物流业积极配合京津冀协同发展、长江经济带、长三角一体化、粤港澳大湾区等重大国家战略,基础性、战略性、先导性作用有效发挥。

在物流实践发展的同时,物流学会工作取得新进展。"十三五"以来,学会每年研究课题立项 200 多项、参与评审的论文 700 多篇,两项成果总数上千篇,参与人数近万人,研究质量逐步提升;学会积极参与物流规划和政策的研究起草及推动落实工作,已成为国务院及有关政府部门依靠的重要力量;深入推进产学研结合,在企业、院校和研究机构设立产学研基地 192 个;

与海尔集团共同打造的"日日顺物流创客训练营"共输出 162 个创业课题，获得 5 项国家专利，9 个创业项目在企业物流平台上实践应用；在教材编审、师资培训、学生大赛等方面不断创新，面向全领域、多层次的物流人才培养机制逐步形成；积极参加国际采购与供应管理联盟、亚太物流联盟等国际组织的活动，在基础性研究、项目证书互认、国际标准推广与应用、全球 PMI 指数研发、《现代供应链研究与应用》杂志的编辑出版等方面发出"中国声音"，贡献"中国智慧"。学会注重加强自身建设，不断增强服务功能，扩大吸收新会员。到目前，学会个人会员总数已超过 10000 人，聘任特约研究员近 300 名。学会在物流基础理论体系、现代物流服务体系、政策法规体系、人才培养教育体系建设等方面发挥着越来越大的作用，凝聚力和影响力不断增强。以上成绩的取得是各位理事、常务理事和副会长履职尽责的结果，是广大会员积极参与的结果，也是政府有关部门和各有关方面大力支持的结果。

▲ 国际采购与供应管理联盟董事会成员合影

虽然"十三五"期间我国物流业发展取得重大进展，论规模已成为世界物流大国。但在许多方面还有发展不平衡、不充分的矛盾，与现代化经济体系建设和人民对美好生活向往的物流需求还有许多方面不相适应，距离物流强国还有很长的路要走。"十四五"时期是我国经济社会发展的重要历史"窗口期"，是由全面建成小康社会向基本实现社会主义现代化迈进的关键时期。物流业发展面临新的形势和任务，需要明确新定位、谋求新发展。以下这些问题，应该引起我们特别关注。

第一，如何评估"十三五"物流业发展，回顾总结对"十四五"物流业发展的借鉴与启示？

第二，世界百年未有之大变局对物流业的影响体现在哪些方面，如何在大变局中，引领新一轮产业革命和科技革命，稳步推进物流业高质量发展？

第三，怎样围绕"两个一百年"奋斗目标，提出"十四五"物流业先行发展的战略目标和重点、实施路径和政策措施？

第四，物流强国应该具备哪些条件，建设的标准是什么，我们的差距在哪里，怎样建设物流强国？

第五，新时代产业物流需求将发生哪些根本性变化，物流企业如何提质增效，推进物流业与相关产业深度融合，培育物流服务品牌？

第六，如何适应消费升级、城乡物流体系一体化发展，加快技术创新、模式创新、业态创新和服务创新，推动生活物流服务升级，满足人民日益增长的美好生活需要？

第七，怎样发挥物流枢纽集聚辐射效应，加快推进要素资源集聚和整合，形成枢纽经济发展新格局，支撑现代化经济体系建设？

第八，如何配合"一带一路"倡议，推动中国物流企业、标准、技术、品牌和服务"走出去"，建立陆海内外联动、东西双向互济的国际物流服务网络，促进我国产业迈向全球价值链中高端？

第九，如何降低物流活动能源和资源消耗，以绿色物流支持生态文明和美丽中国建设；如何推进军民深度融合，构建寓军于民、平战结合的军事物流和应急物流服务体系？

第十，如何推进国家物流业治理体系和治理能力现代化，充分发挥市场在资源配置中的决定性作用，更好发挥政府作用，持续改善发展环境，切实增强物流企业"获得感"？

（2019年11月16日，作者在第十八次中国物流学术年会上的致辞，内容有删节）

10
推动供应链协同整合、降本增效

己亥岁末迎新之际，由中国物流与采购联合会主管，中国物流学会和中国市场杂志社共同主办的国家级学术期刊——《供应链管理》杂志，正式创刊发行。

《供应链管理》杂志为月刊，它的创刊将为全国供应链领域学者、专业院校师生、从业人员提供一个专业理论和学术研究的开放性交流互动平台。

《供应链管理》的诞生契合新时代中国供应链发展的大势，必将推动国内外供应链学术思想和理论研究的互动融合，提升中国在全球供应链中的地位和影响力。

自习近平总书记在党的十九大报告中提出在现代供应链等领域培育新增长点、形成新动能以来，发展现代供应链的战略意义日益凸显。现代供应链作为经济和产业重要的组织形态，是供给侧结构性改革的有力抓手，是推动经济高质量发展、促进新旧动能转换的重要动力，更是国家经济安全的稳定器。中美贸易摩擦表明，供应链能力已经不仅是企业的核心竞争力，更是行业、地区，乃至大国博弈的重要战略资源。

供应链发展水平与国家的前途命运休戚相关。中国供应链的发展历程，就是改革开放四十年来国家崛起和民族复兴的缩影。中国加入世贸组织以后，迅速融入全球供应链，作为"世界工厂"创造了举世瞩目的经济奇迹。依托中国强劲的发展势头、巨大的市场潜力和全球不可替代的产业配套能力，中国供应链已经融入全球供应链体系，是全球经济稳定和增长的重要因素。迄今为止，中国供应链在模式创新、管理水平、能力建设、人才储备等方面都取得了长足进步，各个产业都探索和发展出具有鲜明行业特点的供应链管理模式，依靠强大的基础设施构成了高度互联互通的供应链体系。国家强，则供应链强，中国供应链人都应牢记这一点，这是一切学术研究的基础和出发点。

供应链实践的创新和可持续发展，需要供应链理论的不断创新发展作支撑。供应链管理学科跨门类、跨专业，涉及多个学科，包括管理学、经济学、运筹学、信息科学、工程学、社会学等学科。由于供应链与产业链密切结合，从业者还需掌握细分领域的专业知识和技能。因此，帮助供应链从业人员提升专业水平，传播供应链领域先进理论和实践成果，为从业者提供丰富的学习交流机会和平台，是供应链事业长远发展的关键。在这方面，中物联协同有关部门做了许多工作，例如推动供应链创新与应用试点，推动在高等院校设立供应链管理专业，推广供应链专业认证，举办周期性的学术会议、论坛、沙龙和培训，发布供应链发展报告和指数等。同其他学科一样，这些实际工作中的经验和成果需要由专业期刊来总结提炼并向全社会扩散，《供应链管理》便这样应运而生。目前，关注供应链管理领域研究的国内核心期刊共有十几份，主要是管理学、物流学和运筹学等方面的学术刊物。而明确定位于供应链研究方向的刊物，一份都没有。这对于多门类、跨学科的供应链领域研究是远远不够的。与之相比，美国在供应链研究方面既有侧重于采购、物流、管理的老牌名刊，也有专注于供应链研究的优秀新刊，相得益彰。从这方面看，国内期刊的发展已经远远不适应我国供应链整体发展的需要。可以说，《供应链管理》期刊的创刊，恰逢其时，将补齐短板，蓄势待发，前景无可限量。

《供应链管理》还肩负着另一个重要的使命。供应链管理的概念是一个舶来品，自20世纪80年代这门学科诞生以来，供应链理论的发展长期由西方学术界主导，各个时期的供应链模式创新都以发达国家的企业实践经验为基础。国内的学界和企业界一直以来都是被动接受学习，照搬西方经验模式。其实，中国作为全球供应链的制造中心，在供应链领域拥有数量庞大的从业人员和广阔的创新应用空间。中国供应链人完全有能力和条件，将国外的先进理论与自身的实践经验结合，实现供应链理论的本土化和再创新。吸收外来，更要不忘本来，在当前世界政治经济大变局中，中国供应链亟须找到一条自己的道路。我们坚信，今后越来越多具有中国特色的供应链理论研究成果将在《供应链管理》期刊上呈现。

《供应链管理》作为首份专注于供应链学科的国家级学术期刊，使命不凡，任重道远。《供应链管理》以全世界各个行业、各个层面的供应链为研究对象，以推动供应链协同整合、降本增效、创造价值为宗旨，既关注理论方面的讨论和研究，也重视实践中的应用和创新。《供应链管理》属于所有中国供应链人，欢迎所有对供应链有思想、有研究、有创新的文稿和建议。希望今后有越来越多的供应链专业机构和专业人士关注和支持这份刊物，努力将其建设成为全球知名、中国一流的供应链学术研究期刊。

（2020 年 1 月 1 日，作者为《供应链管理》所作创刊词）

11
新的起点　新的征程

　　铁路是国民经济大动脉、关键基础设施和重大民生工程，是综合交通运输体系的骨干和主要运输方式之一，在我国经济社会发展中的地位和作用至关重要。习近平总书记曾用"铁路密布""高铁飞驰"来点赞我国铁路。多年来，我国铁路以不断满足人民日益增长的对美好生活的需要为发展目标，从"走得动"，到"走得好""走得快"，从"运输工具"到"舒适出行方式"。与此同时，铁路不断提升运输能力、服务质量，在我国经济社会发展中发挥了重要作用。

　　自1978年改革开放后，我国经济开始步入持续、快速、健康的发展轨道，国家加大了对铁路网络的建设力度。特别是2004年，国务院常务会议通过了《中长期铁路网规划》，旨在进一步加快我国铁路建设，改变铁路发展长期滞后的局面。

　　当前，我国铁路已经从10公里的"马车铁路"发展到"八纵八横"的高铁运输网络，从"龙号"机车到时速350公里的高速列车。2019年12月30日，世界上第一条时速350公里的智能高铁——京张高铁，正式通车。2019年，既是"中国铁路之父"詹天佑逝世一百周年，也是京张铁路全线通车一百一十周年。正如习近平总书记所说："从自主设计修建零的突破到世界最先进水平，从时速35公里到350公里，京张线见证了中国铁路的发展，也见证了中国综合国力的飞跃。"

　　但是，由于过去的经济发展、国家规划和其他历史原因，我国西部地区经济发展仍相对落后。从空间维度来看，交通便利的东部沿海地区正演变成一个消费中心，而资源集中的中部和西部地区正演变成生产中心和就业中心。而铁路则在东部沿海和中西部地区之间发挥着积极的衔接作用。

在我国经济由高速增长阶段转向高质量发展阶段，交通运输处于支撑全面建成小康社会的攻坚期、优化网络布局的关键期、提质增效升级的转型期，进入现代化建设和交通强国建设新时代，对我国铁路发展提出新的要求。对正确把握我国铁路运输与区域经济增长之间关系问题，提出更多挑战和更高要求。从铁路的运输维度、时间维度、空间维度来看，我国铁路的健康发展是充分发挥我国超大规模市场优势和内需潜力，构建国内国际双循环相互促进的新发展格局的重要抓手。

在此背景下，北京物资学院物流学院院长姜旭教授历经十年深耕细耘，在新中国七十周年诞辰之际，将《铁路货物运输与国民经济发展——中国铁路运输70年》献礼祖国。全书共分为八章，以我国铁路运输为焦点，从现状梳理—实证研究—空间分析—发展建议四个层次，系统研究了我国铁路运输各个方面的发展。研究铁路和经济社会的互动发展，发现今后一段时期我国铁路物流的基本规律，确定铁路在运输市场的定位以及相关的政策保障。通过借鉴其他国家的经验，结合我国发展现状，对铁路运输未来发展提出政策建议。《铁路货物运输与国民经济发展——中国铁路运输70年》是一本对我国七十年来铁路运输经济进行全面、系统研究的著作，为制定铁路市场的国家战略及相关政策提供保障，为真正实现"交通强国"，中华民族伟大复兴做出贡献。

《铁路货物运输与国民经济发展——中国铁路运输70年》从技术变革和系统构建两个方面回顾了铁路系统七十年的发展，同时从铁路系统管理体制改革、铁路提速两方面梳理了铁路系统七十年的改革成果。姜旭教授发现，七十年来我国货运结构不断发生变化，铁路货运比重不断下降；这是由市场在资源配置中起决定性作用和市场失效共同作用的结果。

我国铁路运输与经济增长的实证研究表明，铁路货运对区域经济具有直接拉动和间接促进两种作用。铁路投资建设活动直接拉动区域经济，而铁路线路建设运营为区域带来的区位优势，不断增加区域铁路货运收入和应缴纳税金。随着各省份之间货物交流量的增加，各省份之间经济联系强度不断上升，推进了全国范围内市场经济一体化发展，进而间接促进区域经济增长。

铁路货运属于消耗能源、占用资源较多的运输途径，其发展会给社会带来一定资源压力。为此，一方面作为建设周期较长、投资成本高、改造浪费大的社会基础设施，铁路发展应有适度超前意识，才能为未来铁路货运发展提供有力支撑；另一方面应该根据不同区域的资源、经济等因素，因地制宜进行铁路资源配置。

我国铁路运输空间分析表明，由于各省份经济规模、产业结构的差异，影响其铁路货物运输的决定因素也各不相同。姜旭教授发现，我国各省份的铁路货物全省发送量主要受我国产业结构布局影响；全省到达量主要受我国各省份经济发展状况影响；省内交流量主要受我国地区条件限制及产业结构布局影响；省外发送交流主要受我国经济发展状况及自然资源布局影响；省外到达量主要受我国各地区的交通运输特性及经济发展状况影响，这对优化我国铁路货物运输有着极大的借鉴意义。

姜旭教授基于广泛的实践调研和扎实的理论功底，为我们全面梳理分析了新中国成立七十年我国铁路运输的本质和经济规律。我相信通过阅读《铁路货物运输与国民经济发展——中国铁路运输 70 年》一书，广大读者能够从这本书中收获新的思路、受到新的启发。

北京物资学院是一所以物流和流通为特色的高等学府，在采购、物流、供应链的研究方面都做出了重要贡献，为中国物流与供应链领域培养了大量优秀人才。希望其在铁路物流领域的研究能走在全国的前列，形成自身特色。

（2020 年 8 月 29 日，作者为《铁路货物运输与国民经济发展——中国铁路运输 70 年》所作书评）

12
推动中国物流高水平研究
助力中国物流高质量成长

时维九月，序属三秋，中国物流业界迎来了收获的季节。由中国物流学会与中国财富出版社有限公司共同主办的国家级学术期刊《物流研究》，历经近二十年不懈努力，今天终于正式创刊。这是我国物流领域期盼已久的一件大事、喜事。借此机会，我代表中国物流与采购联合会对其表示热烈的祝贺；对参与本刊筹备工作的同志和支持本刊出版的业界同人及各有关方面表示衷心的感谢！

《物流研究》的出版发行是我国物流理论与实践发展的必然结果。1978年岁尾，伴随着改革开放拉开序幕，国家物资总局考察团从国外将"物流"概念引入国内。四十多年来，我国物流业发展与改革开放同步，经历了从理念传播、实践探索、产业地位确立到创新发展的过程。2001年4月，中国物流与采购联合会成立；2002年中国物流学会完成更名重组。近二十年来，特别是党的十八大以后，我国物流业发生了根本性变革，取得了举世瞩目的巨大成就，我们走出了一条中国特色的物流发展道路。与此同时，物流理论研究工作同步推进。万余名产学研各界人士加入中国物流学会，由学会和联合会主办的中国物流学术年会成功举办18届，参与评审的论文、课题、图书等研究成果超万件。许多成果被政府、企业等采纳，转化为规划、政策或企业经营决策，有的被列入自然科学或社会科学基金项目，有的还获得了国内国际奖项。随着物流实践和理论发展，业界迫切需要一个展示交流研究成果的专业平台。早在 21 世纪初，我们就以中国物流学会的名义积极争取申办。今天《物流研究》的问世，填补了这一领域的空白，也实现了业界同人多年的夙愿。

《物流研究》的出版发行是指导我国当下物流业发展的客观需要。物流是国民经济的基础性、战略性、先导性产业。从"十一五"开始到"十二五""十三五"，物流业的产业地位进一步明确。当前，我国物流业发展稳中有进，降本增效取得阶段性成果，物流成本增势趋缓，物流运行效率有所改善；科技赋能物流数智化、平台化，现代供应链协同共赢生态圈创新发展；物流枢纽与区域产业联动融合日益深化，物流业对外开放呈现新局面；绿色可持续物流取得新进展，物流发展的政策环境持续改善。但是，处于结构调整和新旧动能转换关键时期的物流业，也存在成本高、效率低、下行压力大等问题，发展不平衡、不充分的矛盾仍然突出。特别是突如其来的新冠疫情，对物流业造成极大冲击。需求萎缩、开工不足，社会物流成本阶段性上升，供应链、产业链协同性不强，物流业制造业联动不够等问题也凸显出来，直接影响到产业平稳运行和正常生产生活秩序。解决当前物流业面临的紧迫问题，迫切需要实践探索，也离不开理论创新。初创的《物流研究》应该以问题为导向，紧密结合实际，不断推出能够指导物流实践发展的理论成果。

《物流研究》的出版发行是指引我国物流业未来发展的战略选择。当前，"十三五"规划完满收官，全面建成小康社会的目标即将实现。我们将要进入建设社会主义现代化国家，完成"第二个百年"奋斗目标的新征程。习近平总书记最近强调"统筹推进现代流通体系硬件和软件建设""为构建以国内大循环为主体、国内国际双循环相互促进的新发展格局提供有力支撑"。习近平总书记的重要讲话，从理论和现实层面深刻分析了流通体系在国民经济中的地位和作用，为构建现代化水平的流通体系指明了方向。新的形势和任务，对物流实践和理论发展都提出了新的课题。比如，中华民族伟大复兴的战略全局和世界百年未有之大变局，对物流业有什么影响？新一轮产业革命和科技革命，对于推进物流业高质量发展有何机遇和挑战？物流强国应该具备哪些条件，怎样建设物流强国？新格局下物流需求将发生哪些根本性变化？物流企业如何提质降本增效，培育物流服务知名品牌？怎样推进物流业与相关产业深度融合，协同发展？如何适应消费升级、城乡物流体系一体化发展，满足人民日益增长的美好生活需要？如何加快技术创新、模式创新、业态创新和服务创新，推动物流业动能转换和服务升级？怎样发挥物流枢纽集聚辐射效应，形成枢纽经济发展新格局？如何配合"一带一路"倡议，建立陆海内外联动、东西双向互济的国际物流服务网络？如何以绿色物流支持生态文明和美丽中国建设？如何推进军民深度融合，构建寓军于民、平战结合的军事物流和应急物流服务体系？如何推进原创性的物流基础理论研究，不断丰富物流业理论体系？如何加强物流学科体系建设，适应行业发展的人才需求？如何推进国家物流业治理体系和治理能力现代化等。以上理论和实践问题的探索，对于推动物流业转型升级，促进高质量发展具有重要意义，也是《物流研究》下一步研究的重点领域和主攻方向。

《物流研究》作为国内第一家以物流理论研究为出版方向的期刊，出版团队提出了"推动中国物流高水平研究，助力中国物流高质量成长"的"两高"出版宗旨；"一流学术期刊的权威地位，一流科研成果的发表平台"的"双一流"发展定位；"物流院校师生、物流技术科研机构工作者、物流企业中高层管理者、物流类智库研究者、政府与行业组织领导者"的"五作"作者定位和"高校教育科研圈、企业智库圈、政府行业组织圈"的"三圈"读者定位。这些设想的落实，必将有利于促进物流领域学术交流，推动研究成果转化，促进我国物流理论研究体系、学科体系和现代物流服务体系建设，推动物流业高质量发展。

创刊不易，办刊更难，持续办好难上加难。但我们有理由相信，在政府有关部门、行业组织、科研工作者、物流园区、物流院校和企事业单位的支持下，《物流研究》将会越办越好。我们期待，有更多的业界人士关注、参与、支持《物流研究》，群策群力办好《物流研究》。

　　理论是实践的眼睛，实践是理论的镜子。希望《物流研究》以习近平新时代中国特色社会主义思想为指引，坚持正确的舆论导向和办刊方向，秉持高质量办刊原则，立足高起点内容生产，做好物流领域理论与实践研究成果传播转化工作。使其成为引领中国物流学术发展的重要载体，为物流行业发展起到积极的促进作用，为建设物流强国做出新的理论贡献。

　　　　　　　　　　（2020 年 9 月 25 日，作者为《物流研究》所作创刊词）

13
继往开来新格局　砥砺奋进育新人

四十年来，北京物资学院与中国物流与采购联合会有着深厚的渊源和友谊，共同推动了"物流"概念国内引进和知识传播。教育部物流教指委秘书处设在我会，北京物资学院作为副主任单位做出了突出贡献。当前，我国经济正迈向高质量发展新时代，物流和流通产业地位不断提升，成为支撑国民经济的基础性、战略性和先导性产业。2019年，我国社会物流总额298万亿元，物流业总收入达10.3万亿元，成为服务业支柱产业之一。产业发展带动旺盛的人才培养需求，全国已有600多所高校开设了物流专业，在校生超过16万人。如何顺应新时代高质量发展要求，进一步推动物流学科发展，提高人才培养质量，增强服务经济社会的能力，是摆在大家面前的重要课题。

今年以来，新冠疫情对世界经济造成较大冲击，中国经济面临百年未有之大变局。国家提出了构建以国内大循环为主体、国内国际双循环相互促进的新发展格局。上个月中央财经委员会第八次会议上，习近平总书记强调，"构建新发展格局，必须把建设现代流通体系作为一项重要战略任务来抓"。近期，我会也参加了国家发改委组织的"十四五"现代流通发展规划的研讨。新格局对物流和流通产业提出了新任务，也对北京物资学院在新时期开拓创新提供了良好机遇。

峥嵘岁月四十载，任重道远谱新篇。新时代新格局下产业竞争，人才依然是制胜关键。北京物资学院要继续坚持建设"有特色的高水平应用型大学"

的目标，夯实各方面基础、突出产学研优势，培养高素质人才，争做世界一流的物流与流通大学。在此，我提以下五点建议。

第一，以流通和物流特色为支点，引领学术科研前沿。要找准着力点和突破口，明确学科发展主攻方向，夯实物流、采购、供应链等优势学科既有基础，推出一批高质量的学术科研成果。

第二，以应用型人才培养为支点，打造人才培育高地。要坚持输送优秀应用人才的导向，及时整合新理念、新技术、新方法，调整学科专业结构，更新人才培养模式，培育一批高素质的实用型人才。

第三，以产学研一体化为支点，建设产教融合基地。要把握面向社会需求办学的理念，深入行业实际，加大与优秀企业合作，共同推进学科建设、人才培养和项目科研，建设一批实用型的实验实训基地。

第四，以重大政策建议为支点，搭建特色新型智库。要实施错位竞争，抓住物流和流通产业关键问题，加强协同研究，推动智库成果转化，提出影响决策的重大政策建议，培育一批新型智库机构。

第五，以国际学术交流为支点，打造国际合作平台。要立足中国，放眼世界，积极开展国际相关领域院校间交流合作，加强学术交流、人才互换和项目合作，建立一批国际化的交流合作平台。

（2020 年 10 月 18 日，作者在北京物资学院四十周年校庆上的致辞）

14
研究新课题　迎接新格局

当今世界正经历百年未有之大变局。新冠疫情在全球扩散蔓延，新一轮科技革命和产业变革深入推进，国际环境日趋复杂。我国疫情防控工作取得重大战略成果，决胜全面建成小康社会取得决定性成就，即将开启社会主义现代化国家建设的新征程。刚刚结束的党的十九届五中全会对当前和今后一个时期的形势，做出了"我国发展仍然处于重要战略机遇期，但机遇和挑战都有新的发展变化"的科学判断。提出了加快构建以国内大循环为主体、国内国际双循环相互促进的新发展格局的历史任务。明确要求加快发展现代产业体系，健全现代流通体系和构建现代物流体系。

物流业连接生产、分配、流通和消费，是打通供应链、协调产业链、创造价值链，构建新发展格局的重要支撑和保障。新的形势和任务，对物流实践发展和理论创新提出了新的课题。比如，中华民族伟大复兴的战略全局和世界百年未有之大变局，对物流业的影响有哪些？新一轮产业革命和科技革命，对推进物流业高质量发展的机遇和挑战在哪里？物流强国应具备哪些条件，怎样建设物流强国？围绕"十四五"时期经济社会发展主要目标，着眼2035年基本实现社会主义现代化远景目标，如何确定物流业发展新方位？新发展格局下，现代物流体系在现代产业体系和现代流通体系中将扮演怎样的角色？如何在更大范围、更深层次把生产、流通和消费联系起来，推动形成强大国内市场？物流企业如何提质降本增效，培育具有国际竞争力的现代物流知名品牌？怎样贯彻制造强国战略，推进物流业与相关产业深度融合？

如何适应乡村振兴战略、新型城镇化战略，促进城乡物流一体化发展？如何贯彻创新驱动、科教兴国战略，加快技术创新、模式创新、业态创新和服务创新，推动物流业动能转换和服务升级？如何贯彻区域协调发展战略，发挥物流枢纽集聚辐射效应，形成枢纽经济发展新格局？如何配合"一带一路"倡议、自由贸易区提升战略，建立陆海内外联动、东西双向互济的国际物流服务网络？如何贯彻可持续发展战略，以绿色低碳物流支持生态文明建设？如何贯彻国家安全战略，构建寓军于民、平战结合的军事物流和应急物流体系，保障产业链供应链安全稳定？如何推进原创性、基础性理论研究，构建具有中国特色的物流与供应链理论体系？如何贯彻人才强国战略，加强物流学科体系和人才培养体系建设？如何建立和完善物流业相关法律法规体系，推进国家治理体系和治理能力现代化等。以上问题的深入探讨，对于推进物流高质量发展具有重要的理论意义和实际价值，也是学会下一步研究的重点领域和主攻方向。

（2020 年 11 月 28 日，作者在第十九次中国物流学术年会上的致辞，内容有删节）

15

把住现代物流体系的"牛鼻子"
持续深入推进物流降本增效提质

物流业是支撑国民经济发展的基础性、战略性和先导性产业。改革开放以来，我国物流业发展迅速，整体规模不断扩大，专业化水平持续提升，已经成为现代服务业的支柱产业。社会物流成本水平保持稳步下降态势，但物流成本高、效率低、质量弱的问题仍然突出，制约了实体经济转型升级，难以符合国民经济高质量发展要求，成为必须推进解决的实践问题，也是亟待破解的重大理论问题。

2015 年 11 月，中央财经领导小组第十一次会议上，习近平总书记强调在适度扩大总需求的同时，要着力加强供给侧结构性改革，着力提高供给体系质量和效率。2016 年 1 月，习近平总书记主持召开中央财经领导小组第十二次会议研究供给侧结构性改革方案，会议强调，要把"降成本"作为供给侧结构性改革的重要内容。物流作为连接供给和需求不可或缺的市场要素，贯穿于社会经济各环节和领域，"降低物流成本"天然地成为"降成本"的核心内容和重要对象。

2014 年，国务院印发《物流业发展中长期规划（2014—2020 年）》，把着力降低物流成本作为三大发展重点之一。2016 年，国务院办公厅转发国家发展改革委《物流业降本增效专项行动方案（2016—2018 年）》，部署降低企业物流成本、提高社会物流运行效率工作。此后，基本每年都有一个国务院文件推进部署物流降本增效。经过多年努力推进落实，我国社会物流成本总体稳步降低。2021 年，我国社会物流总费用与 GDP 的比率为 14.6%，较 2015 年降低了 1.4 个百分点。

近年来，降低社会物流成本面临较大阻力。一方面，劳动力、用地、能源等要素成本持续上涨，压缩企业降本空间。另一方面，简单易行的举措基本出台，政策调整向改革深水区的"老大难"攻坚转变，降低制度成本难度较大。特别是新冠疫情以来，供应链不确定性增强，实体经济需求减弱，无效物流活动增加支出，更提升了降低物流成本的难度。当前，我国社会物流总费用与 GDP 的比率维持在 14.6% 左右已经有较长一段时期，再靠传统经验很难突破，迫切需要研究探索降低物流成本的发展新路。

2021 年 3 月，《中华人民共和国国民经济和社会发展第十四个五年规划和 2035 年远景目标纲要》正式出台，该文件对现代物流的关注前所未有，通篇有 20 处直接提到"物流"，核心是提出"建设现代物流体系"，并进行了一系列安排部署，其中，对于降低物流成本的关注仍然是现代物流体系建设的"指路标"和"牛鼻子"。预计在"十四五"及未来一段时期，随着市场、技术、要素、政策等多方调整，通过政府、企业、协会等利益相关方的共同努力，我国社会物流成本仍将保持稳步下降态势。

下一阶段，随着我国经济逐步进入高质量发展新阶段，顺应创新、协调、绿色、开放、共享的新发展理念，助力构建"双循环"新发展格局，现代物流体系建设要抓住"牛鼻子"。降低物流成本可以从以下三方面探索推进。

（一）打造降成本升级版

降低物流成本，关键在于降低经济成本和制度成本。在制度成本层面，随着"放管服"改革的全面开展，降成本措施逐步向改革深水区的"老大难"转变。一些影响深远、协调难度大、改革有挑战的政策措施不可能"毕其功于一役"，需要各部门形成合力，持续发力，重点推进。在经济成本层面，现代物流贯穿一、二、三产业，随着物流与制造业、商贸业、农业等深度融合，通过资源整合、流程优化、组织协同、生态共建，来降低供应链全流程物流成本，进一步推进物流运行水平提升潜力巨大。

（二）推动提效率谋赶超

提升物流效率，重点是要提升综合技术效率。要逐步从劳动力、土地等要素驱动向创新驱动转变。随着新一代信息技术与物流业深度融合，推动传统物流模式向数字化、智能化、网联化为特点的智慧物流模式转变。随着产业链供应链升级，现代物流一体化、集成化、高端化要求日益迫切，物流业进入以创新和人力资本为主要驱动的时代，技术创新、流程创新、模式创新日益活跃。新一代信息技术与基础设施深化融合，新基建将带动新一代智能物流弯道超车，开辟物流竞争新赛道，万物互联的物流互联网有望形成。

（三）深化优质量强实力

优化物流质量，最终需要优质企业来推进。要充分激发物流市场主体的活力。一方面，物流龙头企业通过兼并重组、联盟合作等多种方式推高市场集中度，着力向标准化、品牌化、高端化转型，构建物流资源集聚平台，优化资源配置效率、发挥规模效应，培育一批具有国际竞争力的现代物流企业。另一方面，中小企业聚焦专业领域和细分市场，充分利用社会化平台赋能，深化专业分工合作，坚持走专精特新发展道路，加快向专业化、利基化、定制化转型，提升附加价值和经营效益，仍将是最具活力的市场主体。

总体来看，物流业将深化降本增效提质，由原来的同质化、低成本竞争向差异化的质量竞争、效率竞争、效益竞争转变，逐步向微笑曲线两端延伸，进一步提升基础性产业地位和国民经济的先导性作用。

我们欣喜地看到，国内学术界关于降低物流成本重大理论研究的重要成果出炉。龚雪博士历时4载所著的《供给侧结构性改革下我国降低物流成本的路径与政策研究》一书于2022年1月由人民出版社出版，该书是龚雪博士作为负责人主持的国家社会科学基金青年项目的最终成果，凝结着龚雪博士对我国物流成本领域问题的长期思考和不懈探索。该书紧扣供给侧结构性改革的时代背景，以物流成本为研究对象，构建了一个与当前我国经济发展阶段客观要求相适应的物流降本增效路径与政策框架，为破解我国物流领域长期存在的成本偏高、效率较低、质量偏弱的问题提供了重要思路。

该书对供给侧结构性改革下降低物流成本的深刻内涵和运行逻辑做出了理论分析，阐述了供给侧结构性改革对降低物流成本的新需求及面临的主要矛盾。以理论和现实分析为基础，详细分析了我国物流成本和物流效率的变化趋势，深入探寻了我国物流成本偏高的主要原因和关键影响因素，全面回顾了国家物流相关政策法规，客观评价了我国现行物流政策实施绩效，系统总结了国内外降低物流成本的成功经验，提出了我国降低物流成本的路径选择与政策优化方案。

该书的出版，不仅丰富了中国特色社会主义物流成本理论，也为制定和优化物流政策提供了重要的理论指导，对于深化供给侧结构性改革、促进经济高质量发展具有重要的理论价值和实践意义。

（2022年2月，作者为《供给侧结构性改革下我国降低物流成本的路径与政策研究》所作书评）

16

以党的二十大精神为指引，
着力提升产业链供应链韧性与安全水平

当前，世界百年未有之大变局加速演进，经济全球化遭遇逆流，我国正处于实现中华民族伟大复兴的关键时期，加之国际形势的波谲云诡和新冠病毒带来的广泛深远影响，各种不稳定性、不确定性因素明显增加，面对更趋复杂严峻的发展环境和风险挑战，如何推动我国供应链保持总体安全稳定，不断提升我国在全球供应链中的竞争位势，成为彰显中国力量和大国担当的题中之义。

习近平总书记在党的二十大报告中提到，着力提升产业链供应链韧性和安全水平，确保粮食、能源资源、重要产业链供应链安全。这对于推动高质量发展、加快建设现代化经济体系、维护国家产业安全具有重要指导意义。这些重要部署，为我们指明了发展方向，明确了前行赛道，也让我们深感大力提升产业链供应链发展水平的责任之重和紧迫之感。

产业链供应链韧性与安全，是产业链供应链现代化的核心，产业链供应链现代化必须是自主可控、安全可靠的。而产业链供应链现代化则是通往产业链供应链韧性与安全的必由之路，只有实现产业链供应链高度现代化，才能真正确保韧性与安全。

习近平总书记曾强调：供应链的"命门"掌握在别人手里，那就好比在别人的墙基上砌房子，再大再漂亮也可能经不起风雨，甚至会不堪一击。诺贝尔经济学奖获得者斯蒂格利茨也认为：当下的局势告诉我们，各国必须竭力在利用全球化与必要的自力更生之间取得更好的平衡。因此，只有坚持用新发展理念引领经济高质量发展，补短板、锻长板，才能在提升产业链供应链韧性和安全水平方面有所突破。

▲ 会见湖北物资流通技术研究所所长雷忠文一行

受全球经济不稳定性、不确定性因素增加的影响，全球供应链从过去三十年的高速发展，步入了重构阶段。今后，全球供应链重构将围绕价值重构、格局重构和模式重构三个维度展开。

首先是价值重构。以往跨国企业为了经济效益最大化而建立的全球性分工协作体系，已很难适应当前复杂多变的世界政治经济环境，供应链韧性和安全管理具有不可替代的价值，成为后疫情时代的核心竞争力。

其次是格局重构。贸易壁垒显著提高，政治因素持续重塑全球供应链格局。全球产业链布局从成本主导转向成本、市场、技术多因素共同作用，成本因素在产业链布局中的权重下降，市场和技术可获得性的重要性明显上升，产业链的全球垂直一体化拆分为围绕主要制造中心的区域化配置。国际经贸规则和全球治理体系加快重构，正在深刻影响全球供应链格局走向。

最后是模式重构。全球市场的碎片化颠覆了全球分工和大规模制造中心的传统供应链模式。供应链正在变短，产品上市时机、与客户群的距离以及创新资源的获取变得更加重要。企业试图在更接近消费市场的地方从事生产，以避免多变的贸易环境带来的不确定性并减少关税成本。

数字化技术的扩散和应用，为加强供应链韧性和安全管理提供了重要工具，开辟了广阔空间。要提升供应链韧性管理能力，必须持续建设透明、灵活、快速的供应链，这就强调供应链全局具有"可视性"，要求具有更高的信息共享透明度。供应链全局"可视性"建设，推动了供应链数字化发展，越来越多的数字化技术供应商不遗余力地开发能够支持整个供应链信息共享的软件系统和平台，以满足供应链管理者对可视化的需求。数字化技术不仅可以提升供应链韧性管理能力，还能识别、量化、评估并降低供应链中存在的风险，以此提升供应链风险管理能力。

《供应链管理》杂志今年将紧紧围绕党中央和国务院的战略部署，贯彻落实党的二十大精神，围绕产业链供应链韧性与安全建设这个主题，组织专家深入研究，形成好的稿件，为我国产业链供应链韧性与安全理论体系建设服务，为助推高质量发展、构建新发展格局贡献力量。

（2023 年 1 月 1 日，作者为《供应链管理》所写的卷首语）

17
2023年我国现代物流发展趋势与重点工作

在新的一年里，我们要以习近平新时代中国特色社会主义思想为指导，全面贯彻落实党的二十大精神，按照《"十四五"现代物流发展规划》部署，认清形势，抓住机遇，守正创新，埋头苦干，坚持走高质量发展道路，扎实推进中国式现代物流体系建设，为中国式现代化提供有力支撑。以下六个方面，希望引起大家的重视和关注。

（一）着力提升高质量供给，把恢复和扩大消费摆在优先位置

要重点关注市场恢复、扩大消费、消费升级的趋势，抓住食品冷链、即时零售、社区电商、医疗保健等消费热点，特别是传统消费线上化的市场机会。要深化物流与生产、流通和消费联动融合，依托数字经济，变革即时物流模式，促进消费线上线下结合。加大"最后一公里"物流保障力度，关注城市物流改造升级，完善城乡物流网络，健全分级配送网络体系。尤其要抓住乡村振兴、新型城镇化建设的机遇，推动县域和城乡双向物流畅通。也要密切关注房地产、新基建、新能源等领域政策风向，抢抓社会投资入市带来的新需求。

（二）着力统筹现代物流与相关产业融合发展，深度融入现代化产业体系

要重点关注汽车、家电、电子、医药、服装等产业链条长、配套环节多的产业，以及粮食、矿产、能源和关键零部件等对国计民生和经济安全影响大的产业，加大双向投资、流程嵌套和信息对接，建立互信互利、包容共生、长期主义的战略合作伙伴关系。要逐步从为制造企业提供产前产后的采购和销售物流，向生产过程中的生产物流渗透，提供全程一体化、集约化的供应链物流服务。要打造供应链集成服务体系，支持敏捷制造、精益生产、战略性新兴产业等高端制造，确保产业链供应链循环畅通，推动传统产业向全球价值链中高端迈进。

（三）着力练好企业内功，深化"提质、增效、降本"

逐步从简单的"降本增效"转向以提高质量效率为重点的"质量、效率型降本"。由传统单一环节的运输仓储提供商向仓干配一体化的物流服务商转变，由低附加值的物流服务向专业化、全程一体化的供应链服务商转变。要善于突破行业边界，逐步从"企业自身降本"转向全链条"结构性降本"，实现更大范围市场资源有效配置的"系统型降本"。由自成体系、各自为政的传统业务模式向企业协同、设施联动、共同配送、共享平台、生态融合转变。通过与客户共同成长、与产业深度融合、与生态协同发展，更深层次、更宽领域推动降低全社会物流成本。

（四）着力推进基础设施提档升级、互联互通，发挥整体效能

要依托国家物流枢纽联盟，引导物流枢纽资源整合、业务协同、联网运行。支持国家骨干冷链物流基地、示范物流园区、多式联运场站、城市配送中心、物流末端网点智慧化、网络化发展。要结合区域协调发展战略，围绕城市群和都市圈，加大物流存量资源整合利用，根据区域产业特点和需求，合理调整优化物流布局。要以高质量、高效率、低成本的物流投资环境吸引产业集群和商圈集聚，努力打造具有区域辐射带动能力的流通支点和枢纽经济示范区。

（五）着力实施创新驱动，加快动能转换，打造"新技术、新模式、新生态"

要支持物流企业经营管理、物流操作、客户服务等业务环节数字化转型，创新数字化应用场景，培育数字化服务能力。要有序推动智能驾驶、无人配送、无人货机、无人码头、物流机器人等"无人化"技术装备应用。要分类推动传统基础设施改造升级，支持智慧园区、配送中心、智能仓储基地等建设和改造。持续开展全国供应链创新与应用示范创建，通过示范引领带动，促进物流企业向供应链服务商转型。要支持网络货运、即时物流等平台经济健康发展，带动线上线下加快融合。促进物流信息互联互通、推动物流资源共享利用、培育物流新业态，打造"数字驱动、协同共享"的智慧物流新生态。

（六）着力推进更高水平对外开放，提升产业链供应链韧性与安全水平

引导和培育一批具有国际竞争力的现代物流和供应链服务企业，跟随"中国制造"和"中国基建""走出去"。加快境外物流网点铺设，深化与国外物流企业合作，更加紧密地融入国际物流网络。要发展全货机、跨境直达运输、"门到门"物流，增强国际物流服务能力。强化"一带一路"沿线物流服务，逐步实现设施连通，物流畅通。要抓住《区域全面经济伙伴关系协定》（RCEP）等区域协定带来的机会，加快东盟、中俄、中亚等国际物流大通道和网络建设。围绕跨境电商、内外贸一体化等现实需求，铺设国际快递物流服务网络。构建关键原材料、重要商品和零部件等的全球供应链履约服务体系，全力保障产业链供应链韧性和安全水平。

［2023 年 2 月 25 日，作者在 2022 年中国物流学术年会跨年会暨 2023 年（第十五届）物流领域产学研结合工作会上的讲话］

第五篇

行业观察

智慧物流

采购与供应链

国际视野

区域物流

大宗商品物流

行业物流

智慧物流

01
智慧物流创新驱动产业升级

　　智慧物流是"互联网＋"高效物流的重要内容，也是物流业发展的高级形态。近年来，以电商物流为代表，凭借互联网先发优势，纷纷推进智慧物流体系建设。阿里巴巴旗下的菜鸟网络打造数据驱动、开放协同的社会化物流平台，通过大数据预测包裹量，引导商家备仓发货，帮助快递企业调配运力资源，建立起了一张广至全球范围，深入城乡社区，虚实结合，智能互动的大数据物流网络，提升了社会物流运作效率。2014年下半年兴起的一批车货匹配平台，借助快速发展的移动互联网技术，对标消费互联网中的滴滴打车模式，针对公路货运市场中个体司机分散经营的格局，开展车货信息匹配撮合交易，希望解决市场信息不对称和资源闲置问题。由于产业互联网的复杂性，以及相关管理制度尚不健全，简单照搬消费互联网的成果模式难以快速复制，车货匹配平台与产业的融合仍有待进一步深化。

　　总体来看，智慧物流是指以互联网为依托，在物流领域广泛应用物联网、大数据、云计算等新一代信息技术，通过互联网与物流业的广泛连接和深度融合，实现物流产业智能化，提升物流运作效率的新兴业态。智慧物流的核心是融合，不是简单地将互联网与物流业机械相加，而是利用互联网技术和互联网思维改造、优化传统物流效率低下的问题，打破信息不对称的局面，重构智慧物流生态体系。智慧物流成败的关键是思维、理念及模式的互联网化。智慧物流的武器是连接，依托物联网等自动识别与数据获取技术，将物流相关方与互联网连接起来，实现信息交换与通信，保证物流全过程的情景感知。"物流在线化"是智慧物流的基本要求。智慧物流的基础是数据。物流在线化将产生大量在线业务数据,"业务数据化"为数据挖掘、智能分析,解决普遍存在的信息不对称问题创造了条件。这也是智慧物流区别于传统业态的本质差异。智慧物流的目标是智能化,通过对物流赋能,实现人与物、物与物之间的交互对话,智能配置物流资源,优化物流环节,从而系统提升物流运作效率。

从发展阶段看,智慧物流可分为基础期、导入期、成长期和发展期四个阶段。基础期以智慧物流基础设施建设为主,包括互联网、云计算、大数据、物联网、智能终端等在内的信息基础设施在行业内的推广和广泛应用,为智慧物流发展创造了基础条件。导入期以智慧物流互联互通为主,借助智慧物流基础设施,实现物流在线化和业务数据化。"万物互联"为智慧物流发展开辟了新的空间。成长期以产业融合为主,互联网与物流业深度融合,改变传统产业的运营模式,为消费者、客户以及企业自身创造增量价值。数据代替库存、数据驱动流程、数据重塑组织成为智慧物流的重要驱动力。发展期以智能化为主,在万物互联和深化融合的基础上,开发人工智能实现智能配置物流资源,形成智慧物流生态体系。当前,我国正处于从基础期向导入期过渡的重要阶段,发展空间巨大。当然,这四个阶段是可以并行发展的,这对传统物流产业转型升级提出了挑战。

当前,我国物流业下行压力较大,发展智慧物流是物流业新的增长点。智慧物流的兴起激发了行业商业模式的创新和市场新进入者的参与,催生出一批像"互联网 + 车货匹配""互联网 + 运力优化""互联网 + 仓储交易"等的新业态,成为物流业大众创业、万众创新的重要源泉。新业态的快速发展壮大,起到了市场风向标的作用,改变了传统市场格局,是行业发展新的增长点;发展智慧物流是物流业提质增效的新路径。智慧物流从物流基础设施入手,通过全流程的在线化和数据化,打破市场信息不对称的局面,全面改造行业组织方式、商业模式和分工体系,核心是提升企业竞争力,提升市场运行效率;发展智慧物流是物流业转型升级的新动力。智慧物流不是颠覆传统行业，而是通过智能化手段改造传统物流业的基因，由劳动和资本驱动转为效率和创新驱动，为消费者、客户以及企业自身创造增量价值，带来新的业务来源和收入增长。因此，传统物流企业不应害怕被新进入者颠覆，而应抱着开放的心态，客观看待新进入者带来的新情况，树立开放竞合的观念，与新进入者以及产业链中的上下游企业建立广泛的合作伙伴关系，共同打造商业新生态。开放、共享、协作、共赢是智慧物流的核心价值观。

从国家层面，传统政府监管方式正在成为制约智慧物流发展的重要因素。随着产业的互联网化，行业组织方式、服务模式和分工体系加快向去中心化、去边界化、去中间化转变，市场主体和服务对象在时间和空间上高度分离，按照传统的集中式监管方式和地域型监管架构，很难进行有效监管。国家多次发文鼓励的"无车承运人"模式，受传统监管政策规定影响难以纳入有效监管范围。同时，由于无车承运人整合的是分散个体司机资源，难以解决个体司机异地开票和责任保险问题，这也是无车承运人模式难以有效推广的政策障碍。最近，交通运输部正在制定无车承运人试点相关政策，国家税务总局也在积极推进企业异地开票问题，无车承运人政策有望实现落地。此外，政府信息公开和共享与实际需求还有较大差距。政府监管信息是信息互联的重要一环，目前政府有关部门正在积极推进"互联网＋"政务的落实，争取建设开放透明的政府监管体系。相信政策环境和监管制度的改进，将充分释放智慧物流的潜力，助推智慧物流成为产业转型升级的新动力。

（2016 年 7 月 29 日，作者在 2016 中国首届智慧物流高峰论坛上的致辞，内容有删节）

02
发展智慧物流　提升品牌价值

近年来，随着社会经济发展和人民生活水平提升，广大客户对物流品牌服务的要求越来越高。经过多年打拼，物流业陆续涌现出一批优质服务品牌。为了增强品牌意识，树立品牌形象，提升品牌价值，满足全社会对物流品牌服务的新需求，我们决定携手日日顺物流，在每年的 5 月 6 日举办"中国智慧物流品牌日"活动。

去年 7 月，国务院发出《国务院关于积极推进"互联网＋"行动的指导意见》，提出"互联网＋"高效物流等 11 项重点行动。前不久，《国务院办公厅关于深入实施"互联网＋流通"行动计划的意见》印发，其中多次提到

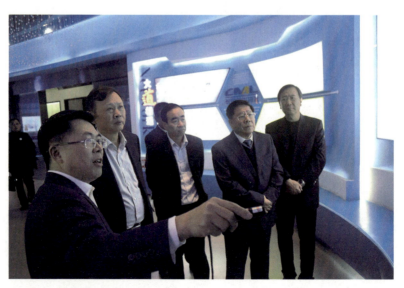

▲ 率队参观长安民生智慧物流实验室

"物流"及"智慧物流"。鼓励和推广智慧物流，培育和形成发展新动能，对于深化供给侧结构性改革，促进我国物流业提质、增效、升级具有重要意义。

日日顺物流，作为居家生活大件物流品牌，坚持以客户为中心的发展理念，形成了"自以为非"的创新文化和"开放、共享"的创业机制，走出了一条社会化、专业化、智慧化、品牌化发展路子，打造了日日顺乐家、日日顺物流、日日顺健康等国内领先的社区服务平台，树立了日日顺物联网诚信品牌。

本项活动由中国物流与采购联合会主办、日日顺物流承办。本着"面向行业、着眼长远、注重实效"的宗旨，把活动办成一个展示交流智慧物流服务品牌的独特窗口，一个聚焦居家生活大件物流的行业峰会，一个用户全过程体验、全链条互动的交互平台，致力于营造居家生活大件物流创新、开放、协调、共赢的生态圈。相信在日日顺物流大力支持和物流生态圈各方积极参与下，我们这项活动将越办越好。

新的形势既是对物流业发展的严峻考验，也是全行业转型升级的重大机遇。我们要抓住"中国制造2025"的机遇，促进物流业与制造业融合发展；抓住城镇化和脱贫攻坚的机遇，深耕农业、农村物流；抓住电子商务发展的机遇，做好与之相关的配套服务；抓住"互联网＋"的机遇，大力发展智慧物流；抓住"一带一路"的机遇，构建覆盖国内、链接国际的物流服务体系；抓住企业兼并、资产重组的机遇，培育优质服务品牌。总之，我们要学习贯彻党的十八届三中、四中、五中全会精神，分析研判"十三五"时期我国经济社会以及物流业发展的趋势和变量，按照创新、协调、绿色、开放、共享的理念，切实推进"三去、一降、一补"，为完成全面建成小康社会决胜阶段各项任务提供坚实的物流服务保障。

（2016年5月6日，作者在"2016中国智慧物流品牌日"活动开幕式上的致辞，内容有删节）

03
平台经济下，
物流产业的智慧连接与融合

当前，我国正处于增速趋缓、结构调整、动能转换的重要拐点。以"互联网＋"为代表的新技术、新产业、新业态、新模式成为发展新引擎，助推中国"新经济"发展。去年7月，国务院发出《国务院关于积极推进"互联网＋"行动的指导意见》，推动互联网与经济社会各领域深度融合，提出了"互联网＋"高效物流等11项重点行动。通过对传统物流业的互联网化，推动产业转型升级，重塑发展生态圈，这种更具实践指导意义的产业互联网化正在成为发展新方向。其中，以去中间化、去中心化和去边界化为特征的平台经济的兴起，为优化物流链条、推动跨界融合、促进市场集中提供了重要思路。

今年是"十三五"时期的开局之年。总体来看，"十三五"时期，物流业增速将继续保持趋稳放缓态势，行业进入以转型升级、提质增效为主线的发展新阶段，产业结构调整加快，发展动能培育壮大，行业逐步从追求规模速度增长向质量效益提升转变。"十三五"时期，我国物流业将聚焦"高效、集约、连通、创新、协调和改革"六大战略重点。

一是打造高效物流服务体系。效率提升替代成本降低将成为今后一个时期产业发展的着力点。要充分利用现代化信息技术和装备设施，增强物流的自动化、机械化和智能化水平。二是引导物流集约发展。要通过兼并重组、平台整合、联盟合作等多种方式，整合分散物流资源，促进市场优化配置，提高市场集中度。三是实现设施连通、网络互通、信息畅通。要抓住多式联运发展机遇，推动铁路、公路、水运、航空货运的网络对接和业务衔接。四是创新物流组织方式和运营模式。要推行多式联运、甩挂运输、无车承运等多种运输组织方式，加强模式创新和管理创新。五是统筹区域、国际、国内物流协调发展。要抓住"一带一路"倡议机遇，开展国际产能合作和兼并重组，提升国际物流服务能力，加快融入全球供应链体系。六是深化物流管理体制改革。要进一步理顺政府关系，建立统一高效的物流管理体制，维护公平竞争的市场环境。

"十三五"时期，随着"互联网＋"战略的实施，我国物流信息化建设迎来重要的发展机遇期。物流信息化投资将进一步扩大，投资重点从初级的数据信息化逐步向流程信息化、服务网络化和供应链一体化转移；物流新技术将加快推广应用，物联网、云计算、大数据、移动互联、位置服务等新兴技术成为应用热点，带动物流新模式、新业态、新产业创新发展；"互联网＋"高效物流将变为现实，智慧物流通过产业链上下游的广泛连接和深度融合，创造开放共享、合作共赢的新生态；平台经济将进入新阶段，单纯的信息匹配型平台逐步向更具价值的业务交易型平台转型，资源平台化、运力社会化助推产业平台化发展。总之，随着物流信息化建设的深入推进，产业互联网化将成为物流业转型升级和提质增效的重要方向。

（2016 年 7 月 2 日，作者在第八届中国物流信息化大会上的致辞，内容有删节）

04
抓住智慧物流机遇期
顺应物流升级新趋势

近年来，技术与物流融合的智慧物流加快起步。智慧物流是以物流互联网和物流大数据为依托，通过协同共享创新模式和人工智能先进技术，重塑产业分工，再造产业结构，转变产业发展方式的新生态。当前，国家鼓励大众创业、万众创新，陆续出台政策措施，支持和引导"互联网＋"高效物流发展。国家发改委开展骨干物流信息平台试点，交通运输部组织无车承运人试点，工业和信息化部支持智能物流发展，商务部开展智慧物流配送示范等，为智慧物流发展营造了良好的政策环境。

随着物流与互联网等技术深化融合，智慧物流出现一些新特点。

(一)"互联网＋"物流蓬勃发展

智慧物流的核心是"协同共享"。近年来，涌现出一批"互联网＋"物流的互联网平台，打破了传统企业边界，深化了企业分工协作，实现了存量资源的社会化转变和闲置资源的最大化利用，是智慧物流的典型代表。

(二)物联网在物流领域广泛应用

近年来，随着移动互联网的快速发展，物流连接呈现快速增长态势，我国已有超过500万辆载重货车安装北斗定位装置，大量物流设施通过传感器接入互联网，以信息互联、设施互联带动物流互联，"物流在线化"成为可能，是智慧物流的前提条件。

（三）物流大数据变为现实

物流在线化产生大量业务数据，使得物流大数据从理念变为现实，数据驱动的商业模式推动产业智能化变革，将大幅度提高生产效率。通过对物流大数据处理与分析，挖掘对企业运营管理有价值的信息，科学合理地进行管理决策，是物流企业的普遍需求。"业务数据化"正成为智慧物流的重要基础。

（四）物流云服务强化保障

物流在线化和业务数据化为云计算提供了可能。依托物流云平台，为客户企业提供安全稳定的物流基础信息服务和标准统一的应用组件服务，强化客户与企业间的数据连接，高效地整合、管理和调度数据资源，推动物流行业向智慧化、生态化转变，是智慧物流的核心需求。

（五）人工智能快速起步

人工智能为物流技术创新提供了新的空间。通过赋能物流各环节，人工智能实现智能配置物流资源、优化物流环节、减少资源浪费，将大幅提升物流运作效率。特别是人工智能技术在无人驾驶、无人仓储、无人配送、物流机器人等前沿领域的应用，一批领先企业已经开始开展试验和商业应用，有望与国际一流企业从同一起跑线起步。

（2018 年 3 月 21 日，作者在 2018 全球物流技术大会上的致辞，内容有删节）

05
智慧物流赋能
为物流业升级开辟新路径

　　物流业作为支撑国民经济发展的基础性、战略性、先导性产业，是社会主义现代化强国的必备条件。党的十九大报告指出：加快建设制造强国，加快发展先进制造业，推动互联网、大数据、人工智能和实体经济深度融合，在中高端消费、创新引领、绿色低碳、共享经济、现代供应链、人力资本服务等领域培育新增长点、形成新动能。这一重要论断不仅对现代物流业发展提出了更高的要求，也为其未来发展指明了方向。党的十九大开启了中国特色社会主义建设的新时代，物流业也从传统物流发展到现代物流，并加快向智慧物流发展演进。随着物流业加快与制造业、商贸业联动发展，加强与互联网深度融合，带动新技术、新模式、新业态不断涌现，智慧物流应运而生，为物流业转型升级开辟了新的路径。

　　党和国家高度重视智慧物流发展。2016 年，国务院常务会议把"互联网＋"高效物流纳入国家"互联网＋"行动计划当中，国家发展改革委出台了《"互联网＋"高效物流实施意见》，为智慧物流的起步和发展奠定了政策基础。国家发展改革委开展了智能化仓储物流示范和骨干物流信息平台试点，交通运输部组织无车承运人试点和智慧港口示范，工业和信息化部支持智能物流发展，商务部开展智慧物流配送示范等工作，为智慧物流发展营造了良好的政策环境。可以预测，未来一段时期，我国将从物流大国进入物流强国的新阶段，更好地满足现代化经济体系建设和人民日益增长的物流服务需求。智慧物流将在推进行业质量变革、效率变革、动力变革等方面发挥重要作用，成为推进物流降本增效的重要途径，加快建设制造强国的有效支撑，经济迈入高质量发展阶段的基础保障。

当前，我国智慧物流正处在蓬勃发展的成长期，《智慧物流》一书的出版，可以说恰逢其时。本书对智慧物流的基本概念、发展历程和智慧物流园区、平台及智慧物流产业、技术等，进行了系统翔实的论述，脉络架构清晰，概念界定客观，为智慧物流发展给出了颇具见解的对策建议，凸显了智慧物流发展的前沿，把新技术、新趋势、新成果囊括其中。同时，选取了智慧物流领域具有典型性、代表性的案例和技术产品的应用实例，增添了不少亮点。

本书由中国物流学会副会长韩东亚、中国科学技术大学管理学院执行院长余玉刚教授主持编写。两位专家长期致力于现代物流实践和理论研究、在智能仓储系统、供应链物流、智慧物流方面取得了诸多可喜的创新成果。在承担中国物流学术重大课题"智慧物流发展战略与政策研究"期间，多次组织该领域专家、学者开展智慧物流方面的研讨。本书几经论证和修缮，足见两位专家对学术研究的敬重和严谨。这些都为《智慧物流》一书的出版夯实了基础。

（2018 年 5 月，作者为《智慧物流》所作的序）

06
以区块链为契机加速物流供应链协同化发展

2019 年 10 月 24 日，中共中央政治局就区块链技术发展现状和趋势进行第十八次集体学习。中共中央总书记习近平在主持学习时强调，区块链技术的集成应用在新的技术革新和产业变革中起着重要作用。习近平指出，要把区块链作为核心技术自主创新的重要突破口，明确主攻方向，加大投入力度，着力攻克一批关键核心技术，加快推动区块链技术和产业创新发展。

中物联区块链分会《2019 中国物流与供应链产业区块链应用白皮书》数据显示，2019 年全球区块链与实体产业相结合落地项目中涉及物流与供应链领域的项目超过 35%，物流与供应链领域成为区块链技术最重点的应用方向之一。

当前，物流供应链领域存在多方主体参与，还有庞大的信息交流共享，其中往往涉及敏感信息以及信息安全的问题。通常掌握供应链话语权的强势企业会构建一个中心化的物流供应链资源共享平台，以供上下游企业进行线上信息对接和线下运营合作，但是此类平台的安全性和完备性完全依赖核心企业，在长期运营上存在较大风险。

从供应链企业内部来看，生产数据造假、设备数据孤岛、一线员工工作单调重复、机构臃肿、沟通成本高、信息传递效率低等问题日益凸显。

从供应链上下游来看，供应链全网数据难以获取，存在信息孤岛，商流、物流、信息流、资金流四流合一是难以解决的顽疾，将导致企业协同交互成本高、多方协同难以实现、供应链数据真实性难以保证，最终导致企业信用体系缺失，中小企业融资难。

区块链技术的出现为解决上述问题提供了出路。由于区块链技术分布式共享账本、公开透明、防篡改、可追溯等技术特性，可通过协同供应链中的各方构建一个既公开透明又充分保护各方隐私的开放式区块链网络，打造现代化的供应链体系，真正实现供应链体系商流、信息流、资金流、物流的四流合一，从而解决供应链中信息不对称和信息造假的问题。

目前，区块链在物流供应链领域的应用主要集中在流程优化与无纸化、供应链协同与联盟化、物流与供应链征信、电子存证与司法监管、物流与供应链金融、物流跟踪与商品溯源六大场景。

（2019 年 12 月 5 日，作者在首届全球供应链数字经济峰会暨 2019 中国物流与供应链产业区块链应用年会上的致辞，内容有删节）

采购与供应链

01
我国物流业发展的趋势是向供应链转型

当前，我国物流业正处于转型升级的关键时期，物流业"新常态"为物流和供应链发展提出了艰巨的挑战，也提供了战略机遇。总体来看，我国物流业仍处于景气周期。2014 年 5 月中国物流业业务总量指数为 55.2%，显示物流活动较为活跃，呈高位趋稳态势。预计后期指数将有所回落，但仍保持在较高水平，物流业有望保持平稳运行的基本走势。面对新的形势，我国物流业将以质量和效益为中心，寻找战略突破口，培育竞争新优势，全面打造中国物流"升级版"，以转型升级应对物流"新常态"。

当前，物流业的一个重要发展趋势是向供应链转型。我们看到，世界经济发达国家加大了"再工业化"战略的推进力度，依靠的就是对全球供应链的掌控和驾驭能力。2012 年，美国提出了《全球供应链安全国家战略》，以保障美国人民的福利和国家的经济繁荣。欧盟也在相关的规划中提出要发展新的供应链体系。刚刚结束的 2014 年亚太经合组织（APEC）贸易部长会议上，通过了《建立 APEC 供应链联盟倡议》，同意推动建设亚太绿色供应链网络。供应链发展已经成为世界各国的共识。我国作为制造业大国，随着制造业"走出去"步伐加快，将要面对的是全球化的原料采购、全球化的生产力布局、全球化的产品营销要求，因此要求企业加强关键物流节点布局和物流资源掌控，实施供应链一体化管理，建立全球化的供应链体系，实现资源的全球化配置，与全球利益各方构建协作共赢的战略合作关系，掌控供应链的主导权。

　　总体来看，我国供应链发展除了产业链上核心制造企业牵头带动以外，更多的是通过打造供应链一体化服务平台，为供应链上关联企业提供线上线下综合服务，如集中采购、分销执行、物流服务、平台交易、融资支付等，服务各类企业资源整合和功能提升的需要，这也是我国许多供应链企业的主要发展模式。物流企业贯穿供应链上下游，掌握各类渠道资源，向供应链一体化服务平台转型具有先天优势。未来一部分物流企业将加快延伸服务链条，承接企业物流业务，提供供应链增值服务，实现向供应链一体化服务商转型。

　　（2014 年 7 月 1 日，作者在 2014 年物流供应链整合与创新论坛上的致辞，内容有删节）

02
供应链发展迎来春天

随着国际分工不断深化和跨国公司在全球范围内配置资源，全球供应链体系不断扩展和创造价值，供应链水平的高低已经成为衡量一国综合实力的显著标志之一。目前，美国、日本、德国等发达国家已经基本形成了由跨国公司主导的全球化物流与供应链体系，建立了社会化现代物流体系和供应链管理平台，在全球供应链竞争中占据绝对优势。欧美国家已经将全球供应链竞争从企业微观层面提升为国家宏观战略层面。2012年，美国发布了《全球供应链安全国家战略》，确立了美国政府强化全球供应链，以保障美国人民的福利和权益、实现国家经济繁荣方面的战略。2013年，美国又对《全球供应链安全国家战略》进行了补充和完善，表明美国政府更有能力描述、预测和缓解中断对不同类型供应链的影响，通过制度和措施加强全球供应链系统的安全、效率、弹性活力。可以说，21世纪全球竞争的主线，已日益深化为全球供应链之间的竞争。

目前，中国已经成为世界第二大经济体，是全球供应链重要的核心枢纽。物流业是供应链管理的基础产业。随着物流业服务能力的提升，企业供应链管理水平得到有力支撑。据美国高德纳咨询公司（Gartner）发布的2015年全球25家供应链最佳企业排名看，联想成为首家上榜的中国大陆企业，预计未来会有越来越多的中国大陆企业进入榜单。联想建立了供应链混合模式，即一部分外包，一部分自主生产。这给联想带来了很大的灵活性。一方面，这使联想有机会和上游供应商有更紧密的接触，能够了解产业发展的最新趋势和技术，从而把最创新的技术用在联想的产品上；另一方面，有利于联想控制成本。此外，供应链混合模式还让联想在与供应商合作时更具弹性：在市场需求高时增大外包，加班加点生产，需求低时则可适时降低产能。目前，联想拥有了 31 个自有工厂，3 个联合工厂以及 20 个代工工厂。除上述供应链的优势外，联想还在改善产品开发流程和供应链管理流程，以实现产品的快速创新，创新产品的快速上市，最终抵达用户。近年来，一批转型升级的高端制造企业纷纷加强自身供应链体系建设。

政府重视供应链管理。2014 年年底，出台了《物流业发展中长期规划（2014—2020 年）》，其中提出了制造业物流与供应链管理工程，支持供应链转型发展。近期，我会参与有关部门供应链国家战略研讨，拟与商务部、工信部、财政部合作，积极推动出台供应链发展指导意见，鼓励促进工业企业和商贸流通企业利用供应链理念实现模式创新、转型升级和融合发展。可以说，供应链发展的春天已经来临。

（2015 年 11 月 27 日，作者在中华采购与供应管理协会成立二十三周年暨 2015 年采购与供应管理研讨会上的致辞，内容有删节）

03
加快推动支持供应链发展的
政策措施出台

当前，在物流业兴起了向供应链管理转型的趋势，这也是企业创新驱动、供给侧结构性改革的战略选择。物流企业凭借自身物流网络的渠道优势和合作关系，整合商流、信息流和资金流，与产业链上下游企业建立战略伙伴关系，有效满足终端消费者的多样化需求。宝供物流作为这一领域的探索者和实践者，做了积极的尝试和探索。随着中国经济日益融入世界市场，全球化对供应链管理提出了新的挑战。目前，供应链在经济全球化中的影响日趋明显。全球供应链涉及运输和仓储等主要物流环节的全球化，以及采购、外包、供应链流程的全球化。全球化的影响还涉及全球供应链的安全、速度、敏捷性与成本效益优化等前沿领域。随着国际分工不断深化和跨国公司在全球范围内配置资源，全球供应链体系加快扩展和创造价值，供应链水平的高低已成为衡量一国综合实力的标志之一。

在互联网驱动下，物流业加快向产业链延伸服务，符合国家"中国制造2025"和流通升级战略的要求。"中国制造2025"提出了服务型制造要求。今年7月，工业和信息化部等三部门共同制订了《发展服务型制造专项行动指南》。其中，在制造效能提升行动中，将优化供应链管理单列一条，提出了发展供应链管理专业化服务，提高供应链管理水平等任务要求。11月10部门联合发布的《国内贸易流通"十三五"发展规划》中，提出流通升级战略。"十三五"期间，将以推动流通大国走向流通强国为目标，实施消费促进、流通现代化和智慧供应链三大行动，全面打通消费、流通和生产各环节，促进流通升级。

▲ 白俄罗斯交通部来访

目前，中国物流与采购联合会正在积极参与推动我国供应链创新发展。一年多来，我会邀请国内专家学者、有关部门领导，进行了多轮研讨和调研，产生了很多创新性发现和构想。近期，我会正与商务部、工信部、财政部等部门展开合作，推动出台支持我国供应链发展的政策措施，引导制造企业和商贸流通企业利用供应链理念实现模式创新、转型升级和融合发展。

（2016年11月24日，作者在第二十届中国物流技术与管理发展高级研讨会上的致辞，内容有删节）

04

贯彻落实国家战略
中国供应链管理年会应运而生

中国供应链管理年会的诞生有三个方面的原因，既是为了贯彻落实国家供应链战略，也是为了应对全球局势的发展变化，更是为了推动供应链行业全面发展。

（一）供应链在保障国民经济安全稳定方面发挥着越来越显著的作用

今年以来，供应链发展在政策层面得到了前所未有的重视，习近平总书记在党的十九大报告中提出，要在现代供应链等领域培育新增长点、形成新动能，自此供应链发展被提升到国家战略的高度，成为供给侧结构性改革和高质量发展的重要抓手。随后《国务院办公厅关于积极推进供应链创新与应用的指导意见》（国办发 84 号文）印发，明确了我国供应链发展的宏伟目标，供应链发展越来越受到关注。

今年新冠疫情在全球蔓延，更加突出了安全稳定高效的供应链对保障我国产业安全和国家安全的重要作用。在这个背景下，习近平总书记多次强调要高度重视产业链供应链稳定、高效和安全。供应链稳定作为"六稳六保"工作之一，被写进国务院工作报告。中央政治局常委会召开会议专门研究提升产业链供应链稳定性和竞争力。在党的十九届五中全会上，中央将提升产业链供应链现代化水平写入"十四五"规划，用一个段落专门阐述具体要求和实施路径，作为"十四五"期间"加快发展现代产业体系、推动经济体系优化"目标的重要组成部分。12 月 18 日的中央经济工作会议又将"增强产业链供应链自主可控能力"列为八大重点任务之一。

中央对供应链发展的高度重视对我们的工作提出了新要求，产业链供应链的现代化需要产学研政平台的支撑，这是中国供应链管理年会成立的政策背景。

（二）当前世界正经历百年未有之大变局，供应链发展面临新的机遇和挑战

国际方面，随着新冠疫情的全球大蔓延，世界经济面临衰退，经济全球化遭遇逆流，单边主义、保护主义、霸权主义开始抬头。全球供应链面临重构，我国产业链供应链承受低端产业转移、高端供应链回流的双重压力，也肩负推动区域经贸合作与供应链协同的责任。

国内方面，我国产业链供应链在疫情冲击下暴露出安全隐患，亟须通过构建国内国际双循环相互促进的新发展格局，纠偏国内国际经济循环失衡的现状；凭借巨大的国内市场重塑经济竞争力，留住关键产业，培育战略性新兴产业，补齐短板，建立自主可控、安全可靠的供应链体系。此外，我国步入高质量发展阶段，经济发展模式必须从规模驱动转变为效率驱动和创新驱动，供应链是经济转型的核心抓手。而数字化技术的快速应用，也为产业链供应链转型升级提供了广阔的发展空间。

发展环境的急剧变化迫切要求我们加快建立现代供应链体系，增强国家核心竞争力，探索后疫情时代供应链行业的前进方向，这是中国供应链管理年会成立的时代背景。

（三）我国供应链行业全面发展需要一个多方交流协同平台

作为我国面向物流、采购与供应链领域唯一一个综合性权威性行业组织，中物联致力于推动供应链行业整体发展，并做了一系列工作。

政策方面，我们参与了国办 84 号文等顶层政策文件的出台，并联同商务部等 8 部门开展了全国"供应链创新与应用试点"。去年 11 月，在商务部

指导下，中物联在厦门成功举办了供应链创新与应用试点中期成果展示，试点城市和试点企业积极参与，受到各方面关注和好评。

产业方面，我们开展了供应链中国行活动，积极走访在供应链创新与应用方面取得突出成果的企业，并将其先进经验和模式创新向全行业分享。我们也为企业提供有针对性的专业咨询、培训服务，提高供应链从业人员的专业素养，助力企业和行业长远发展。

学术研究方面，我们推动了高等院校设立供应链管理专业，定期举办学术会议、论坛、沙龙和培训，发布供应链发展报告和指数。我们还创办了《供应链管理》期刊，为中国的供应链从业人员和研究者提供一个专业性交流平台，促进我国供应链理论的本土化和再创新。

经过长期的供应链工作，我们深刻感受到建立一个产学研政平台的必要性。我们在各项工作中都积累了大量的数据、资源、技术等生产要素，通过一个协同平台将这些生产要素有效组织起来，将获得产、学、研、政各方独自无法达到的目标和高效益，有效推动行业整体发展，这是中国供应链管理年会成立的行业背景。

明年是"十四五"规划开局之年，也是全面建设社会主义现代化国家新征程开启之年，是具有特殊重要性的一年。全球政治经济局势将发生深刻复杂的变化，这对今后的供应链发展产生深远影响。对此，我认为有四个方面的趋势值得关注。

（一）供应链安全的重要性显著上升

新冠疫情已经证明了供应链安全稳定具有不可替代的意义。对于企业来说，越重视供应链安全，受疫情的冲击越小，恢复速度越快。因此，企业必须重新定义供应链效率，效率不仅意味着更低的成本，也必须包括足够的供应链弹性。对国家而言，供应链安全是国民经济安全的关键保障，缺乏自主可控的供应链就难以在变局中生存和竞争。

（二）供应链开放是应对未来全球竞争的重要方向

要保持产业链供应链稳定、高效和安全，必须继续坚持开放合作、互利共赢的原则，关起门来搞是行之不远的，单边主义和贸易保护主义也会适得其反。协同是供应链的本质，只有通过协同的方式才能最大限度发挥供应链的潜力和韧性。因此，双循环新发展格局，不仅要强调以国内大循环为主体，还要强调国内国际双循环的相互促进。近期我国还推动建立了 RCEP，彰显了我国坚持多边合作和自由贸易的立场，通过区域间的合作与发展真正加强供应链安全稳定。

▲ 与云南省商务厅就物流行业发展进行座谈

（三）数字供应链将迎来迅猛发展

新冠疫情造成了传统供应链的大规模中断，但也创造了大量非接触的应用场景，这将显著加快供应链的数字化进程。数字供应链将成为今后重要的经济驱动力。一方面，数据是后疫情时代重要的生产资料，数字供应链将产生源源不断的数据资源，为陷入停滞的全球经济提供重要的经济增量。另一方面，后疫情时代全球市场被贸易壁垒和地缘政治因素分割为需求各异的区域性市场，数字供应链结合智能制造将实现大规模定制化制造，有效解决全球市场碎片化的挑战，提升供应链效率。

（四）创新能力将成为供应链的核心竞争力和驱动力

　　首先，创新是供应链安全的保障，建立自主可控、安全高效的供应链离不开技术创新。缺乏创新能力的供应链也许能够快速发展，但隐藏着很大的风险，终有一天会受制于人。其次，创新是数字供应链的基础，数字化技术和数字供应链发展模式都需要通过创新来实现。最后，也是最重要的一点，创新是提升我国供应链现代化水平的关键。我国供应链要实现全产业链升级，必须把握创新在现代化建设全局中的核心地位，从规模驱动转变为效率驱动，在技术、供应链组织模式、政府管理模式等方面不断创新，以创新驱动供应链发展，构建供应链竞争力。

　　（2020 年 12 月 26 日，作者在首届中国供应链管理年会上的致辞，内容有删节）

05
以新发展理念为指导
不断提升我国产业链供应链现代化水平

今年是"十四五"规划的开局之年，也是全面建设社会主义现代化国家新征程、向第二个百年奋斗目标进军的开启之年，是具有特殊重要性的一年。7月30日，中央政治局会议提出，要强化科技创新和产业链供应链韧性，加强基础研究，推动应用研究，开展补链强链专项行动，加快解决"卡脖子"难题，发展专精特新中小企业。新冠疫情和贸易战已经证实了产业链供应链安全稳定具有不可替代的价值，是后疫情时代的核心竞争力。全球政治经济局势无时无刻不发生着深刻变化，如何构建安全稳定的产业链供应链，提升我国产业链供应链现代化水平，以应对复杂多变的国内外政治经济环境，我认为有以下三个方面值得关注和重视。

（一）提高产业链供应链韧性和安全性，提升抗风险能力

我国是世界第一大工业国，也是全世界唯一拥有联合国产业分类当中全部工业门类的国家；但是，在我们的产业发展中却存在着一些"卡脖子"的问题。比如芯片，我国芯片设计较强，但设计软件EDA被国外垄断；封测水平先进，但制造环节薄弱。这些短板过度依赖国外，在当前国际贸易摩擦和全球新冠疫情的影响下，一旦出现"断链"，我们国民经济中的一些关键领域就会受到重大影响。

面对存在的隐患，如何应对？我认为，最主要的是提升我们的科技创新

能力，特别是在关键核心技术领域的科技创新能力。要以企业为主体，加快技术创新，推动产学研用深度融合，构建新型的产业创新生态圈，着力突破"卡脖子"技术瓶颈。我们还要统筹"补短板、锻长板"，开展产业链强链补链，做好产业链供应链战略设计，不断提高产业链供应链的稳定性和韧性。

（二）支持企业走出去，积极参与全球供应链重构

随着全球经济一体化的不断深化，供应链已成为构建合作共赢的全球经济新格局的有力抓手和抵御经济波动的有效手段，实施并不断优化供应链战略已成为我国经济发展的必然选择。企业可以通过数字化和本地化参与全球供应链重构。

麦肯锡 2020 年调查显示，跨国公司供应链活动的数字化速度加快了 3 年到 4 年，其产品组合中数字化产品的份额加快了 7 年。而新冠疫情创造了大量非接触应用场景，加速了全球供应链的数字化转型。

▲ 赴中外运长航集团调研

本地化是跨国企业应对供应链中断风险最直接的办法，是将生产环节直接转移到消费国。有些制造业空洞化的国家意识到此次疫情对本土产业链供应链的长远影响，在制定政策时，对于国家经济安全至关重要的商品和技

术，开始建立本土供应链。

据麦肯锡预测，未来 5 年内全球商品贸易的 15% ～ 25% 会转移到不同的国家。所以，我们的企业要走出去，积极参与全球供应链重塑，同所在国建立紧密的联系，并与当地企业协同分工、紧密合作，在全球范围内实现生产转移与协作，在平等互利的基础上，实现产业链供应链融合发展。

（三）重塑全球供应链，需要改变企业的生产模式

多年来，很多公司都追求精益生产模式与即时生产模式，尽量减少库存。这种模式对降低成本、增加利润很有效果。当企业处于相对稳定的产业链供应链环境下，这种模式非常有效。但是，随着新冠疫情在全球的暴发，受各种封锁措施的影响，全球供应链都承受了很大压力，这种模式内在的缺陷日益暴露。一旦供应链中任何一个环节出现问题，整个链条就会产生瓶颈，甚至出现不同程度的断裂。这种模式只能够建立在产业链供应链紧密耦合的逻辑之上，但是严重缺乏韧性，在遇到突发性危机时，不能及时应对与快速反弹。这也是新冠疫情暴发以后，全球供应链都受到冲击的直接原因。为此，在全球供应链重塑过程中，如何寻求更具安全性和韧性的生产方式，值得我们大家去探索。

（2021 年 12 月 8 日，作者在第二届中国供应链管理年会上的致辞，内容有删节）

06
加快数字技术与供应链融合
推动国有企业的数字化转型

近年来，各级政府高度重视国有企业采购管理工作，国务院国资委将采购管理作为中央企业管理提升活动重点提升领域之一，作为促进中央企业降本增效，实现保增长目标的重点举措之一。尤其是从 2015 年开始，国务院国资委持续开展了七年央企采购管理对标工作，央企采购无论是在管理组织与体制、管理流程与运营、供应商管理、信息化与大数据应用方面，还是在供应链管理创新方面，都有了长足的进步和显著的提升。不少央企采购管理开始对标国际一流，有的甚至已经跻身国际一流，这对于全面提升央企市场竞争力和国际化水平都发挥了重要作用。

国有企业采购发展与时俱进，管理成熟度不断提升。一是采购普遍由分散走向集中，采购集约化水平有了明显提高。这几年，不少国有企业在制度建设、组织与体制调整、流程管理与运营创新等方面采取了重要改革创新举措，逐步建立了集中采购制度和机制，集中采购率逐年提高，采购管理规范化水平有了明显提升。二是采购管理信息化建设和数字化转型步伐明显加快。国有企业通过采购管理信息化建设和数字化转型，既做到采购流程的透明可追溯，又做到采购效率的极大提升，很好地解决了采购程序与效率之间的矛盾。三是采购管理逐渐向供应链管理转变。越来越多的国有企业开始重视供应链管理提升和创新应用，很多企业已经成立了专门的供应链管理部门。四是采购管理朝着更加绿色低碳的方向发展，包括采购政策重点支持绿色环保、节能减排产品，支持减碳技术进步，采购过程符合低碳环保要求，减少"碳足迹""水足迹"。五是采购管理开始注重供应链韧性建设。随着中美战略博弈，尤其是新冠疫情全球蔓延，国际环境不稳定不确定性因素明显增加，供应链稳定安全的重要性凸显，一些国有企业也受到中美博弈的影响被列进美国所谓的实体清单，供应链稳定受到挑战，采购管理必须更加注重解决影响供应链的"断点""堵点"问题，以及核心环节和关键技术的替代。当前国际格局和安全环境发生了深刻变化，单边主义上升，地区冲突加剧，大国矛盾凸显，世界经济走向衰退，全球产业链供应链因非经济因素受到冲击，世界进入动荡变革期，应该说采购管理更加注重供应链韧性并不是短期的策略，而是长期的趋势。这一点必须引起我们的高度重视。

当前，数字经济已成为高质量发展的新引擎，把握住数字经济发展先机，就能抢占未来发展的制高点。今天会议的主题为"数说国企，链享未来"，就是倡导更多的企业树立数智化采购思维，对标数字化发展战略，积极探索数智化采购与智慧供应链转型发展路径，着力打造数字经济新动能的"加速器"。我愿借此机会，谈谈数字经济发展对国有企业采购与供应链管理带来的深刻影响。

数字经济发展速度之快、辐射范围之广、影响程度之深应该说前所未有，正推动生产方式、生活方式和治理方式深刻变革，成为重组全球要素资源、重塑全球经济结构、改变全球竞争格局的关键力量。推进数字经济与实体经济深度融合，不仅是实现我国产业基础高级化与产业链现代化的重要途径，也是我国"十四五"及中长期经济实现高质量发展的必然选择。国有企业是中国经济发展的国家队，肩负着推动我国供给侧结构性改革和经济发展方式转型升级的重要责任，国有企业需要在新一轮科技革命和产业变革浪潮中发挥引领作用，成为推动数字化智能化升级的排头兵。

2020年9月，国务院国资委正式印发《关于加快推进国有企业数字化转型工作的通知》，就国有企业落实数字化转型工作进行了全面部署，分别从基础、方向、技术、重点和举措五个方面提供了指引，开启了国有企业数字化转型的新篇章。

采购与供应链数字化转型是国企数字化转型的重中之重。数字化技术的快速扩散应用，为采购管理拓宽边界、提升效率、智能监管提供了有利条件。传统的采购管理只是企业一般管理职能，以降低成本为目标，重视采购流程管理，很难实现企业内部和企业间的协同整合。通过数字化赋能，采购管理边界将拓宽到供应商的供应商，以及客户的客户，推动了采购管理向供应链管理转变。采购管理也逐渐由企业一般管理职能向战略管理职能转变，采购管理目标不再只是降本增效，而是更加彰显支持企业战略目标的战略价值。国家电网的现代智慧供应链（5E一中心）平台、中国移动的数智化供应链新生态、中国石化的易派客数字供应链平台、中国石油的物资供应链数字化案例等先进实践，都是综合运用数字化技术，实现采购流程高度透明化和供应链的全流程、全场景的整合协同。还有中国华能、中粮集团、中国能建、中国联通、五矿集团、中铁物贸、厦门航空等先进企业，在利用数字化技术推进现代供应链体系建设方面的大量创新实践，也充分证明了央企、国企可以践行"大国重器"使命，充分发挥产业链供应链"链长"作用，创新引领国企数字化转型。

（2022年7月29日，作者在第三届国有企业数智化采购与智慧供应链高峰论坛上的致辞，内容有删节）

07
聚力新征程，助推公共采购高质量发展

2022 年是公共采购和公共资源交易领域全面推进、积厚成势的一年。我国公共采购涵盖政府采购、军事采购、国企采购、学校医院等公共机构采购，因采购总量大、涉及范围广、涉足行业多而备受关注。根据财政部发布的数据，2022 年我国国有企业营业总收入近 82.6 万亿元，实现增长 8.3%。作为企业支出的主要组成部分，国有企业的采购支出也随之增长。

公共资源交易是中国特色的公共采购管理与运行模式。近年来，我国公共资源交易扩面增量工作成绩凸显。2020 年，全国公共资源交易平台工程建设、政府采购、土地使用权（矿业权）、国有产权四大板块交易数量 112 万个；2021 年交易数量 116.6 万个，交易额 19.69 万亿元；2022 年这一交易数量达 146 万个，交易额 22 万亿元。

面对新的发展时期，公共采购如何贯彻新发展理念，加快构建新发展格局？在此，我提四个方面建议。

（一）通过《中华人民共和国政府采购法》（以下简称《政府采购法》）《中华人民共和国招标投标法实施条例》（以下简称《招标投标法》）修订工作凝聚共识，解决公共资源交易"顶层设计缺失"的问题

我国的公共采购领域，长期以来存在着两个难点痛点问题：一是我国公共采购领域《政府采购法》和《招标投标法》并立，两法适用范围交叉重叠，具体规则不尽一致，管理体制各成一套，也就是专家们常说的"两法打架"

问题。二是全国各地探索出了"湖北模式""四川模式""合肥模式"等公共资源交易管理体制，但并没有上升到国家层面，公共资源交易领域的法律法规建设严重滞后，也就是专家们说的公共资源交易"缺法可依"问题。

近年来，作为中国公共采购领域的两部基础性法律，《招标投标法》《政府采购法》相继启动大修工作，这为我们解决"两法打架"和顶层设计缺失的问题提供了契机。全行业应该以问题为导向，充分讨论，打破利益藩篱，凝聚行业共识，推进"两法合一"或"协调统一"。这是保障公共资源交易监管体系健康发展、推进国家治理体系与治理能力现代化、加快构建新发展格局的必然要求。

（二）发挥市场在公共资源交易领域的决定性作用，回答好时代赋予公共采购行业的重大命题

如何处理好政府与市场的边界，如何发挥市场在公共资源交易领域的决定性作用？这是事关资源配置效益效率，事关社会公平公正，是时代赋予公共采购行业的重大命题。

进入中国式治理新时代的今天，公共资源市场配置成效更为突出。我们需要不断总结安徽、深圳、重庆、广州、菏泽等地在公共资源交易领域的市场化配置经验，向全国推广应用，推动资源配置更高效、价值最大化，为完善要素市场制度、推动经济高质量发展提供强劲动力。

（三）落实供应链国家战略，推动国有企业采购管理向供应链管理转型升级

国有企业是公共采购的重要组成部分，但也有其独特性。国企采购本质上是"企业采购"，"依法合规"是其底线要求，"降本增效、创造价值"是其根本宗旨。作为企业最大的资金支出项目，采购质量和采购效率对企业生产运营成本和经济效益有着极为重要的影响。而供应链管理是对采购、计划、生产、物流与销售等业务活动进行集成管理的过程和方法，是加强企业管理体系和管理能力建设的重要内容，是推动企业高质量发展的必要手段，

也是建设世界一流企业的重要基础和保障。

以国家电网、中国石化、中国移动、南方电网等为代表的中央企业，以采购管理为切入点持续加强现代供应链管理体系建设，供应链影响力、带动力和竞争力显著提升。但与世界一流企业相比，很多国有企业的供应链管理在观念认知、战略规划、协同整合、价值创造、风险防控、资源保障等方面仍存在一定差距。因此，要推动国有企业的传统采购管理向供应链管理转型升级，加快建设世界一流供应链管理体系，将供应链管理理念融入企业生产经营全过程，助推供应链管理水平持续提升，供应链运营绩效明显改善，供应链安全可控水平不断增强。

（四）利用信息化、数字化新技术，推动公共采购体制机制的变革与创新

数字化已经成为当今经济社会发展最强劲的引擎。伴随信息技术的快速发展，数字化转型已经成为公共采购面临的时代机遇，也是采购机构和管理部门创新治理的新标准。借助人工智能、大数据、物流网、云计算、区块链等信息技术，公共采购的数字化转型获得快速发展，数字交易、数字监管、数字服务的全面实现，进一步促进了公共采购的阳光透明规范发展、公共资源交易营商环境的改善和国有企业采购的降本增效。

公共资源交易整合变革正在经历交易流程的数字化再造，全国各地都在推进数据"一网共享"、交易"一网通办"、服务"一网集成"、监管"一网协同"，长三角、长江中游、黄河流域的一些省市还探索建立区域一体化平台。国企央企采购数字化转型和供应链提升也在进一步加快，成为数字化采购当之无愧的引领者，98家中央企业的上网采购率超过80%，全国三成以上的国企数字化采购比例超过50%。一个依托技术进步推动公共采购管理体系创新变革、体制机制变革又对新技术提出更高需求的正向良性循环正在形成。

（2023年3月1日，作者在全球公共采购论坛暨2022全国公共采购行业年会上的致辞，内容有删节）

08
促进采购管理标准化、规范化、数字化

当前，我国经济基本面总体向好，高质量发展任务艰巨。党的十九届五中全会作出了加快构建以国内大循环为主体、国内国际双循环相互促进的新发展格局的重大战略部署，建设国内统一大市场是重要任务。党的二十大报告指出，要坚持以推动高质量发展为主题，加快建设现代化经济体系，着力提高全要素生产率，着力提升产业链供应链韧性和安全水平。国民经济进入新的发展阶段，需要统筹考虑采购、生产、流通与消费，提升供应链集成服务水平，为供应链创新发展带来新机遇。

近年来，我国采购市场发展初具规模，2022年全国企业采购规模超过173万亿元，其中，生产物资采购额增加至104.06万亿元。采购作为供应链的核心环节之一，对于保障生产、稳定流通和促进消费具有积极意义，在现代供应链中的作用日益提升。近年来，采购数字化转型成为趋势。2022年，我国电子商务采购总额约为14.32万亿元，同比增长13.7%，占全国企业采购总额的比重为8.26%，数字化采购率稳步提升。

能源行业是我国重要的支柱产业。推动能源采购现代化有利于促进能源供应链安全稳定、推动能源供应链管理创新、为能源行业健康可持续发展保驾护航。长期以来，传统能源行业的企业采购管理相对粗放，计划、采购、仓储、配送等环节分散、集中度不高，无法形成规模效应；物资计划、采购方式、质量验收、保管保养等缺乏行之有效的标准化管控措施，对企业造成资源浪费、供应链成本居高不下。特别是在数字经济时代，物资编码不统一仍是制约行业数字化采购的主要因素之一。此外，能源行业也没有一套具有权威性、指导性的企业采购工具书，不利于广大采购管理者和从业人员开展好日常的企业采购工作。

这次由中国物流与采购联合会牵头组织编写的《企业采购物资手册》(以下简称《手册》)，主要是为加强能源企业物资采购基础管理，满足能源行业规范化管理的要求。《手册》的出版发行对于能源行业采购管理者和从业人员提升采购质量管理意识，普及产品标准知识和物资常识，促进采购管理标准化、规范化、数字化有着积极的推动作用。《手册》的出版发行填补了能源行业采购管理方面的空白。

这套《手册》引用了大量最新国家标准和行业标准，以标准为依据系统阐述了物资分类、型号规格、质量检验、保管保养等基础知识，具有较高的权威性。《手册》总体勾勒出物资分类的框架，有助于企业物资编码体系构建，助力数字化采购转型和采购平台建设，具有较强的战略性。《手册》基本涵盖了能源行业的常用物资品种，体现了较好的完整性。《手册》在产品介绍时图文并茂、言简意赅、由浅入深、通俗易懂，具有很强的实用性。《手册》不但介绍了产品的技术要求，而且对物资基本常识、物资验收流程要求等进行了全面阐述，具有良好的操作性。

总体来看，《手册》不仅适用于能源企业，对其他行业也有较高的借鉴意义。对于提高广大采购管理者和从业人员物资管理水平来说，本书更是一本参考价值高的工具书。相信《手册》的出版会对我国采购发展事业做出一定贡献。也希望有更多的企业、专家、从业者加入我国现代化采购与供应链建设中来。

（2023 年，作者为《企业采购物资手册》所作的序）

国际视野

01
全面建设物流强国
培养国际化的高质量物流人才

2017年，我国正在成为全球物流中心和供应链中心。刚刚结束的博鳌亚洲论坛上，习近平总书记宣布，中国决定在扩大开放方面采取一系列新的重大举措，对外开放迎来新局面。目前，全国自由贸易试验区达到11个，保税物流模式创新，支撑对外开放新格局。沃尔玛、耐克等越来越多的跨国企业将采购中心、物流中心、供应链中心设在中国。随着我国"制造强国"战略的提出，全球制造部门之间深化专业化分工，全球供应链正在调整重构。物流业顺应客户需求，加快向现代供应链转型升级。2017年，《国务院

▲ 在北京会见日本通运株式会社执行董事、东亚地区总裁、日通国际物流（中国）有限公司董事长杉山龙雄一行

办公厅关于积极推进供应链创新与应用的指导意见》印发，从国家层面部署推进现代供应链创新应用。海尔、华为、联想等制造企业强化制造业供应链优势；宝供、南方、嘉诚等物流企业深化物流供应链服务；随着物流互联网与供应链深度融合，智慧供应链正在成为发展亮点。

总体来看，我国物流业许多指标已排在世界前列，论规模已成为全球物流大国，但是离物流强国的建设目标还有很长的路要走。今后一个时期，我国将进入中国特色社会主义建设的新时代。我们要充分认识新时代对物流业发展提出的新要求，把建设物流强国作为战略目标，把高质量发展作为实现途径，从整体上促进我国由物流大国向物流强国迈进。今后一个时期，有以下五个方面应该引起高度重视。

（一）要从规模数量向效率提升转变，推动效率变革

未来一段时期，行业企业将更多从关注降低物流成本向提升物流效率转移，从关注企业自身成本向整个供应链物流成本转移，通过提升综合物流效率来降低系统物流成本。争取经过 3 ~ 5 年的努力，使我国社会物流总费用与 GDP 的比率再降低 1 ~ 2 个百分点。

（二）要大力发展智慧物流，推动动力变革

未来一个时期，互联网与物流业深度融合，智慧物流迎来发展机遇期，物联网、云计算、大数据、区块链等新一代信息技术将进入成熟阶段，全面连接的物流互联网将加快形成，"万物互联"呈指数级增长。物流数字化、在线化、可视化成为常态，"智能革命"将重塑物流行业新生态。

（三）要创新应用现代供应链，推动质量变革

未来一个时期，受产业升级、消费升级影响，物流业与上下游制造、商贸企业深度融合，将延伸产业链、优化供应链，提升价值链。互联网与供应链融合的智慧供应链将成为下一轮竞争的焦点，有望形成一批上下游协同、智能化连接、面向全球的现代供应链示范企业和服务平台。

（四）要加强物流基础设施网络建设，发挥协同效应

党的十九大报告明确提出：加强物流等基础设施网络建设。未来一个时期，要促进各种运输方式合理分工，提升铁路运输比重，推进"一单到底"的多式联运发展。要推动物流园区、配送中心、末端网点等多级物流网络与综合运输体系互联互通，形成一批具有战略意义的区域和国家物流枢纽，统筹推进交通与物流网络建设。

（五）要坚持人与自然和谐共生发展理念

未来一个时期，自然环境与环保政策将"倒逼"绿色物流加快发展。节能降耗、新能源替代、减量化包装、带板运输、多式联运等绿色物流技术应用和模式创新将进入快速发展期。

（2018年4月16日，作者在第九届中美物流会议暨第五届中美物流教育与研究论坛上的致辞，内容有删节）

02
经济全球化下采购发展趋势

今天，我们在这里举办以"采购 2020：发现采购新职能"为主题的世界峰会，就是希望与大家围绕主题更加深入地探讨采购的发展变化与未来趋势。

回顾近百年来全球采购与供应管理的实践与理论发展历程，我们可以发现产业发展与企业采购管理变化之间的关系。在不同的产业发展历史阶段，存在不同的组织特征和管理模式。根据现代企业生产管理模式发展进程，我们可以划分四个阶段来说明企业采购管理的实践进程。从 20 世纪初延续到 60 年代"按库生产方式"下的采购管理阶段，到 20 世纪 70 年代至 80 年代"按单生产方式"下的采购管理阶段，再到 80 年代兴起的"准时化生产方式"下的采购管理阶段，最后演进发展为"供应链管理生产方式"下的采购管理阶段。相应地，企业采购管理也呈现出巨大的变化，从简单的短期计划转变为重视采购流程，再转变为全球供应链视角下的战略采购管理的演变过程，采购从企业的附属、执行职能转变为企业的战略部门。采购也逐步从"采购管理""供应管理"转变为"供应链管理"，从仅关注价格转变为关注总成本，进而关注总价值，上升到企业乃至行业发展的战略层面。

特别是进入 21 世纪以来，全球化和网络信息技术的高速发展，带来了全球经济运行方式、生产方式、流通方式的巨大变化，企业发展的战略与运作模式也在急剧调整，实施新的采购战略和优化供应链管理成为企业可持续发展的必然选择。当前，全球化市场竞争异常激烈、成本日益上升、市场风险不断加大、技术不断创新与应用，如何降低采购成本，将成本中心逐渐转化为价值中心，将采购从业务层面提升到企业的战略层面，充分发挥采购的杠杆作用，已成为关系到企业核心竞争力的关键问题。未来几年，经济全球化下采购发展趋势的主要表现在以下四大方面。

（一）采购从简单的线性关系转变为复杂的网状供应链管理

经济全球化和互联网信息技术的发展，推动了企业采购从单一的线性关系转变为供应链网络，全球化、多层次、相互依存的供应链网络逐步形成。一方面，全球跨国公司兼并和收购不断发生，通过兼并和收购等方式形成巨头企业，不断整合和配置世界范围内的有限资源。另一方面，专业化导致外包趋势不断强化。许多大中型公司将注意力集中在核心业务上，而将那些非核心业务进行整合外包。比如在中国，以利丰、怡亚通为代表的供应链服务公司，就承接了一大批世界 500 强中的大量外包业务。这种供应链网络是在全球范围内的，而不是地方或区域性的。它关注于网络，协调网络间业务，而不是单一的供应商链条及买卖双方之间的同步关系。由此，采购的复杂度大大加深，对采购的管理要求也发生了深刻变化。

（二）采购理念转变为"供应链战略"的理念

采购理念正在向"供应链战略"的理念转变，以一种更为创新、开放、绿色的方式创造经济价值，实现社会经济的可持续发展。这个新战略的核心原则包括：明确原材料和总成本之间的关系；认识供应市场的复杂性，计算总支出时考虑市场变化；创建供应商采购矩阵，以有效分析市场，明确定位策略，提高采购的执行力；强调研发、采购、生产、营销、财务和社会责任的供应链一体化领导与协作。

（三）采购与供应链朝着数据化与智能化方向升级

预计未来 3 ～ 5 年，随着互联网、大数据和云计算的进一步发展，采购与供应链平台的数字化程度将显著提升，进一步打破行业信息不对称和信息孤岛现象，全行业供应链"全程透明、可视化"更加普遍。再加上物联网、人工智能、区块链等新技术的应用，智慧供应链将带动产业互联网发展，以用户需求倒逼产业链各环节强化联动融合，深刻影响生产、采购和流通模式变革，智慧供应链生态体系逐步形成。

（四）采购的职能和角色向专业化、国际化发展

全球范围内对新的采购战略、运营架构、技能和技术的广泛需求，导致一个供应链网络设计和协调的新世界出现，也改变了采购的职能和角色。采购部门已成为一个全新的实体：从最初的单纯为业务部门提供服务和支持，发展为现在的战略制定、设计和执行供应链管理，重要性不断得到提升。与此同时，采购也朝着职业化、专业化和国际化的方向发展，全球采购与供应链职业资格互认成为一大趋势。

可以预见，随着时代的发展与技术的进步，采购的价值正日益凸显出来，未来具有很大的发展空间。现代采购作为供应链中连接社会生产、流通和消费的核心环节及关键职能，是现代市场经济资源配置的重要方式。通过全球采购整合全球资源，实现资源最优配置，实现成本节约，价值再造，同时利用信息化手段，提高采购效率和透明度，提高企业竞争力，对于推动全球经济社会的集约化发展，推进经济、社会和环境可持续发展，提升全球经济整体运行质量和效率，都具有十分重要的现实意义。

（2018 年 9 月 27 日，作者在 2018 年国际采购与供应管理联盟世界峰会上的致辞，内容有删节）

03
建设南向物流大通道
打造区域经济大走廊
推进"一带一路"建设

当前，我国物流业已经告别了高速增长阶段，进入高质量发展的关口期。物流业已经从国民经济的基础性产业，逐步向引领发展的战略性、先导性产业转变。物流发展与区域经济联动日益紧密，物流集聚支撑产业集群、产业集群促进经济发展，物流业在区域经济中的集聚辐射和支撑带动作用日益增强，枢纽经济日益显现。枢纽经济需要多种运输方式和物流服务模式紧密衔接和联动发展，对区域物流一体化提出更高要求。与物流条件相对成熟的东部沿海地区相比，中西部地区物流条件相对落后。随着"一带一路"倡议的实施，中西部地区由内陆腹地变为开放前沿，亟待建设与其相配套的物流大通道，打通内陆对外开放的现实障碍，制定互联互通的标准规则，形成国际贸易和区域经济大走廊。

广西作为"一带一路"的重要节点，物流业发展正处于战略机遇期。近年来，广西围绕构建面向东盟的国际大通道、打造西南中南地区开放发展新的战略支点、形成21世纪海上丝绸之路和丝绸之路经济带有机衔接重要门户的"三大定位"，全力实施开放带动战略。广西北部湾作为我国南方面向东盟国家最近的出海口，已经成为引领广西发展的增长极，也成为我国沿海经济最具活力、发展最快的地区之一。中新互联互通南向通道建设取得巨大成绩，陆海两大主干线实现常态化运行，海铁联运、跨境公路、跨境铁路运输等多式联运线路也已开通。以广西北部湾为枢纽，以南向物流通道为桥梁，区域物流一体化进程正在加快，区域经济交流合作走向深入，助力形成内陆开放新格局。

展望未来，广西将是我国面向东盟国家的国际性物流枢纽城市，北部湾经济区将成为践行我国"一带一路"建设，推进中国—东盟国际物流大通道建设的重要引擎。如何借助广西区位优势，加快物流一体化建设，助力北部湾区域经济发展，是摆在我们面前的新课题。下一阶段，广西物流业要始终围绕"三大定位"，转变发展思路，创新发展模式，提升发展质量，建设南向物流大通道，推进区域物流大融合，促进口岸物流大通关，融入国际物流大市场，形成区域经济大走廊，有力支撑"一带一路"倡议的实施。

（一）建设南向物流大通道

要强化北部湾枢纽规划建设，整合多种运输方式和各类节点设施，建设综合型枢纽园区，充分发挥枢纽经济辐射带动作用。要合理规划交通基础设施布局，补齐铁路线路、水路码头等基础设施短板，发挥铁路、水路长距离运输优势，大力发展国际集装箱多式联运。

（二）推进区域物流大融合

要强化区域物流协调机制建设，通过协商协作，打破区域物流互联互通的制度瓶颈，便利区域物流监管一体化。要充分利用"互联网＋"政务优势，推行网上申请、网上审批、网上监管等便民方式，进一步开放政府公共信息，搭建区域物流公共服务平台。

（三）促进口岸物流大通关

要强化区域一体化通关机制建设，实施国际贸易"单一窗口"一站式作业，缩短通关时间。对接国际通关先进规则和制度，创新国际中转、保税流转、跨境直通车等监管措施，优化监管手段，促进国际贸易便利化。

（四）融入国际物流大市场

要强化内引外联市场开拓机制，一方面，通过成本和时效优势吸引国内企业通过南向通道出口海外，另一方面，主动"走出去"进入国际市场，打造南向通道品牌，让更多的国际企业了解南向通道、使用南向通道、宣传南向通道，形成内引外联的良性循环。

（五）形成区域经济大走廊

要强化中外经济合作互惠机制，加强与新加坡、东盟国家的协商合作，以南向通道沿线国家为核心，吸引国外投资，加大对外投资，共建开发物流集聚区域和经济开发区域，深化互利合作共赢，带动区域经济健康协调发展。

（2018 年 9 月 13 日，作者在第六届中国—东盟物流合作论坛上的致辞，内容有删节）

04
未来几年采购和供应链行业三大趋势

下面我想跟大家谈一谈未来几年采购和供应链行业三个大的方向和趋势：

（一）采购和供应链行业的重心正在向亚洲转移

这既是亚洲的经济基础决定的，也是亚洲内部的供应链转型导致的必然结果。

首先，亚洲国家的经济和社会普遍保持健康稳定发展。近几十年，随着亚洲地区的工业化和城市化持续推进，多个亚洲国家和地区已跻身中等收入经济体，甚至达到发达经济体水平。预计到2040年，亚洲将占全球GDP的一半以上，将占世界消费的40%。社会层面，亚洲人口的平均预期寿命和识字率稳步提高，数亿人摆脱了极度贫困，生活水平大幅提升。

其次，亚洲也是全球供应链需求端最重要的消费市场之一。

亚洲的中产阶级人群正在不断扩大，很快将突破30亿人，印度尼西亚也将产生数千万的小康消费者，数量庞大的亚洲家庭将贡献持续增长的消费需求。预计未来十年，亚洲将推动一半的全球消费增长；到2030年，预计将贡献全球增长的一半以上。

同时，亚洲企业正在崛起，在全球供应链供给侧占据更大的位置。在2018年《财富》全球500强排名中，营收位居全球前500名的大型企业中有210家是亚洲企业。在过去二十年中，亚洲企业在全球业绩最佳企业中的占比也从 19% 提高到了 30%。从区域角度看，近二十年间，中国、印度和东南亚地区的大型企业数量显著增加。这些地区也贡献了亚洲大多数的创新企业，截至 2019 年 4 月，在亚洲拥有的 119 家独角兽企业中，中国有 91 家，印度有 13 家，印度尼西亚有 4 家。

除了亮眼的经济数据以外，值得我们特别注意的是，亚洲的供应链格局正在经历重大结构性变革。

亚洲经济体的供应链正在变得越来越本地化。从 2007 年到 2017 年的十年间，中国的劳动密集型产品产值几乎增长了两倍，从 3.1 万亿美元增至 8.8 万亿美元。同时，中国出口产值比重急剧下降，从 15.5% 下降至 8.3%，印度的数据也反映了相同的规律。这表明亚洲的商品开始更多地在当地销售，而不是向西方出口，区域内贸易增长压缩了远程跨区域贸易的空间。

亚洲国家的供应链体系也变得更加丰富和完善。从产业组合的角度来看，近二十年间，基础设施和金融服务领域的亚洲企业显著增加，传统上占据主流的汽车和工业品企业比例有所下降。得益于更加多元、平衡、完整的产业结构，亚洲新兴经济体已经培育出自给自足的区域供应链体系，并开始向亚太市场提供高技术含量的产品和服务，逐步摆脱对外国中间品和最终产品的依赖。

亚洲经济体间的跨国供应链正在逐步重构，协同整合程度不断加深，地区联系与合作更加紧密。上一轮全球化中，发达国家为了使用亚洲的廉价劳动力，建立了贯穿半个世界的跨区域远程供应链。随着工资上涨，部分亚洲国家的人口红利开始衰退，但区域内供应链的自发重构将机遇留在亚洲。例如，中国正在向价值链上游移动，这为其他亚洲国家提供了供应链上的空间和机会。

2014 年至 2017 年，中国的劳动密集型产品的全球出口份额下降了 3%，但印度和东南亚国家的全球出口份额总计上升了 3.5%，区域内供应链重构使亚洲经济体紧密相连、共同发展。得益于此，大批新兴的制造中心城市在亚洲崛起，如越南的海防、胡志明市，印度尼西亚的勿加泗，这为构建以亚洲为中心的全球供应链打下了坚实基础。

（二）数字化技术将引领采购和供应链的未来

数字化采购将成为企业开启价值增长的钥匙。在供应链环节中，采购的数字化改造空间巨大，前景广阔。随着消费互联网的兴起，供应链中离消费者更近的广告营销和销售环节已经逐步实现了较为完善的互联网化改造，而离消费者较远的研发设计、采购和制造环节获得的关注和投入不足，数字化水平相对较低。供应链前端作为效率短板，将越来越被企业重视，具有很大的改造升级潜力。

数字化采购是提升供应链前端效率的关键。麦肯锡一项针对全球首席采购官的调查显示，通过采用端到端的数字化采购，企业每年可节省四分之一左右的成本，减少30%交易性采购所需的时间，降低50%的价值损失。由此可见，数字化采购将是企业削减成本、提升效率的主要抓手，对于企业的意义越来越重大。

未来几年，大数据分析技术、流程自动化和全新协作模型将显著提升采购组织的效率，大幅降低成本，实现更快捷、更透明、可持续的采购活动。采购人员应该保持对数字化技术的关注和学习，走在趋势前面，制订适合自身的数字化采购解决方案和实施路线图。

关于供应链，数字化技术将为供应链带来革命性的影响。Gartner在2019年年初列出了供应链技术的八大趋势，分别是人工智能、高级分析、物联网、机器人流程自动化、自主设备、数字孪生、沉浸式体验以及区块链，它们无一例外都是用于数字化改造的创新工具。

数字化新技术将显著改善规划、采购、制造和交付的流程和方式，提高供应链的可预测性、透明度和交付速度，令供应链变得更加智能。根据毕马威的一项年度调查，人工智能和高级分析被评为当前对供应链潜在影响最大的技术。

麦肯锡估计人工智能在供应链管理和制造业中的应用可以创造2万亿美

元的价值，可以在采购中每年节省 3%～10% 的成本。

各个经济体都越来越关注数字化技术，特别是供应链领域的数字化创新。得益于数量庞大的网民人口，中国、日本、韩国和新加坡的数字化水平位居世界前列，而印度尼西亚和印度的数字技术普及速度近年来居全球第一。值得注意的是，很多国家开始将关注点从消费领域的数字化转变为供应链领域的数字化。中国、韩国和新加坡都在传统行业大力推行人工智能技术；日本计划每年培养 25 万名人工智能相关技术的毕业生；印度通过宏观政策的引导，将超过 1000 万家企业整合到同一个数字平台。这将使它们在未来的采购和供应链的数字化转型中占据先发优势，把握未来。

（三）供应链安全愈发重要

供应链的安全指企业应对断链情况的能力。过去，断链的威胁主要来自自然灾害造成的破坏。如今，企业面临的安全性威胁更多由政治动荡和博弈造成，例如英国混乱的脱欧和中美贸易问题。

美国国家经济研究局的报告指出，卡特彼勒预计中美关税战将让其在今年损失 2.5 亿～3.5 亿美元，康明斯预计损失 1.5 亿美元。

新的威胁对供应链组织的应变能力提出了很大的挑战，并有可能拆解现有的供应链体系，导致其从高效、复杂、有机互联向更短、更本地化、成本更高转变。瑞士信贷的调查显示，当下的贸易纠纷已经造成了永久性影响，欧洲公司越来越不愿意投资欧洲以外的公司，跨国公司不再将成本作为供应链战略的首要考量因素。

供应链安全已经成为难以回避的现实问题，并将得到更多的关注和研究。传统全球供应链的理论框架和体系设计的基础是全球化和自由贸易，世界各国维持较低关税并且提供相对稳定的环境，而这个黄金时代已经过去了。供应链需要与时俱进，供应链安全问题带来的反思可能引发理论革新，指导企业如何在这个时代重新设计规划供应链，让它们能更快地应对断链的危险，提前部署足够的缓冲手段。即便好时代又回来了，供应链组织也可以自信地面对下一次危机。

（2019 年 10 月 21 日，作者在第二届印尼国际采购大会上的致辞，内容有删节）

05
在物流标准国际化中贡献中国经验

标准引领是现代物流高质量发展、参与全球物流市场竞争的重要标志。随着新一轮科技革命和产业变革深入推进，大数据、物联网、云计算、人工智能等新技术与传统物流相结合，催生新产业、新模式和新业态，培育发展物流新质生产力潜力巨大。近年来，我国涌现了一批国际领先的智慧物流平台，无人仓、无人机、无人驾驶、物流机器人等"无人化"技术装备加快应用。去年6月，经国际标准化组织批准，在多国磋商和参与的基础上，创新物流技术委员会（ISO/TC 344）应运而生，秘书处设在中国。

这是由中国承担的首个物流领域的国际标准化技术委员会，代表着我国在物流国际标准化方面取得了重大突破，有望在创新物流标准化领域贡献中国经验。

中国物流与采购联合会一直以来高度重视物流标准化工作。自2003年起承担了全国物流标准化技术委员会秘书处工作，建设完善物流标准体系，组织开展物流国家标准、行业标准的制修订、宣贯、实施和推广等相关工作，目前已完成并发布物流国家标准93项、行业标准89项、团体标准68项，并承担了ISO/TC 51单元货物托盘、ISO/TC 315冷链物流、ISO/TC 297废物收集和运输3个国际标准化技术委员会的国内技术对口工作，在标准化工作方面有着深厚的基础。

经国家市场监督管理总局、国家标准化管理委员会批准，ISO/TC 344的秘书处工作和国内技术对口单位由中国物流与采购联合会承担。这是对我们物流标准化工作的认可，更赋予了我们艰巨的使命和任务。前两天，国际标准化组织（ISO）主席曹诚焕先生专程到我会，听取创新物流技术委员会秘书处的工作汇报，对推动物流国际标准化工作提出了殷切期望。

在此，我想结合下一步创新物流领域国际标准化工作提几点想法。

（一）拓展国际标准工作朋友圈

以创新物流技术委员会秘书处为抓手，积极践行开放包容、共同合作的理念，建立互利共赢的标准化伙伴关系。组织好各类国际标准化活动，加强物流标准化交流与合作，积极参与国际物流标准化发展计划和相关标准项目的编制。

（二）培养国际标准化创新团队

以国内技术对口工作为基础，吸引科研院校、企业单位、中介组织等国际标准化相关单位加入，围绕创新物流领域前瞻布局和深化研究，培养一批国际标准化领军人才。

（三）稳步扩大标准制度型开放

积极参与国际标准化组织工作，加快推进中国标准与国际标准的接轨，提升我国标准与国际标准一致性程度，并积极向国际标准化组织提出高质量的国际标准项目。

（2024年5月29日，作者在2024物流标准化国际大会暨ISO/TC 344成立大会上的致辞，内容有删节）

区域物流

01
大力发展现代物流业
促进东北地区振兴发展

自 2003 年中央实施东北地区等老工业基地振兴战略以来，以黑龙江省为代表的东北地区老工业基地发生了巨大而深刻的变化。以国有企业改革为重点的体制机制创新取得重大突破，多种所有制经济蓬勃发展，经济结构进一步优化，自主创新能力显著提升，对外开放水平明显提高，基础设施条件得到改善，重点民生问题逐步解决，城乡面貌发生很大变化。"十二五"规划纲要中，再一次提出全面振兴东北地区等老工业基地，为黑龙江省社会经济发展带来重大机遇，也对物流业发展提出更高要求。

针对黑龙江省物流业发展特点，提出以下七点建议。

（一）制定区域物流中长期发展规划

在抓紧落实国务院《物流业调整和振兴规划》的基础上，争取物流业发展的战略思路在东北地区"十二五"振兴规划中有所体现，逐步启动区域物流中长期发展规划。我们建议，到"十二五"末期，黑龙江省基本形成布局合理、技术先进、节能环保、便捷高效、安全有序并具有一定国际竞争力的现代物流服务体系。大力推进物流需求社会化，培养一批具有国际竞争力的大型物流企业集团。整合优化物流设施设备，全面提升物流信息化水平。行业基础工作进一步加强，政策体系和管理机制逐步形成。物流业在加快提升传统产业、推动装备制造产业结构优化升级、发展战略性新兴产业、加快资源型城市转型、促进资源型城市提档升级等方面发挥更大作用。

(二)推动产业物流社会化和专业化发展

努力整合工业、商贸业和农业等产业物流需求,促进相关产业优化升级。要重点发挥黑龙江省工业比重较大的优势,鼓励工业企业加快流程再造和资源整合,以物流为切入点,改造提升传统制造业,适应战略性新兴产业发展需要。逐步分离物流职能,整合外包物流业务,推进工业物流社会化和市场化运作,建立供应链一体化的现代物流运作模式。要重视商贸物流城市配送系统建设,支持流通企业和批发市场增加物流功能,加快电子商务物流发展,提升商贸物流服务水平。要发展农产品进城,农资、农机和日用工业品配送下乡的服务方式,改善农业和农村物流条件。

(三)培养一批大中型物流企业群体

加大物流企业政策支持力度,鼓励生产企业和流通企业整合内部物流资源,分离组建专业化、社会化的物流企业。支持现有运输、仓储、货代、联运、快递企业功能整合和服务延伸,加快向现代物流企业转型。鼓励物流企业通过兼并联合、资产重组,壮大企业规模与实力。放宽市场准入,鼓励社会资本进入物流领域。支持物流企业一体化运作、网络化经营,在专业服务领域做强做大。加快培育具有国际竞争力的大型物流企业,扶持引导中小物流企业健康发展。加快物流企业评估工作进度,不断扩大 A 级物流企业覆盖面,促进企业转型升级、集约发展。

(四)加大物流基础设施投入力度

虽然近年来黑龙江省在物流基础建设方面取得了一定成绩,但是从全国范围来看,基础设施能力仍然较弱,因此加快物流基础建设仍然是今后一段时期的重点任务。在此基础上,要注重整合现有运输、仓储等物流基础设施资源,加快盘活存量资产,加强各类物流基础设施的衔接和配套。扩大铁路和水路干线运输比重，发挥公路集疏运与城市配送的功能，积极发展多式联运。根据货运中转、商品配送和生产需要，合理布局物流园区，完善中转联运设施，改造和建设一批现代化的配送中心。加强铁路、机场、港口、码头、货运场站等物流节点设施建设，通过整合优化，协调发展，发挥整体效能。

（五）重视区域和国际物流一体化发展

随着振兴东北地区老工业基地战略的实施，东北地区物流一体化进程加快。要积极推进不同地区物流领域交流与合作，优化通关环境、打破地方分割，引导物流资源跨区域整合。进一步完善城市物流体系。围绕产业园区、商贸园区、物流园区布局物流功能，推动物流集聚区发展。黑龙江省有明显的向东北亚开放的优势，完全有条件成为国家推进向东北亚开放的核心区和先导区。要抓住政策机遇，构建与周边国家和其他国家有效衔接的物流网络，增加货物贸易中的物流服务比重。为我国工业企业、商贸企业和工程企业"走出去"提供物流服务，逐步建立适应全球化环境的国际物流体系。

（六）推行绿色物流运作模式

黑龙江省是生态大省，是我国北方乃至东北亚重要的生态屏障。要加快转变物流运作模式，全面推进绿色物流发展。加大相关政策支持力度，引导物流企业加快选用节能环保车辆、新能源汽车和物流设施；加强物流信息互联互通，优化运输组织，减少资源闲置和浪费；扶持发展集装单元技术，积极推广甩挂运输和多式联运；大力发展有效应对自然灾害、公共卫生事件、重大事故等突发性事件所需的应急物流，尽快形成应急物流体系；通过开展回收物流、逆向物流，优化废弃物、返退货的收集、运输、循环利用、最终处置方法，加快构建循环物流系统。

（七）努力营造体制和政策环境

近年来，特别是国务院《物流业调整和振兴规划》实施近两年来，许多地方和部门局部性的政策都在推进，但整体情况不够理想。一直困扰物流业发展的许多政策问题亟待解决。如，物流运作环节税率不统一，税负偏高的问题；仓储类物流企业土地使用税不堪重负的问题；城市交通管理与物流业发展的矛盾问题；执法标准不一，物流企业罚款负担重的问题；物流基础设施建设的用地和融资问题；物流企业异地设点受阻，各类资质无法统一使用、税收不能统一核算的问题；在网络化经营和"走出去"中遇到的问题等。主要原因是，现行政策思路不适应物流业一体化运作和网络化经营的发展趋势，物流业的产业地位难以在具体的经济管理工作中落实。为此，我们要强化综合协调机制，形成支持物流业发展的合力，为物流业全面、协调和可持续发展创造良好的体制和政策环境。

（2011 年 6 月 12 日，作者在现代物流业与物流园区建设高峰论坛上的致辞，内容有删节）

02
自贸区下物流与供应链发展新趋势

在新的形势下，以自由贸易区建设为突破口的开放型经济快速发展。2012 年 9 月，上海自贸区正式挂牌成立。2014 年年底，李克强总理主持召开国务院常务会议，决定在广东、天津、福建特定区域再设三个自由贸易园区，自贸区建设进入新的阶段。就在前两天，中央政治局召开会议，审议通过广东、天津、福建自由贸易试验区总体方案、进一步深化上海自由贸易试验区改革开放方案。会议指出，推进自由贸易试验区建设，是我国经济发展进入新常态的形势下，为全面深化改革、扩大开放探索新途径、积累新经验而采取的重大举措。随着全国自贸区建设的铺开，自贸区各项功能更加完善，自贸区网络逐步形成，自贸区在物流领域的探索和尝试初显成效，我国物流业将迎来重大机遇。

（一）通关便利化带动国际物流效率提升

在自贸区制度框架中，对接国际新规则、创新制度设计是核心突破点。其中，通关便利化是国际规则的重要组成部分，也是最先实现对接和推广复制的措施。上海自贸区成立一年多来，采取了一系列通关便利化措施，如，海关推出"先进区、后报关""批次进出、集中申报"等 23 项监管服务创新举措。检验检疫推出"通关无纸化""第三方检验结果采信"等 23 项改革措施。海事部门推出了船舶安全作业监管、高效率船舶登记流程等 15 项新制度，以此提高通关速度。据测算，目前在上海自贸区，进口平均通关时间较区外减少 41.3%，出口平均通关时间较区外减少 36.8%。通关便利化是自贸区效果最显著的先行先试政策，为物流企业节约了通关时间、降低了通关成本、加快了互联互通，为完善国际物流网络创造了基础条件。通关便利化政策的深化创新和推广复制，将有助于改善我国通关整体环境，促进国际物流大发展，为国际贸易转型升级提供坚实的物流保障。

（二）服务贸易自由化改善物流发展环境

当前，我国服务贸易保持较快增长，2014 年，服务贸易进出口总额 6043.4 亿美元，同比增长 12.6%。但是，我国服务贸易结构不合理，2014 年，服务贸易逆差达到 1980 亿美元，其中很大一部分为运输服务逆差。与货物贸易相比，服务贸易对自由化和便利化的发展环境要求更高。自贸区的设立，重点之一是推进服务业扩大开放，这为服务贸易自由化、便利化措施提供了落地平台和试验基地。上海自贸区成立以来，积极探索建立与国际投资和贸易规则相适应的行政管理体系，培育国际化、法治化的营商环境。如，推进工商登记制度改革、探索负面清单管理模式、深化金融领域开放、加强事中事后监管等，有望破除企业发展的"天花板"和"玻璃门"。目前，上海自贸区内海关注册企业已达 1.25 万家，物流企业占企业总数的 30% 左右，构成了自贸区服务贸易重要的企业主体。服务贸易整体环境的改善，将促进以港航企业为代表的物流业与国际接轨，加快国际航运中心建设，带动运输、分拨、仓储、物流、快递、供应链等一批专业化物流企业的发展壮大，逐步扭转服务贸易逆差局面，提升我国国际贸易整体竞争实力。

（三）区域经济一体化促进区域物流协同发展

当前，区域经济一体化是国家发展的战略思路。自贸区作为改革开放的桥头堡，对区域经济的"溢出效应"和"辐射效应"显著，将逐步形成区域物流节点和重要枢纽，助推区域经济一体化。从国内来看，国家提出了京津冀协同发展、长江经济带建设战略。上海自贸区作为建设长江经济带的重要节点，充分发挥龙头带动作用，加大功能创新和产业联动，推动了长三角地区以及长江流域的经济发展和产业重构，促进了上海国际物流枢纽和贸易中心的形成。从国际来看，丝绸之路经济带和21世纪海上丝绸之路经济带"一带一路"倡议，主要着力点是区域的互联互通，交通基础设施建设和物流网络布局成为重要组成部分。"一带一路"倡议的核心是东西互济、陆海统筹，要把区域经济连接起来，物流节点特别重要。自贸区作为"一带一路"经贸合作的重要载体，将充分发挥对外开放优势，以国际物流为抓手，构建区域物流大通道和节点网络，促进区域内产业承接与转移，商贸交流与繁荣，推动区域内形成宽领域、深层次、高水平、全方位的合作格局，提升区域经济影响力和主导权。

（四）实施走出去战略助推跨境物流转型升级

今年政府工作报告提出，鼓励企业参与境外基础设施建设和产能合作，推动铁路、电力等中国装备走向世界，这些都离不开跨境物流的支撑保障。目前，中外运、中远等一批大型物流企业跟随中国工程装备制造企业走出去，自主开发了一系列物流工程技术，创造了一系列工程物流世界纪录，圆满完成了国家重点工程的保障工作。同时，随着跨境电子商务的快速发展，跨境电商物流迎来发展机遇。据商务部统计，2013年，跨境电商已突破3万亿元人民币，2014年预计为4万亿元人民币，同比增长超过30%。随着跨境电子商务试点的推广，跨境电商平台陆续搭建，以自贸区为代表的海关特殊监管区域中，跨境电商物流模式不断创新。自贸区"境内关外"的特性有利于跨境物流的模式创新，2014年，亚马逊与上海自贸区签订战略合作协议，以上海自贸区为入口，引进全球产品线开展进口业务，相关的仓储、物流基地也落户自贸区，使客户收货时间大大缩短。此外，以自贸区为窗口和桥梁，海外仓、境外物流中心等基础设施蓬勃发展，不仅可以快速响应客户需求，紧跟国际消费动态，而且可以形成服务网络，降低物流成本，为跨境电商增添了发展新动力。

（五）全球价值链引导供应链优化发展

近年来，全球价值链成为全球经济一体化的重要驱动力量。随着分工国际化、贸易全球化的推进，以及物流成本的降低，全球价值链合作的优势与影响充分显现。国际产业分工已经从原来基于各国比较优势的水平分工，转变为以跨国公司为中心，基于产业价值链的垂直分工。这种国际分工方式中，我国大多处于相同产业的价值链低端。以自贸区为重要节点，吸引产业集聚，加强供应链整合，能够促进我国产业在全球价值链中向高端递进，推动产业格局重构，提升产业核心竞争力。未来，自贸区将成为布局全球供应链的重要节点，逐步形成以自贸区为核心的全球供应链体系，培育国际竞争新优势。同时，物流企业将充分利用供应链升级的机会，逐步从传统物流向高端物流和供应链服务转型，提高发展的质量和效益，进一步提升产业地位。

总体来看，自贸区的建设为我国物流业转型升级和创新发展提供了强大动力。但是，我们也要看到，自贸区发展中还存在许多制约物流业发展的问题。一是综合运输体系不完善，海铁联运、公铁联运、空铁联运等多式联运比例不高，集疏港条件欠缺，铁路优势没有充分发挥。二是物流基础设施还有待加强，物流园区、物流中心、货运场站等基础设施功能不健全，设施布局还有待优化，物流集聚和辐射效应还没有充分发挥。三是公共服务能力还跟不上需求，政府监管方式还有待创新，通关效率还有提升空间，港航服务能力亟待与国际接轨，公共信息平台整合作用还没有充分显现。四是产业配套水平亟待跟进，定制化、高标准的仓库设施欠缺，社会化、专业化的物流服务不足，全球供应链整合才刚刚起步。五是对区域物流的辐射带动作用还有待加强，内陆腹地和海外节点的布局亟待通盘考虑，物流大通道和服务网络还没有形成。随着中国经济进入新常态，经济发展着眼于"双中高"目标，自贸区建设要充分重视物流业发展，解决制约行业发展的重点问题，充分发挥物流集聚和辐射效应，打造区域物流枢纽和供应链节点，加强互联互通和供应链整合，促进区域经济一体化发展。

（2015年3月28日，作者在首届福建自贸区高端论坛上的致辞，内容有删节）

03

稳中有变　变中求进
打造物流业高质量发展先行区

党的十九大开启了新时代中国特色社会主义建设的新征程。现代物流业和现代供应链是现代化经济体系的重要组成部分，是新时代中国特色社会主义建设的重要支撑，也是社会主义现代化强国的必备条件。如何发展新时代的新物流，是摆在我们面前的新课题、新任务。党的十九大报告指出，我国经济已由高速增长阶段转向高质量发展阶段。我们要深刻理解我国发展的阶段性特征，结合物流业发展的实际，把建设物流强国作为战略目标，把促进高质量发展作为根本途径。

我国幅员辽阔，人口众多，物流业高质量发展不可能"齐步走""一刀切"。京津冀地区区位优势得天独厚，战略地位十分重要，是我国经济最具活力、开放程度最高、创新能力最强、吸纳人口最多的区域之一，具备打造物流业高质量发展先行区的先决条件。

（一）需求基础雄厚

京津冀地区现有总人口 1.1 亿，拥有百万人口以上的城市 13 个，城市居民消费物流潜力巨大；2017 年区域内生产总值 8.3 万亿元，产业物流需求正在向中高端迈进；作为全国物流枢纽和重要出海口，也是"三北地区"货物分拨转运物流需求的必经之地。

（二）服务能力较强

许多大型物流企业的总部设在京津冀地区，对全国以至于国际物流拥有指挥调度功能。全国25%的外商直接投资落地这一区域，具有发展进出口物流的有利条件。京津冀地区高速公路、铁路运营里程和路网密度全国领先，区内共有万吨级码头泊位近300个，天津港位列全国前十大港口行列；区内分布着9个货运机场，首都机场货运量排名全国第二；京津冀区域公、铁、水、航、管五种运输方式齐全，物流节点密布，多式联运条件相对成熟。

（三）支撑条件优越

京津冀地区集聚了一批与物流相关的科研教学机构，研发经费支出占全国15%。全国1/4以上的著名高校汇聚于此，多数开设了物流供应链相关专业。相关领域的专家学者，国内外各类学术交流和研讨活动，为物流业创新发展源源不断提供智力支撑。全国主要的金融、科技、信息服务企业集中在北京，2017年这些优势行业对地方经济增长的贡献率合计为53.3%。

如何抓住机遇，发挥优势，打造物流业高质量发展先行区。建议围绕"协同发展"题目，做好"五通一平"文章。

（一）战略贯通

按照京津冀区域整体定位和三地功能定位，打破地区及行业壁垒，共同制定三地物流发展战略，构建分工合理、特色明显、优势互补的区域物流服务体系，北京为满足特大型消费城市所需要的城市物流配送服务体系，天津服务于先进制造研发的产业物流服务体系，河北省新型城镇化与城乡统筹的商贸物流服务体系，各有侧重，互为支撑，共同构成区域综合物流服务体系。共同推进雄安新区"高标准、高质量、高水平"规划建设，打造智慧物流示范区。结合区域特点，绿色物流、应急物流及军民融合发展的物流，也应纳入协同发展战略。加强京津冀物流与东北振兴、中部崛起和长江经济带的衔接，打造高端国际交流平台，吸引国际组织总部落户，形成世界级城市群所需要的世界级物流集聚区。

（二）设施联通

随着"北京大七环"全线贯通，京津冀地区物流通道逐步贯通，但无形的"篱笆"依然存在。推进各类物流设施无缝衔接，应作为区域协同发展的重点。在京津冀地区率先取消省界收费站，实现区域内"一站通达"。促进区域内港口码头、车站货场、物流园区、配送中心等物流节点设施互联互通。完善经济开发区、工业园区、高新技术产业园区等物流配套设施，推动物流业与制造业联动融合。加快铁路基础设施建设，提高联运转运设施衔接水平，完善物流枢纽集疏运体系，构建现代立体综合交通物流网络，优先发展多式联运。

（三）证照互通

三地政府对区域内物流企业一视同仁，外地企业享受本地企业同等待遇。深化"放管服"改革，推进车辆年检、年审和环检区域内"三检"通检互认。驾驶证、营运证、通行证等证件异地网上申办。允许总部取得的经营资质证照区域内所有分部网点通用。开展城市配送标准化车辆免证进城通行试点，优化河北货运车辆出入京津通行管控措施，"变堵为疏"，促进区域物流通行顺畅。完善执法联动机制，统一执法标准，执法结果互认，消除重复执法。建立物流诚信体系，列入"黑名单"的违法失信企业和个人，区域内联合惩戒，营造统一规范的市场环境。

（四）产业融通

充分利用京津冀空港和海港规模优势，推动运输链各主体、各环节信息共享，建立"一站托运、一次收费、一单到底"的物流服务模式。以标准托盘及其循环共用为切入点，通过企业兼并重组、联盟合作等方式，串联仓储、运输、装卸、搬运、流通加工等各个物流环节，推进物流一体化运作。发挥北京总部经济优势，构建供应链协同平台，整合供应链上下游资源，推动企业间生产协同、物流协同、销售协同，提升物流产业价值链。

（五）协会相通

利用广泛联系政府、企业、专家的优势和公信力，建立和发展三地协会经常性联系机制。互相通报各地有关政策、企业运营经验、行业存在问题，互相学习借鉴，商讨对策。通过多种方式，为区内外企业牵线搭桥，促进实质性业务合作，资源共享。在反映企业诉求、参与政府决策、制定行业标准、开展行业统计、企业评估认证、人才培养教育、技术研发、理论研讨、诚信体系建设、行业自律等基础工作方面共商、共建、共享。

战略贯通、设施联通、证照互通、产业融通和协会相通，是京津冀物流在更高水平上协同发展、均衡发展的必备条件。其目的在于解决区域物流发展不平衡、不充分的问题，培育符合国家战略、时代潮流和人民期待的世界级物流集群，走在建设物流强国的前列。

（2018 年 9 月 6 日，作者在 2018 京津冀国际商贸物流高峰会上的演讲，内容有删节）

04
链接物流大枢纽　赋能经济新动力
共探中国物流产业高质量发展新路径

总体来看，现代物流作为国民经济的"血脉"，直接影响经济社会的良好运行。短期来看，贸易保护、地缘政治以及需求收缩、预期转弱对我国经济和物流业造成一定冲击。但是，从长期来看，我国经济基本盘稳固、现代物流体系高质量发展的趋势没有变。我们要充满信心，更要进一步发挥现代物流产业规模效应，夯实现代物流枢纽网络基础，更好赋能国民经济转型升级和高质量发展。对于下一步产业发展我提三点看法。

（一）要做大规模，培育世界一流现代物流企业

世界一流物流企业作为物流业的"排头兵"，是现代物流体系的依靠主体。我上次在厦门提出了世界一流物流企业的五力模型，即要在"价值创造力、网络联通力、产业融合力、创新驱动力、应急响应力"上发挥示范引领作用。下一步，要坚守"长期主义"理念，聚焦专业优势领域、强化战略资源配置、优化自身产业布局，更好地发挥市场规模效应，提升话语权和掌控力，努力为企业自身和社会各界持续创造价值。

（二）要做强枢纽，构建互联互通现代物流网络

近年来，我国构建"陆海内外联动、东西双向互济"的开放格局，离不开内外联通、安全高效的现代物流网络支撑。特别是中西部地区，随着综合

交通、物流枢纽设施条件改善，有望成为对外开放的前沿高地。以广元市为例，作为全国性综合交通枢纽和成渝地区北向重要门户枢纽，五种运输方式齐备，是长江经济带和丝绸之路经济带互动合作的重要节点，具有打造区域物流枢纽的潜力。随着枢纽网络逐步完善，驱动要素流动和产业集聚，承接产业转移和配套产业发展的功能，物流拉动枢纽经济的作用将逐步显现。

（三）要链式赋能，提升高效韧性产业链供应链

未来国家间的竞争是供应链与供应链之间的竞争。近年来，现代物流与制造业、商贸业、农业相互融合，形成产业间风险共担、利益共享的融合发展新格局，有效提升产业链效率和供应链韧性，有望推动实体经济向价值链中高端延伸。中西部地区在做好产业承接和区域配套的基础上，也要发挥"向西开放"的政策优势，利用好中欧班列、高铁快运等通道资源，结合区域资源条件和产业特色，组织开展供应链集成服务，做好国际产能合作和产业升级，搭建符合区域特色的运行模式和发展格局。

［2023 年 10 月 20 日，作者在中国（广元）物流产业发展大会上的致辞，内容有删节］

大宗商品物流

01
大宗商品流通业的发展方向

　　大宗商品是满足国民经济生产、建设和消费需要，大批量交易的物资商品，包括能源、基础原材料、农副产品等，是社会经济发展的重要基础商品。据我会统计核算，2012年仅大宗商品中的工业品生产资料年交易额就高达50.1万亿元，是社会消费品零售总额的2.4倍，直接从事工业品生产资料批发贸易的法人单位从业人员超过700万人，直接创造的增加值超过2.5万亿元，占国内生产总值的比重达5.0%左右，为国家实现税收收入超过7000亿元，为国民经济保持缓中趋稳、稳中有进的发展运行局面，提供了坚实的物质基础与保障。而大宗商品交易市场作为大宗商品交易的场所，是我国多层次市场流通体系的重要组成部分。国家统计局和我会统计资料显示，目前我国亿元以上的商品现货交易市场超过5000家，市场总交易额接近10万亿元。大宗商品电子类交易市场已超过400家，年交易额超过12万亿元，交易品种涉及能源、煤炭、化工、纺织、有色、黑色、矿产品、医药、农作物等十多个领域，达数百种之多，在促进商品流通、降低物流成本、提升流通效率、服务实体经济等方面发挥着越来越重要的作用。

　　尽管我国大宗商品流通规模巨大，发展速度快，对国民经济发展的支撑贡献作用突出，但是我国大宗商品流通在发展中也存在一些亟待解决的问题，主要表现在以下五个方面。

（一）经营方式落后，传统流通方式仍居主导地位，流通环节多，效率低，物流成本高

在当前全球大宗商品采购、加工、销售、消费、物流都进入供应链流程的全球化时，我国大多数企业仍采用初级交易为主的传统模式经营，依靠赚取批零差价、地区差价、时间差价生存。连锁经营、加工配送、电子商务、现代物流等现代流通方式，近几年来虽然实现了较快的发展，但在销售总额的占比中只占到 3 成，导致流通效率低，不仅影响到整个大宗商品流通行业的流动资产年周转次数不到 4 次，我国规模以上工业企业的流动资产年周转次数不到 3 次，远低于德国、日本 9～10 次的水平。流通行业百元商品销售额中的物流成本高达 7.6%，比发达国家高出近 1 倍。

（二）行业盈利能力弱，生存困难

据我会统计，2012 年重点联系的生产资料流通企业销售利润率只有 1.6% 左右，利润总额同比下降超过 20%；重点物流企业主营业务收入同比增长 26.5%，而主营业务成本同比增长 31.6%，增幅比主营业务收入高 5.1 个百分点，毛利率不足 9%。今年一季度，流通行业成本增长快于收入增长、利润额进一步下降的状况仍在继续延续。

（三）部分企业、市场违法违规经营，引发较大经营风险

近年来，少数企业采用一货多押、仓单重复抵押的方式滚动融资，获取超过抵押品好几倍的银行贷款，造成银行、企业等多方的损失和纠纷。一些市场，出现非法转移或占用客户资金、内部人员控制操纵市场等违法违规行为。

（四）市场经济环境不协调

体制性和机制性约束矛盾突出，法律法规和标准体系建设执行不到位，

公益性流通基础设施建设滞后，流通行业税收负担过重。

（五）工商关系不平衡，市场信息不对称

生产与流通和消费脱节，供过于求矛盾突出，低价竞争现象严重，流通过程周期长、效率低，相互之间资金拖欠严重等。

这些问题的存在，明显不利于发挥大宗商品流通产业引导生产、合理配置资源、稳定市场、控制物价、提高效率、降低成本、促进产业升级与经济增长方式转变的作用与价值。为此，我们要根据党中央、国务院对经济工作的总体要求和安排，结合大宗商品流通行业实际和发展需要，共同把握好大宗商品流通业当前与今后一段时间的主要方向。对此，我提出以下五点看法。

（一）要立足于服务产业发展，服务实体经济

要与工业化、城镇化、市场化、国际化发展形势相适应，要能促进产销衔接，合理配置资源，活跃市场交易，提高经济效率、繁荣市场经济，有利于提高集约化水平，促进产业结构调整。

（二）要不断完善市场流通体系

要加快构建大宗商品流通政策体系，完善大宗商品流通标准体系，健全大宗商品市场运行管理体系，建立大中小协调发展的企业组织体系，完善流通基础设施建设布局，建立科技创新机制，改善商品流通和服务环境，完善服务网络，加快服务产品和服务模式创新，提高商品流通效率，降低社会库存和物流费用等社会综合成本。

（三）要加强行业自律，规范市场秩序

要在政府的指导下，发挥行业组织的作用，建立健全多层次的市场管理体系，为行业健康有序发展提供保障，营造有利于行业发展的社会环境。

（四）要发展现代流通，不断创新商业模式

以电子商务为手段，以现代物流为基础，推动大宗商品流通交易中心、物流中心、信息中心、金融中心的建设，打造集商流、物流、资金流、信息流于一体的第三方现代服务平台，全面提高我国大宗商品流通的现代化水平。可喜的是，不少企业和市场在这方面已进行了有益的探索和创新：淮矿物流的网上交易，基地交割模式；西本新干线的标准建设，IT 驱动，金融创新，利益统筹模式；美旗控股集团的从生产厂家到终端用户的全供应链服务模式；镇江惠龙港的货运集配电子商务平台等。

（五）要加强人才的培养、队伍的建设

大宗商品现代流通体系的建设，是一个不断创新发展的过程，既需要一支适应业务创新发展小要求，具有业务运作能力的职工队伍，更需要一支具有理论创新和业务实践创新的专家团队。不断加强理论和实践的研究工作，加强人才队伍的教育培训工作。

（2013 年 4 月 28 日，作者在中物联大宗商品交易市场流通分会成立大会暨第一届中国大宗商品电子商务与现代物流发展论坛上的致辞，内容有删节）

02
发展大宗商品平台经济
服务供给侧结构性改革

2016 年是我国进入全面建成小康社会决胜阶段的开局之年。当前，我国正处于增速趋缓、结构调整、动能转换的重要拐点。从我国经济的整体运行情况来看，经济增长缓中有升。但经济发展仍面临不少困难和挑战，调结构、转方式、促创新任务仍然艰巨，经济下行压力依然较大。

在大宗商品和生产资料方面，表现出以下五个突出特点：一是总体规模仍然保持平稳增长的态势。2015 年全社会生产资料销售总额约为 58 万亿元，同比增长约 8.2%。二是供求关系总体更趋均衡，产业结构继续向好变化，传统的产能过剩行业呈持续下降态势。三是市场价格长期处于较低水平。2015 年生产资料市场平均价格同比下降 14.4%，同比扩大了 10 个百分点。四是流通企业经营压力不断加大，营业收入大幅缩水，利润总额全年呈亏损状态。五是基于平台经济的流通组织模式，推动了现代商品流通方式的转型升级。尤其是大宗商品交易市场，以电子商务和现代物流为核心，由原来的信息平台发展到交易平台，再发展到集电子交易、现代物流、金融服务和信息服务等功能于一体的电子商务综合服务平台。大宗商品的流通方式已经进入一个新的发展阶段，对于降低流通成本、提高流通效率具有重要意义。

自改革开放以来，我国商品交易市场有了长足的发展，初步形成了包括期货市场、大宗商品交易市场、第三方电子商务平台，以及传统商品交易市场等在内的商品市场体系和网络体系。据统计，截至 2015 年年底，我国亿元以上商品交易市场超 5000 家，年交易额近 10 万亿元；大宗商品交易市场共计 1021 家，实物交易规模超过 30 万亿元。商品期货市场成交金额 136.47 万亿元，连续多年居世界前列。但是，与发达国家相比，我国大宗商品市场流通仍然存在一些较为突出的问题。具体来说：

（一）产能过剩矛盾较为突出

尤其是钢铁、煤炭、水泥、造船、电解铝、玻璃等大宗商品及相关行业。近年来，随着国家供给侧结构性改革的推进，形势虽然有所好转，但由于资源要素市场化改革滞后，落后产能退出渠道不畅，化解过剩产能任务仍较为艰巨。

（二）流通成本高、效率低

我国大宗商品等流通环节过多，流通效率偏低，库存偏高，资金占压严重，造成我国规模以上工业企业存货率约为 10%，远高于西方发达国家 5% 的水平，全社会物流总费用占 GDP 的比例高达 16%，是发达国家的 1 倍以上。工业企业的流动资本周转次数只有 2.5 次，远低于日本和德国 9 ～ 10 次的水平。

（三）信息化水平有待提升

一方面，由于信息化基础设施不完善、信息服务体系薄弱、专业人才缺乏等原因，我国大宗商品的流通方式仍处于较低水平，交易方式传统、价格不透明、流通效率较低。另一方面，政府与流通企业之间、流通企业相互之间、流通企业与消费者之间的信息尚未实现互联互通和交互共享，信息资源的综合利用程度低，数据孤岛现象较严重。

（四）市场体系有待健全

全国统一的大市场、大流通尚未形成。区域间的地方保护主义，以及管理职能的条块分割，也导致目前我国商品市场流通仍然存在国内国际市场、线上线下市场、期货现货市场之间相互割裂，区域城乡市场发展不均衡等现象，制约了我国商贸流通业的健康发展。

（五）国际化程度不足

我国虽是贸易大国，但缺乏与之相对应的国际市场地位和话语权。在市场准入、关税、贸易投资便利化等国际贸易规则的制定当中缺乏主动权与主导权，也导致我国传统产业在国际竞争中往往处于被动地位，生产经营易受国际市场影响。

（六）市场监管体制亟待完善

当前，我国商品交易市场法律法规建设滞后、市场监管方式不适应、行业自律缺失、诚信体系不健全等问题，阻碍了市场的商业模式创新和功能作用发挥。我国现代商品市场体系的健全与完善，亟待补齐为市场创新发展保驾护航的监管短板。

近年来，为加快流通产业现代化的发展，国家相继发布了《关于推进线上线下互动加快商贸流通创新发展转型升级的意见》《"互联网＋流通"行动计划》等系列政策，更明确指出，以电子商务和现代物流为核心，推动大宗商品交易市场优化资源配置、提高流通效率。这表明了政府对流通产业现代化的重视程度与日俱增，也为大宗行业的创新发展指明了方向、明确了重点。总体来看，"十三五"时期，我国大宗商品现代流通业的发展应重点关注把握以下战略机遇与发展要点。

（一）供给侧结构性改革

现代流通业是对接生产和消费的重要环节，而作为我国商品流通的主渠道之一，商品交易市场更是在供给侧和需求侧两端发力促进产业迈向中高端的重要抓手。紧密围绕国家供给侧结构性改革，充分发挥市场在资源配置中的决定性作用，大宗市场大有可为之处。

▲ 在 2016 年第一届中国物流遵义峰会上演讲

（二）"一带一路"国家战略

商品交易市场是我国进一步融入经济全球化的重要载体。在提升我国大宗商品国际话语权，加快融入国际贸易和世界经济体系，争取国际投资和贸易规则制定的主动权和主导权中，商品交易市场应积极参与，并做出应有的贡献。

（三）"互联网＋流通"

在电子商务进农村、电子商务进中小城市、电子商务进社区、线上线下互动和跨境电子商务等重点领域，大宗市场要以电子商务为手段，以现代物流为支撑，带动产业链企业协同联动，充分发挥流通业在引导传统产业转型升级向价值链高端延伸中的积极作用。

（四）现代商品市场体系

建设统一开放、竞争有序的市场体系是使市场在资源配置中起决定性作用的基础。改革开放以来，我国取得了举世瞩目的成就，各类商品市场、要素市场也得了快速发展。在新常态、新形势和新机遇下，各类市场主体之间应秉持平等包容、合作共赢的理念，共同促进形成期货与现货互补，场内与场外互通，境内与境外互联，产业与资本互动的发展新格局。

（五）法治化营商环境

从国际商品交易市场的发展经验来看，当前，我国商品交易市场的转型升级与创新发展亟待建立由政府、行业协会和商品交易市场所构成的多层次的监管体系，形成覆盖市场准入，监管与退出的全程管理机制，为我国构建统一开放、竞争有序、公平法治的现代商品市场体系提供支持与保障。

［2016年7月19日，作者在2016（第四届）中国大宗商品电子商务与现代物流发展论坛上的致辞，内容有删节］

03
推进供给侧结构性改革
培育钢铁物流发展新动能

随着钢铁产能下降和价格下滑，钢铁流通和物流企业加速洗牌。全国原有15万家钢贸企业，目前有一半左右退出了市场，迎来优胜劣汰和转型升级的浪潮。钢铁流通和物流行业作为重要的生产性服务业，是钢铁行业的重要支撑，受钢铁行业去产能影响，也面临供给侧结构性改革的迫切任务。从根本上看，流通和物流是连接供给和需求不可或缺的市场体系要素，商流、物流、信息流、资金流等资源有效配置构成了供给侧结构性改革的核心。当前，钢铁流通和物流领域出现了企业规模较小、流通方式落后、专业水平不足等主要问题，主要体现在产业供给不适应钢铁产业转型的需要，这是我国经济进入工业化中后期，产业形态向中高端发展后出现的新问题。在钢铁流通和物流领域加强供给侧结构性改革正当其时。

在新的形势下，我国钢铁流通和物流行业要推进供给侧结构性改革，抓住行业发展的主要矛盾，利用时代发展的战略机遇，沿着转变发展方式，推动行业转型升级和提质增效的主线，提高运行质量和效益，培育行业发展新动能，满足国民经济对行业发展的新要求。

（一）增强有效供给，提升服务质量

钢铁流通和物流企业要通过服务深化提升钢铁物流转型速度。2015年，国务院印发《中国制造2025》的通知，其中，明确提出发展服务型制造和生产性服务业的战略任务。钢铁流通和物流是支撑产业转型的生产服务业。要大力发展钢材加工与个性化服务，打造专业化程度较高的钢材加工中心，服务高端制造型企业。要大力发展钢铁物流与集成服务。建设钢铁物流园区，开展钢材仓储、加工配送、钢材交易、电子商务等集成化服务，满足一体化、集约化的综合服务需求。要大力发展供应链金融服务。有实力的大型钢铁流通企业，可以利用自身雄厚的资金、知名的品牌等综合优势，掌控钢铁全产业链条，实现效益最大化。

（二）创新流通模式，推进"互联网＋"

当前，阳光采购行动正在被整个钢铁行业接受和提倡。2015 年，国务院印发了《国务院关于积极推进"互联网＋"行动的指导意见》，提出推动互联网由消费领域向生产领域拓展，拓展互联网与经济社会各领域融合的广度和深度。这为钢铁流通和物流行业创新发展指出了一条新路。近两年来，我国钢铁电商数量在全国大宗商品电商企业中占比将近 30%，钢铁电商平台线上钢材交易量占总交易量的 10% 左右，钢铁电商已经成为国内发展最快的电商领域。随着"互联网＋"行动计划的推进，传统钢贸模式与电子商务融合发展已成大势所趋。钢铁电子商务迅速发展是商业模式的创新和转型，也会带来钢铁产业采购模式、营销模式、管理模式、盈利模式的深刻变化，需要行业采取措施、积极应对。

（三）重塑供应链关系，实现合作共赢

长期以来，我国钢铁行业的生产和流通环节存在明显脱节。钢铁生产企业负责生产环节，钢贸企业采购钢材库存，开展流通业务，成为钢铁产业重要的"蓄水池"。生产和流通分割导致供应链难以有效融合，随着钢铁行业需求下行、价格下滑，生产企业直供比例加大，钢贸企业大批退出，导致供应链关系紧张。当前，随着产业转型升级，企业间的竞争已经上升到供应链与供应链之间的竞争，因此要重塑钢铁供应链关系，打破钢铁生产和流通环

节的隔阂，实现资源共享、强强合作，建立互补合作的新型厂商关系，形成联动融合的新型钢铁生态圈，推动产业转型升级。

（2016 年 5 月 6 日，作者在第九届中国钢铁物流合作论坛上的致辞，内容有删节）

04
敢为人先
共筑新时代大宗商品中国梦

今年是中国改革开放四十周年。四十年来，我国实行改革开放，建立中国特色社会主义市场经济体制，融入世界经济全球化发展进程，已发展成为世界第二大经济体，第一大进出口贸易国，第一大制造业，第一大物流市场，取得了举世瞩目的成就，实现了和平崛起。在大宗商品流通领域，我国也取得了巨大的发展。据我会和有关方面统计，截止到 2017 年，我国从事大宗商品流通的法人企业超过 300 万家，从业人员超过 1700 万人。其中，全国亿元以上传统商品交易市场近 5000 家，交易规模超过 10 万亿元；大宗商品现货电子交易市场超过 2000 家，交易规模超过 30 万亿元；商品期货成交额达 187.9 万亿元，约占全球期货市场总量的 51%。全社会生产资料销售总额超过 67 万亿元。另据世界银行统计，在全球 30 种重要大宗商品中，中国产量排名世界第一的有 15 种、排名前十的有 26 种。

改革开放四十年来，我国大宗商品流通至少发生了以下六方面的转变。

（一）规模速度变了

我国大宗商品中的生产资料销售总额从改革开放初期的约 2000 亿元规模发展到 2017 年的 67.3 万亿元，扩大了 335 倍。在 2013 年以前，销售总额可比增速保持在接近 12% 的高速发展水平。2014—2016 年，随着国民经济运行进入转型升级和增长方式转变的"新常态"，销售总额增速出现适度放缓，保持在 8% 左右。2017 年至今年前 9 个月，销售总额增速下降至 6% 左右波动，低于当年 GDP 增速。反映出随着国民经济结构调整，服务业比重占到 51.6% 之后，国内生产资料等大宗商品市场增长速度可能将进入略低于 GDP 增长速度的阶段。

（二）市场需求变了

经过四十年的发展，我国建立了品类齐全的生产制造体系，除石油、天然气、铁矿石等部分资源产品、农产品和高端产品需要通过国际市场进口弥补外，已经跨越了供应全面短缺不足的阶段，大多数产业都进入到去产能、去库存的供给侧结构性改革阶段，市场需求增长重心从生产、建设需求向消费需求转变，从中低端向中高端转变。据我会统计，今年前 9 个月，反映物流需求的物流总额可比增长维持在 7% 的水平，其中的单位与居民物品物流额可比增长则保持在 27% 以上的高速度。制造业 PMI 指数中，以创新驱动为源动力的装备制造业、高技术产业和消费品行业 PMI 均值水平高于制造业整体水平 0.5 个百分点和 2.5 个百分点，均处于较好水平。

（三）流通方式变了

我国大宗商品流通，在改革开放初期，主要是指令性计划方式，由国有的物资、商业、供销系统统购统销，实行国家、省市、县三级批发，随着指令性计划方式的逐步取消，有中国特色社会主义市场经济的建立，多种经济成分流通企业的出现，多种类型现货交易市场的产生，经销、分销、贸易洽谈、展示会、招标、拍卖、网上电子交易、期货等流通方式相继涌现，当前已发展到集交易、物流、金融和信息等功能于一体的综合服务平台方式，企业之间的竞争也从产品和服务转向了供应链和产业链的竞争，并进一步向供应链生态圈演进升级。

（四）市场主体变了

改革开放初期执行指令性调拨计划的物资系统、商业系统和行业供销系统已经解体，出现了多种经济成分竞争并存的格局。以中国五矿集团、天津物产集团为代表的部分国有大宗商品流通企业，有了较快的发展，2017年营业收入近5000亿元，成为全球500强中前200强企业。大批民营大宗商品流通企业也快速发展起来，在大宗商品流通中占据主要地位，大部分大宗商品由民营企业经营。随着中国改革开放以及加入WTO，一批外资和港澳台资企业也纷纷进入国内市场，参与大宗商品流通。

（五）发展动能变了

我国大宗商品流通，在改革开放初期，主要是以保障供应为主；在中国特色社会主义市场经济建立的过程中从保障供应拓展到搞活市场为主；进入新时代，则进一步发展到以降本增效、高质量发展为核心，促进大宗商品传统产业新旧动能转换，向价值链中高端迈进。

（六）时代环境变了

改革开放四十年，我国大宗商品领域不仅建立了品类齐全的生产制造体系，从供应全面短缺不足进入到去产能、去库存的供给侧结构性改革阶段，构建了包括期货市场、大宗商品交易市场、第三方电子商务平台，以及传统商品交易市场、传统流通企业等在内的多层次、多渠道、多模式的市场流通体系和网络渠道体系，形成了市场优化配置资源与政府宏观调控有机结合，市场起决定作用的市场经济机制。立足国内，面向全球，走全球化发展的道路。

改革开放四十年，我国大宗商品领域取得了巨大发展，但也仍然存在一些值得关注的问题：一是总体上看，我国大宗商品现代流通业发展仍处于起步阶段，存在不少短板，许多产业在全球竞争中仍处于全球供应链、价值链的中低端。二是有利于大宗商品现代供应链发展的社会环境和合力尚未形成，市场创新能力不足，技术创新应用不够，商品流通成本高，效率低。2017年我国商贸物流费用率仍高达7.4%，比发达国家高出近1倍，商贸流通企业流动资产年周转次数仅3次多点，比一些国际大型跨国企业平均7～8次的水平，低一半以上，这也是国内企业尤其是民营企业普遍资金紧张，经营困难的重要原因。三是流通企业转型升级和经营压力、偿债压力不断加大，企业税负高，成本费用高，融资难、用地难、审批难等诸多困难长期存在。亟待建立具有针对性和系统性的政策体系。四是鼓励创新和有效监管并重的体制机制尚未建立，现行的政府多重管制模式存在不适应实体经济和互联网业态快速发展的体制性矛盾，制约了我国大宗商品现代流通业的创新发展。五是国际话语权缺失。我国大宗商品在国际市场中地位和体量不匹配、不协调、不适应的矛盾与问题仍然存在。六是以中美贸易摩擦为表象的恐惧中国、抑制中国，逆全球化局势的产生发展，使得我国发展面临了更加严峻、复杂的局面。

2018年是贯彻党的十九大精神开局之年，是改革开放四十周年，也是实施"十三五"规划承上启下的关键一年。近年来，为助力供给侧结构性改革，推动经济高质量发展，国家相继发布了《国务院办公厅关于积极推进供应链创新与应用的指导意见》《关于开展供应链创新与应用试点的通知》《关于开展2018年流通领域现代供应链体系建设的通知》等系列政策，为我国大宗商品现代流通业的创新发展指明了方向、明确了重点。总体来看，我国大宗商品现代供应链的发展应重点关注把握以下战略机遇与发展要点。

一是深化供给侧结构性改革，助推经济转型升级；二是深化供应链创新与应用，形成新的发展模式；三是提升市场资源配置能力，促进一、二、三次产业融合发展；四是构筑跨界融合、共享共生的供应链生态圈，实现大中小企业协同发展；五是创新供应链新业态，创造新的价值；六是构建全球供应链体系配置全球资源。

（2018年10月12日，作者在2018中国大宗商品创新发展高峰论坛上的演讲，内容有删节）

05
钢铁物流转型升级的发展方向

通过国家高层这几年系列出台的供应链有关政策，我们可以看出，我国供应链政策越来越系统和全面。以往的供应链政策往往侧重某一个方面，例如供应链平台化、标准化、信息化，稳定、畅通、安全等，而"十四五"规划提出的产业链、供应链现代化的新要求。是对供应链发展提出更清晰、更全面的要求。不仅要求全产业链的提升，而且各个行业都要做好供应链战略设计和精准施策，同时还从微观的供应链能力建设、中观的供应链区域协同和产业协同，到宏观的国际供应链安全合作都有所涉及和论述。

从效率、技术、安全等各个维度，对供应链发展进行了路径的规划，中央对产业链、供应链现代化的战略部署，也为钢铁产业的转型升级和发展指明了方向。

我想借这个机会谈以下六点认识。

（一）要抓住钢铁供应链数字化转型的重大机遇

新冠疫情造成了传统供应链的大规模中断，但也创造了大量非接触的应用场景，这将显著加快供应链的数字化进程，数字供应链将成为今后重要的经济驱动力。

一方面，数据是后疫情时代重要的生产资料，数字供应链将产生源源不断的数据资源，为陷入停滞的全球经济提供重要的经济增量。另一方面，后疫情时代，全球市场将贸易壁垒和地缘政治因素分割为需求各异的区域性市场，数字供应链结合智能制造，将实现大规模定制化制造，有效解决全球市场碎片化的挑战，提升供应链的效率。

数字化是产业链、供应链现代化最重要的保证，也是重要的特征，也是高质量发展的必由之路。当前，钢铁产业的数字化经过这几年有了一定的发展，但是总体来看仍处于初级阶段，距离"十四五"规划要求的高端化和智能化还有一定的差距。这也意味着钢铁产业的数字化蕴藏着巨大的潜力和机遇，我想本次论坛的主题重构产业新格局、数字联通新经济，更契合题中之意。

（二）要注重提高供应链的弹性，保障产业链、供应链安全稳定

新冠疫情已经证明了供应链安全稳定，具有不可替代的意义，对企业来说，越重视供应链安全，受疫情的冲击越小，恢复的速度越快，因此企业必须重新定义供应链效率。我们认为效率不仅仅意味着更低的成本，也必须包括足够的供应链弹性。

钢铁产业是国民经济的支柱型产业，是汽车、机械、军工、航天等一系列大国重器产业的基础，打造自主可控、安全可靠的钢铁产业，有利于保障国家安全和经济安全，具有重大战略意义，所以我们要高度重视钢铁产业的供应链弹性。

（三）要重视上下游生态建设

供应链生态是产业链的护城河，供应链生态体系提供了完整的上下游配套，高效的数字基础设施，供应链金融、物流和公共服务是钢铁产业长远健康发展的保障。要加快钢铁产业链供应链上下游的业务纽带，打破各个节点间的数据壁垒，通过数据的互联互通，实现全流程、高效协同和降本增效提质，依托供应链生态全方位构建钢铁产业的竞争力。

（四）要坚持可持续发展的理念，重视钢铁产业绿色化

习近平总书记近期在气候会议上提出了中国经济的可持续发展目标，到

2030 年，中国单位 GDP、二氧化碳排放将比 2005 年下降 65% 以上，努力争取 2060 年前实现碳中和，这一"十四五"规划要求，与传统产业的绿色化是一致的，钢铁产业也要通过提升绿色化、数字化、智慧化、标准化水平，实现经济、社会和环境的可持续发展。

（五）要抓住我国全面扩大开放中的新机遇

协同是供应链的本质，只有通过协同的方式，才能最大限度地发挥供应链的潜力和韧性，要保持产业链、供应链稳定、高效和安全，必须继续坚持开放合作、互利共赢的原则，加强企业间产业链和区域间的合作。

近期，我国推动建立了 RCEP，不仅展现了我国坚持多边合作和自由贸易的立场，也是钢铁产业进一步融入全球市场的重大历史机遇，钢铁产业链、供应链在国际竞争中加快提升现代化水平，深化区域间供应链的安全合作。

（六）要坚持创新

"十四五"规划提出要坚持创新，坚持创新在我国现代化建设全局中的核心地位，创新能力是产业链、供应链的核心竞争力和驱动力。

首先，创新是供应链安全的保障，建立自主可控、安全高效的供应链，离不开技术的创新，缺乏创新能力的供应链，也许能够在一段时间内快速发展，但将会隐藏着很大的风险，终有一天会受制于人。

其次，创新是数字供应链的基础，数字化技术和数字供应链发展模式都需要通过创新来实现。

最后，创新是提升钢铁产业现代化水平的关键，钢铁产业链、供应链要实现全产业链升级，必须坚持创新，从规模驱动转变为效率驱动，在理论、技术、供应链组织模式等方面不断地创新，以创新驱动钢铁产业链、供应链的发展，构建钢铁产业的核心竞争力。

（2021 年 1 月 9 日，作者在第十一届中国钢铁物流合作论坛上的致辞，内容有删节）

06
产业融合　创新驱动
助力钢铁产业链供应链优化升级

　　我国钢铁产业正处于结构转型的关键期，提质增效降本压力持续增大，对钢铁物流和供应链领域来说挑战和机遇并存，这对广大企业家的信心决心和战略研判提出更高要求。刚刚发布的政府工作报告在部署 2024 年政府工作任务时重点强调，推动产业链供应链优化升级，有望成为国民经济发展的新动能新优势。在此，我想就下一阶段行业发展谈三点想法。

▲ 2024 年 3 月 14 日在北京会见山东省潍坊市委副书记、市长、市政府党组书记刘建军一行

（一）保持发展定力，深化降本增效提质挖潜

充分发掘钢铁生产和流通企业物流降本潜力，引导物流需求侧主动调整变革，深度整合资源，全面优化流程，有效对接供需，系统性降低物流成本。培育现代物流发展新模式，由单一降低物流成本转向提质增效降本，通过物流服务升级、效率提升来创造新价值，增强企业自身竞争力，挖掘新的"利润源"。

（二）深化产业融合，促进供应链全链条整合

持续推动钢铁领域物流业与制造业深化融合，串联产业链供应链和物流服务链，引导企业从单一环节竞争向综合物流竞争、再向供应链竞争转变，提供一体化供应链物流解决方案，再造供应链物流组织新模式，构建灵活高效、韧性安全的供应链服务体系，激发形成产业转型新的增长点。

（三）坚持创新驱动，培育物流新质生产力

充分发挥新一代信息技术，特别是人工智能等前沿技术在钢铁领域的应用，大力发展自动化、数字化、智能化物流，以新技术、新模式实现"弯道超车"。积极发展平台经济，打造产业互联网平台，以新业态实现"换道超车"，构建数字共享、协同共生的智慧物流新生态，增强穿越经济周期的新质生产力。在这方面，卓钢链等一批产业互联网平台走在前面，持续为产业升级数字赋能，引领行业创新变革。

此外，现代物流发展离不开市场化法治化国际化的一流营商环境。政府工作报告明确提出，实施降低物流成本行动。近期，各部门各地方正在深入调查研究，听取行业诉求，谋划具体举措，有望出台一批精准有效的政策措施，这将对物流和供应链领域带来重大利好。

（2024 年 3 月 22 日，作者在第十三届中国钢铁物流高峰论坛上的致辞，内容有删节）

行业物流

01
规范物流金融发展
行业组织任重道远

近年来，资本市场和各类金融机构对现代物流产业给予了极大关注，物流业与金融业进一步深化融合，物流金融行业取得了突飞猛进的发展。2013年，物流金融市场的资金量达到 3 万亿元，为相关物流企业带来的综合收益超过 200 亿元，市场规模和经济效益显著。今年 9 月出台的《物流业发展中长期规划（2014—2020 年）》明确提出：针对物流企业特点推动金融产品创新，推动发展新型融资方式，为物流业发展提供更便利的融资服务。物流金融行业面临重大机遇。

物流金融行业在迅速崛起的同时，也逐渐暴露出公信力缺失、信息不对称、缺乏标准管控等一系列问题，导致风险事件频频发生。2010 年开始，在钢铁等大宗生产资料市场，爆发了多起物流金融服务违规事件，给物流金融业未来的发展带来了巨大压力。要解决这些问题，一方面需要制定、健全和完善相关法律和规范，加强政府监管，另一方面，更需要加强行业自律和规范发展。

近年来，为了推动物流金融行业的发展，中国物流与采购联合会做了大量卓有成效的工作。今年 4 月，中物联根据商务部发布的《质押监管企业评估指标》，正式启动了物流企业质押监管评估工作，质押监管企业评估工作委员会成立，首批 19 家质押监管企业评估已经完成。今年 6 月，由中物联和中国银行业协会联合支持的中国物流金融服务平台正式上线。平台涵盖了存货担保质押登记、公示、查询等服务，强化了物流金融业务过程管理，能够更好地防范银行业金融机构在动产质押融资业务中的风险，解决了中小企业融资难题，规范了行业发展秩序。

在新的形势下，中物联成立物流金融专业委员会就是要在相关金融主管部门的指导下，充分发挥行业组织的作用，在金融机构和物流企业、货主企业之间搭建起多层次、全方位、高效率的交流和服务平台。下一步，专委会要根据行业发展的需要，认真履行职责，重点围绕以下五个方面展开工作。

第一，宣传贯彻国家有关方针、政策、法律、法规、条例，向政府反映企业正当愿望和合理诉求，维护企业的合法权益。

第二，结合国家相关政策导向和金融监管要求，及时发现和总结物流金融行业在发展中出现的风险或者问题，通过专业平台发布相关预警信息，并联合相关专家、科研机构和企业管理人员，共同探索符合市场现状和行业发展需要的物流金融服务产品和服务标准。

第三，收集、分析、发布国内外有关物流金融的最新信息和案例，组织开展专业交流活动，促进会员单位之间的交流与合作，充分发挥专委会的信息沟通平台功能，为相关物流企业、货主企业和金融机构之间的供需对接创造一个专业、高效的服务合作平台。

第四，研究本行业发展规律，掌握行业发展动态，为国家及金融监管部门制定有关物流金融行业标准、法律法规和相关政策提供依据和参考。

第五，加强金融物流模式的宣传和推广，以《现代物流报》等物流权威媒体为宣传阵地，以"中国物流金融服务平台"为线上服务平台，对物流金融专委会的日常工作和研究成果进行宣传，帮助企业及时了解到最新、最好的物流金融资讯和应用案例。

（2014年11月26日，作者在中国物流与采购联合会物流金融专业委员会成立大会上的致辞，内容有删节）

02

规范发展　合作共赢
打造专业化物流体系

危化品物流是专业物流领域的代表，也是我国现代物流服务体系的重要组成部分，更是社会公共安全防范的重点对象。据统计，2013 年我国化工行业实现收入 14.25 万亿元，其中危化品占到 80% 以上，危化品产量已达 18 亿吨以上，我国已经成为化工品生产和消费的第一大国。由于地域性和产业结构布局的原因，危化品"产销分离"现象明显，为危化品物流行业提供了巨大的发展空间。近年来，我国危化品物流发展速度较快，专业化水平逐年提高，新技术应用和管理理念也走在物流业发展前沿。但是，也确实存在企业进入门槛过低、小散差乱企业多、从业人员专业化不强，尤其是行业中夹杂的"四非"现象，严重扰乱了危化品物流的市场秩序，损害了危化品物流行业的形象，给人民生命财产安全造成重大损失。由于危化品物流的特殊性，稍有疏忽就可能酿成重大事故。例如，今年山西晋城的"3·1"和沪昆高速湖南段的"7·19"两起重特大道路交通事故，都是危化品爆燃造成的，对群众生命安全和城市生态环境造成较大破坏，也充分反映出行业规范和专业化发展的重要性。为充分吸取事故教训，国家主要部门连续下发文件，对危化品物流实施更加严格的管控。这些政策的出台，基本思路都是为了让企业吸取事故教训、保障危化品物流安全、促进行业规范发展。但是，区域差异和政策细则的落实差异，也不同程度地限制了规范企业的正常经营，提高了危化品物流成本，压缩了企业的合理利润空间。

为解决上述行业问题，我认为应该从两个角度思考。

第一个方面是从行业组织的角度，一是充分发挥专业性行业组织作用，这也是危化品物流分会成立的意义。即要加强引导危化品物流企业走专业化、精细化、标准化、科技化和规模化的发展之路，建立高效、绿色、安全的危化品物流体系。二是要建设行业平台，打造平台经济和平台生态圈，实现行业物流的规模化和集约化。要联合各区域的代表性企业，整合行业资源，建立信息平台、技术平台和服务平台，使平台具备为各边用户提供更多利益和满足各边用户需求的能力，进而打造具有成长活力和盈利潜能的行业生态圈。三是完善危化品物流标准体系，根据行业实际需要和特点，组织行业龙头企业共同参与标准的起草和制定，形成覆盖危化品物流服务、仓储、安检、人员、信用等全方位的国家和行业标准体系。这项工作我们已经开始推进，目前《石油化工品物流服务规范》的行业标准已经审批立项、《非危液态化学品逆向物流作业规范》和《非危液态化工产品逆向物流服务质量评价指标》两项国家标准已经进入意见反馈阶段，也希望今天与会企业积极参与，反馈修订意见。四是要加强调研和走访，掌握真实的行业发展现状和企业发展环境，整理汇总企业发展诉求和遇到的困境，及时向相关政府部门反映，寻求解决方案，营造行业健康发展的政策环境。

第二个方面是从企业发展角度，包括生产企业和物流企业，我认为应该注重以下三个方面：一是依托科技创新，提升服务能力。物流企业尤其是危化品物流企业，必须注重科技创新和技术进步，实现企业管理和业务运作的数字化、网络化、可视化和智能化。通过视频监控、车辆状态和驾驶员状态监控等物联网技术，打造智慧型危化品物流体系，实现危化品物流的优化和管控。二是强化专业性，包括人员的专业化、装备的专业化、管理的专业化。危化品物流是极具代表性的专业化物流领域，只有形成专业化的队伍和专业化的服务，才能获得更大的市场空间。三是生产企业和物流企业要建立风险共担，合作共赢的整体发展机制，双方相互协调，充分沟通，提升整个供应链各环节的效率，向效率要效益。

（2014年12月19日，作者在危化品物流分会成立大会上的演讲，内容有删节）

03
应急物流发展的重要方向

　　近年来随着各类自然灾害和突发事件的增多，社会应急管理提到议事日程。去年12月，《国务院办公厅关于加快应急产业发展的意见》印发，对应急产业发展作出了全面部署。刚刚发布的《中国的军事战略》白皮书，也对军事应急保障提出了新要求。应急物流作为应急产业的重要组成部分，得到了政府部门的重视与支持。《物流业发展中长期规划（2014—2020年）》把应急物流工程列入12项重点工程之一。《促进物流业发展三年行动计划（2014—2016年）》提出要完善应急物流体系，推进物流业重点工程建设。各地政府部门将应急物流作为应对突发事件的重要保障，重点支持应急仓储、中转、配送设施建设，取得了积极成效。同时，我们也要清醒地认识到，我国应急物流起步晚、基础薄弱、水平不高，还不适应我国国民经济发展的需要。因此，同属国家安全保障体系的军事物流在完成军事后勤保障的同时，充分发挥了平时应对各类自然灾害和突发事件的应急保障作用，军事物流与应急物流协同发展，军民融合式应急物流发展模式正在形成。对于下一步应急物流的发展方向，我提以下三点意见。

（一）贯彻落实《国务院关于加快应急产业发展的意见》和《物流业发展中长期规划（2014—2020年）》

　　启动应急物流工程，推动政府部门和行业企业加大应急物流基础设施投入，加强应急物流设施布局规划，提升设施设备现代化水平，提高应急物流基础保障能力。把握"互联网＋"的机遇，建立完善应急物流信息系统，充分运用大数据、云计算等现代信息技术，整合利用各部门应急物流数据资源，全面推行应急物流电子化、系统化管理，提高应急物流数据保障能力。

（二）建立应急物流统筹协调机制

建议在国家层面由政府经济运行调节部门牵头，建立多部门协同的应急物流统筹协调机制，更有效地应对各类突发事件。各地政府由地方主管部门牵头建立地方统筹协调机制。重点是建立健全应急物流转换机制、动员机制、储备机制和激励补偿机制，充分动员社会物流资源，逐步建立统一协调、运行有序、军民融合的应急物流体系。

（三）培育应急物流骨干企业

继续探索军民融合应急物流模式，加大应急物流服务外包，推动应急物流服务产业化，充分利用存量社会资源，培育应急物流服务企业，鼓励应急物流社会化、专业化发展。在确保应急安全的前提下，发挥市场化储备的基础性作用，探索"以订代储""寓急于民"等新模式，建立市场化储备与政府储备相结合的应急物资储备机制及应急物流保障机制。

同时，我们还要继续加强应急物流基础性工作。做好应急物流标准、统计、人才培训、理论研究等工作，引导行业规范化发展。近期应急物流三项国家标准获准颁布实施，下一步要做好标准的宣贯工作。

（2015年8月6日，作者在第七届军事物流与应急物流研讨会上的演讲，内容有删节）

04
抓住"互联网+"新机遇
建立货运业新生态

经过多年发展，我国货运业已经有了较好的基础，面临着良好的发展机遇，但也需要分析新需求，注入新动力，谋划新发展。

（一）需要拥抱互联网

2014年以来，一批基于移动互联网的车货匹配平台集中上线，各种物流软件、物流App风起云涌。信息平台型企业在物流园区"落地"，实体场站接入虚拟平台，线上与线下两网融合，互联网成为行业转型升级的重要推手。我们需要运用互联网改造传统货运业，重构资源共享、合作共赢、可持续发展的产业生态圈。

（二）需要调整组织方式

大力推进综合运输体系建设，优化综合运输组织方式。逐步引导长途重载运输向铁路、水运转移，科学确定道路货运功能定位，实现各种运输方式的合理分工，协同发展。鼓励物流与货运领域大众创业、万众创新，运用新技术手段，推动产业跨界融合，提高公路货运规模化、集约化水平。

（三）需要优化政策环境

物流企业希望解决"营改增"后出现的税负增加和发票开具等问题，清理相关涉企收费，切实减轻税费负担。希望简化行业证照办理和审验程序，减少行政审批。希望规范涉路执法行为，坚决纠正"乱收费""乱罚款"，创造更加便捷通畅的交通运输环境。希望政府开放信息资源，维护市场公平竞争，引导行业有序运行。

（四）需要更多人文关怀

我国现有1400多万辆载重汽车，近3000万货车司机。他们是公路货运的主力军，也是亿万个家庭的顶梁柱。他们需要良好的工作条件，稳定的收入待遇，公平的市场环境，更需要家庭的关爱和社会的尊重。全社会应该给予他们更多的人文关怀，形成"关爱卡车司机"的良好氛围，使我们的行业成为最具活力的行业，从业人员成为受社会尊重和羡慕的群体。

（五）需要推进行业自律

鼓励货主企业、物流企业、物流园区、信息平台服务企业、设备制造商、与货运相关的服务部门以及卡车司机等各利益相关方携手合作，共同营造平等、和谐、包容的经营环境。行业协会要加强调查研究，反映企业诉求，以诚信体系建设、社团标准制修订、第三方认证、统计信息发布等为抓手，探索行业自律的新模式。

（2015年6月30日，作者在2015年全国货运行业年会上的致辞，内容有删节）

05
物流园区发展现状与思考

在政府推动作用下，各类资本普遍看好物流园区。大型银行设置专业机构和人员，把物流项目作为重点开发领域；国际养老基金和主权基金联合地产商设立了中国物流基金，专注于物流基础设施的开发；知名投资公司、国际保险巨头通过股权投资等方式进入物流地产领域；国家知名电商企业、地产企业、快递企业转投物流园区项目；外资企业寻求中资、国资合作，行业兼并重组掀起新一轮高潮。2014年全国仓储业完成投资5169亿元，同比增长22.4%，高于各行业平均增速6.7个百分点。第三次经济普查数据显示，截至2013年年底，我国仓储业总资产已达1.69万亿元。

基于互联网的新兴技术广泛应用，推动物流园区转型升级。一些园区开发数字化管理系统，利用计算机、网络、通信、人工智能等技术，对运营、管理和服务过程进行量化管理，提升管理服务水平。一些园区运用云计算、物联网、GPS、通信网络技术等手段打造综合物流枢纽公共信息平台，解决信息不对称问题。信息平台型企业与物流园区所有方合作，推进"天网"与"地网"对接。园区与园区之间互联互通，向自动化、信息化、透明化和智能化方向发展。

刚刚结束的第四次全国物流园区调查结果显示，我国现有物流园区（基地）为1210个，与三年前相比增加了60%；已投入运营的园区857家，比三年前净增1.5倍。物流园区在提高物流服务效率、促进产业结构调整、转变经济发展方式、服务国家发展战略等方面发挥着越来越重要的作用。

在物流园区蓬勃发展的形势下，我们有必要进行冷静的思考。从发展现状看，现有的物流园区多数处于粗放式经营阶段，符合示范物流园区、优秀物流园区条件的还不是很多，提升改造的任务非常艰巨。不少园区在招商运营中遇到困难，甚至前几年规划建设的物流园区有的还在"晒太阳"，有的已经转做他用。从外部环境看，我国经济进入"新常态"，规模扩张趋缓、结构调整加快、质量效益优先、发展动能转换的大趋势不可逆转。"一带一路""长江经济带"和京津冀协同发展等重大国家战略的实施，必将引发物流格局的大调整。从技术条件看，大众创业、万众创新，"互联网＋"等新的经营组织模式，必然推动高效物流发展，势必减少货物在途、在库以及车辆配货等待时间。物流园区如何适应新形势，做好转型升级的大文章，服务于国家总体战略，是摆在我们面前的重大课题。

面对物流园区发展的机遇和挑战，我们必须强调协同创新。前不久，《国务院关于积极推进"互联网＋"行动的指导意见》发布，其中提出"互联网＋"高效物流。在物流园区运营网络化、投资主体多元化以及技术手段互联网化的时代，必须强调协同创新。我们需要商流、物流、资金流、信息流为一体的全程供应链协同；需要公铁水航多种运输方式的无缝衔接和货流、车流、人流的高效匹配；需要仓库、托盘、装卸、搬运设施设备的集约使用；需要"天网"与"地网"的协同运作，提升运营效率和服务水平；需要园区间深度合作，实现资源优化配置与协同共享；需要区域间物流园区互联互通，以至于配合"一带一路"倡议，跨越国界，协同发展；需要政府、企业、协会各方面秉持开放、包容、合作、共赢的理念，共同打造以物流园区为枢纽节点的产业生态圈。

为了物流园区持续健康发展，我们需要适宜的政策环境。在政府有关部门积极努力下，我国物流业发展的政策环境有了很大改善。但是，随着行业发展速度加快，新的经营模式不断涌现，现有的体制政策仍然不能满足发展的需要。我们需要减轻税费负担。当前业内迫切希望延续物流业土地使用税减半征收政策；允许规范运营的物流园区或信息平台为个体运输业户开具增值税发票。希望降低或取消涉企收费项目，根治"乱收费""乱罚款"顽疾。希望简化行政审批手续，归并减少审批事项；必须保留的审批事项，希望采取"一证多用""一照多址""一次办结""网上审批"等便民措施。希望将物流园区用地纳入城市总体规划，切实解决"用地难""用地贵"问题。要充分认识物流业的基础性、战略性作用，不要把物流基础设施等同于一般的房地产项目，按照"亩均税收""亩均投资"等条件"一刀切"。不要因为地价升高、城市扩容，迫使物流园区无限度、无节制地外迁。希望投资改造物流园区周边环境，协助做好交通疏解工作。希望"变堵为疏"，为配送车辆进城通行停靠和装卸作业提供方便。希望设立产业发展基金，多渠道解决物流园区融资难题。希望政府部门之间加强统筹协调，增强推进物流业发展的合力。

（2015 年 7 月 31 日，作者在 2015 年全国物流园区工作年会上的致辞，内容有删节）

06
物流园区发展的
新形势、新对策与政策诉求

面对新形势、新要求，物流园区发展出现了一些新的趋势。

第一，产业融合的趋势。物流园区向产品生产地或消费地集聚，以物流引加工，以商流带物流。靠需求推动，产业支撑发展物流。

第二，专业细分的趋势。货运服务型向空港、海港、"公路港""铁路港"、陆港、"无水港"细分；电商、快递、冷链、汽车等专业园区大量出现。

第三，两网协同的趋势。"互联网＋"催生智慧型物流园区，信息平台型企业与物流园区合作，"天网"与"地网"对接。

第四，两权分离的趋势。物流园区业主单位引进专业管理团队托管经营，管理公司实现了低成本快速扩张。

第五，多式联运的趋势。据调查，已有三分之一左右的物流园区引入铁路专用线，15% 左右的园区临近港口码头，具备两种以上交通连接方式的园区越来越多。

第六，跨界跨境的趋势。"一带一路"倡议深入推进，以"中欧班列"为代表的国际物流运输通道正在形成；跨境电商建设海外仓，业务范围跨越国界。

第七，互联共享的趋势。物流园区通过兼并、重组、结盟等形式，实现资源优化配置与协同共享。

第八，两极分化的趋势。实力型、创新型物流地产商加紧连锁复制，物流地产资源加速向知名品牌集中。

与此同时，一些地方缺乏扎实的需求分析和明确的功能定位，物流园区在招商运营中遇到困难，处于"无物可流"的境地。随着市场竞争加剧，物流园区将面临进一步分化的趋势。

在新的机遇和挑战面前，必须强调协同创新，融合发展。前不久，国务院办公厅转发国家发展改革委《营造良好市场环境推动交通物流融合发展实施方案》，提出构建交通物流融合发展新体系。我们需要抓住机遇，打通全链条、构建大平台、创建新模式；需要商流、物流、资金流、信息流全程供应链协同，"一单制"服务；需要公铁水航多种运输方式无缝衔接和货流、车流、人流高效匹配，一贯化运输；需要仓库、托盘、货架、装卸、搬运等设施设备一体化运作，智能化管理；需要"天网"与"地网"协同，打造互联互通的全国"一张网"；需要配合"一带一路"倡议，跨越国界谋发展；需要政府、企业、协会各方面秉持创新、协调、绿色、开放、共享的新发展理念，共同营造以物流园区为枢纽节点的"产业生态圈"。

▲ 在 2016 全国物流园区工作年会上致辞

物流园区实现转型升级，持续健康发展，离不开适宜的政策环境。近年来，国务院有关部门和各地政府出台一系列措施，我国物流业发展的政策环境有了很大改善。但是，随着形势变化和行业发展，新的经营模式不断涌现，现有的体制政策还不能适应物流业发展的需要。前不久，中国物流与采购联合会主持召开全国现代物流工作部际联席会议，同政府相关部门一起听取并梳理了企业诉求。

（一）需要规划落地

希望将物流园区用地纳入城市总体规划，明确用地性质，安排专项指标，切实解决"用地难""用地贵"问题。要充分认识物流业的基础性作用，不要以"亩均税收""亩均投资"等条件抬高物流基础设施用地"门槛"。不要因为地价升高、城市扩容，迫使物流园区无限度外迁。

（二）需要减税降费

希望延续物流业土地使用税减半征收政策；增加进项抵扣，切实解决"营改增"试点中道路运输业税负增加问题；允许规范运营的物流园区或信息平台为个体运输业户开具增值税发票。希望彻底清理涉企收费项目，根治"乱收费""乱罚款"顽疾。

（三）需要减证放照

希望进一步简化行政审批手续，归并减少审批事项；必须保留的审批事项，希望采取"一证多用""一照多址""一次办结""网上审批"等便民措施。

（四）需要通行便利

希望政府投资改造物流园区周边环境，协助做好交通疏解。希望"变堵为疏"，为配送车辆进城通行停靠和装卸作业提供方便。

（五）需要扩大融资

希望设立产业发展基金，多渠道解决物流园区融资难题。

（六）需要统一监管

希望政府部门加强统筹协调，统一执法监管标准。推进政务公开，建立行业诚信体系，营造公平竞争的市场环境。

（2016 年 7 月 8 日，作者在 2016 年全国物流园区工作年会上的致辞，内容有删节）

07
推动应急物流发展
开启"十三五"物流业新征程

近年来，我国自然灾害、事故灾难、公共卫生事件和社会安全事件频发，国家应急体系建设提上议事日程。应急物流作为应急体系的重要支撑，受到政府有关部门的重视。国家先后出台了《物流业发展中长期规划（2014—2020年）》《国务院办公厅关于加快应急产业发展的意见》等规划政策，对应急物流作了安排部署。近日，国务院、中央军委印发《关于经济建设和国防建设融合发展的意见》，明确了新形势下军民融合发展的要求，对应急物流和军事物流联动发展提供了发展契机。

当前，我国应急物流建设还刚刚起步，还面临基础设施应急保障能力不强、物流企业应急保障能力不足、应急物资储备系统不合理、运行体制机制尚不健全、相关法律法规及政策建设薄弱等主要问题。对于行业下一步发展，我提五点建议。

（一）提升基础设施应急保障能力

整合现有存量物流基础设施，适当改造提升和新增布点，在全国布局一批满足多种需要、军民深度融合的应急物流中心，完善应急物流网络体系，提升应急物流设施设备现代化水平。

（二）提升企业应急物流配套能力

发挥应急动员能力，利用社会现有资源，以市场化方式整合一批具备条件的大型专业物流企业，加强企业应急培训和组织建设，形成一批具有较强应急物流运作能力的骨干物流企业。

（三）提升应急物资储备统筹能力

发挥市场机制，建立社会化的应急物资储备系统，合理安排物资储备布局、规模和结构，加快建立应急物流信息系统，实现储备物资信息联网共享和应急物流运作统筹调配。

（四）完善应急物流运行体制机制

适时建立应急物流组织指挥机构，根据我国政府机构设置和物流的运作流程，整合国家、军队、地方的相关机构，建立统一的应急物流指挥系统，专门负责应急物资的供应保障工作，协调应急物流的运行和实施。

（五）完善应急物流法规标准体系

建立应急物流资源使用补偿机制，对征用单位和个人的应急物资、装备等及时予以补偿。制定应急物流标准体系，规范应急物流运输、储存、包装、装卸、搬运、配送及相应的信息处理等环节内部和各环节之间的运作标准。

（2016年10月20日，作者在第八届军事物流与应急物流研讨会上的致辞，内容有删节）

08
审时聚势，
共同迎接医药物流发展新时代

医药物流作为物流业重要细分市场，供应链上下游协同发展趋势明显，质量和效益总体较为显著。2016 年，全国七大类医药商品销售总额 1.8 万亿元，同比增长 10.4%，市场需求保持较快增长。今年上半年，规模以上医药工业增加值同比增长 11.3%，高于工业整体增速 4.4 个百分点，位居工业全行业前列。今年前三季度，医药物流需求增速在 10% 以上，市场保持较快增长态势。总体来看，当前我国医药物流和流通领域呈现以下六个特点。

(一) 政府监管日益严格

今年上半年，国务院发布的《"十三五"深化医药卫生体制改革规划》《国务院办公厅关于进一步改革完善药品生产流通使用政策的若干意见》，以及刚刚发布的《〈中华人民共和国药品管理法〉修正案（草案征求意见稿)》，这几项政策的推进和落实，特别是随着药品采购"两票制"改革，将我国药品流通监管要求提到了空前高度。在医疗器械领域，今年《国务院关于修改〈医疗器械监督管理条例〉的决定》印发，以及国家食品药品监督管理总局开展的高密度飞行检查，也使器械质量安全监管愈加严格。

(二) 企业兼并重组依旧不断

行业监测数据显示，规模医药流通企业仍在积极布局市场，例如，华润、上药等大型医药企业，继续通过兼并重组等方式吸收网点，布局全国，向网络化、集约化和信息化目标不断迈进。2017年上半年，华润迅速扩张布局了新疆、青海、江西、海南四个省的销售网络；上药也扩充青海、重庆版图；康德乐中国出售也将尘埃落定。医药流通行业将出现大者愈大、强者愈强的局面。

（三）专业化物流企业快速涌现

从顺丰控股进入医药物流市场，到上海医药联手德国邮政（DHL），再到京东商城联合8家医药企业，第三方物流企业纷纷进入医药物流市场。同时，各大医药流通企业陆续独立物流体系，成立专业化的医药物流企业。随着市场逐步开放，社会化和专业化医药物流企业成为趋势。

（四）服务模式创新效果显著

经过探索实践，以国药、浙江英特为代表的多仓联动服务模式效果显著。企业采用全国或省内一体化多仓联网运营体系，实现各物流中心联动，以扁平化的物流运作模式向客户提供服务，减少重复操作，有效提升运营效率。

（五）抢占终端成为竞争焦点

随着药品招标采购、"两票制"及分级诊疗等政策的陆续推进，处方药外流成为发展趋势。连锁药店DTP药房、慢病管理、中医馆、网络医院、网上药店等新型终端不断扩张，更加贴近消费者和目标客户，"最后一公里"医药物流需求持续快速释放。例如：上药的DTP药房、天士力天津糖尿病门特患者送药上门项目、广药儿童医院智慧药房项目等。

（六）医药供应链加快升级

随着行业需求特点的转变，越来越多的医药企业开始运用供应链理念，进行横向或纵向的服务延伸，向供应链一体化服务商转型。各大流通企业纷纷建设供应链一体化管理平台，向上下游提供增值服务和综合解决方案，提升物流运作效率，降低供应链运作成本。

在看到医药物流和流通领域质量和效益提升的同时，我们也要认清当前行业面临的突出问题，主要体现在以下四个方面。

第一，行业集中度依然较低。截至 2016 年 11 月底，全国共有药品批发企业 1.3 万家，较上年减少 533 家，压缩空间仍旧很大。我国药品流通领域前三大企业，国药、华润、上药三家总计市场占有率为 37.67%，远低于美国的 96%。龙头企业以区域性竞争优势为主，跨区整合空间较大。

第二，部分地区物流成本偏高。受偏远地区交通不便、物流设施配套不足、返程空载率高的影响，药品配送成本居高不下，这个问题需要行业乃至社会进一步通过资源整合共同解决。

第三，物流服务能力仍然不足。主要体现在企业缺乏以客户为中心的服务意识，物流功能单一，质量欠缺，操作不规范，无法提供综合性、一体化的全程物流服务，供应链转型还处于起步阶段。

第四，医药物流人才普遍短缺。调研结果显示，医药流通和物流企业基础岗位处于常规性波动，缺口主要体现在中高层复合型人才。同时，应聘人员和岗位设置匹配度低。

党的十九大报告提出实施健康中国战略，要把人民健康放在优先发展的战略地位，医药物流作为完善健康保障的基础条件，迎来重要发展机遇。当前，我国医药流通和物流业正处于以提质和增效为核心的重要阶段，呈现出以下发展新趋势。

第一，行业集中度将持续提升。国家要求 2018 年实现"两票制"，随着药品购销秩序的优化，压缩药品流通环节、兼并重组企业仍将持续。医疗器械流通领域前十大企业市场占有率低于 10%，市场整合空间依然巨大。

第二，物流专业化、社会化将更加普遍。随着市场日益开放，第三方物流将以多种方式进入医药物流领域，随着对药品质量的重视和市场监管的规范，专业化、社会化医药物流企业的价值将更加凸显，将弥补现有医药流通企业在资源、网络、能力上的不足。

第三，服务模式创新将成为竞争热点。客户需求是创新服务模式的根本动力。随着医院重视度提高，医药物流外包（SPD）模式将得到优化。连锁药店和网上药店将通过线上、线下相结合的方式提供更为全面的服务。为满足消费者的个性化需求，医药物流订单也将趋于碎片化。

第四，医药物流标准化将取得阶段成效。行业标准化程度是衡量行业发展现代化水平的重要标志之一。提升物流标准化与提升物流服务质量、运营效率、降低物流成本相辅相成。我会将继续推进物流标准化工作，引导医药物流逐步走向标准化、规范化和现代化。

第五，物流技术应用将拉大竞争差距。随着物流信息化、智能化，自动化的发展，特别是移动互联网、大数据、云计算等先进信息技术的应用，一批领先企业有望实现物流全程可视、可控、可管理，逐步打造医药智慧物流，赢得先发竞争优势。

第六，医药供应链转型将迎来热潮。当前，企业间的竞争已经上升为供应链之间的竞争，医药行业具有产供销联动发展的专业特征，具备发展现代供应链的突出优势。随着医药市场逐步开放，客户需求不断提升，产业链上下游深化融合，医药供应链将迎来快速增长期。

［2017 年 11 月 2 日，作者在 2017（第四届）中国医药物流行业年会上的致辞，内容有删节］

09
我国冷链物流发展的趋势和方向

前几天在大连市召开的夏季达沃斯论坛上，李克强总理在发言中提及，特色农产品在一两天内通过网购、冷链、快递等方式迅速进入大城市，价格就变成当地销售的若干倍，可以说冷链一头连着农民，一头连着市民，总理对冷链物流工作可谓高度关心和重视，总理的一席话可以看作是冷链物流下一步发展的最大动力之一。今天，我主要就中国冷链物流的现状和问题以及未来发展趋势谈几点看法。

一、中国冷链物流的现状和问题

（一）冷链商品消费需求旺盛，市场规模不断扩大

随着我国经济发展和消费水平不断提高，冷链行业实现了较快发展。2016 年，全年蔬菜总产量达到 8 亿吨，同比增长 1.9%。水果 2.83 亿吨，同比增长 3.4%。生产乳制品 2993 万吨，同比增长 7.7%。生产冷冻水产品 862 万吨，同比增长 2.7%。冷冻饮品 331.5 万吨，同比增长 6.9%。全国生产鲜、冷藏肉产量 3637 万吨。我国每年消费的易腐食品将近 10 亿吨，需要冷链物流的超过 60%，冷链物流总额达到 2400 亿元。

（二）冷链物流整体水平提升

2016 年全球冷库总容量达到 6 亿立方米，相对上年增长 8.6%，据中物

联冷链委统计，2016年我国冷库新增1150万立方米，总容量达1.05亿立方米，冷库总容量占全球17.5%。并且产地冷库建设增多，冷库扎堆建设情况有所改善，冷库市场结构趋于合理。2016年我国冷藏车数量新增2.4万台，总保有量达到11.5万台。近年来中国冷链物流服务能力和水平的提升，可以从冷库和冷藏车这两个重要指标上直接看出，中国冷链物流近几年一直保持25%左右的增长速度。

（三）冷链物流发展的政策环境持续利好，国家"一带一路"倡议深入实施，开创了冷链物流发展的新局面

财政部、商务部《关于中央财政支持冷链物流发展的工作通知》选择山东、河北、宁波、河南、广东、重庆、四川、青海、宁夏、新疆十个示范省区市，提出在标准化、信息化、基础设施、人才培养四个方面给予资金支持。另外像山东、福建、广东、江苏等地也相继出台冷链物流专项规划。

（四）冷链物流标准不断完善

商务部、国标委联合印发《关于开展农产品冷链流通标准化示范工作的通知》，按照"由点到链，由易到难"的思路，确立了三项关键示范任务。2016年年底，全国共确定了285家农产品冷链流通标准化试点企业和31个示范城市。行业标准进一步完善，中物联冷链委牵头制定的《肉与肉制品冷链物流作业规范》《道路运输食品冷藏车功能选用技术规范》等行业标准已经被国家发改委正式发布。

（五）第三方冷链物流企业迅速崛起

企业专业能力持续提升，规模逐年增大，网络不断完善，涌现出像希杰荣庆物流、上海领鲜物流、海航冷链、鲜易供应链、招商美冷等综合性冷链物流企业。

(六) 生鲜电商市场迅速崛起

随着互联网和移动互联的普及，中产阶级人数和"80后"、"90后"这些互联网原住民数量不断增多，生鲜电商市场迅速崛起，同时带动了冷链宅配的需求扩张，出现了像安鲜达、九曳供应链、顺丰冷运等生鲜宅配物流企业。

总体来看，我国冷链物流这些年取得了长足进步，但是与冷链发达国家相比，由于起步较晚、基础薄弱，冷链物流行业还存在有效监管不足、标准体系不完善、标准化程度低、基础设施结构失衡、专业化水平不高、企业服务能力不强、人才短缺等问题。具体体现在以下五个方面。

(一) 市场规模不大，行业集中度不高

据中物联冷链委统计，2016年中国冷链市场规模只有2250亿元，冷链物流百强企业总营收仅为207亿元，占整个冷链市场份额不足10%，行业比较分散，缺乏具有整合能力的全国性网络巨头。美国排名前五的冷链干线运输企业占到全部市场份额的39%，行业集中度比较高，其中仅C.R.EngLand一家份额就达到13.5%。

(二) 基础设施分布不均衡

比如以冷库为例，仍旧存在东部冷库多、中西部冷库少，销地冷库多、产地冷库少，冷冻库多、冷藏库少等现象。而且在很多农产品产地，田头冷库、预冷间、加工中心、产地批发市场等设施缺口较大，导致其他流通环节断链、产品损耗问题严重。

(三) 缺乏连贯标准体系，标准约束力不强

中国的冷链标准往往只针对某一产品或某一环节来制定，缺乏上下链条之间的关联与衔接，影响企业运营效率。此外，中国大多数冷链标准都是推荐性标准，对企业在实际运营当中的约束力不够。

（四）传统冷链业务竞争激烈，新市场拓展不够

随着冷链需求的增加，进入冷链市场的物流企业不断增多，但大部分企业仍旧从事仓干配等传统冷链业务，导致局部区域竞争激烈，不利于行业长远发展。在冷链"最先一公里"、冷库增值服务、冷链共同配送、冷链宅配等领域，还是蕴藏很多新的机会。

（五）企业运行成本高，经营心态较为浮躁

路桥费、燃油费、人工费等逐年走高，三者加起来占到冷链企业总收入的 80% 以上，已成为压在冷链物流企业身上的大山，这也在一定程度上造成企业心态较为浮躁，在支出方面精打细算，很少有企业主动在信息系统、设备升级、人才培养、服务提升等方面加大投入。

▲ 在第九届全球冷链峰会上演讲

二、中国冷链物流发展趋势

（一）政策和标准将继续改善

2017 年 4 月国务院办公厅发布了《加快发展冷链物流保障食品安全促进

消费升级的意见》，提出了十条冷链物流发展思路，行业监管力度会不断加强，将来监管部门会对冷链各环节温控记录和产品品质进行监督和不定期抽查。冷链物流标准体系不断完善，卫计委等正在调研易腐食品冷链强制性标准的制定，同时周转箱、托盘等标准化冷链运输和配送单元在行业陆续普及。

（二）冷链物流基础设施将进一步完善

冷库建设趋于合理，重点建设保鲜库、气调库。同时冷库扎堆建设的情况得到明显改善，建设更加有目的性，特别是加快补齐农产品产地预冷、分级、包装等"最先一公里"短板。鼓励建设适应市场需求的冷藏库、流通加工型冷库。

（三）"一带一路"将开创冷链新局面

还有"4自贸区+13跨境电商"综合试点，在"一带一路"倡议的影响下，2016年我国相继开通大连到莫斯科，成都到纽伦堡，武汉到白俄罗斯等多条铁路冷链班列，中国和沿线多个国家的生鲜农产品通过冷链方式进行跨国流通，未来这种方式将更加常态化。

（四）第三方冷链物流企业快速成长，企业自建的冷链体系也逐步走向第三方服务

比如光明乳业旗下领鲜物流、易果旗下安鲜达、独立的京东物流等，传统物流的大鳄会继续进军冷链物流市场，比如顺丰、中国邮政等，未来五年中国将会涌现一批技术先进，运作规范，服务能力、核心竞争力强的专业化、网络化、规模化冷链物流企业。

（五）新零售驱动冷链服务对象和模式转变

移动"互联网+"零售、餐饮，衍生出多元化、全渠道的流通模式和消费场景，比如阿里旗下盒马鲜生、永辉旗下超级物种等。零售企业更加重视

供应链优化，由食品供应商直配门店方式，向零售企业主导的冷链配送中心模式转变，沃尔玛、大润发、家乐福等都开始尝试。

(六) 行业竞争加剧冷链物流企业整合并购

客户从单一的服务需求上升到全面的需求，从区域的需求发展到全国性的需求，顺丰冷运、新希望等相继布局冷链物流市场。

(七) 跨境电商带动食品贸易和冷链新业务增长

加拿大龙虾、智利车厘子、俄罗斯帝王蟹、厄瓜多尔白虾等以惊人的速度进入国内市场，同时国家质检总局发布公告，自 6 月 20 日起美国牛肉可重新引进中国市场。国务院于 2016 年同意在天津市、上海市、重庆市、郑州市等 12 个城市设立跨境电子商务综合试验区，也给冷链物流提供了新的发展机会。

(八) 生鲜电商带动冷链宅配业务快速增长

随着我国居民生活水平的提升，冷链食品需求也大大增加。据统计，未来三年中国生鲜电子商务市场将呈现快速爆发式增长，2017 年有望超过 1000 亿元规模。社区微冷仓、生鲜自提柜等冷链宅配市场不断涌现新的商业模式，京东、易果、每日优鲜等都在发力布局冷链"最后一公里"。

(九) 智慧物流和新技术将迅速在冷链物流领域应用

企业建立冷链物流数据信息收集、处理和发布系统会成为标准服务，通过冷链物流大数据的分析和利用，来解决行业小批量多批次的个性化需求。会出现很多创新的"最先一公里"的移动冷库和"最后一公里"的宅配技术方案。

(十) 冷链物流人才需求旺盛

无论是一线的驾驶员、操作工、搬运工，或是中层的车辆主管、仓库主管等，还是负责整体运营的高级管理人才，都越来越稀缺，中国物流与采购联合会将推动高等学校设置冷链物流相关专业和课程，发展职业教育，形成多层次的教育、培训体系。

三、未来冷链发展要重点做好的工作

第一，要加强行业监管力度，监管部门应加强对冷链各个环节温控记录和产品品质的监督，做到不定期抽查。

第二，健全冷链物流标准体系，制定易腐食品温度控制的强制性标准并尽快实施。推广使用周转箱、托盘、冷藏箱等标准化的运输和配送单元器件，以及多温层冷藏车的使用。

第三，完善冷链物流基础设施，加快补齐农产品产地预冷、分级、包装等短板。鼓励建设适应市场需求的冷藏库、流通加工型冷库。

第四，大力发展第三方冷链物流，鼓励冷链物流企业经营创新，加快培育一批技术先进、运作规范、服务优质、核心竞争力强的冷链物流企业。

第五，发展智慧物流，鼓励企业建立冷链物流数据信息收集、处理和发布系统，实现冷链物流全过程的信息化、数据化，并加强对冷链物流大数据的分析和利用。

第六，加快冷链物流新技术创新和应用，特别是预冷技术、分级拣选技术、保鲜技术和包装技术的研发，"最先一公里"使用的移动冷库和"最后一公里"的宅配技术方案。

第七，注重冷链物流人才的培养，支持大专院校和中高职设置冷链物流相关专业与课程，推动冷链专业教育和职业培训，形成多层次的教育、培训体系。

［2017 年 7 月 12 日，作者在 2017（第九届）全球冷链峰会上的演讲，内容有删节］

10
把握数字经济新机遇
发展智慧供应链金融

今年是中国改革开放四十周年，我国供应链金融的发展有赖于改革开放四十年中制造业的快速发展。当前，作为"世界制造中心"，我国正在从世界供应链大国向供应链强国迈进。作为供应链上的重要一环，供应链金融也得到快速发展。本次大会的主题是"赋能新金融，智赢供应链"。如何推进供应链金融健康发展，推动我国向供应链强国迈进？我认为，要把握好以下六点。

（一）把握好供应链金融发展政策机遇期

近年来，供应链金融的规范发展越来越受到政府部门的高度重视。2017年10月，《国务院办公厅关于积极推进供应链创新与应用的指导意见》印发，明确提出积极稳妥发展供应链金融。今年4月，我会与商务部等8部门联合下发《关于开展供应链创新与应用试点的通知》，明确提出，要规范发展供应链金融服务实体经济。推动供应链核心企业与商业银行、相关企业等开展合作，创新供应链金融服务模式，在有效防范风险的基础上，积极稳妥地开展供应链金融业务，为资金进入实体经济提供安全通道，为符合条件的中小微企业提供成本相对较低、高效快捷的金融服务。我国供应链金融发展迎来了前所未有的政策机遇期。

（二）助力中小微企业成服务创新重点

小微企业是我国数量最多，最具创新活力的企业群体，在促进经济增长，推动创新，吸纳就业等方面具有不可替代的重要作用。小微企业的融资难、融资贵问题也一直受到我国政府部门的高度重视。今年 6 月，在由李克强总理主持召开的国务院常务会议，进一步强调要缓解小微企业融资难、融资贵问题。随后，人民银行、银保监会、证监会、发展改革委、财政部等部委联合印发《关于进一步深化小微企业金融服务的意见》。着力推动缓解小微企业融资难、融资贵问题，切实降低企业成本。而在"产融结合""脱实向虚"的大背景下，应"产业发展需求而生"的供应链金融，是金融服务实体经济的重要途径之一。

（三）参与主体多元化，产业巨头布局

目前，商业银行、行业龙头、供应链管理公司、物流公司、B2B 平台、互联网企业、外贸综合服务平台、金融信息服务平台、金融科技公司、信息化服务商、基础设施服务商等都是供应链金融市场的参与主体。各供应链金融参与主体根据自身优势和行业特性，提供量身定制的多样化金融服务，并逐步向更垂直细分、更精准、更专业的方向发展。而在推进产融结合，金融回归服务实体经济的本源的引导下，越来越多的产业巨头纷纷布局供应链金融市场。不但蚂蚁金融、京东金融、百度金融、腾讯区块链等互联网巨头介入，海尔、格力、TCL、美的、苏宁、国美、永辉等传统制造业和流通业龙头均开展了基于在线技术的供应链金融服务，降低企业成本，提升实体经济质量。

（四）大数据等新技术为供应链金融赋能

大数据、云计算、物联网等新技术在供应链金融领域的应用，使供应链金融发展更加高效和安全可控。利用大数据、云计算、物联网等新技术，供

应链金融服务者可以分析和掌握平台交易历史和交易习惯等信息，并对交易背后的物流信息进行跟踪与分析，全面掌控客户交易行为并及时提供融资服务。

供应链金融发展过程中的风险一直不容忽视，突出问题体现在信息不对称、不透明、造假、被篡改等多个方面。大数据、云计算、物联网等新技术充分利用海量数据资源，能够实现信息的透明化，加快推进资源和信息共享，有效降低金融风险，并且通过相关各方经营活动中所产生的商流、物流、资金流、信息流的归集和整合，正在重构供应链金融的服务模式，驱动供应链金融不断转型升级。可以说，大数据与供应链金融深度融合的智慧供应链金融时代正在到来。

（五）区块链在供应链金融中初步落地应用

今年以来，区块链投资热度不断升温，越来越多的行业和企业涉足其中，而供应链金融是区块链投资最热的领域之一，其在供应链金融领域的落地应用研究也得到快速推进。区块链技术具有去中心化、时序数据、集体维护、可编程和安全可信五大特点，既提供了可验证和追溯的分布式系统，同时解决了共享问题与真实性问题，降低了企业交易成本，使供应链金融交易更加便捷、直观、安全。目前，腾讯、阿里、京东、百度等正在将其引入到供应链金融业务中，大力推进区块链技术应用加快落地。区块链技术与供应链金融的相结合，必然会创造出更多的业务模式、服务场景、业务流程和金融产品，为行业发展创新带来更多前景。

（六）法规保障和风险防范体系仍待完善

供应链金融在给各方带来利益的同时，其存在的潜在风险同样不容忽视，尤其在推动智慧供应链金融的转型期。从目前实际情况来看，我国在防范供应链金融风险方面的相关法律制度还有待进一步完善。尽管国家一直在大力扶持供应链金融发展与创新，但是我国现有的法律制度尚存在许多空白之处，无法跟上供应链金融发展的速度。虽然在我国，《中华人民共和国合同法》《中华人民共和国担保法》《中华人民共和国物权法》的某些条款能够作为法律上的依据，但相关的物权登记制度不够健全，统一公开的物权公示性备案系统缺乏，供应链金融纠纷多采取法庭程序，存在许多不可预见的因素等。这些需要引起相关政府部门的重视。另外，在我国，供应商账期被故意拉长的现象并不鲜见。而在供应链金融业务中，由于核心企业在供应链中往往处于绝对优势，如何在制度上形成约束，让他们在开展供应链金融业务过程中避免这一现象的出现，也需要政府相关部门给予高度关注。

现代物流业和现代供应链是现代化经济体系的重要组成部分，是新时代中国特色社会主义建设的重要支撑。作为供应链上的关键要素，供应链金融以产业链为纽带，以金融服务为抓手，在助力我国由供应链大国迈向供应链强国进程中将扮演越来越重要的角色。随着大数据、区块链等新技术的不断创新应用，全产业链的转型升级，我国供应链金融也将迎来新一轮的繁荣发展。

（2018 年 7 月 30 日，作者在 2018 中国物流与供应链金融峰会上的演讲，内容有删节）

11
保持定力 聚势前行
打造高质量汽车物流服务新体系

我国汽车产业作为国民经济的支柱产业，今年以来总体需求不振，出现持续负增长局面，下行压力突出。汽车产业正在从快速成长期进入平稳发展阶段，短期增量增长逐步让位于长期存量调整，迎来转型升级的关键期。汽车物流行业作为汽车产业的重要支撑，要保持定力、积极应对、主动变革，顺应新时代物流强国建设要求，加快从物流环节向供应链物流全链条延伸拓展，打造高质量汽车物流服务新体系，迎接新时代汽车产业发展的新要求。

（一）要认清形势，找准市场发展新方向

我国汽车市场正在由增量市场向存量市场转变，单纯通过规模扩张带动增长的市场空间不足，增量市场物流需求逐步饱和。截至今年6月，我国汽车保有量突破2.5亿辆，存量市场物流需求不断扩容升级，二手车、旅游用车、汽车备件、汽车异地租赁、汽车美容与维修等方面的物流需求持续扩张，存量市场物流价值日益显现。汽车物流企业要把握市场发展方向，顺应市场格局变化，服务新的细分市场和业务领域。

（二）要把握趋势，打造物流服务新模式

当前，我国汽车物流企业围绕主机厂的物流服务链条已经相对成熟，是先进制造业与现代物流业深度融合的典范。下一阶段，要打造物流服务新模

式，延伸扩张以主机厂为核心的服务链条，逐步从零部件供应服务延伸到汽车销售服务，再到汽车后市场服务，形成汽车物流全产业链生态圈，从单一环节、单一模式的服务上升到全流程解决方案，打造全方位、多功能、高质量的现代供应链服务体系。

▲ 在北京会见江西江铃汽车党委副书记郑保云一行

（三）要创新引领，孕育科技发展新动能

随着新一轮产业变革和技术革命深入推进，科技创新正成为汽车物流行业的强大引擎。要培育科技发展新动能，加快物联网、云计算、大数据、人工智能、区块链等现代信息技术与汽车物流产业的深度融合，深化"互联网＋"物流服务新模式、新业态，逐步实现数字化管理、协同化服务、平台化运作，打造汽车行业智慧物流新高地。

（四）要形成合力，强化产业融合新生态

汽车物流行业市场集中度较高、核心竞争力强，目前有 5 家企业入选

中国物流企业 50 强，还有多家企业获评 5A 级物流企业，涌现了一批行业领军企业。近年来，汽车物流企业纷纷打破企业边界，向快递快运、金融服务、科技创新等上下游领域跨界竞争。未来市场竞争是供应链竞争，汽车物流企业要强化产业融合新生态，进一步与供应链上下游企业深化融合，为中小企业持续赋能，实现供应链协同共赢。

（五）要放眼国际，打开物流开放新局面

多年来，我国汽车自主品牌市场竞争力和市场占有率不断提高，尤其是新能源汽车已经走在了全球前列。随着我国自主品牌在海外建厂布局，汽车物流企业要实施"跟随"战略，加快推进国际化进程。随着"一带一路"的深化落实，中欧班列打通亚欧经济大动脉，连接中欧汽车产销市场，汽车物流国际化发展迎来重大机遇。要努力打开开放发展新局面，把握新时代赋予我们的机会和使命，加快推动中国汽车物流产业走向世界、服务全球。

（2019 年 11 月 19 日，作者在 2019 年全国汽车物流行业年会上的致辞，内容有删节）

12

创新供应链金融服务模式
助推经济高质量发展

新时期产业发展离不开金融助力。近年来，党中央、国务院高度重视供应链金融发展，多次发文予以支持。去年9月，人民银行、银保监会等8部门发布《关于规范发展供应链金融 支持供应链产业链稳定循环和优化升级的意见》，成为我国供应链金融的纲领性文件。近年来，浙江、贵州、安徽、山东、甘肃、湖南、天津、广州、青岛、厦门等多省市出台鼓励政策，推动供应链金融发展，在一定程度上缓解了中小企业融资难、融资贵和金融脱实向虚问题。同时，对于供应链金融的规范发展和监管力度也在持续加强，规范与创新的界限仍待明确，"外热内冷""确权难""核心企业意愿不高"等一些重点问题制约着供应链金融的健康发展。

中国物流与采购联合会年初发布的《2021年物流企业营商环境调查报告》显示，在多种政策支持下，47.5%的被调查企业反映2020年融资环境有所好转，企业融资成本有所下降。但是仍有20.5%的企业反映融资环境相对趋紧，14.6%的企业表示2020年经营中出现很大的资金缺口。在银行贷款方面，企业反映融资成本偏高，审批耗时过长、贷款期限较短，信贷担保费用和保证金比例较高，担保条件过高。可见，融资难、融资贵依然困扰着广大物流企业。从整个社会层面看，国家统计局数据显示，2020年年末，规模以上工业企业应收账款16.41万亿元，较上年末增长15.1%；产成品存货4.6万亿元，增长7.5%。这些应收账款、存货是中小微企业的主要资产，也是供应链金融发展的土壤。

2021 年政府工作报告首次提出"创新供应链金融服务模式",供应链金融的产业地位进一步提升,在解决中小微企业融资难题方面得到了国家层面的认可。下一步,我们要按照国家有关部署,围绕"创新供应链金融服务模式",聚焦实体经济融资难、融资贵问题,重点做好以下五方面工作。

▲ 在中国(朝阳)物流与供应链金融年会上演讲

(一)要正本清源,厘清市场边界

要进一步明确供应链金融基本概念和术语,规范其内涵外延、内容架构和市场边界。要加大供应链金融理论和实践研究,进一步深入实际,加强理论指导实践,比如供应链金融究竟是一种融资服务还是一种供应链营运资金的流动性安排,这些问题在理论和实践层面都存在着争议,需要加大研究投入。

(二)要深入场景,创新服务模式

要结合产业链供应链实际场景,研究和区分不同产业链供应链的金融需求，分产业、分领域制定供应链金融服务模式。供应链金融涉及的业务环节、参与主体等较为复杂，仅靠商业银行无法真正践行，需要金融机构、物流公司、保理公司等多环节、多链条积极参与。特别是在金融征信方面，单一依赖于核心企业的信用模式将逐步转为融合多链条上企业信用的评估。

（三）科技引领，实现创新驱动

要充分认识到新一代信息技术、数字技术在供应链金融创新上的应用，借助大数据、云计算、人工智能、区块链等技术，创新金融科技手段，围绕核心企业对上下游企业的交易、物流等信息进行整合与深度挖掘，提升金融运营效率。传统机构要改变过去由于信息不透明、不及时、不可控而形成的风险观念、评估与控制机制，创造出新的评价模型。

（四）搭建平台，加强互联互通

要把握供应链金融专业科技平台发展趋势，培育金融科技平台化主体，实现基于金融逻辑的风控和基于产业端场景的有效对接、共享。要加强供应链金融公共平台建设，鼓励供应链核心企业、金融机构与各类供应链金融公共服务平台对接、互联，创新供应链金融平台模式。

（五）标准建设，强化规范发展

要以标准化建设推动供应链金融参与主体生态化、规范化发展。目前，中国物流与采购联合会已经制定了电子仓单、电子运单、数字仓库、质押监管企业评估等标准，部分地方组织也在标准方面进行了有益的探索。针对供应链金融认识的误区和乱象，需要我们加快标准化建设，统一思想认识，形成发展共识。

［2021 年 7 月 24 日，作者在 2021 中国（朝阳）物流与供应链金融年会上的演讲，内容有删节］

13

汇五湖之智慧　凝四海之力量
共创全球医药新格局

　　人民健康是民族昌盛和国家富强的重要标志。党的十九大报告中明确提出"实施健康中国战略"，将人民健康作为全面建成小康社会的重要内涵。2019 年是新中国成立七十周年，也是全面建成小康社会、实现第一个百年奋斗目标的关键之年。随着国民生活水平提高、健康意识增强、人口老龄化加剧，我国大健康产业处于高速发展阶段。有关数据显示，截至 2017 年，

▲ 率队赴国药集团考察调研

我国大健康产业规模为 6.2 万亿元，预计 2019 年我国大健康产业规模将达到 8.78 万亿元。

医药供应链作为大健康产业的战略支撑和先导产业实现快速发展。中物联医药物流分会研究显示，2017 年全国医药物流总额超过 3 万亿元，同比增长 11.3%，高于社会物流总额平均增速，医药物流需求保持较快增长态势。商务部统计数据显示，前四家医药流通企业合计销售占比超过 30%，还有 30 家区域性医药流通企业占据了 20% 的市场份额，行业集中度总体较高，"全国龙头 + 地方割据"的行业竞争格局已经形成。

随着 2018 年"两票制"的全面落实，医药供应链链条上的医药生产、流通、终端以及医院之间的结合更加紧密，流通环节更加扁平化、透明化。医药企业具有产供销一体化的优势，部分企业向供应链服务商转型，提供专业化服务和解决方案，产业链上下游深化融合，智能化水平快速提升，有效降低供应链综合成本，提升医疗服务整体水平，医药供应链正迎来战略机遇期。下一阶段，通过延伸产业链、重塑供应链寻求新价值是医药行业转型升级的必由之路，也是医药和大健康产业迈向价值链中高端的必然要求。

近年来，医药行业监管力度持续加大。2018 年国务院机构改革，医药卫生监管体系发生巨大变化。"长春长生疫苗案件"牵动全国人民的心，药品全程监管提上日程。特别是"两票制"的全面推开，为医药供应链发展带来重大挑战也迎来重要机遇。展望未来，透明化、智能化、专业化、协同化是我国医药供应链的发展方向；融合与携手是全球医药供应链的核心主题。

［2019 年 4 月 12 日，作者在"太湖（马山）生命与健康论坛、第四届全球医药供应链峰会暨中国（无锡）国际医疗器械与医药供应链展览会"上的致辞，内容有删节］

14

行稳致远　革故鼎新
探索食材供应链行业新增长极

2023 年是全面落实党的二十大精神的开局之年，在稳经济、促消费政策持续发力下，我国经济持续恢复向好。前三季度，国内生产总值达 91.3 万亿元，同比增长 5.2%。社会消费品零售总额 34.2 万亿元，同比增长 6.8%。其中，餐饮收入 3.7 万亿元，增长 18.7%，复苏势头强劲。食材供应链作为促消费，特别是强餐饮的重要支撑，为我国的经济复苏和满足消费者美好生活需要贡献了"食材力量"。

自党的十八大以来，国家高度重视食材供应链行业发展。各部门出台了 70 多条国家级政策，为行业健康发展提供了重要保障。今年中央一号文件更是明确提到了预制菜，为行业发展指明了发展方向。同时，预制菜行业积极探索技术创新、模式创新、业态创新，为行业创新发展注入了新的动力。在国家政策支持和行业能力提升双重驱动下，食材供应链行业保持稳步而有力增长。目前，食材流通规模已达 8.37 万亿元，食材供应链企业规模达到 2.54 万亿元，食材消费规模更是高达 15.84 万亿元，行业发展稳中向好，有力支撑扩大消费和美好生活的实现。

但是，我们也切身感受到食材供应链行业面临的困难与挑战。当前，外部环境日益严峻，经济波动、地缘冲突、气候变化等因素导致全球食材供应不稳、价格上涨，对我国食材供应链的韧性产生冲击。消费者的消费习惯趋向理性和保守，对极致性价比的追求使行业有可能陷入内卷境地。食材供应链自身的一致性和整体性仍然不足，资源和要素的自由流动受到隐性障碍束缚。此外，食材供应链的制度规范和标准体系尚未完全建立，缺乏统一透明的运营规则，阻碍了供应链高效运作和协同发展。为此，不断适应市场变化、调整策略积极应对，寻找新的增长极是食材供应链行业和企业迫在眉睫的任务。

"关关难过关关过，前路漫漫亦灿灿"，面对新的发展形势，行业唯有笃行方能致远，唯有破势才能新生。借此机会，我围绕大会主题提五个方面建议，供大家参考。

▲ 赴厦门调研，组织召开"物流企业营商环境座谈会"

（一）商流牵引，促进行业升级扩大消费

商流作为拉动食材生产与消费的需求来源，形成了食材供应链行业的基本盘。要加快转变企业经营模式。加强精细化管理，优化业务流程，降低运营成本。通过加强与供应链上下游企业的紧密合作，提升供应链稳定性和效率。服务重点逐步从单品供应向综合品类供应转变，从初级食材供应向精深加工食材供应转变。要积极推动渠道拓展。缩短从农田到餐桌的流通环节，

促进食材销售渠道线上线下融合，关注下沉市场的经济活力，加快向下沉市场延伸。要把恢复和扩大餐饮消费摆在优先位置。支持餐饮行业恢复经营和创新服务模式。加快食材多元化和创新，提供多样化菜品选择，满足消费者不同口味和需求，激发消费者兴趣，促进餐饮消费保持较快增长。

（二）信息驱动，加快数字化转型与产业赋能

数字化技术与食材供应链深度融合，是食材供应链转型升级的强大支持。要加强企业信息化建设，尤其要提高中小企业、个体经营者的信息化水平，为数字化协同奠定基础。要推动产业链各环节数字化协同。通过建立统一的数字化平台、统一的标准接口，整合各环节数据和信息、实现全链条的信息共享和快速流通，提高整个供应链的协同效率和响应速度。要综合运用物联网、大数据等新一代信息技术，优化供应链决策，如，通过物联网技术，建立食材溯源系统，提高食材的品质、减少损耗，确保食材在最佳状态下送到消费者手中。还有，运用大数据和人工智能技术，分析消费者的购买行为和喜好，帮助企业定位市场需求，制定更精准的营销策略。

（三）物流保障，优化完善物流体系建设

物流是食材供应链高效畅通的有力支撑。要发展智慧物流，积极应用先进物流技术和设备，建设智能化仓储配送中心，提升自动化水平，保障食材高效、准确、及时配送，确保食材的新鲜度和品质。要优化网络结构，提升基础设施的承载能力和衔接水平，合理规划物流仓储、配送网络，创新多式联运组织模式，提高配送效率，实现食材供应链网络优化和设施协同。要培育专业的龙头企业，重点培育一批专业化、集约化、社会化的食材供应链和物流企业，提供优质的运输、仓储、配送、加工等综合服务，开展技术升级和模式创新，支撑保障产业转型升级。

（四）金融助力，产融结合、以融促产

金融服务是食材供应链行业健康发展的助推剂。国家及政府层面，希望通过积极财政补贴、税收优惠，为企业提供资金支持。如，通过设立地方政府产业基金平台，帮助企业获取股权资金来源。金融机构层面，要针对食材产业链的特点，设计推出相应政策性、适应性信贷产品，开展对应品类的供应链金融服务，为企业提供间接融资支持。企业层面，要加强对资金使用的监管，加强计划管理，合理安排资金使用，注重现金流，提高资金使用效率。

（五）人才配套，加强专业化人才培养

人才是食材供应链行业发展的基石，是企业最核心的资源。从专业院校开始，要输送食材供应链行业优秀人才，紧跟行业需求，优化课程设置和人才培养机制，提高人才专业素养，加强人才资源储备，助力提升行业综合管理能力。作为食材供应链企业，要建立有效的人才激励机制，激发员工的工作积极性和创新能力，引进高端人才，加强在职培训，提升企业的核心竞争力。要促进政产学研合作，通过政府和企业加强与高校、科研院所合作，推动政产学研一体化发展，加强成果转化，提高产业创新能力。

（2023 年 11 月 23 日，作者在 2023 第四届食材供应链创新年会上的演讲，内容有删节）

15
创新引领绿色物流
协同构建绿色供应链新生态

  11 月中旬，中美两国元首在会晤中强调，在当下关键十年中美共同努力应对气候危机的重要性。这两天，联合国气候变化大会正在迪拜召开，将首次对《巴黎协定》以来的气候行动进展进行盘点。随着气候危机不断演进，全球气候治理刻不容缓。世界各国和重要企业纷纷提出应对方案。2020 年，我国正式提出"双碳"目标，对全球应对气候变化具有积极意义。当前，我国物流业碳排放占全国碳排放总量的 9% 左右，物流行业绿色低碳发展对落

▲ 参加国际采购与供应管理联盟世界峰会

实"双碳"目标具有重要作用。《"十四五"现代物流发展规划》提出了以创建绿色物流企业、绿色枢纽、绿色园区为核心的绿色低碳物流创新工程,指出了下一步的工作方向。近期,欧盟碳边境调节机制开始试运行,对重点产品征收"碳关税"。包括欧盟的"新电池法案",物流行业与供应链领域绿色低碳标准不断加码。绿色低碳正在成为企业参与全球供应链竞争的重要砝码。

总体来看,随着全球应对气候变化和我国"双碳"目标的落地,物流行业、供应链领域绿色低碳发展星星之火渐成燎原之势,潜力和发展空间巨大。在此,我想就我国绿色物流和供应链发展谈四点看法。

(一)标准先行,强化规划引领和顶层设计

加快建立物流领域碳排放、碳足迹的核算标准,支撑物流领域碳核算,夯实行业基础工作。推动出台绿色物流和供应链规划政策,强化顶层设计,为现代物流绿色低碳发展布局谋篇。

(二)创新驱动,推动科技攻关和行业应用

支持物流行业绿色技术研发和产品创新,大力发展清洁能源技术装备,促进数字化、智能化技术应用,推广绿色包装、循环包装等,为行业绿色低碳发展提供源源不断的动力。

(三)管理升级,促进能效提升和机制转变

运用现代管理思想,借鉴成熟的绿色低碳和能源管理模式,建立覆盖能源利用和碳排放全过程的管理体系,促进企业能效提升,构建企业节能降碳的长效机制。

(四)协同共赢,打造绿色供应链生态圈

联合供应链上下游企业,坚持场景导向、资源整合、风险共担、利益共

享，共同践行"双碳"目标战略，打造高效协同、共享共赢的绿色物流与供应链生态圈。

（2023 年 12 月 2 日，作者在第一届绿色物流与供应链发展大会上的致辞，内容有删节）

16
打造航空物流枢纽高质量发展的增长极

国家大力支持重大物流基础设施建设，成为产业升级的战略支点，也是投资拉动的重要抓手。以广州白云机场为代表的一批航空物流枢纽快速成长，成为促进区域经济发展新的增长极。下一步白云机场提出打造国际航空枢纽建设紧扣国家战略，具有积极意义，在此我提五点看法和希望。

（一）补短板，夯实大空港

广州白云机场旅客吞吐量居全球首位，货邮吞吐量居全国第二，随着三期扩建工程的建成投产，白云机场将成为国内单体规模最大的机场，航空物流枢纽发展潜力巨大。下一步要在航空物流基础设施补短板、筑长板上加大投入，深化与国内外航空公司共建共享共用，推进航空物流专业化、网络化、全程化转型升级。

（二）铺网络，建设大枢纽

国家已经批准了四批95家国家物流枢纽，其中，广州白云机场纳入9家空港型国家物流枢纽建设名单。广州白云机场作为粤港澳大湾区的核心枢纽机场，要深化国内外枢纽间合作协同，探索建立战略支点，打造国际航空枢纽和多式联运体系，更好服务更高水平对外开放。

（三）抓数字，打造大平台

数字经济是继农业经济、工业经济后主要的经济形态。当前，智慧物流发展风起云涌，广州白云国际机场在这方面走在全国前列。下一步要继续加大航空智慧物流培育，通过数字化转型、智能化改造、生态化建设，持续赋能可视化、高效化、无人化航空物流需求。

（四）融产业，培育大经济

以枢纽为支撑带动区域经济转型发展，是建设物流枢纽的重要目的。在这方面，广州白云机场持续推动临空指向性"智造"产业项目落户空港，取得了较好的社会经济效应。下一步要进一步吸引临空智造产业集聚，主动参与高端产业链供应链建设培育，打造具有集聚辐射效应的产业集群，创建国家枢纽经济示范区。

（五）优环境，营造大生态

深化改革、制度创新是发展航空物流的基础保障，广州白云机场不断优化空港发展模式，创新体制机制，优化投资环境，探索推进广州临空经济示范区建设。下一步，要按照国家大兴调查研究之风的工作部署，深入企业、深入实际，聚焦核心诉求，打造市场化国际化营商环境，激发市场主体活力。

（2023年6月9日，作者在广州国际航空枢纽高质量发展大会上的致辞，内容有删节）

17
深化产业链供应链融合
携手共建酒类"生态伙伴圈"

当前，依托超大规模市场优势，终端消费对物流需求贡献稳步增长。其中，酒类消费始终是重要的消费领域和物流需求来源。数据显示，2023 年，全国酿酒行业完成酿酒总产量 6100 多万千升，累计完成产品销售收入超万亿元，累计实现利润总额 2600 多亿元，各项指标均保持稳定增长势头。随着酒业生产不断向优势产区集中、分销持续向消费终端渗透、品牌逐步向知名品牌汇聚，市场竞争日益加剧，对于挖掘物流降成本潜力，推动酒类供应链补短板、挖潜力、增效益提出了更高要求。结合当前有效降低全社会物流成本的战略任务，我想对下一步酒类物流和供应链的发展提六点看法和意见。

（一）坚持整合，培育供应链新增长点

结合产业布局调整和分销模式转变，加大运输、仓储、配送、加工等物流功能整合，深化采购、生产和销售物流环节融合，促进供应链上下游资源聚合，平衡好降低成本和提供服务的关系，形成供应链物流发展新模式，更好满足酒类生产和消费高、标准高、时效高质量要求。

（二）深化融合，挖掘供应链降本潜力

深化物流业与酒类制造业、分销业的融合创新，通过战略合作、合资共建、联盟共享等多种方式，建立更具韧性和灵活性的供应链合作伙伴关系。

通过主体融合牵引，建立可信产业生态，促进资源整合、流程优化、组织协同、价值创造，开发物流降本增效的巨大潜力。

（三）补短强基，优化供应链服务网络

顺应生产集中化趋势，加强专业化、定制化、智能化的酒类园区、物流中心、共享云仓等配套设施建设与改造，提升生产物流服务效能。结合分销渠道下沉趋势，顺应终端全渠道要求，加大销售终端仓配一体化网络布局建设，高效快捷地响应客户需求，助力扩大消费市场。

（四）创新驱动，发展物流新质生产力

加大物联网、云计算、人工智能等新技术应用，推动酒类物流和供应链数字化转型。做好平台经济、数字经济等物流新模式培育，逐步探索建设酒类供应链服务平台。开展智能驾驶、无人仓库、自动分拣、物流机器人等技术装备升级，形成协同共生的智慧物流新生态。

（五）走向国际，畅通国际流通渠道

以白酒为代表的酒类承载着中国的历史文化和民族情感。贯彻落实新发展格局要加快以白酒为代表的酒类"走出去"步伐，在更广阔的空间传播中国文化价值，这离不开物流和供应链企业的支持配合，共同搭建国际流通渠道，与中国美酒一同走出国门，走向世界。

（六）培育人才，夯实产业发展底座

要充分发挥供应链"链长"牵头作用，联合院校、科研机构共同建设一批产教融合共同体，提升复合型、实用型、创新型人才培养、引进、使用、提升机制，培育高素质物流人才，形成符合高质量发展要求的人才队伍结构。

（2024年5月10日，作者在第二届中国酒类物流供应链产业年会上的致辞，内容有删节）

18
深耕产业场景
构建物流与供应链金融服务供给新生态

2024 年是全国上下全面贯彻落实党的二十大精神的关键之年，是各行各业深入实施"十四五"规划的攻坚之年，也是物流行业备受关注和满怀期待的一年。今年 2 月 23 日，中央财经委第四次会议提出"降低全社会物流成本"，李强总理在政府工作报告中明确"今年要实施降低物流成本行动"，国务院常务会议又专题研究部署"1+N"降成本方案，5 月 23 日国家发展改革委、工业和信息化部、财政部、人民银行办公厅发布了《关于做好 2024 年降成本重点工作的通知》，要求研究制定《有效降低全社会物流成本行动方案》，这一系列安排和举措将物流降本增效提升到一个新高度，充分体现了国家对物流业的重视，也对今后物流业高质量发展提出了更高的要求。与此同时，社会各界对于"我国物流成本高不高、有没有进一步降低的空间""降低全社会物流成本降的是什么、怎么降、谁来降"等一系列问题开展了深入研讨，也存在着一些不同看法，借此机会，我就降低全社会物流成本，特别是物流与供应链金融如何助力降低全社会物流成本谈三点看法。

（一）要全面、准确、深入地理解降低全社会物流成本的内涵和重要意义

有效降低全社会物流成本是提高经济运行效率的重要举措，出发点和落脚点是服务实体经济和人民群众，对于构建高效顺畅的流通体系、畅通国民经济循环、更好支撑现代化产业体系建设具有重要战略意义。降低全社会

物流成本既不是单纯的降低物流服务价格，也不是简单地降低物流企业运行成本；既不是降低物流行业本身的运输、仓储、管理等单一环节成本，也不是仅仅依靠物流行业、物流企业的自身努力就能实现。降低全社会物流成本需要坚持问题导向、需求导向和效率导向，抓住影响物流成本降低的"物流资源配置效率低、流通循环效率低"等关键因素，集中精力解决目前"单一环节成本低、全链条成本高"的突出矛盾，树立系统观念，动员全社会的力量，凝聚各方共识与发展合力，从产业链供应链全链条整体视角出发，以改善要素供给为突破口，以产业融合为重要保障，以"结构性、系统性、制度性、技术性、综合性、经营性降本提质增效为重点"，"打造物流新模式，推动物流业与制造业、农业融合发展，促进物流结构性优化，加快推行数字化和新技术、新装备应用，进一步完善畅通物流大动脉、微循环的网络化布局，推行物流标准化体系建设"，深化物流制度性改革，推动物流全链条降成本，为延伸产业链、打造供应链、提升价值链，推动经济高质量发展提供重要支撑。

（二）物流与供应链金融应对推动降低全社会物流成本贡献应有之力

基于产业链供应链整体视角，通过物流供应链运行的系统性优化和质效提升降低物流总费用是降低全社会物流成本的关键所在，在这个过程中，深度嵌入产业链的供应链金融起到了重要的支撑保障作用。首先，有效降低保管费用。在采购阶段、生产阶段和销售阶段存在大量库存，导致我国社会物流费用中存货保管和资金占压成本偏高，据估算社会存货总额超过100万亿元，存货质押融资额5万亿～8万亿元，而欧美国家基于存货质押短期融资的比例占到存货总量的20%～30%，依托物流仓储的存货管理和监管功能，可以充分挖掘存货资金利用潜力，对于降低存货保管和资金占压成本具有较大空间。其次，有效降低物流营运资金成本。据统计，全国交通运输、仓储和邮政业法人单位近60万家，物流相关市场主体超过600万家，在供应链中处于相对弱势地位，行业账期均值6个月，社会融资成本（非银行渠道）

普遍在 8% ~ 11%。依托核心企业和供应链信用解决物流企业或发货人的物流资金问题，能够降低融资成本 2 ~ 3 个百分点，进而带来物流成本的整体降低，再次推动全链条降低供应链整体成本。供应链金融是实现物流业与制造、商贸流通融合发展的重要工具。供应链金融能够促进物流资源的集约集聚，通过在产业集聚区建设供应链组织中心，促进物流资源的大规模集聚，进而实现物流作业的规模化、集约化、共同化和协同化；通过供应链金融穿透式的资金融通、结算和支付体系，有效推动供应链端到端的"短链"变革，压缩和减少中间环节，进而减少物流搬运和库存。

▲ 出席首届京津冀现代商贸物流金融创新发展论坛

（三）要深耕产业场景，构建物流与供应链金融服务供给新生态，推动供应链金融规范、创新发展

近年来，尽管供应链金融发展取得了显著进步，但是与产业链对供应链金融的迫切需求以及降低全社会物流成本的根本要求相比，在基础制度建设、协同创新和主体培育等方面还存在着很多不适应，"物的信用""数据信用"还没有建立，必须聚焦制约供应链金融发展的核心问题和突出矛盾，从

基础制度和规范层面逐步解决。一是尽快制定基于产业场景和主体责任的供应链金融业务规范，特别是当前要研究制定大宗商品供应链金融业务操作规范和国有企业供应链金融业务规范，明确开展供应链金融业务所需要的基础设施配套标准、各参与主体责任分配、业务执行要求以及全链条的操作流程及规范。二是加强主体培育，开展"供应链金融规范与创新试点"和"供应链金融服务企业评估"工作。面向产业集聚区、重要资源行业领域、关键制造核心技术和"双碳"绿色金融领域，以推进"电子仓单""电子运单""电子提单"，以及数字化、"产业互联网、大数据、人工智能、物联网、区块链"应用为基础，开展"供应链金融规范与创新试点基地"和"供应链金融规范与创新试点企业"创建工作，同时针对不同的服务主体，开展"供应链金融服务企业评估"工作，为供应链金融规范创新发展建立标杆和指引。三是推进物流与供应链领域"融资信用公共服务平台"建设。建立核心企业、金融机构、物流企业以及平台之间数据的链接机制，为金融供给侧和企业需求端提供信用信息服务和供需精准匹配对接服务；建设供应链金融数据信用体系，以确保金融机构能够准确评估供应链中存货信用；完善供应链金融物流行业监管体系，整合监管数据和信息，实现监管可视化和货物可控。

（2024 年 6 月 16 日，作者在第二届京津冀现代商贸物流金融创新发展百人大会上的致辞，内容有删节）

新年祝语

01
新起点　　新机遇　　新希望

　　新，是物质变化无以穷尽的体现。新知识、新理念、新机制、新技术、新举措、新成果等，是当代人类社会发展最为宝贵的原动力。对我们物流行业来说，伴随着新年的到来，又迎来了新起点、新机遇、新希望。

　　所谓新起点，即我们已经翻过"十一五"难以忘怀的一页，迎来了令人憧憬的"十二五"。过去的成绩已经载入历史，我们又站到了描绘新蓝图的起点。

　　所谓新机遇，即从国际形势看，受金融危机影响，全球经济将进入"结构再平衡"和"新产业革命"阶段，国际市场的需求结构将面临深度调整，全球产业格局将面临激烈竞争和重新洗牌；从国内形势看，"十二五"将是经济发展进入"结构优化调整"和"产业升级创新"的关键时期，内外需求结构将面临巨大变化，工业化、城镇化、信息化进程明显加快；特别是不久前召开的党的十七届五中全会，提出今后五年经济社会发展的主要目标，其中提出要加快经济发展方式转变，经济结构调整要取得重大进展，要把服务业作为战略产业发展；以及刚刚召开的中央经济工作会议定调2011年经济发展将采取积极的财政政策和稳健的货币政策，提出加快经济结构战略性调整，增强经济发展协调性和竞争力。这些都为物流产业升级创新提供了难得的发展机遇。

　　所谓新希望，即物流行业经过十年的发展，全社会物流总额已由2001年的19.5万亿元，发展到2010年的预计125万亿元，十年来增长了5.4倍，年均增长 22.9%；物流业增加值已由 2001 年的 7429 亿元，发展到 2010 年的预计 2.65 万亿元，十年来增长了 2.6 倍，年均增长 15.2%。特别是物流业在国民经济中的地位日益凸显，国务院《物流业调整和振兴规划》的颁布实施，有力地改善了物流业发展的政策环境。物流企业加大整合、改造、提升、转型的力度，逐步实现转型发展、集约发展、联动发展、融合发展；通过物流的组织创新、技术创新、服务创新，给物流业更好更快发展注入了新的更大的希望。

我坚信，在党中央、国务院的领导下，物流行业坚持以邓小平理论和"三个代表"重要思想为指导，深入贯彻落实科学发展观，在新的一年里，一定能开好局，起好步，抓住机遇，加快发展，取得更大成绩，以实际行动迎接建党九十周年，为国民经济发展做出新的更大贡献！

同志们、朋友们，在这新年钟声敲响之际，我衷心祝愿全国物流行业广大干部职工以及你们的家人，身体健康，阖家欢乐，事业有成！

（2011 年新年贺词）

02
迎接新挑战　稳中求发展

　　斗转星移再回首。即将过去的 2011 年，是我国物流行业发展史上难忘的一年。3 月，十一届全国人大四次会议审议通过的《中华人民共和国国民经济和社会发展第十二个五年规划纲要（2011—2015 年）》，再次突出强调"大力发展现代物流业"。6 月温家宝总理主持召开国务院常务会议，专题研究支持物流业发展的政策措施。8 月《国务院办公厅关于促进物流业健康发展政策措施的意见》出台。在这些重大政策举措的推动下，预计全年社会物流总额达到 160 万亿元，继续保持平稳较快增长态势。前不久在人民大会堂举行的全国物流行业先进集体、劳动模范和先进工作者表彰大会上，第十届全国人大常委会副委员长顾秀莲和国务院有关部门的领导同志，又亲临大会并发表重要讲话，充分体现了党中央、国务院对物流行业发展的高度重视，对全国物流行业广大干部职工的亲切关怀与勉励。

　　辞旧迎新瞻前程。2012 年是"十二五"承上启下的关键年份，刚刚闭幕的中央经济工作会议确定了经济工作和调控政策的总基调是"稳中求进"。即实施积极的财政政策和稳健的货币政策，保持宏观经济政策的连续性和稳定性，增强调控的针对性、灵活性、前瞻性，继续处理好保持经济平稳较快发展、调整经济结构、管理通胀预期的关系。从国际形势看，金融危机的深层次影响继续扩散，欧洲主权债务危机持续发酵，世界和地区局势的复杂性更为凸显。这些既为物流行业的发展带来机遇，也带来严峻挑战。

　　激情与汗水铸造过去，创新与发展成就未来。我坚信，在党中央、国务院领导下，全国物流行业在新的一年里，将认真贯彻中央经济工作会议精神，围绕中心，服务大局，全力做好重点产业和重点领域的物流服务；继续加大改革创新力度，实现稳中发展，为国民经济发展做出新的贡献，以实际行动迎接党的十八大胜利召开！

同志们、朋友们，在这春和景明的美好时刻，我衷心祝愿全国物流行业广大干部职工以及你们的家人，事业发展，身体健康，阖家欢乐！

（2012 年新年贺词）

03
满怀信心谱新篇

回首刚刚走过的 2012 年，"神九"与"天宫"会师太空；"蛟龙"载人深潜再创纪录；航母"辽宁舰"正式"入伍"；国民经济在全球经济萧条中继续保持"稳增长"；党的十八大向世界传出"中国好声音"。全国物流行业在经济企稳回升的推动下保持了平稳增长，1—11 月社会物流总额为 163.4 万亿元，同比增长 9.7%，预计全年社会物流总额接近 180 万亿元，同比增幅略高于 10%；1—11 月物流业实现增加值 3.2 万亿元，同比增长 9.5%，为国民经济稳步增长做出了新贡献。

展望 2013 年，党的十八大确定到 2020 年国民经济和人均收入比 2010 年翻一番，全面建成小康社会；到建国一百周年时，实现中华民族的伟大复兴。这一宏伟目标将极大地鼓舞全国人民奋发前行。不久前召开的中央经济工作会议确定了 2013 年经济工作的总基调是继续稳中求进。在纵观全局的基础上，明确指出我国发展仍处于重要战略机遇期，以提高经济增长质量和效益为中心，进一步强化创新驱动，加快调整经济结构，转变经济发展方式。全国物流行业要认真贯彻落实党的十八大和中央经济工作会议精神，以保障国民经济"稳中求进"为目标，以降低国民经济物流成本为中心，紧紧抓住大力发展城镇化和扩大内需的战略机遇，充分利用《国务院办公厅关于促进物流业健康发展政策措施的意见》《关于鼓励和引导民间投资进入物流领域的实施意见》及物流企业土地使用税减半征收等一系列利好政策，加快推进物流社会化以及制造业、流通业、农业与物流业的联动发展、融合发展，进一步提升产业链、物流链、供应链发展的质量和效益。

风起扬帆时，能者立潮头。我坚信，在党中央、国务院的领导下，全国物流行业在新的一年里，将继续加大改革创新力度，在稳步发展中谱写出新的篇章。

同志们、朋友们，在这柳荡鹂鸣的美好时刻，我衷心祝愿全国物流行业广大干部职工以及你们的家人，事业发展，身体健康，阖家欢乐！

（2013 年新年贺词）

04
扬帆远航正逢时

如果让我用最简洁的文字描述刚刚走过的 2013 年，我选择的是：高度、深度、速度、广度。这一年，当"嫦娥三号"携"玉兔号"登临外太空遥远的月球并展开鲜艳的五星红旗时，每一个中国人都感到了前所未有的高度；"蛟龙号"通过三个航段 21 次下潜，在深蓝海底镌刻上了新的中国深度；"天河二号"超级计算机以峰值计算速度每秒 5.49 亿亿次、持续计算速度每秒 3.39 亿亿次，超过第二名美国"泰坦"速度近 1 倍，全世界都惊讶，这就是中国速度；不久前召开的党的十八届三中全会作出《中共中央关于全面深化改革若干重大问题的决定》，改革的广度、力度之大前所未有，向全世界描绘了中国改革发展波澜壮阔的宏图。2013 年的全国物流业，在经济企稳回升的推动下也取得了不俗的成果，1—11 月社会物流总额为 182.2 万亿元，同比增长 9.4%，预计全年社会物流总额将接近 200 万亿元，同比增幅 10% 左右；预计全年物流业实现增加值 3.9 万亿元左右，同比增长 8% 左右，为国民经济稳步增长做出了新贡献。

就在不久前，中共中央总书记、国家主席习近平亲临山东物流企业视察，并对广大干部职工说："要继续努力，与时俱进，不断探索，多元发展，向现代物流迈进，你们的事业大有可为。"这不仅是一句普通的赞美之词，更是表达了党和国家对物流业的高度重视，对加快发展现代物流业的热切期盼，也是对广大物流人的巨大鼓舞和鞭策。

展望 2014 年，中央经济工作会议确定继续坚持"稳中求进"总基调，并明确粮食安全、产业结构调整、防控债务风险、区域协调发展、保障改善民生、提高对外开放水平六大任务。六大任务中每一项都与物流业紧密相关，对物流业发展既是机遇又是挑战。全国物流行业要认真贯彻落实党的十八届三中全会精神和中央经济工作会议精神，以保障国民经济"稳中求进"为目标，以习近平总书记亲切关怀为动力，加快物流业转型升级、模式创新，充分发挥物流业在"稳增长、调结构、促改革、惠民生"中的重要作用，进一步提升物流业在支撑国民经济发展中的基础性、战略性产业地位。

改革潮涌奔腾中，扬帆远航正逢时。我坚信，在党中央、国务院领导下，全国物流行业在新的一年里，将继续加大改革创新力度，在稳步发展中谱写出新的篇章。我衷心祝愿全国物流行业广大干部职工以及你们的家人，事业发展，身体健康，阖家欢乐！

（2014 年新年贺词）

05
新常态　新思维　新发展

回望刚刚走过的 2014 年，新常态、新丝路、新规划、新成果……镌刻下了我们永恒的记忆。

"新常态"，就是我国经济经过改革开放三十多年的高速增长，当前正处于经济增长速度换挡期、结构调整阵痛期和改革开放攻坚期"三期叠加"的特殊阶段。"新常态"不仅仅是经济增速"量"的调整，更是经济结构优化、创新驱动、持续发展"质"的提升。从这个角度说，"新常态"更是新思想、新模式、新动能、新举措、新发展。

"新丝路"，就是新丝绸之路经济带。它不仅为纵横万里、跨越两千一百多年亚、欧、非各国人民的和平友谊、文明互鉴、情感交融注入了"开放、合作、互鉴、共赢"的新内涵，更站在全球角度勾画了一幅可以惠及 60 多个国家、44 亿人口互联互通、和平发展、文明进步的壮美画卷。"新丝路"也是现代物流发展之路。

"新规划"，就是国务院正式发布的《物流业发展中长期规划（2014—2020 年）》。它不仅是新一届中央政府对我国物流业发展的"顶层设计"，更从国家经济发展的战略高度，把物流业定性为支撑国民经济发展的基础性、战略性产业，意义深远。物流业责任重大，使命光荣。

"新成果"，就是在经济"稳中趋缓"的形势下，2014 年全国物流业仍然取得了不俗成果。预计全年社会物流总额将超过 210 万亿元，可比增长 8% 左右；全年物流业实现增加值超过 3.4 万亿元，可比增长 9% 左右，为国民经济稳步增长做出了重要贡献。

展望 2015 年，国际经济继续深度调整，中国经济在"稳中求进"的总基调下，将重点实施"一带一路、京津冀协同发展、长江经济带"三大战略，经济发展迎来以"量"的持续增长，向"质"的加速提升转变。物流业发展既面临着新的挑战，更面临着新的重大战略机遇。党的十八届四中全会决定全面推进依法治国，这必将有力促进物流业法律法规体系日趋完善。特别是《物流业发展中长期规划（2014—2020 年）》明确了三大重点领域和十二项重点工程，从政策层面、操作层面为物流业发展注入了新的强大动能。

春风春雨春色，新年新岁新景。我坚信，在党中央、国务院领导下，全国物流与采购工作者在这变革的伟大时代里，将进一步攻坚克难，锐意进取，在物流大国向物流强国迈进的征程中，书写出更加灿烂的新篇章。我衷心祝愿全国物流与采购领域广大干部职工以及你们的家人，事业发展，身体健康，阖家欢乐！

（2015 年新年贺词）

06

新常态　新理念　新任务　新征程

　　2015 年是"十二五"规划的收官之年。回望过去的五年，我国经济进入新常态，运行总体平稳，稳中有进，经济结构调整优化，改革开放向纵深推进。党中央、国务院重视物流业发展，物流业产业地位显著提升。国务院出台《物流业发展中长期规划（2014—2020 年）》，将物流业定位于支撑国民经济发展的基础性、战略性产业。各有关部门和地方密集发布与物流业发展相关的规划和政策。在经济平稳较快增长和发展环境持续改善的推动下，我国物流业取得了新的进展。

　　——产业规模持续扩大，运行效率稳中向好。2015 年，我国社会物流总额预计可达 219.2 万亿元，与五年前相比增长 70% 左右，五年间年均增幅约为 8.7 %；社会物流总费用与 GDP 的比率开始下降，运行效率有所提升。

　　——市场主体整合变强，经营模式协调创新。物流企业通过战略调整、兼并重组、联盟合作等多种方式，市场占有率和企业集中度显著提高。通过管理创新、组织创新、技术创新，新的商业模式不断涌现。在一些细分领域出现了一批实力雄厚、模式先进、前景看好的大型物流企业和企业集团。

　　——结构调整取得实效，增长方式转换动能。快递快运、电商物流、冷链物流等生活消费性物流快速增长。铁路货运改革深入推进，加快向现代物流转型。电商快递下农村、进社区、出国门，我国已成为世界第一快递大国。制造业物流分离外包，服务化趋势显现。精益物流、供应链管理、嵌入式服务等物流运作新模式推动工业制造业向中高端迈进。

——基础设施提档升级，技术进步突飞猛进。到 2015 年年底，我国高速公路和高速铁路里程有望分别突破 12 万公里和 1.9 万公里。综合运输体系逐步完善，多式联运受到重视，物流节点加快布局，以物流园区为支撑的产业生态圈正在形成。顺应"互联网＋"发展趋势，物联网、云计算、大数据等新兴技术得到推广应用。

这一年，是创新驱动、动能转换的一年。一年来，以"互联网＋"高效物流为标志的"智慧物流"加速起步，催生了一批新模式、新业态、新技术。无车承运人试点启动，线上与线下加速融合。车联网、自动仓库、无人机送货、智能快递柜、仓储机器人等先进技术装备推广应用。

——国家战略指引方向，区域物流内外协同。"一带一路"、长江经济带、京津冀协同发展等国家战略深入推进，自由贸易试验区逐步扩围，对外开放新格局为物流业开辟了新的空间。全国统一大市场逐步形成，区域经济转移融合，区域物流集聚区加快建设。

——基础工作稳步推进，健康发展有力支撑。《物流标准化中长期发展规划（2015—2020 年）》印发执行，物流业景气指数、公路物流运价指数等开始发布，物流教育培训工作迅猛发展，物流基础理论研究和产学研结合取得新成果。

我们也深知，我国物流业在"十二五"时期成绩与问题并存，挑战与机遇同在。有效需求不足和供给能力不够矛盾交织；社会物流成本居高难下和企业盈利能力每况愈下问题突出；物流基础设施总量过剩和结构性短缺并存；物流需求增速放缓，部分企业经营困难；市场环境和诚信体系建设有待加强，已经出台的支持性政策需要真正落地。

虽然存在以上问题，但我国物流业依托经济发展大势，深化改革红利，长期向好的基本面没有改变。在正视困难和问题的同时，我们对未来发展充满信心。

2016 年是全面建成小康社会决胜阶段的开局之年，也是贯彻落实《物流业发展中长期规划（2014—2020 年）》的关键之年。我们要在党的十八届五中全会和中央经济工作会议精神指引下，贯彻创新、协调、绿色、开放、共享的新发展理念，加强供给侧结构性改革，抓好去产能、去库存、去杠杆、降成本、补短板五大任务，努力适应经济发展新常态。结合行业发展实际，突出创新、协调和改革三个重点。

——创新物流组织方式和运营模式。优化重点产业链供应链，促进物流业与相关产业联动融合。鼓励平台型企业整合资源，健全农村和社区末端服务网络。推行多式联运、甩挂运输、无车承运等运输组织方式，努力降低社会物流成本。

——统筹区域、国际、国内物流协调发展。打通国际国内物流大通道，完善重要枢纽节点物流基础设施网络建设，补齐短板。配合"一带一路"倡议，培育世界级跨国物流集团和专业化物流企业群体，鼓励国内企业开展国际产能合作，融入全球供应链。

——深化物流管理体制改革。消除地方保护和行政壁垒，建立统一高效的物流管理体制。推进简政放权，切实减轻企业负担。坚持以人为本，关心关爱物流从业人员。发挥社会组织作用，促进行业规范自律。推动政府公共信息互通共享，加强物流诚信体系建设，维护公平竞争的市场环境。鼓励发展绿色物流，建立应急物流体系，落实物流安全措施。进一步完善现代物流服务体系，支撑产业升级、民生改善和国家发展战略的实施。

（2016年新年贺词）

07
不忘初心 砥砺前行
贯彻落实新发展理念

2016年，是"十三五"规划的开局之年，也是我们加倍辛苦充满获得感的一年。这一年，全行业坚持贯彻新发展理念，深入推进供给侧结构性改革，主动适应经济发展新常态，物流业总体运行保持了稳中有进、降本增效的基本态势。全年社会物流总额229.7万亿元，同比增长6%左右；社会物流总费用与GDP的比率降至15%以下，社会物流运行质量和效益稳中见升。

这一年，是物流业结构调整，整合变强的一年。全行业努力适应市场需求变化，转方式，调结构，促均衡。一年来，行业兼并重组、战略联盟异军突起，跨界融合、供应链整合风起云涌。满足消费需求的快递、电商、冷链物流保持高速增长，产业物流加快转型升级。快递、快运等领域掀起"上市潮"，供给结构适应性显著增强。

这一年，是创新驱动，动能转换的一年。一年来，以"互联网＋"高效物流为标志的"智慧物流"加速起步，催生了一批新模式、新业态、新技术。无车承运人试点启动，线上与线下加速融合。车联网、自动仓库、无人机送货、智能快递柜、仓储机器人等先进技术装备推广应用。

这一年，是配合国家发展战略，补短强基的一年。物流行业配合京津冀协同、长江经济带、"一带一路"建设，调整完善现代物流服务体系。物流业与交通运输业深度融合，国家第一批多式联运示范工程项目、首批示范物流园区正式推出。农村物流加紧布局，快递下乡力度加大，国际物流跨越式发展。

这一年，是相关规划、政策密集出台的一年。一年来，国务院及有关部门贯彻落实《物流业发展中长期规划（2014—2020年）》，就交通物流融合发展、"互联网＋"高效物流、无车承运人试点、车型标准化、商贸物流标准化、服务型制造、通关一体化、物流业补短板和降本增效等出台了一系列政策措施，物流业政策环境持续改善。

这一年，也是中国物流与采购联合会积极进取的一年。中物联召开了第六次会员代表大会，选举产生了新一届领导班子。人力资源和社会保障部、中国物流与采购联合会在人民大会堂联合举行全国物流行业先进集体、先进工作者和劳动模范表彰大会。我们努力反映企业诉求，协助政府决策，在标准、统计、科技、教育、培训、评估、诚信、新闻出版和理论研究等方面不断深化细化基础工作，着力引领行业发展。

总之，2016年的成绩来之不易，业内同人使出了"洪荒之力"。同时，我们也要清醒地看到突出问题。主要是有效需求不足和供给能力不够矛盾交织；社会物流总费用仍然较高和企业盈利水平持续下降问题突出；物流基础设施总量过剩和结构性短缺互见并存；体制机制约束依然明显，市场环境治理和诚信体系建设有待加强；用户对物流服务质量的要求与物流企业服务能力之间，以及物流企业对政策环境的预期仍有较大差距。

2017年是实施"十三五"规划的重要一年，也是供给侧结构性改革的深化之年，新的机遇和挑战摆在我们面前。做好2017年的物流与采购工作，关键是要按照党中央确定的思路和方法，以新发展理念为指导，以供给侧结构性改革为主线，贯彻稳中求进的工作总基调，发扬"工匠精神"，一步一个脚印向前迈进，努力打造全面建成小康社会的"先头部队"。

（一）坚持创新发展

要把握新一轮科技革命的新趋势，顺应国家"互联网＋"战略部署，立足物流业发展实际，深入开展理念创新、业态创新、模式创新、技术创新，全面推进互联网与传统产业深度融合，重塑产业发展新关系，为产业转型升级开辟新道路。

（二）坚持协调发展

要打破各种运输方式之间、线路与节点之间的衔接障碍，促进城乡之间、区域之间、产业链环节之间均衡发展。顺应智能制造、服务制造新要求，主动适应"制造强国"所需要的供应链服务。顺应全面脱贫攻坚、农业现代化要求，建立和完善农村物流服务体系。

（三）坚持绿色发展

要顺应生态文明建设的新要求，推进绿色、低碳和可持续物流发展，以节能环保为切入点，促进技术装备升级，做好资源循环利用，提高排放标准，降低能耗水平，为推进美丽中国建设做出应有贡献。

（四）坚持开放发展

要顺应"一带一路"倡议要求，倡议沿线国家物流资源布局和业务梳理，融入国际物流服务体系。要强化国际物流能力建设，建设与国际贸易需求相配套的国际物流服务网络，提升国际物流的话语权。

（五）坚持共享发展

有远见的企业家们要推动行业共建、共享、共治，努力塑造企业文化，全面履行社会责任。要关爱一线员工，使他们能够分享物流业发展的新成果，使全体从业人员朝着共同富裕的方向稳步前进。

新的使命，新的希望。新的一年，我们要按照党中央、国务院决策部署，牢固树立和贯彻落实新发展理念，适应把握引领经济发展新常态，深入推进物流业供给侧结构性改革，建立和完善现代物流服务体系，努力提高发展质量和效益。我们要认清经济发展的新方位和物流业承担的新使命，不忘初心，砥砺前行，以优异的成绩迎接党的十九大胜利召开。

（2017 年新年贺词）

08

不忘初心　牢记使命
迈向物流业高质量发展新阶段

即将过去的 2017 年，我们洒下了辛勤的汗水，也收获了成长与进步的喜悦。"物流基础设施网络建设"和"现代供应链"被写入党的十九大报告。国务院办公厅一年中就"物流降本增效"和"供应链创新与应用"两次发出指导性文件。国家有关部门和许多地方政府深化"放管服"改革，支持和促进物流业发展的政策措施密集出台。

随着政策环境持续改善和供给侧结构性改革深入推进，经过全行业从业人员共同努力，2017 年我国物流业实现了稳中有进、稳中提质的目标。1—11 月，全国社会物流总额 229.9 万亿元，同比增长 6.7%；社会物流总费用与 GDP 的比率从 2012 年的 18% 到 2016 年的 14.9%，2017 年还会有所下降。物流需求结构深化调整，高技术产业、装备制造业等物流需求增速明显快于高耗能物流、大宗商品物流；消费驱动特征明显，与消费相关的汽车、医药、冷链、电商、快递等物流业务高速增长。我国快递包裹量已进入日均亿件时代，连续三年保持世界第一。物流企业集中上市，企业间兼并重组、联盟合作、平台开放日益活跃，央企混改正式启动，企业群体发展壮大。全国 A级物流企业已达 5000 家，一批综合实力强、引领行业发展的标杆型企业集中涌现。全国规模以上物流园区超过 1200 家，园区平台化、网络化、集群化、智慧化初步显现。交通基础设施与物流节点设施趋向融合，物流基础设施网络化发展。智慧物流热潮涌动，智能仓储、车货匹配、无人机、无人驾驶、无人码头、物流机器人等一批国际领先技术在物流领域得到应用；无车承运、甩挂运输、多式联运、绿色配送等一批行业新模式得到推广，现代供应链正在成为新的增长点和发展新动能。

从物流规模上看，我国已经成为全球物流大国，多项指标均居世界第一。但也要清醒地认识到，我们在市场主体、服务能力、设施设备、科技投入、区域物流及产业链供应链等许多方面还存在发展不平衡、不充分的问题，距离物流强国还有很长的路要走。

前不久召开的党的十九大开启了新时代中国特色社会主义建设的新征程。现代物流业和现代供应链是现代化经济体系的重要组成部分，是新时代中国特色社会主义建设的重要支撑，也是社会主义现代化强国的必备条件。新时代如何发展新物流，是摆在我们面前的新课题、新任务。党的十九大报告指出，我国经济已由高速增长阶段转向高质量发展阶段。我们要深刻理解我国发展的阶段性特征，更加自觉地把稳中求进工作总基调作为重要原则，把促进高质量发展作为根本要求，把建设物流强国作为战略目标。

——推动高质量发展，建设物流强国，要从规模数量向效率提升转变，推动效率变革。当前，我国物流效率相对于发达国家仍然有较大差距，降本增效潜力很大。未来一段时期，优化经济结构、提升物流运作水平，降低制度性交易成本将成为降本增效的三大途径。其中，要把现代供应链创新应用、物流效率提升作为降本增效的突破口，转变物流发展方式。

——推动高质量发展，建设物流强国，要从要素驱动向创新驱动转变，推动动力变革。当前，新一轮科技革命和产业变革形成势头，新产业、新模式、新技术、新业态层出不穷，新的增长动能不断积累。我们要抢抓机遇，推动互联网、物联网、大数据、区块链、人工智能与物流业深度融合，培育新的增长点。广大物流企业要充分利用现代信息技术和智能装备，推动物流信息化、自动化、无人化，用"智能革命"提升行业智慧化水平。

——推动高质量发展，建设物流强国，要从价值链中低端向中高端转变，推动质量变革。当前，以消费个性化、多元化为代表的用户需求日益增长，服务经济、体验经济将更加深化，众包、众筹、共享等新的分工协作方式将得到广泛应用。物流业要与上下游的制造、商贸企业深度融合，更加关注终端需求，注重现代供应链发展。现代供应链是衡量一国经济竞争力的重要指标，也是物流业迈向价值链中高端的必然选择。

——推动高质量发展，建设物流强国，要"坚持以人民为中心的发展思想"，开创美好生活。推动物流业高质量发展，本质上都是为了实现人民对美好生活的向往。我们要积极配合制造强国、乡村振兴、区域协调、美丽中国等重大国家发展战略，要主动服务于精准脱贫、消费升级、民生改善、污染防治等物流需求。要激发和保护企业家精神，弘扬劳模精神和工匠精神，鼓励更多社会主体投身物流强国建设。要关爱卡车司机、快递小哥等基层从业人员，使他们能够得到应有的尊重，更加体面地工作，幸福地生活。

新的开始，新的希望。新的一年，我们要按照党中央、国务院决策部署，全面贯彻党的十九大精神，以习近平新时代中国特色社会主义思想为指导，坚持稳中求进工作总基调，坚持新发展理念，迈向高质量发展新阶段，开启物流强国建设的新征程。我们要认清中国特色社会主义的历史方位，不忘初心、牢记使命，把建设物流强国作为新时代物流发展新目标，以优异的成绩迎接改革开放四十周年，用更大的毅力决胜全面建成小康社会。

（2018 年新年贺词）

09

推进高质量发展　建设物流强国

2018 年是我国改革开放四十周年，也是现代物流业从起步到快速发展的四十年。伴随着改革开放的进程，经过全行业共同努力，物流业已成为支撑国民经济发展的基础性、战略性产业。历经四十年风雨，我国物流理念空前普及，物流企业不断发展壮大，服务能力显著提升，人才队伍加速成长，现代物流服务体系基本建立，我们走出了一条中国特色物流发展道路。

2018 年是贯彻党的十九大精神的开局之年，也是物流业供给侧结构性改革深入推进之年。我们在以习近平同志为核心的党中央的坚强领导下，认真落实党的十九大战略部署，按照高质量发展要求，突出抓好质量变革、效率提升和动能转换。物流业主要经济指标处于平稳增长区间，运行结构进一步调整优化。高新技术产业、战略性新兴产业及电商、快递和冷链等居民生活消费物流需求占比提高。兼并重组、混合所有制改革、各类资本加大投入，平台企业、品质运力、品牌企业和示范物流园区加速成长。运输结构调整开始发力，运输车辆治理工作取得显著成效。国务院常务会议推出简政、减税、降费新举措，降低物流成本作为国务院重点督查内容，促进物流降本增效的政策环境持续改善。

2018 年也是应对外部环境深刻变化、转换发展动能、推进高质量发展的一年。党的十九大提出在现代供应链领域培育新增长点，形成新动能。商务部等 8 部门开展供应链创新与应用试点，55 个城市列为试点城市，266 家企业纳入试点企业名单。随着新一轮科技革命深入发展，互联网与物流深度融合，人工智能在物流领域广泛应用：新能源车替换，绿色包装应用；柴油国六标准发布；"现代供应链""智慧物流"和"绿色物流"深刻改变行业发展格局。

2018年还是交通物流融合发展、物流基础设施网络建设取得重大进展的一年。我国高速公路、高速铁路通车里程稳居世界第一，综合交通运输体系初具规模。多式联运上升为国家战略，示范工程项目增至70个。据中国物流与采购联合会第五次物流园区调查统计，规模以上物流园区超过1600个。国务院常务会议部署推进物流枢纽布局建设，多措并举发展"通道＋枢纽＋网络"的现代物流体系，物流基础设施网络建设进入发展新阶段。

2019年是新中国成立七十周年，也是决胜全面建成小康社会的关键之年。我国物流业仍然处于重要的战略机遇期，同样面临新的挑战。经济运行稳中有变、变中有忧，外部环境复杂严峻，经济面临下行压力。物流服务能力和水平与人民对美好生活向往的需求之间，现代物流服务体系与现代化经济体系之间，还存在许多不平衡、不充分的地方。在新的一年里，我们要坚持新发展理念，进一步深化改革、扩大开放，以供给侧结构性改革为主线，围绕建设物流强国的目标，全面推进物流高质量发展。

——**高质量发展需要高质量的基础设施**。要按照《国家物流枢纽布局和建设规划》的要求，构建科学合理、功能完备、开放共享、智慧高效、绿色安全的国家物流枢纽网络。要加强区域间物流设施有效衔接，完善城市物流网点布局，推进物流园区示范引领和互联互通，引导物流集聚区和产业集群联动融合。

——**高质量发展需要高质量的物流企业**。倡导物流企业数字化转型、智能化升级、生态化协同和平台化共享。大力建设物流互联网等数字物流基础设施，加快物流要素全面连接，融合发展。鼓励智慧物流创新发展，引导推动模式创新、组织创新、业态创新。鼓励企业规模化、集约化发展，提高服务能力和水平。

——**高质量发展需要高质量的人才队伍**。物流业既是劳动密集也是知识密集、技术密集型产业。随着市场变化和技术进步，创新成为引领发展的第一动力。这就要求我们坚持产学研结合，注重人才教育培训和科技研发，为高质量发展提供人才和智力支撑。

——**高质量发展需要高质量的营商环境。**要努力打造以人为本、企业为尊、变堵为疏、化繁为简的政策服务体系，狠抓已有政策落地。政府有关部门需要加强统筹协调，同时发挥行业协会作用，形成协同治理机制，营造各利益相关方协同发展的生态圈。

——**高质量发展需要加强党的领导。**党的领导是中国特色社会主义的本质特征，只有坚持党的领导，才能走好中国特色物流发展道路。我们要以习近平新时代中国特色社会主义思想为指导，结合行业发展实际，贯彻党中央国务院决策部署。要加强学习和调查研究，在学习和实践中找思路、想办法，不断开拓中国特色物流发展道路新境界。

经过四十年发展的中国物流业站在新的历史起点上。我们要适应新形势、把握新特点，挖掘需求创造力，培育科技创新力，打造品牌开拓力，全面提升国家物流竞争力，完善现代物流服务新体系，为建设物流强国，推动经济高质量发展做出应有贡献，以优异成绩庆祝中华人民共和国成立七十周年。

（2019 年新年贺词）

10
行稳致远谋大局 聚力前行高质量

即将过去的 2019 年，我们既分享了中华人民共和国七十华诞的喜悦，也经受了稳中有变、变中有忧的考验。面对国内外风险挑战明显上升的复杂局面，全国物流行业以习近平新时代中国特色社会主义思想为指导，坚持新发展理念，坚持稳中求进工作总基调，深入推进供给侧结构性改革，取得了来之不易的成绩。物流业主要经济指标运行在合理区间，降本增效取得阶段性成果，营商环境持续改善，为实现"六稳"目标做出了应有的贡献。

一年来，全行业深化结构调整，攻坚克难。针对需求结构变化，面向强大的国内市场，挖掘生活消费品物流增长的巨大潜力。推进物流业与制造业深度融合，助力我国产业迈向全球产业链中高端。全行业积极推进规模化、集约化发展，在仓储、运输、冷链、快递、汽车等细分领域一批实力较强、带动作用较大的骨干企业加速成长。多式联运加快发展，运输结构调整初见成效。首批 23 个国家物流枢纽确定，百家骨干物流园区互联互通取得进展，物流基础设施网络建设有序推进。

一年来，我们坚持创新驱动，稳中求进。新技术、新模式、新业态持续发力，新旧动能加快转换。物流互联网全面在线化，无人机、无人车、无人仓、无人驾驶、无人码头等应用场景多元发展。区块链技术受到关注，在物流与供应链领域深化应用。网络货运管理办法正式出台，无车承运模式进入全面发展期。"互联网＋"物流全面普及，产业互联网使传统物流焕发出新的活力。在商务部等政府有关部门推动下，供应链创新与应用试点成果展示推广，供应链服务企业标准批准发布，供应链创新与应用取得重大进展。在人才教育领域，物流管理被教育部列入首批"1+X"证书制度试点领域。物流标准、统计、企业评估、人才培养和理论研究等各项行业基础性工作稳步推进。

一年来，政府部门统筹谋划，形成合力。上半年，国家发展改革委等24部门印发《关于推动物流高质量发展促进形成强大国内市场的意见》，提出推动物流高质量发展的25条政策措施。国务院办公厅转发交通运输部等13部门《关于加快道路货运行业转型升级促进高质量发展的意见》，部署14项重点工作任务。下半年，中共中央、国务院印发《交通强国建设纲要》，提出到2035年基本建成交通强国，形成"全国123出行交通圈"和"全球123快货物流圈"。在政府、企业和行业协会合力推动下，取消高速公路省界收费站、取消4.5吨及以下车辆营运证和从业资格证、挂车车购税减半征收、货车异地年审、大件运输并联审批等重大政策相继落地实施。

综上所述，2019年物流行业遇到的困难前所未有，复杂严峻程度前所未有，大家付出的辛苦和努力前所未有。以上成绩的取得，首先归功于党中央、国务院的正确决策，得益于一系列支持和促进物流业发展的政策措施，更是全行业企业和从业人员务实创新、拼搏奋斗的结果。

"行至半山不停步，船到中流当奋楫。"2020年是全面建成小康社会和"十三五"规划收官之年，也是"十四五"规划定调之年。在党中央、国务院坚强领导下，我国经济稳中向好、长期向好的基本趋势不会改变，我国物流业平稳增长的总体方向也不会改变。但是，物流发展不平衡、不充分的问题比较突出，与人民群众日益增长的美好生活需要的差距依然较大。展望新的一年，困难和问题必须正视，信心和决心必须坚定。

在新的一年里，我们要紧扣全面建成小康社会的总目标，促进物流平稳增长和高质量发展，实现广大物流从业者稳定就业和生活幸福。要围绕世界百年未有之大变局和中华民族伟大复兴"两个大局"，紧扣"两个一百年"奋斗目标，重点谋划物流行业"十四五"发展战略。要顺应消费升级、产业升级新需求，从低水平粗放式运作转向精细化、高品质发展，创建标杆企业、服务品牌。要适应高质量发展新要求，以供应链创新应用为抓手，提升供应链整体运行质量和效率。要把握新一轮科技革命机遇，实施产业数字化、智能化改造，建设智慧物流新生态。要深化交通物流融合发展，推动物流要素互联互通。布局和建设国家物流枢纽，打造"通道＋枢纽＋网络"现代物流运行体系。要深化"放管服"改革，促进物流治理体系和治理能力现代化，创造公平竞争的市场环境。要积极配合"一带一路"建设，推动国际合作，构建面向全球的物流与供应链服务体系。要加强理论体系、学科体系、人才培养体系、标准体系、统计体系和政策体系建设，夯实物流业持续健康发展的基础。要大力发展绿色物流、应急物流和军民融合的物流，从整体上提高国家物流综合竞争力。

"天时人事日相催，冬至阳生春又来。"让我们在即将到来的 2020 年，更加紧密地团结在以习近平同志为核心的党中央周围，行稳致远、聚力前行，努力走出一条新时代物流高质量发展的道路，打好物流强国建设的坚实基础，为全面建成小康社会，进而为"十四五"发展和实现"第二个百年"奋斗目标做出新的更大贡献！

（2020 年新年贺词）

11
构建现代物流体系
推进物流强国建设

即将过去的 2020 年，我们遇到的困难和挑战，世所罕见、前所未有。面对严峻复杂的国际形势、艰巨繁重的国内改革发展稳定任务，特别是新冠疫情的严重冲击，以习近平总书记为核心的党中央保持战略定力，准确判断形势，精心谋划部署，果断采取行动，付出艰苦努力，交出了一份人民满意、世界瞩目、可以载入史册的答卷。

一年来，全国物流行业紧跟党中央决策部署，扎实做好"六稳"工作、全面落实"六保"任务，统筹推进抗击疫情和现代物流体系建设，交出了一份不同寻常的成绩单。

——**物流行业主要运行指标转正回稳。**今年 1—2 月，全国社会物流总额同比下降 11.8%，2 月中国物流业景气指数跌至 26.2%。经过艰苦努力，7月份起主要指标由负转正。1—11 月全国社会物流总额达 266.2 万亿元，同比增长 3%；11 月中国物流业景气指数达 57.5%，升至年内最高点。物流业的强大韧性，为我国经济运行率先由负转正做出了重要贡献。

——**有力支撑产业链供应链稳定运行。**面对疫情阻断和贸易霸凌冲击，"断链"威胁加大，党中央国务院及时决断，"保产业链供应链稳定"被纳入"六保"工作。现代供应链试点城市及企业创新发展，物流业与制造业深化融合，力推强链固链补链。12 部门共建国际物流工作专班，力补国际物流短板。首批 A 级供应链服务企业出炉，力促供应链升级发展。中欧班列全年开行超过 10000 列，成为维护国际产业链供应链安全稳定的"先行官"。

——细分领域头部物流企业逆市上扬。国际航空货运和航运板块在变局中开新局，三大航空公司货运物流混改再上新台阶。冷链物流供给增加，需求释放。网络货运新政实施，干线运输、城市配送、干支衔接呈现新气象。直播带货、社交电商等异军突起，带动电商物流再现新增势。全年快递业务件量突破 800 亿件，再次成为全球最大快递市场的"领跑者"。

——物流基础设施网络体系加快建设。2020 年传统物流基建协同升级和数字化新型基建并进。国家物流枢纽联盟组建运行，45 家枢纽运营主体单位加入，网络化协同起步。首批 17 个国家骨干冷链物流基地设立，冷链基地网络开始搭建。首批中物联全国数字化仓库企业试点名单发布，引领仓储数字化升级。

——新业态新模式新技术推广普及。物流行业转型升级和动能创新发展，"上云用数赋智"行动，加速物流业数字化转型。多式联运、无接触配送、自动驾驶、高铁货运、大型无人机载货、智能快递柜和无人配送车等新业态新模式新技术加快推广，物流企业智能化改造提速。

以上成绩的取得，得益于党中央国务院的坚强领导和高度重视。《中共中央关于制定国民经济和社会发展第十四个五年规划和二〇三五年远景目标的建议》中 4 次提及物流，8 次提到供应链。中央财经委员会第八次会议强调，统筹推进现代流通体系建设，培育壮大具有国际竞争力的现代物流企业。国务院办公厅转发国家发展改革委、交通运输部《关于进一步降低物流成本的实施意见》。在国务院联防联控机制指导下，各有关部门接连出台一系列保通保畅、援企稳岗政策，助力物流企业纾困解难，轻装上阵。

以上成绩的取得，有赖于全行业广大职工的顽强拼搏和艰苦奋斗。快递小哥、货车司机、仓库管理员等基层员工，不顾个人安危，毅然逆向前行，共同绘制了 2020 年中国物流抗疫保供的动人画卷。他们是中国物流大厦的坚强基石，也是抗疫保供的中坚力量。临近年底，第四次全国物流行业先进集体、劳动模范和先进工作者表彰大会在北京举行，49 个先进集体、187 名劳动模范和 28 名先进工作者受到表彰。他们是行业的脊梁，时代的楷模。他们创造的业绩必将被载入中国物流的发展史册。

2021 年是"十四五"规划的开局之年，也是全面建设社会主义现代化国家新征程的起步之年。站在"两个一百年"奋斗目标的历史交汇点上，我们要以习近平新时代中国特色社会主义思想为指导，立足新发展阶段，贯彻新发展理念，为构建新发展格局提供坚实的物流保障。我们要以构建现代物流体系，建设物流强国为目标，以推动高质量发展为主题，以深化供给侧结构性改革为主线，以改革创新为根本动力，以提质、降本、增效，培育壮大具有国际竞争力的现代物流企业，增强产业链供应链自主可控能力为重点，以质量、效率和动能转换，数字化转型、智能化改造、网络化升级为手段，促进物流业与制造业等相关产业深度融合，营造物流与供应链服务生态圈。我们要紧密围绕发展现代产业体系、健全现代流通体系和满足人民群众对美好生活的物流需求，认真谋划"十四五"以至于 2035 年发展战略，脚踏实地做好当前工作，确保开好局，起好步，奋勇前行，行稳致远。

习近平总书记指出，物流业一头连着生产、一头连着消费，在市场经济中的地位越来越凸显。党的十九大报告和十九届五中全会对物流、供应链发展明确了新定位，指明了新方向。物流业界同人使命光荣，责任重大，需要我们不忘初心、牢记使命。面对严峻复杂的形势和繁重艰巨的任务，需要我们审时度势，艰苦努力。让我们更加紧密地团结在以习近平同志为核心的党中央周围，齐心协力、开拓进取，以高质量发展的优异成绩迎接建党一百周年，为构建现代物流体系，建设物流强国，全面建设社会主义现代化国家、实现中华民族伟大复兴的中国梦而不懈奋斗！

（2021 年新年贺词）

12
坚定不移走中国特色现代物流发展道路

　　2021年，是党和国家历史上具有里程碑意义的一年，也是物流业夯实地位、谋定思动、守正创新的一年。这一年，我们隆重庆祝中国共产党建党一百周年，实现第一个百年奋斗目标，开启第二个百年奋斗目标新征程。这一年，国家"十四五"规划纲要正式发布，其中20处提到物流，13处提到供应链，为现代物流发展和供应链创新指明了方向。《"十四五"冷链物流发展规划》正式出台，提出到2035年全面建成现代冷链物流体系。数字经济深刻影响行业，习近平总书记在第二届联合国全球可持续交通大会上提出，要大力发展智慧交通和智慧物流，实现人享其行、物畅其流。

　　这一年，我们勠力同心、艰苦奋斗，推进物流平稳健康和可持续发展，实现"十四五"良好开局。全年社会物流总额335万亿元以上，物流业总收入超过11万亿元，快递业务件量首次突破1000亿件。全国A级物流企业近8000家，物流企业和个体工商户等市场主体超过600万家，就业人数超过5000万人。货车司机、快递小哥权益保障获得重视。国家发展改革委发布《"十四五"首批国家物流枢纽建设名单》，国家物流枢纽增至70家。《国务院关于印发2030年前碳达峰行动方案的通知》发布，其中交通运输绿色低碳行动被纳入"碳达峰十大行动"之一。

　　这一年，我们积极应对需求收缩、供给冲击、预期转弱三重压力，围绕构建新发展格局，加快结构调整和产业融合，助力增强产业链供应链韧性。经国务院批准，中国物流集团正式成立，央企物流国家队重组整合拉开序幕。物流行业各细分领域龙头企业加快兼并重组和上市步伐，物流市场集中度进一步提升。平台经济热潮涌动，自动驾驶卡车、配送机器人、数字智能仓库等新一代技术装备加快商业化应用。商务部、中物联等8单位公布首批全国供应链创新与应用示范城市和示范企业，10个城市和94家企业榜上有名。国家发展改革委《物流业制造业深度融合创新发展典型案例名单》公示，一批典型物流企业深度融入制造业供应链，支撑中国制造迈向中高端。

2021年，我们经受了国际供应链物流"断链"风险和国内物流要素成本上涨的巨大压力。全体物流业界同人发挥战略定力，坚持质量变革、效率变革、动力变革，深化产业链融合和国内外合作，坚定探索现代物流高质量发展道路，对于畅通国民经济循环，助力形成强大国内市场，提升产业链韧性和保障社会民生稳定奠定了重要基础。

▲ 庆祝中国共产党成立100周年大会上演讲

2022年将召开党的二十大，这是党和国家政治生活中的一件大事。在新的一年里，我们要以习近平新时代中国特色社会主义思想为指导，完整、准确、全面贯彻新发展理念。要坚持稳字当头、稳中求进，推动现代物流质的稳步提升和量的合理增长。要坚持创新驱动、数字赋能，加快物流高质量发展，推动现代物流体系建设。要坚持系统思维、科学谋划，畅通国民经济循环，形成内外联通、安全高效的物流网络。要坚持深化供给侧结构性改革，激发市场主体活力，培育壮大具有国际竞争力的现代物流企业。要坚持以人民为中心，关心关爱广大物流企业员工和个体经营者，让他们体面工作、幸福生活，经营好我们的物流家园和命运共同体。

站在"两个一百年"奋斗目标的历史交汇点，面临中华民族伟大复兴战略全局和世界百年未有之大变局"两个大局"。我们将更加紧密地团结在以习近平同志为核心的党中央周围，坚定信心、真抓实干，坚定不移走中国特色现代物流发展道路，以高质量发展的新业绩迎接党的二十大胜利召开！

（2022 年新年贺词）

13
心怀梦想　不忘初心
建设中国特色现代物流体系

即将过去的一年，开启新的逐梦征程。我们胜利召开了党的二十大，以中国式现代化全面推进中华民族伟大复兴，物流和供应链奠定高质量发展的战略基石。国务院《"十四五"现代物流发展规划》发布，中国式现代物流体系建设启航，擘画了现代物流发展蓝图。

这一年，现代物流彰显韧性，总体保持平稳运行。全年社会物流总额超过 340 万亿元，物流业总收入超过 12 万亿元，成绩取得来之不易。全国 A 级物流企业超过 8600 家，头部领军企业逆势而行，在危机中寻找机遇。2022 年供应链创新与应用示范企业名单发布，引领示范转型升级。

这一年，物流网络建设持续发力，筑牢物流发展底盘。全国规模以上物流园区超过 2500 家。累计 4 批共 95 个国家物流枢纽和 2 批共 41 个国家骨干冷链物流基地纳入国家支持范围。亚洲首个专业货运枢纽机场——鄂州花湖国际机场建成投运。跨境电商海外仓建设获政策支持，国家综合货运枢纽补链强链，农村县域物流网点下沉结网，物流集聚形成了战略新支点。

这一年，智慧物流技术装备取得新突破。智能卡车商业化应用探索推进，无人配送车、智能物流柜在抗疫中作用初显。智能配送中心改造升级，智慧物流园区提升数字管控。网络货运平台加速分化，供应链物流集成系统更新，数字化转型、智能化改造、平台化升级提速，开辟了物流发展新赛道。

这一年，也是各地区、各部门出台物流业支持政策数量最多、力度最大的一年，特别是《国务院关于印发扎实稳住经济一揽子政策措施的通知》（国发〔2022〕12号）提出统筹加大对物流枢纽和物流企业的支持力度。1000亿元交通物流专项再贷款、货车司机贷款延期还本付息、社保缓缴等多项政策涉及物流业，增添了企业应对风险的底气。

▲ 出席中国物流学会第七次会员代表大会暨七届一次理事会

各位同人，新年的钟声即将敲响，新的征程正在向我们招手。展望2023年，是全面贯彻落实党的二十大精神的开局之年，是"十四五"规划承上启下的关键一年，也是优化调整疫情防控政策的第一年。中国式现代物流体系韧性强、潜力大、活力足，创新发展的基本面没有改变。随着经济运行总体回升，各项政策效果持续显现，明年物流运行有望进入稳步恢复区间，我们对整体好转充满信心。

征程万里风正劲，重任千钧再奋蹄。在新的一年里，我们要心怀梦想，不忘初心，按照《"十四五"现代物流发展规划》部署，扎实推进中国式现代物流体系建设，努力实现现代物流质的有效提升和量的合理增长。

——我们要着力提升高质量供给，改善消费条件，创新消费场景，创造有效需求，把恢复和扩大消费摆在优先位置；

——我们要着力统筹现代物流与相关产业融合发展，加快融入现代化产业体系，确保国民经济循环畅通；

——我们要着力练好企业内功，坚定战略自信，深化"提质、增效、降本"；

——我们要着力实施创新驱动，加快动能转换，打造"新技术、新模式、新生态"；

——我们要着力推进更高水平对外开放，补链强链，扬帆出海，提升"产业链供应链韧性与安全水平"；

——我们要着力保障从业人员权益，用心用情关心关爱行业从业人员，增强其行业认同感和归属感。

中国物流与采购联合会作为行业社团组织，是全体同人的"家"。我们始终和各位同人站在一起，一起应对风险与挑战，一起拥抱机遇与荣光。在新的一年里，我们将与大家携手，勠力同心、勇毅前行，继续深入调查研究，反映企业诉求，协助政府决策，深度参与行业治理，进一步提高服务能力和水平，为中国式现代物流体系建设，为新征程新物流的新发展，为大家的美好生活贡献智慧和力量，以新气象新作为推动物流高质量发展取得新成效。

（2023 年新年贺词）

14

携手共进　协作共赢
共圆"物流强国梦"

　　2023 年，我们告别了三年疫情，广大行业企业、企业家和从业人员顶住诸多压力，克服种种困难，全面实现复工复产，保障经济回升向好。现代物流在强国建设、民族复兴伟业中发挥着越来越重要的作用，中国物流的美好画卷正徐徐展开。

　　——回首 2023 年，物流业迎来了恢复性增长，预计全年社会物流总额将达 350 万亿元，我国仍然是全球需求规模最大的物流市场。制造业升级、消费新业态、新能源"新三样"等重点领域需求贡献率稳中有升，电商物流、即时配送等细分领域保持较快增长。全社会物流成本稳步下降，社会物流总费用与 GDP 的比率进一步降低。

　　——回首 2023 年，共建"一带一路"倡议提出十周年，习近平总书记宣布中国支持高质量共建"一带一路"的八项行动，第一项就是构建"一带一路"立体互联互通网络。十年来，中欧班列累计开行近 8 万列，西部陆海新通道、中老铁路释放潜力，中国物流迎来开放新机遇。

　　——回首 2023 年，重大物流基础设施建设取得积极成就，全国规模以上物流园区超过 2500 个，国家物流枢纽布局达到 125 个，示范物流园区 100 个，国家骨干冷链物流基地 66 个，全国公路通车里程超过 530 万公里，铁路营业里程 15.9 万公里，内河高等级航道里程 1.65 万公里，"通道＋枢纽＋网络"的物流运行体系初具规模。

　　——回首 2023 年，具有国际竞争力的领军企业快速成长，中国物流 50 强企业中千亿级规模企业首次超过 5 家，全国 A 级物流企业达 9600 多家，全国供应链创新与应用示范企业达 250 家。一批领军物流企业家经受锻炼和考验，争创世界一流，部分优势企业获得资本市场认可。

　　——回首 2023 年，数字技术和实体经济深度融合，物流与供应链领域成为重点。全国网络货运企业达 3000 家左右，赋能中小微物流企业走上"数字高速公路"。大型企业纷纷建设供应链服务平台，拥抱产业物联网。智能网联汽车准入和上路通行试点启动，无人车、无人仓、无人机等得到广泛商用，改变了物流作业方式。

　　——回首 2023 年，绿色低碳物流成为关注热点。国务院发布《空气质量持续改善行动计划》，提出大力发展绿色运输体系。中国物流与采购联合会正式推出物流行业公共碳排计算器，标志着国际国内碳排放互认工作启动。邮政快递车、城市配送车等公共领域车辆全面电动化开展试点。

　　——回首 2023 年，我们也面临着韧性安全挑战，在首届中国国际供应链促进博览会上，我国提出了深化产业链供应链国际合作的"中国方案"，

▲ 率队赴吉安市开展物流行业座谈调研

得到国际社会广泛认可。

以上成绩的取得来之不易。应该归功于习近平新时代中国特色社会主义思想的指导和党的二十大精神的指引，归功于各级政府部门和有关方面营造的良好市场环境，更离不开广大市场主体和企业家、全体从业人员的顽强拼搏和辛苦付出！

天时人事日相催，冬至阳生春又来。展望新的一年，我们有理由相信，我国物流业仍将保持较强韧性，全社会现代物流发展潜力巨大，"物流强国梦"正在加快向我们走来。

在新的一年里，我国经济大盘稳定，物流市场温和增长的大势没有变。物流业正处于持续平稳增长和结构调整加速期，超大规模市场优势激发消费潜力，中高端制造需求贡献将持续加大。

在新的一年里，提质增效降本将是考验企业生存发展的关键。市场温和增长期往往是具有竞争力的企业快速成长期，规模化、集约化、网络化成长未来可期。

在新的一年里，产业物流融合有望实现"双向奔赴"，物流业与制造业、商贸业、农业深化融合，产业链供应链与物流供应链双链联动，正在成为现代化产业体系新支点。

在新的一年里，"走出去"步伐将进一步提速，交通物流基础设施联通带来国际物流便利化，属地生产、全球流通成为趋势，考验国际供应链韧性安全，也带来物流保供稳链新机遇。

在新的一年里，物流数字化转型将持续提升，国际标准化组织创新物流技术委员会（ISO/TC 344）设在中国，推动数字物流标准化、国际化发展，为引领数字物流发展贡献"中国智慧"。

在新的一年里，绿色低碳释放物流社会价值，碳排放交易规则逐步完善，物流减排成本逐步转变为社会价值，将助力行业全面向绿色低碳转型。

大道至简，实干为要。明年是《"十四五"现代物流发展规划》深化落实的关键一年。我们要坚定信心、保持定力，坚持稳中求进、以进促稳、先立后破，坚守"长期主义"，持续向价值链"中高端"奋勇攀登。我们将和大家一起，携手共进、协作共赢，持续推进中国式现代物流体系高质量发展，共同托起属于我们自己的"物流强国梦"！

（2024 年新年贺词）